# Interdisziplinarität und Methodenpluralismus
## in der Semantikforschung

# SPRACHE
## SYSTEM UND TÄTIGKEIT

**Herausgegeben von
Inge Pohl und Karl-Ernst Sommerfeldt**

**Band 29**

## PETER LANG
**Frankfurt am Main · Berlin · Bern · New York · Paris · Wien**

# Inge Pohl (Hrsg.)

# Interdisziplinarität und Methodenpluralismus in der Semantikforschung

## Beiträge der Konferenz "Interdisziplinarität und Methodenpluralismus in der Semantikforschung" an der Universität Koblenz-Landau/ Abteilung Landau 1998

## PETER LANG
### Europäischer Verlag der Wissenschaften

Die Deutsche Bibliothek - CIP-Einheitsaufnahme

Pohl, Inge (Hrsg.):

Interdisziplinarität und Methodenpluralismus in der
Semantikforschung : Beiträge der Konferenz
„Interdisziplinarität und Methodenpluralismus in der
Semantikforschung" an der Universität Koblenz-Landau/
Abteilung Landau 1998 / Inge Pohl (Hrsg.). - Frankfurt am
Main ; Berlin ; Bern ; New York ; Paris ; Wien : Lang, 1999
   (Sprache ; Bd. 29)
   ISBN 3-631-34895-9

Gedruckt auf alterungsbeständigem,
säurefreiem Papier.

ISSN 0938-2771
ISBN 3-631-34895-9

© Peter Lang GmbH
Europäischer Verlag der Wissenschaften
Frankfurt am Main 1999
Alle Rechte vorbehalten.

Printed in Germany 1 2 3 4  6 7

# Inhalt

# VORWORT

Der vorliegende Band vereint Vorträge der 4. Konferenz zur Semantikforschung, die von I. Pohl (Landau) initiiert und vom 16. bis 18. April 1998 an
der Universität Koblenz-Landau/Abteilung Landau durchgeführt wurde. Das
Thema der Konferenz "Interdisziplinarität und Methodenpluralismus" führte
die Problemfelder der Vorgängerkonferenzen[1] weiter, griff damit einen in
der nationalen und internationalen Semantikforschung brisanten Fragen-
komplex auf. Den Ausgangspunkt jeglicher Forschung zur Semantik stellt
noch immer die Tatsache dar, daß trotz in den letzten Jahrzehnten dichter
werdender Untersuchungen theoretischer und empirischer Provenienz weder
eine Theorie mit allseitiger Erklärungskraft verfügbar ist noch eine ausreichende Analysemethodik, die stringente Aussagen über den Forschungsbe-
reich ermöglichen würden. Der Zustand zeitgenössischer Semantikforschung
ist wohl am ehesten damit zu charakterisieren, daß diese gegenüber vorheri-
ger engerer "systemlinguistischer" Sicht einen weiten Rahmen absteckt, der
sich aus unterschiedlichsten disziplinären Ansprüchen konstituiert, vor allem
aus den breit gefächerten Kognitionswissenschaften. Insofern beschreiben
die Kernbegriffe des Konferenzthemas einerseits eine aktuelle Forderung,
interdisziplinäre Anregungen verstärkt zur Aufklärung semantischer Fragen
zu nutzen, andererseits methodenplurale Forschungsstrategien als Positivum
des noch immer sperrigen Untersuchungsgegenstandes "Semantik" zu akzeptieren.

Die Konferenzbeiträge insgesamt korrespondieren unter dem Aspekt der Genese der Semantikforschung mit unterschiedlichen Wegmarken. So werden
tradierte semantische Theoreme hinsichtlich ihrer Leistungsfähigkeit kritisch
hinterfragt, aber ebenso auch neuere theoretische Sehweisen semantischer
Modellbildung, wie Diskursanalyse, Dekonstruktivismus, Frames-and-Sce-
nes-Semantik, Prototypenkonzept u.a., einer Prüfung hinsichtlich ihrer Erklärungskraft unterzogen. Eine für die Semantikforschung nicht neue Erkenntnis wird bestätigt: Weder gibt es in der Semantikforschung **die** theoretische
Konzeption noch **die** Methode, mehr Erfolg verspricht eine Alternativen-In-

---

[1]  Themen der Vorgängerkonferenzen: 1992 Neubrandenburg: "Semantik von Wort, Satz
und Text (I)"; 1994 Rostock: "Semantik von Wort, Satz und Text (II)"; 1996 Landau:
"Methodologische Aspekte der Semantikforschung". Herausgabe der Konferenzbände
in der Reihe "Sprache – System und Tätigkeit" im Verlag P. Lang.

tegration. Notwendig scheint eine diffizile Sicht auf tradierte, bisweilen verworfene Untersuchungsansätze, eben wie die Merkmalshypothese, und eine Erweiterung des Blickwinkels um neuere theoretische Konzeptionen, die sich entweder erst später in der Semantikforschung etablierten oder die bislang für den eigenen Analysegegenstand noch unberücksichtigt geblieben sind.

Das Konferenzthema "Interdisziplinarität und Methodenpluralismus" bietet insofern einen weiten thematischen Rahmen, als sich Linguisten verschiedenster sprachtheoretischer Schulen und verschiedenster Spezialisierungen einbringen können, ebenso Literaturwissenschaftler, Religionswissenschaftler, Psychologen, Historiker, Musikwissenschaftler, Computerlinguisten. Der beabsichtigte Methodenpluralismus realisiert sich in der Zusammenschau aller Beiträge, aber auch in der Arbeitsweise der Autorinnen und Autoren selbst, denn kaum einer der Forschenden verpflichtet sich ausschließlich nur einer Methode.

Eine Ordnung der Beiträge in diesem Band hätte nach verschiedenartigen inhaltlichen Gesichtspunkten vorgenommen werden können, z.B. nach den vertretenen Disziplinen oder nach den fokussierten Methoden. Aufgrund vielfältig gegebener und auch genutzter Übergänge erwies sich ein derartiges Vorgehen als nicht sinnvoll. Ein effizientes Ordnungskriterium scheint die von den Wissenschaftlerinnen und Wissenschaftlern gewählte linguistische Analyseebene, da so am ehesten deutlich werden kann, welche disziplinären Zugänge und welche methodologischen Konzepte zur Gewinnung von Erkenntnissen über den gleichen Untersuchungsgegenstand beitragen. Im Folgenden werden die zur Publikation eingereichten Beiträge in ihrer Zugehörigkeit zu vier inhaltlichen Gruppierungen knapp skizziert.[2]

Ein erster Komplex umfaßt **methodologische Konzepte der Semantikforschung mit analyseebenen-übergreifendem Charakter.**

**K.-P. Konerding (Heidelberg)** überprüft Aspekte der Kompatibilität prominenter Modelle in der Semantik, wie Merkmalshypothese, Bedeutungspostulate, Prototypen und Schemata. Während für tradierte Konzepte eine Revision hinsichtlich einer umfassenderen Theorie des Sprach- bzw. Zeichengebrauchs angemahnt wird, sind Prototypensemantik und die kognitivistische Version der relationalen Semantik als forschungsanregende, gebrauchsbezo-

---

2  Für die Vertextung der Vorträge sind im vorliegenden Band Sprachbeispiele kursiv, Bedeutungsangaben in Apostroph, Literaturangaben nach (relativ) einheitlichem Modus gesetzt.

gene Konzepte bewertet. Der produktivste Ansatz für die weitere Semantikforschung wird in einer diskurspragmatisch erweiterten kognitiv bestimmten
Theorie gesehen, die Habituelles, Routinen und Konventionelles sprachlicher Referenz- und Prädikationsprozesse mitberücksichtigt. – M. **Hoffmann**
**(Potsdam)** stellt das Verhältnis von Stil und Semantik in den Mittelpunkt
seiner Betrachtungen. Im Charakter eines wissenschaftsgeschichtlichen Ex-
kurses werden stiltheoretische Begriffe (Stilelement, Stilzug, Stiltyp, Stilhandlung, Stilgestalt) hinsichtlich ihrer semantisch relevanten Bezugspunkte
hinterfragt. Auf der Basis eines semiotischen Bedeutungsbegriffs werden
drei Teilbereiche stilistischer Semantizität etabliert (Stilsemantik als "Selektionssemantik", als "Formatierungssemantik" und als "Sinnsemantik"), die
forschungsmethodisch produktive Aussagen über das Verhältnis von Stil und
Semantik ermöglichen. – W. **Sucharowski (Rostock)** geht der Grundfrage
nach, ob sich Nonverbalität überhaupt semantisch greifen läßt. Obwohl Nonverbales an sich "bedeutungslos" ist, könne es jedoch als nicht-hintergeh-
barer Kommunikationshintergrund mit den Merkmalen der Unbestimmtheit
und Mehrdeutigkeit bedeutungshaltig werden. Eine semantisch relevante
Umgebung im Sinne eines Bezugssystems sei methodisch mittels eines umfassenderen, typisierten Handlungskontextes (im Sinne von Schemata) kon-
stituierbar. – J. **Löffler (Münster)** demonstriert in dekonstruktiver Lese-
weise an der Schrift "Vorlesungen über die Ästhetik", wie G.W.F. Hegel den
historischen Wandel in der Kunst als Verschiebung der Signifikat-Signifi-
kant-Relation interpretiert. "Symbolische Kunstform", "klassische Kunstform" und "romantische Kunstform" (nach G.W.F. Hegel) zeigen bezüglich
der offerierten Zeichenrelation distinktive Merkmale. – Unscharfe (fuzzy)
Modellierung natürlichsprachlicher Bedeutung ist das Thema von B. **Rieger**
**(Trier)**. Im computerlinguistischen Experiment, anknüpfend an ein gebrauchs-
theoretisches Semantikkonzept, wird aus der unterschiedlichen kommunikativen Verwendung von Lexemen ein semantischer Raum modelliert, aus
dem mit Hilfe verschiedener Verfahren, z.B. textanalytischer, Semantik-Pa-
rameter, wie Bedeutungsnähe und Bedeutungsferne, meßtheoretisch eingefangen werden. Dynamische, kontextabhängige Bedeutung sprachlicher Zeichen wird hiermit als mehrstufiger Konstitutionsprozeß erklärbar.

Ein zweiter Komplex beinhaltet **Beiträge mit methodenpluralen und interdisziplinären Überlegungen zur Wortsemantik.**

A. **Blank (Marburg)** beschäftigt sich mit dem Problem, wie sich Bedeutungswandel als komplexes kognitives Ereignis charakterisieren läßt, und
zwar aus der Wahrnehmung von Relationen zwischen Konzepten, deren Versprachlichung durch einen Kommunikanten und dem kognitiven und sprach-

lichen Nachvollzug durch andere Kommunikanten. Vor dem Hintergrund
dieses komplexen kognitionslinguistisch determinierten Bedeutungsbegriffs
werden neun Verfahren des Bedeutungswandels abgeleitet. Effiziente Theoriekonzepte für die Ermittlung der Motivation des Bedeutungswandels sieht
der Verfasser in der klassischen Prototypentheorie und in der Frames-Theo-
rie (nach Ch. Fillmore). – Das Wortfeld des Führens ist für **H. Ebert (Best-
wig)** der Ausgangspunkt, dem Verhältnis von kognitiv gespeicherten "Führungs-Schemata" und textsortenspezifischen Gebrauchsmodalitäten nachzugehen. Textsortenbedingte Differenzen in der Bedeutung der Wortfeldkan-
didaten widerspiegeln sich in der entfalteten natürlichsprachlichen Problematik, wie Metaphorisierung, Bedeutungsverschiebung usw. – **J. Klein (Koblenz)** nutzt die Frame-Marke als semantiktheoretischen Begriff und als wis-
sensdiagnostisches Instrument. Aus der Analyse zum aktuellen Bedeutungswissen jugendlicher Erwachsener zu Lexemen aus der öffentlichen Auseinandersetzung um die Wirtschafts- und Sozialpolitik ergeben sich systematisch existente und defizitäre Bedeutungsanteile. Lexikalische Bedeutungen
auf Nichtexperten-Niveau werden als unscharf begrenzte Mengen stereotypen Wissens deklariert. – **I. Pohl (Landau)** zeigt am Phänomen der
semantischen Präsupposition von Lexemen, daß den noch offenen For-
schungsfragen zur Identifikation oder zur Funktion nur methodenplural beizukommen ist. So bedürfen vorliegende Semtypologien und die semantische
Konstituentenanalyse in ihrer Standardform einer weiteren Ausdifferenzie-
rung, damit eine Graduierung von Semen innerhalb der lexemsemantischen
Mikrostruktur objektiver ermittelt werden kann. Mit hoher Wahrscheinlichkeit erfüllen Seme mit geringerer Rekurrenz und spezifischerem Charakter
am ehesten präsuppositionale Eigenschaften. – **M. Schwarz (Köln)** verifiziert bisher postulierte Hypothesen über Organisationsprinzipien des mentalen Lexikons und über Prozesse bei der lexikalischen Aktivierung an den
Versprechertypen Substitution und Kontamination, die durch das repräsentationale Prinzip der Ähnlichkeit und das prozedurale Prinzip der Parallelität
motiviert sind. Ein Sprachproduktionsmodell, das auch sprachexterne Faktoren mitberücksichtigt, wird von der Verfasserin für weitere Untersuchungen
zu Versprechern als notwendig erachtet.

Der dritte Komplex vereinigt **methodologische Konzepte zur Beschreibung sprachlicher Einheiten zwischen Wort und Satz.**

Das Untersuchungsziel von **P. Ewald (Rostock)** besteht darin, das scheinbar
einheitliche Phänomen des Metaphorischen in seiner Differenziertheit bei
Einzelwortmetapher, Wortgruppenmetapher und Sprichwort mit metaphorischer Semantik zu hinterfragen. Etablierung von Metaphern und Prozesse

der Re-Metaphorisierung beweisen als Unterscheidungskriterien ihre Erklärungskraft. – **Ch. Römer (Jena)** stellt zwei zeitgenössische Theoriekonzepte
gegenüber, die G. Lakoffsche Konzeption der Idealisierten Kognitiven Modelle und den modularen Ansatz im Sinne von N. Chomsky/R. Jackendoff,
für die Unterschiede bei der Beschreibung von Metaphern geltend gemacht
werden. Für beide theoretisch und methodisch möglichen Darstellungsweisen wird die Bedingung aufgestellt, Bedeutung als ein strukturiertes und
flexibles Gebilde aufzufassen. – **H.-J. Kliewer (Landau)** sucht nach Spuren
metaphorischen Sprechens in neueren Kindergedichten, wobei metaphorisches Sprechen hier als ein literarisches Verfahren, eins durch das andere zu
sagen, verstanden wird. An unterschiedlichen älteren und neueren Kindergedichten wird exemplifiziert, inwieweit beim metaphorischen Sprechen mit
kopräsenter Semantik zu rechnen ist, inwieweit diese aufgelöst wird und wie
sie von Kindern verstanden werden soll. – **J. Sternkopf (Leipzig)** betont
unter dem Aspekt der Bildung deutscher Redewendungen die Modellbildung
und die wechselseitige Determination von Inventarisierung und Prognostizierung als methodologische Prinzipien. Aus der diffizilen Analyse von
Strukturen, Komponenten, Domänen und Affinität – Nichtaffinität lexikalischer Einheiten bezüglich lexikalischer Felder lassen sich schließlich Vorhersagbarkeitsgrade der Phraseologisierung ableiten. – **S. Freytag (Jena)**
überprüft an deutschen idiomatisierten Verbalphrasen aktuelle theoretische
Grundannahmen. Sie favorisiert die formal-semantische Differenzierung im
Sinne von G. Nunberg/I. Sag/Th. Wasow als einen produktiven Ansatz, der
insbesondere für die Gruppen der IDIOMATICALLY COMBINED EXPRES-
SIONS und IDIOMATIC PHRASES evidente Aussagen über strukturelle und
semantische Aspekte erlaubt. Unterschiede in der semantischen Beschreibung in einem abstrakten Lexikoneintrag werden durch die Zugehörigkeit
der idiomatisierten Phrasen zur jeweiligen Gruppe begründet. – Auf das Phänomen der Satzsemantik konzentriert sich **B. Skibitzki (Rostock)** anhand
von "Nullsätzen". Die zentrale Frage richtet sich auf die Beschreibungsplau-
sibilität semantischer Analysen und pragmatischer Beschreibungen nach
sprechakttheoretischen Parametern der als "Nullsätze" bewerteten Satzäußerungen. Grundsätzliche Überlegungen zum Verhältnis von Semantik und
Pragmatik sind eingeschlossen.

Methodologische Konzepte zur **Beschreibung von Textsemantik** bilden den
vierten Komplex der Beiträge.

Die Untersuchung von **Ch. Keßler/S. Gerbich (Potsdam)** zur Intertextualität geht von der Hypothese aus, daß semantische Strukturen eines Prätextes
ein Inferenzpotential für semantische Relationen hinsichtlich der Kohä-

renzbildung im Folgetext darstellen. Am Beispiel der Bibel als Referenztext in Texten der Medienkommunikation werden verschiedene Rezeptionsstrategien ermittelt, mit deren Hilfe das implizite Angebot des Prätextes von Rezipienten semantisch verarbeitet wird. – In den Mittelpunkt seiner Betrachtungen stellt **W. Schellenberg (Erfurt)** die Sprachreflexion, die in literarischen Texten verbalisiert wird und auf diese Weise eine Textsemantikkomponente darstellt. Eine Begriffsbestimmung zu Sprachreflexion erfasse u.a. die Fähigkeit des Textproduzenten und -rezipienten, über Sprachkommunikation sowie Entwicklung und Bewertung von Sprache nachzudenken. Verschiedene Arten von Sprachreflexion werden unterschieden, die sich z.B. hinsichtlich verbalisierter Reflexionen über Bedeutungen und hinsichtlich der erzählkünstlerischen Verarbeitung von Bedeutungsreflexionen abgrenzen lassen. – **I. Warnke (Kassel)** behandelt das Problem, ob die für die Textrezeption weithin akzeptierten mentalen Textszenarien auch bei der Textproduktion aktiv sind, in welcher Form sie organisiert sind und welche Rolle semantische Kategorien dabei spielen. Der Verfasser geht von der These aus, daß während der Textproduktion semantische Netze durch die Abwahl textzentraler Lexeme aktiviert werden und daß die semantische Architektur von Texten über die Isotopie hinausgeht. Es kann nachgewiesen werden, daß die Kontiguität produzierter Texte wesentlich durch die Kookkurrenz von wortartenheterogenen Items mit semantischer Affinität bestimmt ist. – Der Beitrag von **H.-J. Wünschel (Landau)** entstammt einem größeren interdisziplinären Projekt[3], in welchem die empirisch nachgewiesene Tatsache, daß verschiedene Leser den gleichen Text verschieden semantisieren, und die Hypothese, daß Textsemantik eine Komplexion aus Ausdrucksseitigem und Rezipientenseitigem darstellt, Ausgangspunkte für die subjektiv-rezipientenseitige Annäherung an ein fixes Textkorpus waren. Aus den Herangehensweisen von 34 "professionellen Lesern" unterschiedlichster Wissenschaftsdisziplinen läßt sich z.B. die rezeptionsrelevante Aussage ableiten, daß die Textsemantik Bedeutungsschichten (wie ästhetische, historische, religiöse, juristische) besitzt, für die Rezipienten hochgradig sensibilisiert sind.

Im **Resümee der Konferenz** ist festzuhalten:

(a) Nach wie vor bleibt die Aufgabe bestehen, theoretische Aussagen und kategoriale methodische Begriffe in der Semantikforschung diffizil zu bestimmen und die empirische Forschung dabei verifizierend und/oder induzierend zu nutzen. Dies trifft auf tradierte Positionen, wie die Merkmalshypo-

---

3   Vgl. Pohl, Inge; Pohl, Jürgen (Hg.) (1998): *Texte über Texte – Interdisziplinäre Zugänge.* - Frankfurt/M. u.a.: Lang.

these, ebenso zu wie auf neuere Ansätze, z.b. prototypen- oder framesemantische Modellierungen, Diskurstheorie, Dekonstruktivismus usw.

(b) Methodenkonstruktionen werden auf verschiedenen linguistischen Ana-
lyseebenen vorgeführt. Die Repräsentation der grammatischen Bedeutung,
der Satzsemantik und der Textsemantik gilt es aufgrund ihrer schwerer faß-
baren Komplexität zukünftig stärker zu hinterfragen.

(c) Hauptprobleme semantischer Beschreibung liegen bei den Prozessen der
Bedeutungskonstituierung (Bedeutungsmodifikation, Bedeutungsrevision, Bedeutungsverschiebung usw.).

Alle zur Konferenz Vortragenden waren sich darin einig, daß die konstruk-
tive Form des Gedankenaustausches zu den forschungsweisenden Problemen
in der Nachfolgekonferenz im Jahre 2000 fortgesetzt werden soll.

Schließlich bleibt allen Dank zu sagen, die zum Gelingen der Konferenz beigetragen haben, vor allem den Autorinnen und Autoren dieses Konferenz-
bandes. Zu danken ist auch all jenen, die die Durchführung der Konferenz in
ideeller und materieller Weise unterstützten: meinen Kollegen des Instituts
für Germanistik der Universität Koblenz-Landau/Abteilung Landau, dem
Vizepräsidenten der Universität Koblenz-Landau/Abteilung Landau, Herrn
Prof. Dr. G. Fieguth, dem Präsidenten der Universität Koblenz-Landau,
Herrn Prof. Dr. H. Saterdag, dem Freundeskreis der Universität Koblenz-
Landau/Abteilung Landau, dem Oberbürgermeister der Stadt Landau, Herrn
Dr. Ch. Wolff. Besonderer Dank gebührt Frau A. Fricke und Frau I. Klein-
bub (Studentinnen der Universität Koblenz-Landau), die durch gewissen-
haftes Korrekturlesen die Fertigstellung der Druckvorlage befördert haben,
und meinem Mann, Herrn Doz. Dr. J. Pohl, für die diffizilen computer-
technischen Arbeiten zur Herstellung des druckfertigen Typoskripts.

Landau, im Dezember 1998                                        Inge Pohl

# METHODOLOGISCHE KONZEPTE

# ÜBERGREIFENDEN CHARAKTERS

KLAUS-PETER KONERDING

# Merkmale, Bedeutungspostulate, Prototypen, Schemata – Aspekte der Kompatibilität prominenter Modelle in der Semantik

> Much but by no means all worldmaking consists of taking apart
> and putting together, often conjointly: on the one hand, of divi-
> ding wholes into parts and partitioning kinds into subspecies,
> analysing complexes into component features, drawing distincti-
> ons; on the other hand, of composing wholes and kinds out of
> parts and members and subclasses, combining features into
> complexes, and making connections. Such composition or de-
> composition is normally effected or assisted or consolidated by
> the application of labels: names, predicates, gestures, pictures
> etc.
>
> (Nelson Goodman 1978)

## 1. Semantische Merkmale/Komponentenanalyse

Die grundlegende Annahme einer jeden Bedeutungstheorie, die semantische
Merkmale postuliert, besteht darin, dass die Bedeutung eines Lexems auf der
Grundlage einer Menge allgemeiner Bedeutungskomponenten oder 'semantischer Merkmale' analysiert werden kann. Entsprechende Bedeutungstheorien
haben eine Tradition, die bis in die Philosophie der Antike zurückreicht. Im
Rahmen des europäischen Strukturalismus ist als frühester und wohl auch
prominentester Vertreter dieser Tradition Hjelmslev (1961) zu nennen. Die
frühen Überlegungen von Hjelmslev übertragen Prinzipien, die Trubetzkoy
(1939) in die Phonologie eingeführt hatte, auf den Bereich der Semantik.
Entsprechend wird die Gültigkeit bewährter strukturalistischer Methoden zur
Ermittlung differentieller Oppositionen auch für die Ebene der Bedeutungen
postuliert. Wie sich das phonologische Inventar einer Sprache auf der
Grundlage einer begrenzten Menge von "Ausdrucksfiguren" konstituieren
soll, so sollen auch die Bedeutungen eine Zerlegung in eine begrenzte
Anzahl von "Inhaltsfiguren" ("Seme", "semantische Merkmale") erfahren
können. Die systembezogene Bedeutung eines Lexems ergibt sich damit als
Komplex einer bestimmten Anzahl von "Inhaltsfiguren" im Range von se-

mantischen Merkmalen (Hjelmslev 1961:46f. u. 60ff.). In der Folge werden modifizierte und elaboriertere Versionen unter anderem von Pottier (1963), Prieto (1964), Greimas (1966) und Geckeler (1971) vorgestellt. In Amerika fand die Komponentenanalyse zunächst im Rahmen anthropologischer Untersuchungen zu Verwandtschaftsbezeichungen Verwendung, bevor sie von Linguisten wie Katz und Fodor (1963), Lamb (1964), Nida (1964) und Weinreich (1966) adaptiert wurde. Letztlich werden Merkmale auf der Grundlage von synchron bestimmten paradigmatischen Beziehungen zwischen Lexemen ermittelt, dies auf der Folie minimaler Kontraste, faktisch unter Bezug auf rekurrente Eigenschaften potentieller Referenzobjekte. Gerade letzteres wurde jedoch nie gebührend reflektiert. Die Schwierigkeiten, die mit einer solchen reduktiven theoretischen Position verknüpft sind, sind hinlänglich bekannt (vgl. z.B. Lyons (1977), Wiegand/Wolski (1981), Lutzeier (1985) u.a.). Darum möchte ich hier nur eine kurze Auflistung der wichtigsten Probleme präsentieren:

1. Der Status der Merkmale als theoretische bzw. empirische Entitäten ist weitgehend ungeklärt.
2. Die postulierte Atomarizität der Merkmale ist problematisch.
3. Es ist ungeklärt, auf welche Weise Merkmale Wortbedeutungen als abgeschlossene Bedeutungskomplexe konstituieren sollen.
4. Die Methode der Ermittlung semantischer Merkmale ist problematisch und führt selten zu eindeutigen Ergebnissen.
5. Es existiert keine Methode, semantische Merkmale unabhängig von sprachlichen Zeichen zu identifizieren.
6. Es existiert keine Methode, mit der die Anzahl der Merkmale kleiner gehalten werden kann als die Anzahl der Lexeme der beschriebenen Sprache.

Das theoretische Postulat einer autonomen ontologischen Ebene von atomaren semantischen Entitäten beruht letztlich auf einer metaphorisch motivierten, empirisch unzureichend reflektierten Methodengeneralisierung, die eine radikale Einschränkung der Wahrnehmung des zugehörigen Phänomenbereichs zur Folge hat. Dieser problematischen Reduktion wurde durch eine theoretische Vorentscheidung Vorschub geleistet, die die Erforschung der langue (als Sprachsystem) bzw. der Kompetenz zum primären Ziel der Spracherforschung erklärte und Sprachfunktion und -gebrauch als Ziele von nachgeordneter Relevanz bestimmte.

Will man dennoch an der Konzeption festhalten, dass eine Theorie der Semantik sprachlicher Zeichen fruchtbar erscheint, in deren Rahmen das Konstrukt des Merkmals eine Rolle spielen soll, so sind hier grundlegende Revisionen des Merkmalbegriffs notwendig (vgl. hierzu z.b. Konerding 1993: 106ff.). Insbesondere erscheint es unumgänglich, eine entsprechende Theorie der Semantik in eine umfassendere Theorie des Sprach- bzw. Zeichengebrauchs einzubetten. Ohne hier eine solche Theorie auch nur skizzieren zu können, sollen nachfolgend in Anknüpfung an alternative Konzeptionen der zeitgenössischen Forschung zum Verständnis von semantischen Phänomenen Überlegungen dazu vorgestellt werden, unter welchen theoretisch und empirisch akzeptablen Voraussetzungen sich eine gebrauchsbezogene Theorie der semantischen Merkmale formulieren ließe.

Wesentliche Fortschritte in die Richtung einer gebrauchsbezogenen Theorie der Wortbedeutung stellen die beiden derzeit wohl prominentesten aber nichtsdestoweniger inkommensurabel erscheinenden Theorien der Semantik dar: einerseits die Prototypensemantik und andererseits die Theorie der relationalen Semantik, letztere in ihrer Ausgestaltung als Theorie der Bedeutungspostulate.

## 2. Bedeutungen und Prototypen

Die Prototypensemantik schenkt dem in der Merkmalssemantik weitgehend vernachlässigten Faktum Beachtung, dass der Gebrauch von sprachlichen Zeichen qua Referenz und Prädikation Zwecken der kategorisierenden Bezugnahme auf Wahrnehmungs- und Vorstellungsphänomene dient. Damit rücken die Bezugsentitäten und ihre Beschaffenheit in den Vordergrund der Aufmerksamkeit semantischer Betrachtungen. Die Bedeutung eines sprachlichen Ausdrucks muss demnach so konstituiert sein, dass sie erfolgreiche Referenz, und d.h. Kategorisierung, gestattet. In der Standardversion der Prototypentheorie nach Rosch organisiert sich aktuelle Erfahrung um einen prototypischen Vertreter einer mental konstituierten Kategorie (vgl. z.B. Rosch 1973; 1975; 1977). Der Prototyp ist dadurch ausgezeichnet, dass er die meisten rekurrenten salienten Eigenschaften der Vertreter der Kategorie aufweist, gleichgültig, ob diese Eigenschaften perzeptueller oder funktionaler Natur sind.

Die Standardversion der Prototypentheorie der 70er Jahre hat mehrfach Modifikationen erfahren. Im Folgenden sollen hier lediglich einige spezifische Details der revidierten Theorieversion betrachtet werden. Ein zentrales Problem der klassischen Prototypensemantik blieb, dass die Geschwindigkeit, mit der referentielle Kategorisierung faktisch vollzogen wird, durch das

Postulat der Existenz semantisch relevanter Attribut- oder Merkmalslisten zu Referenzentitäten (Checklist-Semantik) nicht hinreichend erklärt werden konnte. In Folge wurden sehr früh Stimmen laut, die eine Integration prototypischer Eigenschaften in ganzheitliche Bedeutungen mit Gestaltqualitäten postulierten (Fillmore 1975; Lakoff 1977; 1982; Langacker 1982; in Deutschland etwa zur gleichen Zeit Lutzeier 1981; Quasthoff/Hartmann 1982). Derartig beschaffene ganzheitliche Bedeutungen sind psychologisch weniger komplex als die Summe ihrer Aspekte[1] oder – relativ zu einem reduktiven System von Elementen – Teile und können kognitiv als eine einzige Einheit registriert und verarbeitet werden. Wortbedeutungen, verstanden als mentale Entitäten, umfassen danach ganzheitlich verarbeitete Schemata, wie sie im Rahmen der kognitiv orientierten Philosophie und Psychologie bereits zuvor postuliert und charakterisiert wurden (vgl. z.B. Rumelhart 1980; Armstrong u.a. 1983; Paprotté 1985; Kleiber 1993, dort spez. 49). Prototypische bzw. rekurrente Eigenschaften potentieller Referenzentitäten fungieren damit nicht mehr als elementare Komponenten bzw. Konstitutenten der Bedeutung, sondern als fokussierbare und diskursbezogen isolierbare Aspekte eines schematisch spezifizierten Gestaltprofils, das darüber hinaus kontextspezifischer Variation unterliegt (vgl. hierzu z.B. Lutzeier 1981:75; Kleiber 1993:49; Konerding 1993:106ff.). Semantische Merkmale entpuppen sich im Rahmen der vorliegenden Theorie als prominente Aspekte holistisch bestimmter Referenzentitäten, die vorzugsweise in Diskurstypen (als speziellen Kontextklassen) relevant werden, in denen die Abgrenzung und Unterscheidung lexikalisierter Kategorien zur Debatte steht. Der wissenschaftlich stilisierte Prototyp dieser Diskurstypen ist die semantisch orientierte Minimalpaaranalyse.

Kognitive Schemata sind amodaler Natur und manifestieren sich als kognitive Tendenzen oder Dispositionen, Wahrnehmungsdaten in spezieller Form zu strukturieren, zu konfigurieren, zu elaborieren und in übergeordnete Strukturen assoziativ zu integrieren (Rumelhart 1980). Sie erlauben prototypische Tendenzen bzw. Effekte im Rahmen der referentiellen Kategorisierung. Im Bereich der kognitiven Linguistik werden signifikante Aspekte schematischer Gestaltqualitäten häufig durch Diagramme abstrahiert und indexikalisch bzw. quasi-ikonisch im Bereich der visuellen Modalität repräsentiert (vgl. speziell die Arbeiten von Lakoff 1987 und Langacker 1987).[2]

---

1   Unter "Aspekt" verstehe ich hier ganz allgemein ein unter vorgegebenen Bedingungen weitgehend invariant erscheinendes Phänomen, das als besondere Beschaffenheit oder Gegebenheitsweise eines umfassenderen Phänomens konstatiert wird.

2   Es scheint sinnvoll, zwischen eher konzeptkonstituierenden und eher konzeptorganisierenden Schemata zu differenzieren. Ohne dass an dieser Stelle auf eine genauere Charakterisierung eingegangen werden kann, ist darauf hinzuweisen, dass hierzu in gewis-

## 3. Bedeutungspostulate

Lakoff als derzeit prominentester Vertreter der Prototypensemantik hat darauf hingewiesen, dass es notwendig ist, schematisch bestimmte von propositional bestimmten Bedeutungen zu unterscheiden (Lakoff 1987:113/114). Lakoff selbst hat jedoch keine weiter gehenden Klärungen zu dieser Unterscheidung bereitgestellt. Wie sich zeigen wird, wird die Beziehung zwischen propositional und schematisch bestimmten Bedeutungen im Folgenden im Rahmen eines zu entwerfenden integrativen Modells genauer spezifiziert werden können. Der Prototyp unter den semantischen Theorien, die für Wortbedeutungen eine propositionale Struktur postulieren, stellt zweifellos die Theorie der Bedeutungspostulate oder semantischen Produktionen dar. Diese semantische Theorie ist in der neueren Forschungsgeschichte als die einflussreichste Konkurrentin der Merkmalstheorie aufgetreten. Während die Prototypensemantik primär der referentiellen Komponente der Kategorisierung Rechnung trägt, wendet sich demgegenüber die Theorie der Bedeutungspostulate der prädikativ-propositionalen Komponente der Kategorisierung zu und vernachlässigt dabei mehr oder weniger den referentiellen Aspekt. Es gilt nun zu prüfen, in welchem Verhältnis die Theorie der Bedeutungspostulate zur Prototypensemantik steht.

Bedeutungen unter Bezug auf Bedeutungspostulate zu charakterisieren, räumt der Sprache und der sprachbezogenen Interaktion ein Primat bezüglich der Konstitution zentraler Anteile sprachlicher Bedeutungen ein. Ursprünglich von Carnap (1952) zu Zwecken der Explikation des philosophischen Analytizitätsbegriffs bei deskriptiven Ausdrücken im Rahmen idealer Sprachen eingeführt, erfährt der Begriff des Bedeutungspostulats bereits in den 60er Jahren eine Adaption an die von Lyons begründete rein relationale Semantik, die sich auf paradigmatische Bedeutungsbeziehungen stützt (vgl. Lyons 1963; 1968; 1977; 1995; hierzu genauer Konerding (im Druck a)). Grundlage einer derartigen Semantik ist eine pragmatisch interpretierte Implikationsbeziehung zwischen behaupteten Sätzen etwa der folgenden Form (vgl. dazu speziell Lyons 1968:444ff.; 1977:204; 1995:124ff.):

---

ser Weise die – als skalar anzusehende – klassische Differenzierung zwischen Auto- und Synsemantika korrespondiert (etwa Nomina, Vollverben, Adjektive, bestimmte Präpositionen, Präpositionaladverbien einerseits, Deiktika, Determinatoren, Modalverben, Satzadverbien, Kopulaverben, Quantoren, Modalpartikel etc. und allgemeine syntaktische Strukturmuster andererseits). Konzeptorganisierende Schemata sind als holistisch wirksame operative Routinen Beispiele für Schemata par excellence. Sie werden **nur** in wissenschaftlichen Diskursen Gegenstand attributbezogener Spezifikationen und können an dieser Stelle nicht weiter betrachtet werden.

(P)  *Wenn behauptet wird, dass X ein Junggeselle ist,*
     *dann kann (normalerweise) nicht zugleich behauptet werden, dass X*
     *verheiratet ist*
     *– bzw. –*
     *dann wird (normalerweise) 'implizit behauptet', dass X unverheira-*
     *tet ist.*

Der frühe Lyons, noch ganz dem Paradigma des Physikalismus und Beha-
viorismus seiner Zeit verhaftet, restringiert eine Theorie der Semantik unter
Berufung auf Quine an ausschließlich beobachtbare Daten, d.h. hier an geäußerte Sätze in sog. beschränkt kontrollierten Kontexten (vgl. Lyons 1963).
Folgerichtig ergibt sich für ihn die Bedeutung eines Ausdrucks aus der
Menge der semantischen Beziehungen, die der Ausdruck zu anderen Ausdrücken eines spezifischen Wortschatzausschnitts aufweist. Insofern respek-
tiert Lyons das gebrauchsbezogene Faktum, dass alltagssprachliche Bedeutungserklärungen dort, wo sie nicht über Deixis bzw. Ostension im Rahmen
typisch exophorischer Referenzakte erfolgen, durch Paraphrasen oder An-
führung typischer Gebrauchsweisen realisiert werden. Zudem werden die
betreffenden Bedeutungen dabei häufig gegen Bedeutungen bedeutungsähn-
licher Ausdrücke abgegrenzt. So auch im Rahmen der "klassischen" Auffassung "definitio fit per genus proximum et differentia specifica", in der die
Bedeutungsrelationen der Hyponymie und Inkompatibilität eine ausgezeich-
nete Rolle spielen. Für den frühen Lyons handelt die Semantik ausschließlich von "paradigmatischen Bedeutungsbeziehungen", allen voran Hyponymie und Inkompatibilität, dann Antonymie, Synonymie, Komplementarität
und Konversität. Für alle diese Relationen weist Lyons nach, dass diese sich
mit Hilfe der "pragmatischen Implikation" jeweils in Form von Bedeutungspostulaten präsentieren lassen (vgl. Lyons 1963:61ff.; 1968:444ff. oder 1977:
204). Als Beispiel sei hier kurz der Fall der Hyponymie betrachtet: Eine
linguistische Einheit $E_i$ steht zu einer linguistischen Einheit $E_j$ (in einem
spezifischen Kontext $K_h$) in der Relation der Hyponymie dann und nur dann,
wenn eine Äußerung, die $E_i$ umfasst, diejenige Äußerung implizit behauptet,
die man erhält, wenn man in der erstgenannten $E_i$ durch $E_j$ ersetzt: Die
Äußerung *Die Robe ist **scharlachfarben*** behauptet implizit *Die Robe ist **rot***
(vgl. Lyons 1963:69f.). Als Konsequenz ergibt sich für Lyons die Bedeutung
eines Ausdrucks aus der Menge der ihm zugehörigen Bedeutungspostulate,
die ihrerseits "paradigmatische Bedeutungsrelationen" repräsentieren.

Eine kognitive Variante der ursprünglich behavioristischen Theorieversion
wird zu Beginn der 80er Jahre von Fodor, Garrett, Walker und Parkes präsentiert (vgl. Fodor u.a. 1980). Wortbedeutungen sind hier als unanalysierte,

elementare Einheiten eines sprachbezogenen Systems von mentalen Repräsentationen bestimmt, wobei die holistischen Bedeutungsrepräsentationen über Bedeutungspostulate aufeinander bezogen werden. Ohne auf problematische Spezifika dieses Modells hier eingehen zu können (so z.b. das Postulat der angeborenen Bedeutungen sowie der internen Repräsentationssprache "Mentalese"), ist hiermit ein Brückenschlag zwischen den zunächst inkommensurabel erscheinenden semantischen Modellen referentiell schematischer Kategorisierung und propositional bestimmter kategorischer Prädikation vorbereitet.

## 4. Aspekte der Kompatibilität

Während die Prototypensemantik primär sprachliche Referenzphänomene im Rahmen der semantischen Theoriebildung zu klären bemüht ist, konzentriert sich die relationale Semantik der Bedeutungspostulate auf die Beschreibung paradigmatischer Beziehungen zwischen sprachlichen Zeichen in propositionalen Strukturen, was – wie skizziert – letztlich einer strukturalistisch erweiterten und sprachrelativierten Version der klassischen Definitionslehre im Sinne von "differentia specifica et genus proximum" entspricht. Für die relationale Semantik spricht, dass diese – anders als die klassische Prototypensemantik – propositionale Strukturen explizit berücksichtigt. Dieses Faktum ist insofern von erheblicher Relevanz, als verbale Praktiken bei der Etablierung und Differenzierung von Wortbedeutungen – gerade auch im Bereich der Bedeutungen sog. Abstrakta – eine außerordentliche Rolle spielen. Klassische Bedeutungspostulate berücksichtigen vor allem diejenigen propositionalen Strukturen, die paradigmatische Bedeutungsbeziehungen von Hyponymie und Inkompatibilität im Sinne der Spezifikation eines kontextabstrahierten "genus proximum et differentia specifica" inkludieren. Der Spracherwerb zeigt allerdings, dass diese Bedeutungsbeziehungen nur eine nebengeordnete Rolle bei der Genese und Konstituierung von lexikalischen Bedeutungen spielen (vgl. z.B. Pinker 1989; Barsalou 1992; Keil 1994). Unter Berücksichtigung des bedeutungskonstitutiven referentiellen Aspekts wird deutlich, dass "paradigmatische Bedeutungsbeziehungen" allein keine ausreichende Grundlage für eine hinreichend erklärungskräftige semantische Theorie abgeben können.

Zunächst ist festzuhalten, dass Merkmals- und Prototypensemantik einerseits und relationale Semantik andererseits ursprünglich qua dezidiertem Erklärungsanspruch keine Berührungspunkte aufzuweisen scheinen. Wie zuvor erwähnt ändert sich dies jedoch, wenn man einen Blick auf die kognitivistische

Variante der relationalen Semantik nach Fodor u.a. (1980) wirft. Dort wurden Wortbedeutungen als relationierte elementare mentale Entitäten spezifiziert. Ein Spezifikum der revidierten Version der Prototypentheorie ist gerade, dass jedem sprachlichen Ausdruck (in einer speziellen Lesart) ein gestaltartiges Schema assoziiert ist. Schemata sind insofern elementar, als sie qua Gestaltqualität irreduzible Einheiten darstellen. In diesem zentralen Punkt existiert also eine wesentliche Koinzidenz zwischen der kognitivistischen Version der relationalen Semantik und der Prototypensemantik. Bevor ein wesentlicher Schritt hinsichtlich der weiteren Vereinheitlichung der beiden semantischen Theorien unternommen werden kann, ist allerdings die zentrale Frage zu klären, in welchem Zusammenhang die Bedeutungsschemata der Prototypensemantik und die Bedeutungsrelationen der Theorie der Bedeutungspostulate miteinander stehen.

Als wesentlich für sprachlich bedingte Referenzprozesse erweisen sich diejenigen Anteile eines holistischen Gestaltprofils einer Referenzentität, die als "Attribute" von Schemata, d.h. gängige Aspekte schematisch spezifizierter Referenten, isoliert und kategorisiert werden können. Attributen als isolierten, abstrahierten und kategorisierten "Komponenten" von Schemata sind ihrerseits natürlich wiederum Schemata assoziiert, die – und das ist das wichtige Detail – gegebenenfalls ihrerseits lexikalisiert sein können. Die grundlegende Beziehung zwischen den zugehörigen Schemata ist in den meisten Fällen die Kontiguität (vgl. die mit bestimmten Lesarten von *Schnabel* und *Flügel* lexikalisierten Schemata; sie determinieren lokal isolierbare Aspekte typischer Instanzen des mit *Vogel* lexikalisierten Schemas; bzw. vgl. die mit bestimmten Lesarten von *Schärfe* und *Metall* lexikalisierten Schemata realisieren lokal isolierbare Aspekte typischer Instanzen des Klingen-Schemas; die mit bestimmten Lesarten von *Gebäude*, *Unterricht* und *Schülerschaft* lexikalisierten Schemata realisieren isolierbare Aspekte des Schule-Schemas). Die zentrale Frage, die sich im vorliegenden Zusammenhang stellt, ist also zunächst die nach der Existenz von Bedeutungsrelationen, die Aspekte der Kontiguität zwischen Schemata sprachbezogen reflektieren.

Wendet man sich dem alltäglichen Sprachgebrauch zu, so wird sogleich deutlich, dass die gesuchten Kontiguitätsbeziehungen sprachlich nahezu ausschließlich in den syntagmatisch in Erscheinung tretenden Relationen von Prädikation und Modifikation formal Ausdruck erlangen, d.h., sie treten in der Regel nicht zwischen Elementen von Paradigmen als "paradigmatische" Relationen auf. Substitutionsklassen, die durch Kontiguitätsrelationen zwischen den zugehörigen Denotaten gekennzeichnet sind, sind selten und unterliegen strikten Restriktionen kontextspezifisch zulässiger metonymischer

Variation (vgl. *Das Schiff* / *Der Bug* / *Die schlanke Form* / *?Das Segel* / *?Das Holz* / *?Das gleißende Weiß* / *?Der Schiffer* / *??Die Kajüte* / *\*Die Kombüse ... zerteilt die Wellen*.). Sie sind darüber hinaus auf bestimmte Textsorten- und Äußerungssituationen beschränkt. Eine Ausnahme scheint hier für sehr spezielle Kontexte und Paradigmen die sog. "Partonymie" darzustellen, vgl.: *Der menschliche Körper verfügt über Finger* / *Hände* / *Arme*. In dem genannten Beispiel liegt die Partonymie zugleich syntagmatisch und paradigmatisch vor. Erweitert man das Paradigma, wird das Vorliegen der Partonymie als paradigmatischer Relation abhängig von speziellen topologischen Beziehungen zwischen den Denotaten der substituierten Einheiten (wobei sich diese Beziehungen mit den Mitteln der Alltagssprache nur unter erheblichem deskriptiven Aufwand kennzeichnen lassen): *Der menschliche Körper verfügt über Finger* / *Hände* / *Arme* / *Schultern* / *Beine* / *...* Vor allem dieser Sachverhalt der außerordentlichen Beschränktheit der Paradigmen stiftenden Potenz der Partonymie mag dazu beigetragen haben, dass der Status der Partonymie als "paradigmatische Bedeutungsrelation" in der einschlägigen Forschung umstritten ist.

Traditionell wurden kontiguitätsindizierende semantische Relationen als "syntagmatische Bedeutungsrelationen" spezifiziert. Syntagmatische Bedeutungsrelationen wurden in der Kontinuität der Untersuchungen Porzigs als semantisch (!) bedingte, strenge Distributionsbeschränkungen zwischen phrasalen Köpfen und Modifikatoren bzw. Komplementen gesehen, die auch unter der eher unspezifischen Bezeichnung "Kollokationen" bekannt wurden (klassische Beispiele: *der Hahn kräht, das Huhn gackert, das Pferd wiehert, die Zunge leckt, das Pferd galoppiert*). In seiner populären Arbeit von 1977 deutet Lyons an, dass ein zu restriktiv gehandhabter und d.h. hier vor allem zu formal orientierter Begriff von "Kollokation" das spezifische Phänomen der syntagmatischen Bedeutungsrelation eher verdeckt als spezifiziert (vgl. Lyons 1983:242ff.) – was wohl auch ein wesentlicher Grund dafür war, dass die Linguistik die Untersuchung der einschlägigen semantischen (!) Relationen bisher stark vernachlässigt hat. Lyons weist mit Porzig darauf hin, dass die Annahme sehr plausibel ist, dass schematisch bestimmte Attribute nominal spezifizierter Referenzentitäten mit Hilfe ursprünglich exklusiv für diesen Zweck reservierter Ausdrücke charakterisiert wurden (*die Zunge leckt, das Haar ist blond* etc.). Im Verlauf der Sprachentwicklung seien die Kookkurrenzrestriktionen der betreffenden Zeichen nach Porzigs Meinung aufgrund kreativ metaphorischer Übertragungen schrittweise ausgeweitet worden, so dass derzeit viele der usprünglich spezifisch restringierten Attribut charakterisierenden Zeichen qua Abstraktion nur noch durch allgemein semantisch-sortale Beschränkungen im Rahmen lexikalisierter Selektionsrestriktionen in ihrer Variabilität begrenzt seien (man vgl. z.B. *das Kind geht, der Mensch geht, der Affe geht, der Lehrer geht, die Uhr geht, die Zeit geht (dahin); der Vogel fliegt, der Stein fliegt, der Teppich fliegt, der Mensch fliegt, der Jet-Set fliegt, die Zeit fliegt (dahin))*.[3]

"Paradigmatische Bedeutungsrelationen" im engeren Sinne, wie sie im Bereich der relationalen Semantik traditionell untersucht wurden, also Hyperonymie, Synonymie sowie Inkompatibilität und ihre spezielleren Erscheinungsformen, kommen relativ regelhaft nicht nur zwischen Elementen von Paradigmen sondern auch zwischen Elementen von Syntagmen vor: Die Hyperonymie erscheint im Rahmen von Prädikationen zu Super- und Subklassifikationszwecken; die Inkompatibilität mit ihren Unterformen erscheint im Rahmen von Prädikationen, die der Korrektur dienen (*Eine Katze ist ein Fleischfresser.* – Superklassifikation (nur generisch); *Diese Katze ist eine Wildkatze. Unser Kätzchen ist ein Kater.* – Subklassifikation (nur kontingent); *Unser Kater ist eine Kätzin. Er geht hinauf und nicht hinunter.* – Korrektur). Darum ist die Bezeichnung "paradigmatische Relation" nicht unbedingt glücklich gewählt. Der eigentlich entscheidende Gesichtspunkt ist, dass derartige semantische Relationen Schemata nicht auf der Grundlage von "Kontiguität", sondern von "Similarität" relationieren.[4] Sie sind dadurch ausgezeichnet, dass sie Alternativen der lexikalischen Spezifizierung von Schemata betreffen, je nach pragmatischen Rahmenbedingungen auch von heterogenem semantischen Granularitätsgrad. Wie aber treten Kontiguitäts- und Similaritätsrelationen in Alltagsdiskursen in Erscheinung?

Fragt man z.B. nach der Bedeutung von *Boot* bzw. nach der Beschaffenheit eines bestimmten Bootes, so erhält man in der Regel eine multipropositionale Charakterisierung, in der ein unspezifisch als *Boot* charakterisierter Ge-

---

3    Dieser Hypothese der generellen Restriktionsabschwächung ist natürlich entgegenzuhalten, dass im Verlauf der Sprachentwicklung auch der entgegengesetzte Prozess zu beobachten ist. Man denke hier an Funktionsverbgefüge (*zu Fall bringen, in Auftrag geben*) oder mittlerweile isolierte übertragene Kollokationen (*eine Prüfung bestehen, einen Wettkampf bestreiten*) bis hin zu all den festeren Formen im Rahmen des Phänomenbereichs der Phraseologie, die kommunikativ weniger deskriptiv als vielmehr quasi-performativ stark konventionalisierte, routinisierte und schematisierte Referenzsituationen induzieren (ich verweise hierzu z.B. auf die Arbeiten von Gumperz 1982, Auer 1986 und Feilke 1994).

4    Aufgrund des Sachverhalts, dass "syntagmatische Bedeutungsrelationen" im Rahmen von Paradigmen und "paradigmatische Bedeutungsrelationen" im Rahmen von Syntagmen vorliegen können, erscheint es sinnvoll, die entsprechenden Termini durch die semantisch motivierten Termini "Kontiguitätsrelationen" bzw. "Similaritätsrelationen" zu ersetzen. (Zum möglichen Verhältnis von Similarität und Kontiguität vgl. Anm. 6.)

genstand das dominante Topik ist, das qua Prädikation und Modifikation spezifiziert wird. Dabei wird das mit Hilfe von *Boot* holistisch-schematisch identifizierte Referenzobjekt schemaattributbezogen sequentiell charakterisiert. Häufiger als generische Prädikationen, die Attribute qua sortaler Kategorisierung und Vererbung indizieren und die stark präsupponiert werden – ein Boot als *physischer Körper* verfügt über schematisch bestimmte Attribute wie 'Farbe', 'Material', 'Form/Gestalt', 'Eigenschaften', 'Verwendungszweck' etc., etwa: *Ein Boot ist ein an der Oberseite offener gestreckter Hohlkörper, der auf dem Wasser schwimmt und dem Transport von Personen und Waren dient.* –, erfolgt in der Sprachpraxis die spezifische Prädikation, die schematisch spezifizierte Referenzentitäten entlang ihrer usuell präsupponierten Attribute unter Bedingungen der kommunikativen Relevanz kontingent charakterisiert:

(1)  *Sein Boot ist eine **Segeljacht** (eine **Motorjacht**, ein ehemaliges **Fischerboot**, ein **Faltboot**, ...).*
   [Spezifikation des Attributs '**Typ/Subkategorie**']

(2)  *Sein Boot liegt am **Starnberger See** (am **Mondsee**, am **Genfer See**, am **Comer See**, ...)*
   [Spezifikation des Attributs '**Lokalisation**']

(3)  *Sein Boot ist vorwiegend **blau** (**weiß**, **rot**, ...) lackiert.*
   [Spezifikation des Attributs '**Farbe**']

(4)  *Sein Boot ist aus **Edelholz** (**Leichtmetall**, **Fiberglas**, ...) gefertigt.*
   [Spezifikation des Attributs '**Material**']

(5)  *Sein Boot ist **schlank** (**hydrodynamisch**, **plump**, **rundlich**, ...) geschnitten.*
   [Spezifikation des Attributs '**Form**']

(6)  *Sein Boot verfügt über ein(en) **Außenbordmotor** (**Segel**, **Ruder**, **Schaufelrad**, ...).*
   [Spezifikation des Attributs '**Antriebsmittel**']

(7)  *Sein Boot verfügt über eine **Kajüte** (drei **Masten**, zwei **Ruder**, **Radar** ...)*
   [Spezifikation des Attributs '**besonderer Teil/Ausstattung**']

(7a) *Sein **dreimastiges** Boot, das übrigens über eine große **Kajüte** verfügt, liegt am **Genfer See**.*
[Spezifikation der Attribute '**besonderer Teil/Ausstattung**' (2fach qua Modifikation), '**Lokalisation**' (qua Satzprädikation)]

Es liegt nun auf der Hand, nicht nur die durch Similarität, sondern auch die durch Kontiguität bestimmten Schema-Schema- bzw. Schema-Attribut-Relationen der Prototypentheorie im Sinne der ursprünglichen Intentionen Carnaps in Form von Bedeutungspostulaten zum Ausdruck zu bringen. Allerdings ist der klassische Begriff der Analytizität bei Bedeutungspostulaten hier durch den der Prototypentheorie angemessenen Begriff der gradierten Revidierbarkeit im Sinne von pragmatischer Zentralität nach Quine (1963) und stereotypischer Erwartbarkeit nach Putnam (1975) zu ersetzen.[5]

Damit steht fest, dass sich paradigmatische wie auch syntagmatische Bedeutungsrelationen durch Bedeutungspostulate darstellen lassen. Bedeutungspostulate repräsentieren die lexikalisierte Habitualisierung von Assoziationen zwischen kognitiven Schemata auf der Grundlage von Similarität und Kontiguität.[6] Die Bedeutungspostulate decken dabei das funktional differenzierte Spektrum formaler Strukturen ab, die für Prädikationen im Deutschen verfügbar sind (hier in Anlehung an Lyons 1983:95ff.). Sie können danach unterschieden werden, ob sie Funktionen der Klassifikation (*x wird aufgefasst als y*), Possession (*x hat / besitzt die Eigenschaft / den Zustand / den Teil / den Bereich y*), Partizipation (*x hat Teil an y*) oder Lokalisation (*x befindet sich zur Zeit t an Ort l*) konstituieren.

---

5  Zum Verhältnis von Stereotypie nach Putnam und Prototypie nach Rosch vgl. auch Konerding (im Druck b).

6  Orthodoxe Feldtheoretiker verwerfen häufig semantische Relationen auf der Grundlage von Kontiguität mit der weitgehend unreflektierten Begründung, diese seien nur auf der Grundlage von (habitualisierten) Assoziationen zu erklären. Sie verkennen jedoch, dass auch die klassischen Sinnrelationen, die auf Similarität gründen, assoziativen Ursprungs sind. Wenn es sich weiterhin bei Kontiguität und Similarität um keine diskreten Kategorien handelt, sondern Similarität als ein Spezialfall der Kontiguität verstanden werden kann, wie es etwa die semiotische Debatte um den Status der Ikonizität nahe legt, wird der mit unreflektierten Dogmen belastete orthodoxe Standpunkt gänzlich unhaltbar. – Zur Rolle semantischer Kontiguität und Similarität im Rahmen des lexikalischen Wandels vgl. den Beitrag von Blank in diesem Band.

**Schema-Attribut Relationen zwischen Schemata in der Darstellung durch Bedeutungspostulate**

($p{\rightarrow}q$ ist hier zu lesen: *wenn p behauptet wird, dann kann im Regelfall auch q behauptet werden*)

**a.** Dimension der **Similarität**:

- X ist ein *Pferd* → X *ist ein* Tier
  (**Klassifikation** als Abstraktion)
- X ist ein *Pferd* → X *ist ein* Reittier und/oder ein Lasttier und/oder ein Arbeitstier und/oder ...
  (**Klassifikation** als Spezifikation)
- X ist ein *Pferd* → X *ist ein* Schimmel oder ein Rappe oder ein Fuchs oder ...
  (**Klassifikation** als Spezifikation)
- X ist ein *Pferd* → X *ist ein* Fortbewegungsmittel und/oder eine Nahrungsquelle und/oder eine Arbeitshilfe und/oder ...
  (**Klassifikation** als Spezifikation)
- ...

**b.** Dimension der **Kontiguität**:

- X ist ein *Pferd* → X *befindet sich zu* einer bestimmten *Zeit an* einem bestimmten *Ort*.
  (**Lokalisation** als Spezifikation)
- X ist ein *Pferd* → X *hat/besitzt* eine *Mähne* / einen *Schweif* / einen länglichen *Kopf* / ein (braunes oder weißes oder schwarzes oder geschecktes) *Fell* ...
  (**Possession** als Spezifikation)
- X ist ein *Pferd* → X *hat/besitzt die* Eigenschaft/Fähigkeit *galoppieren* / *traben* / *springen* / *grasen* / ... zu können
  (**Possession** als Spezifikation)
- X ist ein *Pferd* →X *kann* gezähmt / geritten / gegessen / besessen ...
  *werden*
  (**Partizipation** als Spezifikation)
- ...

**Funktion formaler Prädikationstypen im Deutschen**
(in Anlehnung an Lyons 1983)
('Cop': Kopulaverb, 'Loc': lokales Adverbial)

| | | |
|---|---|---|
| – NP (+ Cop) + NP | Typ: *äquativ* | Zweck: *Klassifikation* |
| – NP (+ Cop) + N/A | Typ: *askriptiv* | Zweck: *Klassifikation/* |
| | | *Possession* |
| – NP (+ Cop) + Loc | Typ: *lokativ* | Zweck: *Lokalisation* |
| – NP (+ Cop) + NP | Typ: *possessiv* | Zweck: *Possession* |
| – NP + V | Typ: *intransitiv* | Zweck: *Possession* |
| – NP + V + NP+(NP) | Typ: *(bi-)transitiv* | Zweck: *Partizipation* |

Anhand der Beispiele wird nochmals deutlich, dass *Paradigmen* konventionalisierte Variationsbereiche schematischer Spezifikation von Referenzentitäten definieren, vorzugsweise diejenigen, die prädikative oder modifikative Spezifikation von Schemaattributen betreffen. Die Elemente der Substitutionsklassen erscheinen als präzisierende Alternativen des Attributs durch kontrastbedingte Distinktionen auf einem feineren Granularitätsniveau. Damit wird deutlich, dass sich semantische Paradigmen nur dann adäquat bestimmen lassen, wenn diese auf Attribute diskursspezifisch voraktivierter semantischer Schemata relativiert werden. Man vergleiche hierzu die Sätze (8), (9) und (10):

(8a)   *Sein Boot* [Schema] *ist*
       [voraktiviertes Schemaattribut: ***Farbton*** *der Lackierung*; – zulässige Variation:]
       ***blau* / *weiß* / *rot* / *hell* /** ...
       ?*erfrischend* / ?*ideal* / ??*ordentlich* / ? ...
       ***tief* / *klerikal* / *final* / *** ...
       *lackiert.*

(8b)   *Sein Boot* [Schema] *ist*
       [voraktiviertes Schemaattribut: ***Sorgfalt*** *der Lackierung*; – zulässige Variation:]
       ***ordentlich* / *gleichmäßig* / *gründlich* / *lausig* /** ...
       ??*übermäßig* / ??*anstößig* /? ...
       ***unehrenhaft* / *witzig* / *brennbar* / *** ...
       *lackiert.*

(9a) *Die Nachlassauflösung* [Schema] *umfasst*
[voraktiviertes Schemaattribut: *zurückgebliebener Besitz*; – zulässige Variation:]
*einen Stuhl* / *eine Kuh* / *Vieh* / *ein Haus* / *ein Auto* / *ein Aktienpaket* / ...
?*eine Amme* / ??*eine Witwe* / ?...
*einige Gedanken* / *eine Höhe* / *eine Regierung* / *...

(9b) *Die Nachlassauflösung* [Schema] *umfasst*
[voraktiviertes Schemaattribut: *zu erledigende Tätigkeiten*; – zulässige Variation:]
*Amtsgänge* / *Telefonate* / *Schriftwechsel* / ?*Vergnügungsfahrten* / ...
?*Hindernisläufe* / ?...
*Tagträumen* / *Körperpflege* / *...

(10a) *Dies Tier* [Schema] *ist*
{= *Dies / Dieser Gegenstand ist*
[voraktiviertes Schemaattribut: *alltagstaxonomische Kategorie Tier*, – zulässige Variation:]}
*ein Krebs* / *ein Fisch* / *eine Robbe* / *ein Otter* / ...
*ein Fettlieferant* / *ein Eiweißlieferant* / *ein Pelzlieferant* / *...

(10b) *Dies* [= *Dieser Gegenstand*] [Schema] *ist*
[voraktiviertes Schemaattribut: *Rohstoffquelle*, – zulässige Variation:]
ein *Fettlieferant* / ein *Eiweißlieferant* / ein *Pelzlieferant* / ...
*ein *Krebs* / *ein *Fisch* / *eine *Robbe* / *ein *Otter* / *...

(10c) *Dies* [= *Dieser Gegenstand*] [Schema] *ist*
[voraktiviertes Schemaattribut: *allgemeine ontologische Klasse* – zulässige Variation:]
*ein Tier* / *eine Pflanze* / ...
?*ein Mensch* / ?*ein Gott* / ?...
*ein Fisch* / *ein Wal* / *eine Robbe* / *ein Otter* / *ein Fettlieferant* / *ein Eiweißlieferant* / *...

Die pragmatische Relativierung von semantischen Paradigmen ist ein Faktum, das bereits von Lyons (1963) strikt eingefordert und (1981) von Lutzeier im Zusammenhang mit einer Explikation des Wortfeldbegriffs deskriptiv elaboriert wurde:

"[...] meaning relations, in principle at least, [go] for specified contexts and not for the language as a whole" (Lyons 1963:Preface).

"[Zu Zwecken der Spezifikation von semantischen Beziehungen] ist meist eine zusätzliche Angabe über den Kontext der zu betrachtenden Situation erforderlich, was etwa in Form der Angabe eines Aspektes, wie ich ihn auch für Wortfelder verwenden will, geschehen kann. [...] Die Vorgabe gewisser Aspekte, selbst wenn sie ziemlich allgemein sind, können erstaunliche Auswirkungen auf die semantischen Beziehungen der Wörter einer Sprache haben" (Lutzeier 1981:120).

Genauer:

"Die Bedeutungen für die Grundwörter [eines Wörterparadigmas] müssen zum Aspekt im Sinne einer Spezifizierung passen" (a.a.O.:111).

Lutzeier spricht nicht von "Schemaattributen", sondern noch unspezifisch von "semantischen Aspekten". Es ist jedoch bei näherer Inspektion offensichtlich, dass die bei Lutzeier weitgehend unbestimmt bleibenden "semantischen Aspekte" als kontextuell voraktivierte Attribute lexikalsemantisch determinierter Schemata expliziert werden können, denn auch Lutzeier geht von lexikalischen Bedeutungen "als holistischen" Entitäten aus, aus denen bestimmte "Teile" anlassspezifisch ausgesondert werden können (vgl. Lutzeier 1981:74ff.).

Ausgangspunkt für Lutzeiers Explikation von Wortfeldern ist die Bestimmung von "Aspekt"-relativierten Wörterparadigmen. Wörterparadigmen werden bei Lutzeier als Substitutionsklassen aus satzwertigen Syntagmen rekrutiert (vgl. a.a.O.:96ff., spez. 110ff.):

(11a) **Kotext/Satzrahmen**:
   *Das Buch ist Y*
   (Kontextuell relevanter) **'semantischer Aspekt'** (i.S.v. Lutzeier):
   *Bewertung des Inhalts*
   **Wörterparadigma**:
   *interessant, originell, langweilig, faszinierend, ...*
   (vgl. Lutzeier 1981:111)

(11b) **Kotext/Satzrahmen**:
   *Das Buch ist Y*
   (Kontextuell relevanter) **'semantischer Aspekt'** (i.S.v. Lutzeier):

*Erwerbsmöglichkeit*
**Wörterparadigma:**
*alt, neu, erschienen, erhältlich, vergriffen, ...*
(vgl. ebd.)

(12) **Kotext/Satzrahmen:**
*Die Nachlassauflösung umfasst Y*
(Kontextuell relevanter) **'semantischer Aspekt'** (i.s.v. Lutzeier):
*Besitz*
**Wörterparadigma:**
*Haus, Stuhl, Kuh, Auto, ...*
(nach (9) oben; vgl. dazu Lutzeier 1981:131)

(13) **Kotext/Satzrahmen:**
*Sein Boot ist Y*
(Kontextuell relevanter) **'semantischer Aspekt'** (i.s.v. Lutzeier):
*Bootsfarbe*
**Wörterparadigma:**
*weiß, rot, blau ...*
(nach (8) oben)

Vergleicht man die Beispiele (11) bis (13) mit den Beispielen (8) bis (10) unter Berücksichtigung der zuvor präsentierten Ausführungen, so ist die aufgewiesene Kompatibilität der Position Lutzeiers mit dem vorgestellten Theorierahmen offensichtlich. Mit der von Lutzeier vollzogenen Relativierung von paradigmatischen Sinnrelationen und feldkonstitutiven Wörterparadigmen auf "semantische Aspekte", d.h. gemäß den vorausgegangenen Ausführungen auf kontextspezifisch voraktivierte Attribute von Schemata lexikalisierter Kategorien, scheint die häufig als obsolet denunzierte strukturalistische Feldtheorie erfolgreich in den bisher skizzierten, kognitiv bestimmten Theorierahmen integriert werden zu können. Felder repräsentieren danach kontextuell determinierte Variationsbereiche der Spezifikation von Attributen, die Schemata lexikalisierter Kategorien zugeordnet sind. Damit erhält die ursprünglich strukturalistisch-systemlinguistisch bestimmte Feldtheorie neue Aktualität und Relevanz im Bereich einer kognitiv und prozedural bestimmten, d.h. gebrauchsorientierten semantischen Theoriebildung (hierzu auch Lutzeier 1992).[7] In diesem Zusammenhang wird allerdings die

---

[7] Hiermit ergeben sich unter Umständen auch neue Methoden zur Wortschatzdidaktik, die an zeitgenössische Ergebnisse im Rahmen der Lernerlexikographie anschließbar sind (vgl. hierzu Konerding 1998a; 1998b).

hochgradig pragmatische Relativität des ursprünglich systemlinguistisch bestimmten Feldbegriffs deutlich.

Als zentrales Ergebnis der bisherigen Überlegungen gilt es Folgendes festzuhalten: Rekurrenten Lesarten lexikalisierter Einheiten mit referentiellem
Potential sollte ein semantisch-konzeptuelles Schema im Sinne der Prototypensemantik assoziiert sein, welches die schnelle und unproblematische Identifikation von Referenzentitäten (bzw. -situationen) im Rahmen von Sprachproduktion und -rezeption erklärt. Semantische Merkmale können dann als
saliente und rekurrente Aspekte schematisch spezifizierter Referenzentitäten
reinterpretiert werden, die im Rahmen der Prototypentheorie als dem Schema
habituell und konventionell assoziierte Attribute geführt werden, und zwar
solche Attribute, die Aspekte der Kompatibilität oder Inkompatibilität zwischen lexikalisierten Kategorien kennzeichnen helfen. Habitualisierte bzw.
konventionalisierte Assoziationen können, wie es die Form ihrer Repräsentation durch Bedeutungspostulate deutlich zeigt, die Grundlage für natürlich-
sprachliche Inferenzen bilden. Weiterhin ist festzuhalten, dass sich einerseits
die klassischen Bedeutungsrelationen als Relationen zwischen den holistisch
bestimmten Schemata der Prototypentheorie rekonstruieren lassen und dass
andererseits die für die Prototypensemantik zentralen Schema-Attribut-Relationen in der Form von Bedeutungspostulaten relativ kanonisch formuliert
werden können. Damit scheint einer Vereinheitlichung der zunächst inkommensurabel erscheinenden Theorien der Prototypensemantik und der relationalen Semantik nichts mehr im Wege zu stehen. Prototypensemantik und relationale Semantik erweisen sich nun als komplementäre und aneinander
anschließbare Betrachtungsweisen eines an Deutlichkeit gewinnenden Phänomens der sprachlichen Bedeutung.

Zum Abschluss dieser Betrachtungen soll kurz die Rolle semantischer Frames im skizzierten Theorierahmen bestimmt werden. Frames sind insofern
semantisch von Relevanz, als sie die propositionale Überformung, Profilbildung und Attributkonstituierung der ganzheitlichen Schemata im Rahmen
der sprachlichen Interaktion reflektieren und die interaktionell dominanten
und rekurrenten Beziehungen zwischen kognitiven Schemata und den zugehörigen lexikalisierten Kategorien spezifizieren. Wie ich in mehreren Beiträgen in der Kontinuität der frühen Überlegungen von Fillmore und Winograd
gezeigt habe, ist es möglich, Frames als sprachliche Modelle lexikalisch
markierter Attribute kognitiver Schemata mit Hilfe von Wörterparadigmen
zu rekonstruieren (Konerding 1993; 1997). Der Unterschied zwischen Feldern und Frames in diskursfunktionaler Hinsicht besteht dann in Folgendem:
Wortfelder ergeben sich als lexikalisiertes Reservoir für die alternative

Spezifikation von diskursspezifisch relevanten Schemaattributen auf der Grundlage von Similaritätsrestriktionen, während die Attribute selbst im Rahmen von Frames als usuelle Spezifikationsdimensionen, d.h. als Prädikations- bzw. Modifikationsdimensionen schematisch spezifizierter Referenzentitäten auf der Grundlage von Similaritäts- und vor allem Kontiguitätsrestriktionen bestimmt sind.

Als Resümee der vorausgegangenen Überlegungen ist festzuhalten: Eine diskurspragmatisch erweiterte kognitiv bestimmte Theorie der sprachlichen Bedeutung, die darüber hinaus noch das Faktum der Habitualisierung, Routinisierung und Konventionalisierung von sprachlichen Referenz- und Prädikationsprozessen reflektiert, erscheint als wegweisend für die Zukunft der Forschung und als erfolgreiche Integrationsgrundlage für die derzeit konkurrierenden und historisch bedingten Fragmentierungen der Theoriebildung im Bereich der Semantik. Es wurde ein Theorierahmen skizziert, der die beiden wichtigsten Konkurrenten, die psychologische Prototypensemantik und die ursprünglich strukturalistisch bzw. später behavioristisch und logizistisch bestimmte relationale Semantik miteinander zu vereinheitlichen gestattet. Die "Theorie" der semantischen Merkmale besitzt im Rahmen der skizzierten Theorie den Status eines Diskurstyp-abhängig approximierbaren Spezialfalles. Der skizzierte Theorierahmen bietet einen Ansatz für die Integration von Wort-, Satz- und Diskurssemantik und damit für die Vereinheitlichung von Semantik und Pragmatik. Dass zur weiteren Ausarbeitung dieses Rahmens zahlreiche Probleme noch zu lösen sind, sehe ich als eine lohnenswerte Herausforderung an die zeitgenössische Forschung. Ich bin mir allerdings bewusst, dass die Kuhnschen Paradigmen innewohnende Trägheit einen ernstzunehmenden Widerstandsfaktor darstellt, den es zunächst zu überwinden gilt.

## LITERATUR

Armstrong, Sharon L.; Gleitman, Lila R.; Gleitman, Henry (1983): *What some Concepts Might not Be.* - In: Cognition 13, 263-308.

Auer, Peter (1986): *Kontextualisierung.* - In: Studium Linguistik 19, 22-47.

Barsalou, Lawrence (1992): *Frames, Concepts and Conceptual Fields.* - In: A. Lehrer, E.F. Kittay (Eds.): *Frames, Fields, and Contrasts.* - Hillsdale, NJ: Erlbaum, 21-74.

Carnap, Rudolf (1952): *Meaning Postulates*. - In: Philosophical Studies 3, 65-73.

Feilke, Helmuth (1994): *Common Sense-Kompetenz*. - Frankfurt: Suhrkamp.

Fillmore, Charles J. (1975): *An Alternative to a Checklist Theory of Meaning*. - In: *Proceedings of the First Annual Meeting of the Berkeley Linguistic Society*. - Berkeley, CA: Linguistic Society, 123-131.

Fodor, J.A.; Garrett, M.F.; Walker, E.C.T.; Parkes, C.H. (1980): *Against Definitions*. - In: Cognition 8, 263-367.

Geckeler, Horst (1971): *Strukturelle Semantik und Wortfeldtheorie*. - München: Fink.

Greimas, Algirdas J. (1966): *Sémantique Structurale*. - Paris: Larousse.

Gumperz, John (1982): *Discourse Strategies*. - Cambridge: Univ. Press.

Hjelmslev, Louis (1961): *Prolegomena to a Theory of Language*. Revised English Edition. - Madison: Univ. of Wisconsin Press (Orig.: *Omkring Sprogteoriens Grundlaeggelse*. - Kopenhagen: Munksgaard 1943).

Katz, Jerrold J.; Fodor, Jerry A. (1963): *The structure of a semantic theory*. - Language 39, 170-210.

Keil, Frank C. (1994): *Explanation, Association, and the Acquisition of Word Meaning*. - In: Lingua 92, 169-196.

Kleiber, Georges (1993): *Prototypensemantik*. - Tübingen: Narr (Orig.: *La sémantique du prototype*. - Paris: Presses Universitaires de France 1990).

Konerding, Klaus-Peter (1993): *Frames und lexikalisches Bedeutungswissen. Untersuchungen zur linguistischen Grundlegung einer Frametheorie und zu ihrer Anwendung in der Lexikographie*. - Tübingen: Niemeyer.

Ders. (1997): *Grundlagen einer linguistischen Schematheorie und ihr Einsatz in der Semantik*. - In: I. Pohl (Hg.): *Methodologische Aspekte der Semantikforschung. Beiträge der Konferenz "Methodologische Aspekte der Semantikforschung" an der Universität Koblenz-Landau/Abteilung Landau (1996)*. - Frankfurt/M.: Lang, 57-84.

Ders. (1998a): *Die semantischen Angaben in Langenscheidts Großwörterbuch Deutsch als Fremdsprache*. - In: H.E. Wiegand (Hg.): *Perspektiven der Pädago-*

*gischen Lexikographie des Deutschen. Untersuchungen anhand von Langenscheidts Großwörterbuch Deutsch als Fremdsprache.* - Tübingen: Niemeyer, 107-143.

Ders. (1998b): *Semantische Kommentare im produktionsorientierten Wörterbuch.* - Plenarvortrag für das II. Ost-West Kolloquium für Sprachwissenschaft: "Analytisches und synthetisches sprachliches Wissen". 4.-6.09.1998. Humboldt-Universität zu Berlin (Erscheint in den Akten des Kolloquiums. - Tübingen: Narr).

Ders. (im Druck a): *Die sinnrelationale Semantik als Alternative zur Merkmalssemantik.* - Art. 253 in: S. Auroux, K. Koerner, H.-J. Niederehe & K. Versteegh (Hg.): *Geschichte der Sprachwissenschaft. [...] Ein internationales Handbuch zur Entwicklung der Sprachforschung. [...]* - Berlin, New York: de Gruyter.

Ders. (im Druck b): *Sprachwissenschaft und Philosophie I: Der Einfluß der Stereotypentheorie von Hilary Putnam und ihre Rezeption und Weiterentwicklung in der Semantik.* - Art. 293 in: S. Auroux, K. Koerner, H.-J. Niederehe & K. Versteegh (Hg.): *Geschichte der Sprachwissenschaft. [...] Ein internationales Handbuch zur Entwicklung der Sprachforschung. [...]* - Berlin, New York: de Gruyter.

Lakoff, George (1977): *Linguistic Gestalts.* - In: W.A. Beach, S.E. Fox (Eds.): *Papers from the Thirteenth Regional Meeting of the Chicago Linguistic Society.* - Chicago: Univ. Press, 236-287.

Ders. (1982): *Categories: An Essay in Cognitive Linguistics.* - In: Linguistic Society of Korea (Ed.): *Linguistics in the Morning Calm.* - Seoul: Hanshin, 139-193.

Ders. (1987): *Women, Fire, and Dangerous Things.* - Chicago: Univ. Press.

Lamb, Sidney (1964): *The Sememic Approach to Structural Semantics.* - In: A.K. Romney, R.G. D'Andrade (Eds.): *Transcultural Studies in Cognition.* - American Anthropologist 66, 57-78.

Langacker, Ronald W. (1982): *Space Grammar, Analysability, and the English Passive.* - In: Language 58, 22-80.

Ders. (1982): *Foundations of Cognitive Grammar.* Vol. 1. - Stanford: Univ. Press.

Lutzeier, Peter R. (1981): *Wort und Feld. Wortsemantische Fragestellungen mit besonderer Berücksichtigung des Feldbegriffs.* - Tübingen: Niemeyer.

Ders. (1985): *Linguistische Semantik.* - Stuttgart: Metzler.

Ders. (1992): *Wortfelder als kognitive Orientierungspunkte?* - In: P.R. Lutzeier (Hg.): *Studien zur Wortfeldtheorie.* - Tübingen: Niemeyer, 102-214.

Lyons, John (1963): *Structural Semantics. An Analysis of Part of the Vocabulary of Plato.* - Oxford: Blackwell.

Ders. (1968): *Introduction to Theoretical Linguistics.* - Cambridge: Univ. Press.

Ders. (1977): *Semantics.* 2 Vols. - Cambridge: Univ. Press.

Ders. (1983): *Semantik.* Band II. - München: Beck (Deutsche Übersetzung und Adaption von Lyons 1977, Vol. 2).

Ders. (1995): *Linguistic Semantics.* - Cambridge: Univ. Press.

Nida, Eugene (1964): *Towards a Science of Translating.* - Leiden: Brill.

Paprotté, Wolf (1985): *Linguistische Aspekte der Begriffsentwicklung.* - In: W. Wannenmacher, T.B. Seiler (Hg.): *Begriffs- und Wortbedeutungsentwicklung.* - Berlin: Springer, 175-201.

Pinker, Steven (1989): *Learnability and Cognition.* - Cambridge, MA: MIT Press.

Porzig, Walter (1934): *Wesenhafte Bedeutungsbeziehungen.* - In: Beiträge zur Geschichte der deutschen Sprache und Literatur 58, 70-97.

Pottier, Bernard (1963): *Vers une sémantique moderne.* - Traveaux de linguistique et de literature 2, 107-137.

Prieto, Luis J. (1964): *Principes de Noologie.* - The Hague: Mouton.

Putnam, Hilary (1975): *The Meaning of Meaning.* - In: H. Putnam (1975a): *Mind, Language and Reality. Philosophical Papers, Volume 2.* - Cambridge, 215-271.

Quasthoff, Uta M.; Hartmann, Dietrich (1982): *Bedeutungserklärungen als empirischer Zugang zu Wortbedeutungen. Zur Entscheidbarkeit zwischen holistischen und kompositionellen Bedeutungskonzeptionen.* - In: Deutsche Sprache 10, 97-118.

Quine, Willard van Orman (1963): *Two Dogmas of Empiricism.* - In: W. van O. Quine: *From a Logical Point of View.* Second, Revised Edition. - New York: Harper & Row, 20-46.

Rosch, Eleanor (1973): *On the Internal Structure of Perceptual and Semantic Categories*. - In: T.I. Moore (Ed.): *Cognitive Development and the Acquisition of Language*. - New York: Academic Press, 111-144.

Dies. (1975): *Cognitive Representation of Semantic Categories*. - In: Journal of Experimental Psychology 104, 192-233.

Dies. (1977): *Human Categorization*. - In: N. Warren (Ed.): *Studies in Cross-Cultural Psychology*. - London: Academic Press, 1-72.

Rumelhart, David E. (1980): *Schemata: the Building Blocks of Cognition*. - In: R.J. Spiro, B.C. Bruce, W.F. Brewer (Eds.): *Theoretical Issues in Reading Comprehension*. - Hillsdale, NJ: Erlbaum, 33-58.

Trubetzkoy, Nikolaj (1939): *Grundzüge der Phonologie*. - Prague: Cercle linguistique de Prague.

Weinreich, Uriel (1966): *Explorations in semantic theory*. - In: Th.A. Sebeok (Ed.): *Current Trends in Linguistics*. Vol. 3. - The Hague: Mouton, 395-477.

Wiegand, Herbert E.; Wolski, W. (1981): *Lexikalische Semantik*. - In: H.P. Althaus, H. Henne, H.E. Wiegand (Hg.): *Lexikon der Germanistischen Linguistik*. - 2. neu bearb. u. erw. Aufl. - Tübingen: Niemeyer, 199-210.

MICHAEL HOFFMANN

# Stil und Semantik.
## Alte Fragen – neue Antworten?[1]

## 1. Semantisch relevante und semantikverwandte Fragestellungen in der Stilistik

Von stilistischen Bedeutungen zu sprechen und einen Spezialfall von Textbedeutung im Blick zu haben gehört mittlerweile zum Grundbestand an strittig gebliebenen Positionen, die von kommunikativen Stilkonzepten hervorgebracht wurden. Das Wort *Bedeutung* verfügt offenbar über eine besondere Praktikabilität. Es ist relativ unspezifisch, kann im Sinne von 'Information' verwendet werden, aber auch synonym zu 'Funktion', 'Sinn' oder 'Konnotation'. Es läßt verschiedene Auslegungen zu. Auch eignet sich der Ausdruck *stilistische Bedeutung* auf ideale Weise als Abzeichen. Man kann damit zu erkennen geben, daß man sich im Rahmen einer kommunikativen Stilauffassung bewegt. Das Tragen des Abzeichens verpflichtet erst einmal zu nichts. Das heißt, es nötigt nicht zu umfangreichen Erklärungen, zwingt weder zu text- noch zu stilsemantischen Erörterungen und Festlegungen. Das Verhältnis von Stil und Semantik zu untersuchen oder die Semantizität von Stil zu problematisieren oder theoretisch zu fundieren scheint ein Thema zu sein, mit dem man sich früher gelegentlich befaßt hat. Es ist heutzutage möglich zu sagen, daß stilistische Bedeutungen eine textsemantische Erscheinung sind. Es ist nicht nötig zu erklären, was unter Textsemantik verstanden werden soll. Überblickt man den Zeitraum von einem Vierteljahrhundert miterlebter Wissenschaftsgeschichte der Stilistik, die Gegenwart eingeschlossen, wird man allerdings auf eine lange Reihe von Aussagen, Fragen und Problemen, aber auch von Definitionen und Argumentationen aufmerksam, die sich auf die Semantik von Wort, Satz und Text aus der stiltheoretischen Perspektive beziehen. Statt eines wissenschaftsgeschichtlichen Abrisses, der wirklich nicht mein Thema sein kann, will ich zuerst einige wesentliche – aus meiner Sicht wesentliche – semantisch relevante bzw. semantikverwandte

---

1 Der Beitrag ist stiltheoretisch, nicht semantiktheoretisch angelegt. Die Reihenfolge der Wörter *Stil* und *Semantik* in der Überschrift ist also nicht zufällig, sondern sie wurde in Übereinstimmung mit dieser Untersuchungsperspektive gewählt.

Fragestellungen in der früheren **Stilistik** Revue passieren lassen, dann den Blickwinkel erweitern und nach Aspekten des Verhältnisses von Stil und Semantik in der **Linguistik** Ausschau halten, um dann – mit der aktuellen Stildiskussion im Hintergrund – das Problem der stilistischen Semantizität im Lichte der **Semiotik** zu betrachten.

Beginnen wir also mit Stilistik und Semantik. Ich will die Fragen – der Systematik wegen – an einigen ausgewählten stiltheoretischen Begriffen festmachen, und zwar an den Begriffen Stilelement, Stilzug, Stiltyp, Stilhandlung und Stilgestalt.

**Stilelement und Semantik.** Es ist an Zeiten zu erinnern – ich meine die 60er und 70er Jahre –, da eine große Anzahl der Hand- und Lehrbücher zur Stilistik einen separaten Abschnitt zum Verhältnis von Stil und Semantik oder zur stilistischen Semantik enthielten.[2] "Semantik" meinte damals natürlich nur die semantische Ebene des Sprachsystems,[3] und im Zentrum der Stiltheorie standen Synonymie- und Paraphrasen-Relationen. Stilbildung wurde nach dem Invarianz-Varianz-Schema betrachtet: Man kann "einen im Kern einheitlichen Gedanken durch die verschiedensten sprachlichen Formulierungen variiert wiedergeben. [...] Die durchdachte Ausnutzung der Synonyme erlaubt es dem Autor, in seinen Ausdruck die feinsten Tönungen hineinzulegen" (Faulseit/Kühn 1972:16). Das scheinbar einfache Denkmuster birgt heute wie damals jede Menge Probleme in sich. In jener Zeit werden u.a. zum Diskussionsstoff gemacht:

– die Begriffe Synonymie und Paraphrase selbst, auch verbreitete Subkategorisierungen von Synonymen wie die in logisch-begriffliche und stilistische (Michel u.a. 1972:18);
– das Verhältnis von Sprachsystem und Sprachstil generell, besonders die Rede von stilistischen Bedeutungen **im** Sprachsystem (Fleischer/Michel 1975:44);
– die Beziehung von Invariantem (Semantischem) und Variantem (Stilistischem) sowieso, da sich bei der Ermittlung und Beschreibung semantischer Identitäten (Invarianzen) Komplikationen einstellten (Spillner 1974: 23f.; Sanders 1977:22ff.).

---

2  Vgl. "Der semantische Aspekt" (Michel u.a. 1972:17-20), "Stil und Semantik" (Spillner 1974:21-23; Fleischer/Michel 1975:43-45), "Semantik und Stil" (Asmuth/Berg-Ehlers 1976:34-36), "Stilistische Semasiologie" (Kuznec/Skrebnev 1968:22-49), "Stilistische Bedeutung" (Riesel/Schendels 1975:28-39) u.a.
3  Bei Asmuth/Berg-Ehlers (1976:34) ergeht aber bereits ein Hinweis darauf, daß drei Aspekte von Semantik für die Stilistik relevant sind: Wort-, Satz- und Textsemantik.

Stilelemente – das wußte man ja eigentlich – gründen sich ohnehin nicht nur auf Synonymie- und Paraphrasen-Relationen, sondern auch auf "semantische Umbildungen" (Kuznec/Skrebnev 1968:19), auf "Veränderungen der Gegenstandsbezogenheit sprachlicher Einheiten (Wörter, Wortverbände, Sätze)" (a.a.O.:22), d.h. auf semantische Stilfiguren.

Am Ende dieser sich an der Größe Stilelement orientierenden Stil-und-Semantik-Diskussion stehen Auffassungen wie die folgenden: Die stilistische Bedeutung ist keine Komponente von Sprachzeichenbedeutungen. Sie verkörpert einen relativ eigenständigen Bedeutungstyp, und sie ist prinzipiell nur im Stilbereich, d.h. im Text, erfaßbar (vgl. Hoffmann 1981). Die semantischen Fragestellungen verschieben sich also: von den Mikro- zu den Makrostilistika.

**Stilzug und Semantik.** Die "Semantisierung" von Stil, das Semantisch-Machen stilistischer Phänomene als textgebundener Phänomene, wird durch die Untersuchung makrostilistischer Einheiten wie "Stilzug" und "Stiltyp" befördert, denn die Stiltheorie benötigt sowohl Kennzeichnungsbegriffe, um Stile voneinander abzugrenzen, als auch Wertungsbegriffe, um stilistische Leistungen zu beurteilen (vgl. Sowinski 1991:3). Mit der Hinwendung zur Organisation von Stilelementen im Text entsteht Klärungsbedarf in neuen Dimensionen. Zum einen, weil stilistische Kennzeichnungen und Wertungen Interpretationsleistungen sind. Es muß detaileinordnende Instanzen geben, an denen sich Rezipienten orientieren. Zum anderen, weil es nicht ausreicht, Stilbildung nach dem Invarianz-Varianz-Schema zu erklären. Es muß Prinzipien geben, die der stilistischen Organisation von Textelementen zugrunde liegen. Zu einem Vermittlungsglied zwischen stilistischer Textproduktion und -rezeption avanciert u.a. die Kategorie Stilzug[4], deren Semantizität entweder als unbestreitbar gilt oder argumentativ nahegelegt wird:

– Stilzüge werden aufgefaßt als "Wiederholung der gleichen semantischen Information auf den verschiedenen Sprachebenen der Lexik, Grammatik und Phonetik. Eine solche Information kann nur konnotativ sein, weil an ihr Stilelemente auf allen drei Ebenen beteiligt sind" (Graubner 1973:185).

– Stilzüge werden empirisch beschrieben als Bündelungen textgebundener Seme. Für die Stilzüge 'Satire' und 'Humor' beispielsweise werden Textseme wie 'spöttisch', 'übertrieben', 'scherzhaft' und 'grotesk' ermittelt (vgl. Hoffmann 1981).

---

4   Zur Begriffsgeschichte von "Stilzug" vgl. Hoffmann (1987a).

– Stilzüge werden aufgefaßt als "konnotative Äquivalenzen in Form textin-
terner Relationen der Stilelemente" (Lerchner 1981:91). Der für Stilistisches (Stilzug, Stilelement) in Anspruch genommene Konnotationsbegriff
wird an die Formgestaltung des Textes geknüpft, als "konnotative Textpotenz" spezifiziert (in Abgrenzung zur "konnotativen Potenz" von Wortzei-
chen) und als pragmatisches Funktionspotential definiert, das man durchaus der Gesamtbedeutung eines Textes zurechnen könne (vgl. Lerchner
1984).

Das Einbringen des Begriffs der konnotativen Textpotenz in die Stildiskussion ermöglichte stiltheoretisch notwendige Differenzierungen verschiedener
Art und führte zu Trennendes gleichzeitig integrativ zusammen: die Stimuli
für das Erkennen produzentenseitiger Gestaltungsprinzipien und das Evozieren rezipientenseitiger Stilwirkungen, rationale und emotionale Stilwirkungen, funktionale und ästhetische Stilbewertungen, sprachliche und semiotische Stilzeichen (vgl. Lerchner 1981; 1984).

**Stiltyp und Semantik.** Stiltypologische Unterscheidungen sind darauf angewiesen, daß sich Stilmerkmale (Stilelemente, Stilzüge, Stilzugkombinatio-
nen) einzeltextübergreifend ausprägen. Semantisch relevante Fragestellungen im Bereich der auf Typen orientierten abstraktiven Stilbetrachtungen
entstehen, wenn die Unzuverlässigkeit der für stiltypologisch relevant ge-
haltenen Merkmale den wissenschaftlichen Wert von Stiltypologien zu be-
schädigen scheint. Für die Lösung des Problems bietet sich eine vergleichsweise einfache Lösung an: der Zugriff auf das Prototypen-Konzept. B. Sandig (1986) z.B. spricht von prototypischen Stilelementen, die einen Zeitstil
konnotieren (a.a.O.:297), auch wird auf prototypische Elemente des sponta-
nen Sprechens und der schriftlichen Hochsprache eingegangen (a.a.O.:270),
die anderenorts als Merkmale eines Situations- bzw. Konversationsstils
aufgeführt sind (vgl. Sanders 1977; Peukert 1977). G. Michel (in Vorb.) wid-
met stilistischer Prototypikalität einen eigenen Abschnitt und bezieht diese
Erscheinung nicht nur auf Stiltypen wie Textsorten- und Gruppenstil, sondern auch auf alle Arten von Stilisierung.

Ein anderer Lösungsweg stellt sich her durch die klare Differenzierung zwischen Allgemeinem und Einzelnem, wie sie in der Gegenüberstellung von
Stil (als abstraktivem Stilsystem) und Stilistischem (als konkreter Texteigenschaft) praktiziert wird (vgl. Lerchner 1981). Diese Gegenüberstellung ist
zeichentheoretisch von Belang, denn sie ermöglicht es, Zuordnungsrela-
tionen als Zeichenrelationen zu begreifen: Das Einzelne (Stilistisches) kann
das Allgemeine (Stil) indizieren, d.h., es kann stiltypindizierende Bedeutung

haben – eine Regularität, die vom Begriff der konnotativen Textpotenz (ebd.) mit erfaßt wird.

**Stilhandlung und Semantik.** Die Entwicklung pragmatischer Stilkonzepte führt im Hinblick auf die Modellierung des Stil-und-Semantik-Verhältnisses zu einer neuen, einer gegenläufigen Tendenz in der Stilistik. Wurden semantische Kategorien ("Synonymie", "konnotative Potenz", "Prototyp") bisher regelrecht absorbiert, um stiltheoretische Probleme zu klären, so wird Stilinhaltliches nun mehr oder weniger deutlich und konsequent von Semantischem abgesetzt. Die Fragen verschieben sich erneut: von der Semantik zur Pragmatik. Auf die Phase der Semantisierung von Stil folgt eine bis heute anhaltende Phase der Pragmatisierung. Man spricht nun von stilistischem Sinn (Sandig 1986), von der perlokutiven Rolle des Stilistischen (Lerchner 1986), von stilistischen Textfunktionen (Hoffmann 1987b).[5] Stilbildung wird nach einem pragmatisierten Invarianz-Varianz-Schema, d.h. einem Mittel-Zweck-Schema im Sprach- bzw. Stilhandlungszusammenhang, erklärt: Es gibt Alternativen bei der Wahl von Handlungsmitteln, bei der Durchführung von (komplexen) Sprachhandlungen und – noch weitergehend – bei der Realisierung von Stilhandlungen, die als Zusatz- oder Gestaltungshandlungen eingestuft werden. Diese Alternativen sind die Voraussetzung dafür, daß sich verschiedene Gestaltungsstrukturen im Text ausprägen können, daß sich stilistischer Sinn entfalten kann. Semantizität wird bei diesem Stilverständnis vorzugsweise für thematische bzw. propositionale Textstrukturen reserviert. Dem Ausschluß von stilistischer Sinnhaftigkeit aus dem begrifflichen Bereich der Textsemantik liegen Einsichten in den "relationierenden Charakter" (Sandig 1986:95ff.) und das "Implizite" (a.a.O.:131ff.) des Stils zugrunde.[6] Bei einem weiten Verständnis von Textsemantik (vgl. die Problematisierung eines zu engen Begriffs bei Michel 1988:293f.) könnte man in allen stilpragmatisch relevanten Fällen (seien sie nun Gestaltungsfunktionen, Perlokutionen, Sinntypen oder anders genannt) auch von stilistischen Bedeutungen, nämlich stilistischen Handlungsbedeutungen oder eben stilpragmatischen Bedeutungen sprechen und die Eigenheiten dieses Bedeutungstyps etwa so beschreiben: Es sind implizite Textbedeutungen, die an Relationierungen mit einem Handlungskontext gebunden sind: an die Relationierung von Textelementen/-strukturen mit a) Handlungstypen und -mustern, b) Handlungssitua-

---

5  Das ist eine neue Qualität gegenüber Positionen, die stilistische Bedeutungen im Sinnzusammenhang (Riesel 1970:66f., Fußn. 12) bzw. in zusammenhängender Rede (Riesel/Schendels 1975:35ff.) ansetzen.

6  Wie kompliziert es allerdings ist, Semantizität und Pragmatizität zu trennen, zeigt sich in aller Deutlichkeit bei Sandig (1986), die stilistischen Sinn auch als "'Bedeutung' der stilistischen Textstruktur" (a.a.O.:25) bestimmt.

tionen/-konstellationen/-dispositionen, c) Handlungsinhalten (Sachverhalts-
darstellungen) u.a.m.

**Stilgestalt und Semantik.** Der relationierende Charakter von Stil präsentiert
sich in der Stilistik auch als ein kompliziertes Inhalt-Form-Problem – mit
zum Teil weitreichenden Folgerungen im Hinblick auf die Semantizität von
Stil. Die Problematik zeigt sich daran, daß Formbegriffe in der Stilistik
generell als inhaltliche Begriffe gelten müssen, insofern als es sich um in-
terpretative Begriffe handelt (vgl. Kurz 1985:7) bzw. um Begriffe der Wahrnehmung von Stilgestalten. Diese Auffassung hat z.B. Stilbestimmungen einer E.L. Kerkhoff (1962:16) geprägt: "Stil ist die besondere **Signatur** [Her-
vorhebung – M.H.], wodurch sich die eine Form von der anderen unterscheidet". Dabei sei begrifflich zu differenzieren zwischen der äußeren Form
(der Außenansicht, wie sie sich u.a. in Klanggestalten verwirkliche) und der
inneren Form (der Innenansicht, wie sie sich in Bedeutungs- bzw. Sinnge-
stalten manifestiere) (a.a.O.:34ff.). H. Graubner (1973:185) hat aus der In-
halt-Form-Problematik konkrete Aufgaben für die Stilistik abgeleitet: "In der
Stilistik erweist sich einmal mehr, daß die Form nichts ist als die Fortsetzung
des Inhalts mit anderen Mitteln. Eine paradigmatisch und syntagmatisch zugleich ansetzende, systematisch und historisch arbeitende konnotative **Semantik des Formalen** [Hervorhebung – M.H.] [...] könte der Stilistik aus
ihrem [...] Intuitionismus heraushelfen". In der Stilistik sei "die landläufige
Dichotomie von Form und Inhalt schon vom theoretischen Ansatz her zu
vermeiden" (ebd.). Prononcierte Konturen erhält die Inhalt-Form-Beziehung
im Stilkonzept H. Seidlers (1970). Er geht vom Begriff des Ästhetischen aus
und entwickelt die Position, daß Ästhetizität eine Einheit ist aus Formalem,
das als fundamental zu gelten hat, und Inhaltlichem. Das Formale (die Ge-
stalthaftigkeit) erweise sich als Form für das Inhaltliche und das Inhaltliche
als Zug des Formalen (als "Eingeformtes").

## 2. Aspekte des Verhältnisses von Stil und Semantik in der Linguistik

Aus dem linguistischen Blickwinkel ist die Stilistik **die** variationslinguisti-
sche unter den kommunikationslinguistischen Disziplinen. Sie untersucht nicht
schlechthin Sprachvarianten, sondern Aspekte gestaltungsrelevanter Sprachvariation in der Sprachkommunikation. Untersucht werden Stilvarianten, d.h.
Formulierungsvarianten, Sprachhandlungsvarianten, Text- und Gesprächs-
strukturierungsvarianten als Gestaltungsvarianten in kommunikativen Kontexten. Diese unterscheiden sich z.B. im Hinblick auf personale (sprecher-
bezogene), gruppale (sprechergruppenbezogene), situationale (milieubezoge-

ne) und interaktionale (partnerbezogene) Parameter, Konditionen und Konstellationen. Wird Stilbildung nach dem Mittel-Zweck-Schema erklärt, spricht man zwar eher von Stilmitteln als von Stilvarianten, doch auch in diesem Fall werden kommunikative Kontexte erklärungswichtig. Stilistische Bedeutungen kann man deshalb als **kommunikationskontextuale Bedeutungen** auffassen – als Bedeutungen, die auf kommunikative Kontexte verweisen, diese reflektieren oder herstellen. Solche Bedeutungen werden auch nichtdeskriptive Bedeutungen genannt und von deskriptiven (propositionalen oder thematischen) Bedeutungen abgesetzt (vgl. Lyons 1992:132ff.). Die Aufgabe des Beschreibens der Semantik von Kommunikaten (Äußerungen, Texte, Gespräche) teilt die Stilistik bekanntlich mit anderen variations- bzw. kommunikationslinguistischen Disziplinen (z.B. Varietätenlinguistik, Textlinguistik, Gesprächsanalyse). Aber hier geht es um das Bedeutungsganze (die Gesamtbedeutung) oder vornehmlich um deskriptive Bedeutungen oder um alle möglichen kommunikationskontextualen Bedeutungen, also auch solche nichtstilistischer Art. Das Verhältnis von Stil und Semantik bekommt jeweils spezifische Akzente.

**Stil und Semantik in der Varietätenlinguistik.** "Stil" wird in varietätenlinguistischen Konzepten teils als Nachbarbegriff von "Varietät", teils als Beschreibungsaspekt von "Varietät", teils als eine Varietät besonderer Art aufgefaßt. Stilistische Varianten(mengen) stellen für Varietätenmodelle und -konzepte eine besondere Herausforderung dar – offenbar deshalb, weil sie sich im Spannungsfeld zwischen der systemlinguistischen und der pragmalinguistischen Orientierung der Varietätenlinguistik befinden. Mit anderen Worten: weil sie entweder als Stilsprachen (grammatisch-lexikalische Varietäten) oder als Stilregister[7] (interaktionale Varietäten) konzipierbar sind. Dabei kommen mehrere Arten von kommunikationskontextualen Bedeutungen ins Spiel.

– Stilsprachen sind Variantenmengen bzw. Stilmittelinventare in Relation zu Situationskontexten. Man spricht auch von Situolekten oder spezieller – je nach Situationsaspekt – von Funktio-, Emotio-, Mediolekten. Stilistische Bedeutungen stellen sich hier als **situationale Bedeutungen** dar.

– Stilregister sind Stilformen mit sozialen Tonlagen/Klangfarben, die auf einer Skala angeordnet werden. Bei der Skalierung werden insbesondere die sozialen Aspekte kommunikativer Kontexte akzentuiert: die Schichtenzugehörigkeit des Sprechers (vgl. bei Löffler 1994:166ff.), die Sozialbe-

---

[7] Zur Begriffs- und Forschungsgeschichte vgl. Spillner (1987) u. Dittmar (1997).

ziehungen der Kommunikationsteilnehmer (vgl. bei Spillner 1987) oder
der für Sprechergruppen charakteristische Vollzug von Teilakten des part-
nerorientierten Handelns wie Beziehungskonstitution, Wirklichkeitskom-
mentierung und Sprecherselbstpräsentation (Hoffmann/Siehr 1998). Stilistische Bedeutungen sind in Konzepten der Register-Variation **soziale Bedeutungen** oder – interaktionsbezogen – **soziale Sinngehalte/interaktio-
nale Bedeutungen.**

Neuerdings begegnet man auch dem Ausdruck *Registerstil* (vgl. Dittmar
1997:212, 223ff.). Register werden hier nun aufgefaßt als stilübergreifende
Kommunikationsformen mit einer mehr oder weniger festgelegten Hand-
lungsstruktur und Sprachverwendung (z.b. Text- und Gesprächssorten wie
Sportkommentar und Bewerbungsgespräch) und Registerstile als Formulie-
rungsmöglichkeiten "in der expressiven Gestaltung einzelner Handlungs-
schritte oder -muster" (a.a.O.:223). Beispiele für Registerstile sind 'ironischer Stil' oder 'schlagfertiger Stil'. Registerstilistische Bedeutungen sind in
diesem Konzept Informationen über den Sprecher: **expressionale Bedeutungen**[8].

**Stil und Semantik in der Textlinguistik.** Im Unterschied zur Varietätenlinguistik muß sich die Textlinguistik nicht zwangsläufig mit "Stil" auseinan-
dersetzen. "Stil" wird dann wichtig, wenn die Variationsmöglichkeiten im
Bereich grundlegender Textstrukturen das Bild von den Regeln der Textkonstitution komplettieren sollen.[9] "Stil" erscheint unter diesen Umständen
keineswegs allgemein-unverbindlich als eine Eigenschaft von Texten, sondern als die Art der Realisierung von Textstrukturen und -mustern, mitunter
sogar als eine eigenständige Textstruktur und darüber hinaus als ein Etwas,
das in den Textsinn verwickelt ist. Im Hinblick auf das Verhältnis von Text,

---

8   Hierzu sind zwei Anmerkungen nötig. 1. Ich verwende "expressional" anstelle von "ex-
    pressiv", um eine Verwechslung mit "Expressivität" im Sinne von 'Ausdrucksver-
    stärkung' (vgl. dazu Fleischer u.a. 1996:59ff.) auszuschließen. Expressionale Bedeu-
    tungen sind auf die Ausdrucksfunktion im Organon-Modell zu beziehen. Bei Lyons
    (1992:134) heißt es: "Expressive Bedeutung hängt mit allem zusammen, was in den
    Bereich des 'Ausdrucks der eigenen Persönlichkeit' gehört [...]". 2. Stil wird in Ditt-
    mars Konzept nicht als ein Varietätentyp aufgefaßt, sondern Varietätentypen (-dimen-
    sionen) nachgeordnet. Er differenziert deshalb zwischen dialektalen, gruppenspezifi-
    schen und Registerstilen (vgl. a.a.O.:228).

9   In Coserius Textlinguistik (1994:200ff.) nimmt die Stilistik aber einen herausgehobe-
    nen Platz ein, indem sie als "Stilistik der Texte" zusammen mit einer "Theorie und
    Erforschung der Textsorten und Gattungen" eine bestimmte Art von Textlinguistik um-
    faßt, nämlich die "Linguistik des Sinns", die von der Textgrammatik bzw. "transphra-
    stischen Grammatik" abgegrenzt wird.

Stil und Semantik lassen sich genauere Positionen unterscheiden:

– Stil umfaßt Variationsmöglichkeiten relativ zur Syntaktik (Grammatik), Semantik (Thematik) und Pragmatik des Textes. Es können sich syntaktische, semantische und pragmatische Stile ausprägen (van Dijk 1980). Stilmittel fungieren als Indikatoren für thematische Textinhalte und pragmatische Textfunktionen (Brinker 1997).

– Für die stilistische Ausgestaltung von Textstrukturen bzw. die Ausprägung stilistischer Textstrukturen können zahlreiche situationskontextuale Faktoren den Ausschlag geben (van Dijk 1980:111), aber auch textformende Strukturprinzipien wie die Textstrategie (Brinker 1997:205)[10] und die Erzählperspektive (van Dijk 1980:102f.). Stilistische Unterschiede sind ein **Indiz** für Situationsunterschiede (a.a.O.:104). Stilformen **verweisen** auf die Textstrategie (Brinker 1997:205).

– Der Sprachstil eines Textes kann sich als ein sinnkonstituierender Faktor erweisen (Coseriu 1994:172ff.), er steht in intra-, inter- und extratextualen Relationen, auch in Relation zum Wissen (Stilwissen) beider Kommunikationspartner (Heinemann/Viehweger 1991:257). Textformen und Textformulierungen entfalten ein konnotativ-stilistisches Potential, das nur bei entsprechendem Stilwissen erfaßt werden kann. Insofern ist Stil in Interaktionsprozesse eingebunden (ebd.).

Der textlinguistische Blick auf Stilphänomene lenkt die Aufmerksamkeit – wie zu erkennen ist – nicht nur auf textexterne Kontexte, sondern auch auf den textinternen Kontext (in Coserius Terminologie: Rede-Kontext), auf Aspekte der Textformung. Das Spektrum der stilistisch relevanten Bedeutungen wäre also zu erweitern, und zwar um **formale Bedeutungen**. Das sind Bedeutungen einer Textstruktur, die strategischen, perspektivischen und/ oder ästhetischen[11] **Formprinzipien** unterliegt.

**Stil und Semantik in der Gesprächsanalyse.** Während sich die Textlinguistik durch die Stilistik entpflichtet sehen kann, stilistische Textstrukturen und -prozesse ausführlich zu beschreiben, stellt sich die Situation in der Gesprächsforschung allein schon deshalb anders dar, weil die Stilbegriffe der Textstilistik (und Textlinguistik) in aller Regel monologischen Texten ge-

---

10 Vgl. auch die Hinweise zum Zusammenhang von Textstil und kommunikativer Strategie bei van Dijk (1980:111) oder Heinemann/Viehweger (1991:258).
11 Vgl. z.B. Hinweise auf 'Wohlgeformtheit' und 'Wohlkomponiertheit' bei Heinemann/ Viehweger (1991:53).

recht zu werden versuchen. In Gesprächstexten aber verteilt sich "Stil" auf
mehrere Kommunikationsteilnehmer. Die einzelnen Stile können miteinander harmonieren, voneinander abweichen, gegeneinander antreten. "Stil"
kann Rezipientenreaktionen in unmittelbarer Weise steuern, und Rezipientenreaktionen können "Stil" in unmittelbarer Weise beeinflussen, z.B. einen
Stilwechsel herbeiführen. Gebraucht wird folglich eine interaktionale Stilistik, die "Stil" als eine interaktive Leistung auffaßt (vgl. Selting 1995; 1997).
"Stil" hat in Gesprächstexten sowohl gesprächsstrukturierende als auch -steu-
ernde Aufgaben. Er kann die Einheit oder den Wechsel von Gesprächs-
beiträgen anzeigen, auf Gesprächskontexte hinweisen, sie relevant setzen, er
kann Gesprächsteilnehmerreaktionen evozieren u.a.m. Gesprächsanalytische
Stilforschung (vgl. u.a. Selting/Sandig, Hg., 1997) legt den Schwerpunkt auf
soziale Sinngehalte/interaktionale Bedeutungen von Stilformen in sozial
konkreten Situationskontexten (ohne stilsemantische Fragen explizit aufzu-
werfen). Zum Beispiel ist formelhaftes Sprechen im Kontext einer Mannheimer Freizeitgruppe interpretierbar als 'Zurückweisung sozialer Neugier'
(Keim 1997:333ff.), verschiedene Grade von Fachsprachlichkeit in einem
technischen Servicebereich sind Ausdruck der 'Akkommodation an den Gesprächspartner' (Brünner 1997:280), der Wechsel von einer dialektnahen
Sprache zur Hochsprache im Kontext einer Dienstbesprechung ist stilstra-
tegisch interpretierbar als 'Bestärkung des Geltungswertes von Beiträgen im
institutionellen Rahmen' (A.P. Müller 1997:247).

Um stilistische Merkmalhaftigkeit zu beschreiben, wird häufig auf ein
Kongruenz-Kontrast-Schema zurückgegriffen, so daß das Stilkonzept Michael Riffaterres aufzuleben scheint, erweitert um die Dimension der sozialen/
interaktionalen Interpretierbarkeit stilistischer Kontraste. Daß Stilbildung so
erklärt wird, ist ganz und gar kein Zufall. Auf Grund der besonderen rezeptionssteuernden Rolle von "Stil" im Gespräch werden eben gerade diese stilistischen Markierungen wichtig, und sie erlangen eine **gesprächsstrukturierende Bedeutsamkeit**. So wird beispielsweise herausgearbeitet, wie pro-
sodische Auffälligkeiten konversationellen Erzählens in Kookkurrenz mit lexikalischen und syntaktischen Mitteln Struktureinheiten des Erzählens anzeigen, d.h. Pointen, Höhepunkte oder Komplikationen (vgl. Selting 1995 u.ö.).
Auf Grund der rezeptionssteuernden Rolle von "Stil" im Gespräch kann aber
auch stilistisches Unmarkiertsein wichtig werden und eine gesprächsstrukturierende Bedeutsamkeit erlangen. Stil ist nicht generell markiert und nicht
generell sozial interpretierbar. Das zeigt R. Wolf (1997), indem sie neben
prosodischen Auffälligkeiten (Intonationskontrastierungen) auch prosodi-
sche Unauffälligkeiten (Akzentparallelisierungen) in ihre Untersuchung einbezieht und interpretativ differenziert zwischen der "Kontextualisierung sozi-

aler Situationen" und "Kontextualisierungshinweisen technischer Art/mit vermittelter stilistischer Relevanz". Letztere dienten – wie auch Konturierungen und Fokussierungen – u.a. "der Signalisierung kohäsiver Beziehungen zwischen den einzelnen Äußerungseinheiten" (a.a.O.:49).

## 3. Stilistische Semantizität im Lichte der Semiotik

Das Verhältnis von Stil und Semantik ist ein Problem, das von der Stiltheorie zu bearbeiten ist. Die Orientierung an Kategorisierungen von Bedeutung, wie sie für Sprachzeichen vorliegen (vgl. R. Müller 1995), ist ausgeschlossen, wenn man anerkennt, daß es sich bei stilistischen Zeichen, auch sprachstilistischen Zeichen, um Textzeichen (bzw. Gesprächstextzeichen) handelt. Die Orientierung an grundlegenden Ebenen der Textbedeutung und ihren pragmatischen Zeichenfunktionen (vgl. Hoffmann/Stillmark 1998) hilft nur bedingt weiter, wenn man anerkennt, daß stilistische Zeichen auf allen textsemantischen Ebenen präsent sein können (vgl. Arten des Referierens, Arten des Thematisierens, Arten des Formulierens o.ä.).[12] Das eine wie das andere Anerkenntnis gehört zu den Grundpfeilern kommunikativer Stilkonzepte. Daß Zeichen Bedeutung haben (oder bekommen), mag als Binsenwahrheit erscheinen. Doch gilt sie auch für stilistische Textzeichen? Es stellt sich nämlich immer noch die alte Frage, ob man auf Stilzeichen den Bedeutungsbegriff applizieren oder nicht doch lieber zu anderen Begriffen wie "Inhalt", "Information", "Wert", "Sinn", "Funktion", "Hinweis", "Signatur" Zuflucht nehmen sollte. Das aber ist eine Entscheidung, die im Rahmen oder besser: auf dem Boden einer dafür geeigneten Zeichentheorie getroffen werden muß. Die meisten semiotischen Konzepte enthalten zwar eine semantische Komponente, aber nicht jedes einen Bedeutungsbegriff, der weit genug wäre, das Stilphänomen mit zu umschließen. Ein entsprechendes Entgegenkommen zeigt die von R. Keller (1995) vorgelegte Zeichentheorie. Das Zeichen hat hier zwei Aspekte bzw. Eigenschaften (nicht: Seiten), die er **Ausdruck** und **Bedeutung** nennt und folgendermaßen definiert:

"Die Eigenschaft, vermöge derer ein Zeichen wahrnehmbar ist, soll 'Ausdruck des Zeichens' heißen; die Eigenschaft, vermöge derer das Zeichen interpretierbar ist, sei 'Bedeutung des Zeichens' genannt"[13] (Keller 1995:109).

---

12 Bei U. Abraham (1996:232) lesen wir, daß Stilzeichen im Ober- und Untergeschoß der Textsemantik arbeiten.

13 Der zitierte Wortlaut ist im Original durch Fettdruck hervorgehoben.

Beide Eigenschaften des Zeichens werden als spezifische Regelbestände definiert, die zu spezifischen Wissensbeständen werden können: der Ausdruck als die Existenz von Realisierungsregeln (a.a.O.:111), die Bedeutung als die Existenz von Interpretationsregeln, die sich auf Interpretationszusammenhänge erstrecken. Die Bedeutung eines Zeichens ist das, "was dem Interpretierenden als Basis seiner Schlüsse dient" (a.a.O.:113).[14]

Kellers Zeichenbegriff gibt sich als ein Zeichen-im-System-orientierter zu erkennen. Da der Stilistik ein Zeichen-im-Text-orientierter bzw. Text-als-Zeichen-orientierter Zeichenbegriff angemessener ist, betrachte ich Stilzeichen primär als semiotische Realisationen in konkreten Texten, so daß neben dem Ausdrucks- und Bedeutungsaspekt ein weiterer Aspekt wichtig wird: der Realisierungsaspekt. Gerade in bezug auf letzteren besteht in der Stilistik Einigkeit: Stil ist immer ein Wie (vgl. u.a. Kurz 1985; Sandig 1995), ein komplexes Wie (Gauger 1995), das man allerdings genauer bestimmen muß, z.B. als Formulierungsweise, Strukturvariante oder als Gestalt (Fix 1995; Püschel 1995). Fragt man speziell nach dem Bedeutungsaspekt dieses stilistischen Wie, wird man – eingedenk vielfältiger stiltheoretischer Bemühungen um das spezifisch Stilistische im Text – eine Semantik des Formalen, d.h. der Formung und des Geformten, der äußeren und inneren Form, der Formzüge und Formprinzipien, der Formendifferenzierung und des Formensinns, zu konzipieren haben. (Es geht also um mehr als um eine Semantik der Formulierung.) Aus diesem Blickwinkel heraus will ich drei Teilbereiche stilistischer Semantizität unterscheiden: die Selektionssemantik, die Formatierungssemantik und die Sinnsemantik.

**Stilsemantik als Selektionssemantik.** Die Bedeutung in diesem Teilbereich stilistischer Semantizität ermöglicht **Schlüsse auf kommunikative Kontexte** auf der Basis der Zugehörigkeit von Gestaltungsvarianten oder -mitteln zu kontextdifferenzierenden Varietäten: grammatisch-lexikalischen (gemeint sind Stilsprachen und andere "Lekte" der Gesamtsprache) und stilistisch-interaktionalen (Stilklassen, Stilregister). Beispiele für Bedeutungszuschreibungen per Abruf von Varietätenwissen[15] sind die Stilprädikate 'gehoben', 'salopp', 'sprechsprachlich', 'schreibsprachlich', 'fachsprachlich', 'allgemeinsprachlich', 'amtlich', 'wissenschaftlich', 'formell', 'informell'.

---

[14] R. Keller differenziert zwischen kausalen, assoziativen und regelbasierten Schlüssen und nennt sie Grundverfahren der Interpretation.

[15] Hier ordnet sich das Wissen über kommunikative Prädispositionen und Prädispositionsebenen (Ludwig 1995:297f.) von Varianten bzw. Mitteln ein.

Der Ausdruck dieser kommunikationskontextualen Bedeutungen umfaßt zum einen die Regeln in bezug auf die Beschaffenheit der selektionssemantisch relevanten Formative im Varietätengefüge, zum anderen aber auch die Identifizierbarkeit eines selektionssemantisch relevanten Stilverfahrens, dessen Kennzeichen es ist, Varianten-/Mittelinventare zu innovieren: das Schöpfen von Varianten (Lerchner 1995:106f.).

Nicht alles Selektierbare im Stilbereich erlangt bereits durch Selektion stilistische Bedeutung. Bei der Semantisierung von Gestaltungsmitteln im Text auf dem Hintergrund von Alternativen kann es erst der Formatierungszusammenhang sein, der den Ausschlag gibt.

**Stilsemantik als Formatierungssemantik**[16]. Die Bedeutung in diesem Teilbereich stilistischer Semantizität ermöglicht **Schlüsse auf textinterne Formzüge und -prinzipien**, bezogen auf die Ganzheit, den ganzheitlichen Charakter des Kommunikats und in diesem Rahmen auch auf Textebenen, Teiltexte, Teilhandlungen, einzelne Gesprächsschritte sowie deren Relationen untereinander. Beispiele für Bedeutungszuschreibungen dieser Art sind die Stilprädikate 'adjektivisch', 'parataktisch', 'rhetorisch', 'emphatisch', 'figurenreich', 'bildhaft', 'musikalisch', 'spannungsvoll', 'symmetrisch', 'steigernd', 'berichtend', 'beschreibend'. Eines der wichtigsten Formprinzipien stilistischen Gestaltens ist das der Einheitlichkeit (vgl. Fix 1996) – eine Formatierungsbedeutung, die auch für die stilistische Qualität aufeinander bezogener Gesprächsbeiträge relevant sein kann.

Der Ausdrucksaspekt von Stilzeichen mit Formatierungsbedeutung erfaßt die Regeln für die Ausnutzung von textebenenspezifischen Formatierungsmöglichkeiten (z.B. thematische und formulative Kontrastbildung) sowie von Möglichkeiten der Gestaltbildung im Bereich der äußeren Form (Klang-, Raum-, Farbgestalten) und inneren Form (Darstellungsarten, Erzählweisen, Denkstile). Auch hier sind selbstverständlich Innovationen möglich. Formatierung erstreckt sich auf die Strukturierung von Gestaltungsmitteln aus vielerlei Codes. Formatierungssemantisch relevante Stilverfahren sind Rhythmisieren, Kontrastieren, Gliedern, Einrahmen, Hervorheben, Mischen (von Gestaltungsmitteln und Wissensmustern) u.v.a.

Das Hervorbringen und Wahrnehmen von Stilgestalten orientiert sich an Formatierungsmustern, deren Eigenheit es ist, daß der Ausdruck (die Regeln für die Wahrnehmbarkeit des Formatierungsverfahrens) und die Bedeutung (die

---

16 Den metaphorischen Terminus "Formatierung" übernehme ich von U. Abraham (1996: 250ff.).

Regeln für die Interpretierbarkeit des Formatierungsprinzips) sich weniger wechselseitig bedingen als vielmehr ineinander übergehen, d.h. eine so enge Verbindung eingehen, daß sie ihre Diskretheit aufgeben und somit nicht unterscheidbar werden, vgl. z.B. Rhythmisieren (als Verfahren) und 'rhythmisch' (als Prinzip). Der stilistische Zeichenprozeß – das läßt sich im Bereich der äußeren Form sicher am deutlichsten nachweisen – synthetisiert Wahrnehmung und Interpretation zu Wahrnehmungsinterpretationen bzw. Interpretationswahrnehmungen.

Selektions- und Formatierungsbedeutungen sind erweiterbar: um die Dimension stilistischen Sinns.

**Stilsemantik als Sinnsemantik**[17]. Die Bedeutung in diesem Teilbereich stilistischer Semantizität ermöglicht **Schlüsse auf Funktionen stilistischer Gestaltung in der kommunikativen Interaktion**. Hier kann man zurückgreifen auf Grundfunktionen von "Stil" (vgl. Abraham 1996:231ff.), Arten stilistischen Sinns (vgl. Fix 1995), Typen stilistischen Sinns (vgl. Sandig 1986; 1995 u.ö.); man kann spezielle Typen stilistischen Sinns auch als Registerdimensionen begreifen (Beziehungskonstitution, Adressatenberücksichtigung, Selbstpräsentation u.a.); man kann sie aus der Teilnehmerperspektive beschreiben; man kann stilistisches Handeln (Gestalten) in eine Kosten-Nutzen-Relation stellen und auf der Nutzenseite informativen, sozialen und ästhetischen Nutzen unterscheiden (vgl. Keller 1995:216ff.)[18]; man kann hinter gestalterischen Aktivitäten strategischen Textsinn entdecken, Gestaltungsstrategien zu Typen verallgemeinern und an einem Korpus von Texten exemplifizieren (vgl. Hoffmann 1997); man kann Sinnaspekte aber auch ganz konkret fassen, indem man sie am Einzeltext ausdifferenziert:

"Verstehe die Restaurantbeschreibung wie eine Musikkritik, assoziiere synästhetisch Empfindungen des Gaumens und der Ohren, stell dir einen Aufenthalt in diesem Restaurant wie das Erleben einer italienischen Opernaufführung vor" (Spillner 1995:73).

---

17 R. Keller (1995:130; vgl. auch 1992:340ff.) unterscheidet strikt zwischen "Bedeutung" und "Sinn", würde also diese Wortbildung nicht akzeptieren. (Stilistischer) Sinn kann aber durchaus als ein Fall von Bedeutung gelten, weil das Kriterium /Bedeutung = Interpretierbarkeit des Zeichens/ auch die Zeichenfunktionen in der kommunikativen Interaktion erfassen sollte. "Sinn" ist jedoch strikt zu unterscheiden von "Sinnzuschreibung", "Sinngebung" oder "Sinnverstehen" (analog zu "Bedeutung" vs. "Bedeutungszuschreibung").

18 Hier ist allerdings nicht explizit von stilistischem Handeln oder Gestalten die Rede, sondern von "Wahlhandlungen sprachlicher Mittel" (vgl. Keller 1995:216).

Man kann des weiteren zwischen der Alltäglichkeit und Nichtalltäglichkeit von Gestaltungsfunktionen differenzieren, um sich selbst zu verdeutlichen, daß Stilzeichen im Alltag nicht unbedingt auf ein Sinnverstehen abzielen, obgleich sich mit der Gestaltung des Textes zweifellos Sinn verbindet. Nämlich vorrangig dann, wenn Stil einfach der Effektivitätssicherung dient. Aber es gibt eben auch besondere, nichtalltägliche Gestaltungsfunktionen wie die der Milieukolorierung und Sprachporträtierung. Sinnsemantik baut auf der Selektions- und Formatierungssemantik auf und schließt den je spezifischen Ausdruck mit ein, jedoch erstens nicht eindeutig und zweitens nicht generell. Da sinnsemantische Zeichenprozesse maßgeblich durch den relationierenden Charakter von Stil bestimmt werden, ist auch mit sinntragenden Stilformen zu rechnen, die selektions- und/oder formatierungssemantisch unmarkiert sind.

Mit der Vorstellung von drei Teilbereichen stilistischer Semantizität unter dem Dach eines semiotischen Bedeutungsbegriffs ist eine Richtung eingeschlagen, die das stiltheoretisch komplizierte Problem des Verhältnisses von Stil und Semantik einer Lösung zuführen könnte. Zugleich drängen sich neue Fragen auf: Wie hängen Stilverstehen und Stilbewerten (z.B. 'angemessen', 'wohlgeformt', 'wohlkomponiert') zusammen bzw. Stilbedeutung und Stilwirkung? Wie verhalten sich stilistische Interpretationsverfahren zu den Grundverfahren der Interpretation (vgl. Anm. 14)? Inwieweit ist Stilsemantik auch als Perspektivierungssemantik (Nähe- vs. Distanz-Kommunikation, Einstellungsbekundungen verschiedener Art, eingeschränkte vs. uneingeschränkte Erzählperspektive u.a.m.) zu beschreiben? Worauf es mir in diesem Beitrag ankam: zu zeigen, wie "Stil" und "Bedeutung" aufeinander bezogen werden können und welche Kategorisierungen von Bedeutung im Bereich der stilistischen Textbedeutung wohl zumindest zu bedenken sind.


## LITERATUR

Abraham, Ulf (1996): *StilGestalten. Geschichte und Systematik der Rede vom Stil in der Deutschdidaktik.* - Tübingen: Niemeyer (= Germanistische Linguistik 161).

Asmuth, Bernhard; Berg-Ehlers, Luise ([2]1976): *Stilistik.* - Opladen: Westdeutscher Verlag (= Grundstudium Literaturwissenschaft 5).

Brinker, Klaus (1997): *Zum Zusammenhang von Text- und Stilanalyse am Beispiel eines Offenen Briefes von Günter Grass*. - In: U. Fix, H. Wellmann (Hg.): *Stile, Stilprägungen, Stilgeschichte. Über Epochen-, Gattungs- und Autorenstile. Sprachliche Analysen und didaktische Aspekte*. - Heidelberg: Universitätsverlag C. Winter (= Sprache – Literatur und Geschichte 15), 195-206.

Brünner, Gisela (1997): *Fachlichkeit, Muster und Stil in der beruflichen Kommunikation*. - In: M. Selting, B. Sandig (Hg.) (1997), 254-285.

Coseriu, Eugenio (31994): *Textlinguistik. Eine Einführung*. - Tübingen, Basel: Francke.

Dijk, Teun A. van (1980): *Textwissenschaft. Eine interdisziplinäre Einführung*. - Tübingen: Niemeyer.

Dittmar, Norbert (1997): *Grundlagen der Soziolinguistik – Ein Arbeitsbuch mit Aufgaben*. - Tübingen: Niemeyer (= Konzepte der Sprach- und Literaturwissenschaft 57).

Faulseit, Dieter; Kühn, Gudrun (51972): *Stilistische Mittel und Möglichkeiten der deutschen Sprache*. - Leipzig: Bibliographisches Institut.

Fix, Ulla (1995): *Zur Berechtigung, zu Problemen und Möglichkeiten der Stilforschung*. - In: G. Stickel (Hg.) (1995), 392-396.

Dies. (1996): *Gestalt und Gestalten. Von der Notwendigkeit der Gestaltkategorie für eine das Ästhetische berücksichtigende pragmatische Stilistik*. - In: Zeitschrift für Germanistik, N.F. 6 (1996) 2, 308-323.

Fleischer, Wolfgang; Michel, Georg u.a. (1975): *Stilistik der deutschen Gegenwartssprache*. - Leipzig: Bibliographisches Institut.

Fleischer, Wolfgang; Michel, Georg; Starke, Günter (21996): *Stilistik der deutschen Gegenwartssprache*. - Frankfurt/M. u.a.: Lang.

Gauger, Hans-Martin (1995): *Was ist eigentlich Stil?* - In: G. Stickel (Hg.) (1995), 7-26.

Graubner, Hans (1973): *Stilistik*. - In: H.L. Arnold, V. Sinemus (Hg.): *Grundzüge der Literatur- und Sprachwissenschaft*, Bd. 1: *Literaturwissenschaft*. - München: Deutscher Taschenbuch Verlag, 164-187.

Heinemann, Wolfgang; Viehweger, Dieter (1991): *Textlinguistik. Eine Einführung*. - Tübingen: Niemeyer (= Germanistische Linguistik 115).

Hoffmann, Michael (1981): *Zur Erfassung der stilistischen Bedeutung von Phraseologismen.* - In: Wissenschaftliche Zeitschrift der Karl-Marx-Universität Leipzig, Gesellschafts- und Sprachwissenschaftliche Reihe 30 (1981) 5, 484-493.

Ders. (1987a): *Begriffsgeschichtliche Aspekte der Kategorie Stilzug.* - In: Beiträge zur Erforschung der deutschen Sprache, Bd. 7, 81-92.

Ders. (1987b): *Zum pragmatischen und operationalen Aspekt der Textkategorie Stil.* - In: Zeitschrift für Phonetik, Sprachwissenschaft und Kommunikationsforschung 40 (1987) 1, 68-81.

Ders. (1997): *Gestaltungsstrategien und strategisches Gestalten. Zur Persuasivität von Thematisierungsstilen im politischen Diskurs.* - Vortrag auf der 28. Jahrestagung der GAL in Bielefeld (erscheint 1998).

Hoffmann, Michael; Siehr, Karl-Heinz (1998): *Alles eine Frage des Stils? Aspekte von Sprachvariation am Beispiel Jugendsprache.* - In: Deutschunterricht 51 (1998) 7/8, 355-365.

Hoffmann, Michael; Stillmark, Hans-Christian (1998): *Semantische Ebenen poetischer Zeichen. Paraphrasen zu Brechts "Was ein Kind gesagt bekommt".* - In: I. Pohl, J. Pohl (Hg.): *Texte über Texte – Interdisziplinäre Zugänge.* - Frankfurt/M. u.a.: Lang (= Sprache – System und Tätigkeit 24), 205-226.

Keim, Imken (1997): *Formelhaftes Sprechen als konstitutives Merkmal sozialen Stils.* - In: M. Selting, B. Sandig (Hg.) (1997), 318-344.

Keller, Rudi (1992): *Zeichenbedeutung und Bedeutungswandel.* - In: Zeitschrift für Semiotik 14 (1992) 4, 327-366.

Ders. (1995): *Zeichentheorie. Zu einer Theorie semiotischen Wissens.* - Tübingen, Basel: Francke.

Kerkhoff, Emmy L. (1962): *Kleine deutsche Stilistik.* - Bern, München: Francke.

Kurz, Gerhard (1985): *Zur Einführung: Stilfragen.* - In: Sprache und Literatur in Wissenschaft und Unterricht 16 (1985) 55, 1-8.

Kuznec, Marianna Davidovna; Skrebnev, Jurij Maksimovič ($^2$1968): *Stilistik der englischen Sprache.* - Leipzig: Verlag Enzyklopädie.

Lerchner, Gotthard (1981): *Stilistisches und Stil. Ansätze für eine kommunikative Stiltheorie.* - In: Beiträge zur Erforschung der deutschen Sprache, Bd. 1, 85-109.

Ders. (1984): *Konnotative Textpotenz.* - In: Beiträge zur Erforschung der deutschen Sprache, Bd. 4, 39-48.

Ders. (1986): *Stilistische Variation in einer handlungsbezogenen Textkonzeption.* - In: A. Schöne (Hg.) (1986): *Kontroversen, alte und neue. Akten des 7. Internationalen Germanisten-Kongresses Göttingen 1985,* Bd. 3: *Textlinguistik contra Stilistik?* - Tübingen: Niemeyer, 32-39.

Ders. (1995): *Stilwandel.* - In: G. Stickel (Hg.) (1995), 94-114.

Löffler, Heinrich (²1994): *Germanistische Soziolinguistik.* - Berlin: Schmidt (= Grundlagen der Germanistik 28).

Ludwig, Klaus-Dieter (1995): *Stilkennzeichnungen und Stilbewertungen in deutschen Wörterbüchern der Gegenwart.* - In: G. Stickel (Hg.) (1995), 280-302.

Lyons, John (⁴1992): *Die Sprache.* - München: Beck.

Michel, Georg (1988): *Aktuelle Probleme der Linguostilistik.* - In: Zeitschrift für Germanistik 9 (1988) 3, 291-306.

Ders. (in Vorb.): *Stilistische Differenzierung.* - In: W. Fleischer, G. Helbig, G. Lerchner (Hg.): *Kleine Enzyklopädie Deutsche Sprache.* - Frankfurt/M. u.a.: Lang.

Michel, Georg u.a. (²1972): *Einführung in die Methodik der Stiluntersuchung. Ein Lehr- und Übungsbuch für Studierende.* - Berlin: Volk und Wissen.

Müller, Andreas P. (1997): *Inferiorität und Superiorität verbalen Verhaltens: Zu den 'Rollenstilen' von Vorgesetzten und Angestellten.* - In: M. Selting, B. Sandig (Hg.) (1997), 217-253.

Müller, Rolf (1995): *Möglichkeiten der Kategorisierung von Bedeutung.* - In: I. Pohl (Hg.): *Semantik von Wort, Satz und Text. Beiträge des Kolloquiums "Semantik von Wort, Satz und Text" in Rostock 1994.* - Frankfurt/M. u.a.: Lang (= Sprache – System und Tätigkeit 14), 15-24.

Peukert, Herbert (1977): *Positionen einer Linguostilistik.* - Berlin: Akademie-Verlag (= Sitzungberichte der Sächsischen Akademie der Wissenschaften zu Leipzig, Philologisch-historische Klasse 119/6).

Püschel, Ulrich (1995): *Stilpragmatik - Vom praktischen Umgang mit Stil.* - In: G. Stickel (Hg.) (1995), 303-328.

Riesel, Elise (1970): *Der Stil der deutschen Alltagsrede.* - Leipzig: Reclam.

Riesel, Elise; Schendels, Eugenia (1975): *Deutsche Stilistik.* - Moskau: Verlag Hochschule.

Sanders, Willy (1977): *Linguistische Stilistik. Grundzüge der Stilanalyse sprachlicher Kommunikation.* - Göttingen: Vandenhoeck und Ruprecht.

Sandig, Barbara (1986): *Stilistik der deutschen Sprache.* - Berlin, New York: de Gruyter.

Dies. (1995): *Tendenzen der linguistischen Stilforschung.* - In: G. Stickel (Hg.) (1995), 27-61.

Seidler, Herbert (1970): *Der Begriff des Sprachstils in der Literaturwissenschaft.* - In: Sprachkunst. Beiträge zur Literaturwissenschaft 1 (1970) 1/2, 1-19.

Selting, Margret (1995): *Sprechstile als Kontextualisierungshinweise.* - In: G. Stickel (Hg.) (1995), 225-256.

Dies. (1997): *Interaktionale Stilistik: Methodologische Aspekte der Analyse von Sprechstilen.* - In: M. Selting, B. Sandig (Hg.) (1997), 9-43.

Selting, Margret; Sandig, Barbara (Hg.) (1997): *Sprech- und Gesprächsstile.* - Berlin, New York: de Gruyter.

Sowinski, Bernhard (1991): *Stilistik. Stiltheorien und Stilanalysen.* - Stuttgart: Metzlersche Verlagsbuchhandlung.

Spillner, Bernd (1974): *Linguistik und Literaturwissenschaft. Stilforschung, Rhetorik, Textlinguistik.* - Stuttgart u.a.: Kohlhammer.

Ders. (1987): *Style and Register.* - In: U. Ammon, N. Dittmar, K.J. Mattheier (Hg.): *Sociolinguistics/Soziolinguistik. An International Handbook of the Science of Language and Society/Ein internationales Handbuch zur Wissenschaft von Sprache und Gesellschaft.* First Volume/Erster Halbband. - Berlin, New York: de Gruyter, 273-285.

Ders. (1995): *Stilsemiotik.* - In: G. Stickel (Hg.) (1995), 62-93.

Stickel, Gerhard (Hg.) (1995): *Stilfragen.* - Berlin, New York: de Gruyter.

Wolf, Ricarda (1997): *Zur stilistischen Relevanz intonatorischer Kontrastierung beim Formulieren.* - In: M. Selting, B. Sandig (Hg.) (1997), 44-93.

WOLFGANG SUCHAROWSKI

# Semantik des Handelns – Überlegungen zum Umgang mit Nonverbalität

> Was man bei Mädchen wissen muß
>
> Allen mußte also erfahren, daß Mädchen in romanischen Ländern ganz ungeniert und unmißverständlich sexuelle Signale zum Flirten aussenden können und doch durch alle möglichen Konventionen so wirksam geschützt sind, daß physische Annäherungen so gut wie aussichtslos bleiben.
>
> (Fast 1980:11)

## 1. Zur Forschungslage

### 1.1 Frühe Arbeiten

Die Bedeutung des Nonverbalen für die Kommunikation ist seit den 70er Jahren aufgrund der Arbeiten von Scherer/Wallbott (1979) hinreichend bekannt und seit der durch Watzlawick/Beavin/Jackson (1972) ausgelösten Diskussion auch unbestritten ein Thema der Kommunikation. In der linguistischen Forschung blieb desungeachtet eine Rezeption, abgesehen von Einzelarbeiten, aus.[1]

Ein Grund dafür wird von Steuble (1986) in der nicht gelösten Methodik gesehen, was in der Heterogenität der Forschungsansätze sichtbar wird. Zwei generell verschiedene Hauptstränge lassen sich dort voneinander unterscheiden (Duncan 1972): die strukturelle Methode und die Methode der Orientierung an "externen Variablen".

Im ersten Fall wird von der Annahme ausgegangen, es gebe kulturell determinierte, eigenständige und regelgeleitete Systeme des Körperverhaltens. Erfaßbar sei ein solches durch entsprechende Notations- und Transkriptionstechniken, wie sie beispielhaft von Birdwhistell (1968; 1970) vorgeschlagen worden sind. Dem Morphem vergleichbar schlägt er ein "Kinem" vor, um

---

[1] Rehbein/Ehlich (1982).

damit kleinste bedeutungtragende Körperbewegungseinheiten zu erfassen. Das Prozeßhafte mehr einbeziehend, hat Scheflen (1964) vorgeschlagen, Struktureinheiten aufgrund von Haltungswechseln zu erfassen. Die Ergebnisse einer solchen Sichtweise blieben insgesamt auf Kategorisierungs- und Klassifikationssysteme beschränkt. Eine Bedeutungslehre, die Bedeutungsmerkmale, -umfänge und Möglichkeiten einer Bedeutungszuweisung theoretisch zu klären versucht hätte, wurde nicht entwickelt.

Einen anderen Weg ist die Sozialpsychologie gegangen. Sie suchte im nonverbalen Verhalten nach Indikatoren für individuelle Zustände und Einstellungen der Persönlichkeit (Cranach/Ellgring 1973). Mit Ekman/Friesen (1969; 1979) fand dieser Ansatz seine allgemeine Anerkennung, das Erkenntnisinteresse der Arbeiten lag aber nicht im Aufspüren von nonverbal gefaßten Bedeutungsträgern, sondern in Hinweisen auf die psychische Befindlichkeit einer Person. Das Ausklammern des kommunikativen Kontextes und die ausschließliche Datenerhebung durch einen Beobachter mit externen Kategorien verhindert Einsichten in die semantische Verarbeitung nonverbaler Verhaltensweisen (Ehlich 1985; Hanke 1991; Rehbein/Mazeland 1991).

Unabhängig von den zitierten methodischen Schwierigkeiten haben die Arbeiten deutlich gemacht, daß spezifische Verhaltensmodifikationen im körperlichen Verhalten bedeutungsrelevant interpretiert werden. Noch wenig klar ist, wie Bedeutungen konstituiert und zugewiesen werden, wenn es sich nicht um konventionell geregelte Verhaltensweisen handelt, wie das bei Handbewegungen beobachtet worden ist (Ekman/Friesen 1979). Selbst hier ist wenig erklärt, wie aus dem Verhaltenskontinuum eines Individuums die Signifikanz einzelner Bewegungen erkannt und zu einem Ganzen verarbeitet wird.

## 1.2 Neuere Ansätze

Mit der Arbeit von Steuble (1986) wird innerhalb der Linguistik erstmals ein Versuch unternommen, aus der kommunikativen Interaktion heraus Interpretationen des Körperverhaltens zu ermitteln. Ausgegangen wird von Überlegungen, daß der Lautproduktion vergleichbar die Muskulatur materielle Voraussetzung für eine Visualisation nonverbalen Verhaltens ermöglicht (Ehlich/Rehbein 1982:17).

Aufgrund des Bewegungspotentials eines Körpers ergibt sich die Möglichkeit von Bewegung und Nicht-Bewegung sowie die Fixierung von einzelnen

Körperteilen, so daß Haltungen oder Stellungen entstehen, welche als Ausdrucksmittel verfügbar sind und ein reiches Repertoire anbieten. "Bewegung wie Fixierung ermöglichen je spezifische Ausdrucksformen; d.h. einzelne oder mehrere Körperteile formieren – durch Bewegung wie Fixierung – Ausdruckseinheiten, die jeweils unterschiedliche Ausdrucksqualitäten realisieren". In Anlehnung an Wallbott (1979) wird auf die Körperhaltung und Körperfixierung im Verlauf der Interaktion eingegangen, da auch ihnen eine "bestimmte Ausdrucksqualität" zugesprochen wird. Unter dem Terminus "Position" wird ein so erzeugter Kontext zu beschreiben versucht.

Mit der sog. "integrativen Kommunikationsanalyse" wird von Steuble ein diskursanalytischer Ansatz verfolgt, der einen Zusammenhang zwischen Körperverhalten und verbalem Verhalten auf der einen sowie Körperverhalten und dem Körperverhalten des anderen auf der anderen Seite herstellt. Die Bedeutungszuweisungen zum Nonverbalen erfolgen interpretativ aus einem allgemeinen Weltwissen, der Kenntnis von Diskursverhältnissen und einer Verarbeitung aktueller propositionaler Gehalte, welche Einfluß auf den emotionalen Zustand einer Person nehmen können und dadurch Verhaltensmodifikationen bedingen.

Ein Zusammenhang zwischen verbaler und nonverbaler Kommunikation wird postuliert, analysiert und als Diskursgeschichte dokumentiert. Die Art, wie nonverbales Verhalten Bedeutungen annimmt, wird nicht näher analysiert und mit dem Hinweis auf das Welt- und Diskurswissen erklärt. Das Welt- und Diskurswissen als Quelle zur Identifikation von Zeichen und ihrer Bedeutung bedarf der Beschreibung von Funktionen, welche ein Verständnis dafür ermöglichen, wie ein Verhaltenskontinuum als Segment und in diesem eine zeichenhafte Einheit erkannt werden können, welcher dann Bedeutsamkeit zugebilligt bzw. Bedeutungen zugewiesen werden kann.

Einen anderen Weg beschreitet Karabalic (1994). Er hebt hervor, daß die Sprache nicht Abbildfunktion von Welt besitzt, sondern das Erreichen kommunikativer Ziele zur Grundlage hat. In Zeichen sind nicht Bedeutungen zu suchen, sondern Ziele für ein kommunikatives Anliegen. Zweckrationales Handeln zu beschreiben ist deshalb das primäre Erkenntnisinteresse. Zwecke werden unterschieden, in den Zweck, einen Dialogpartner zu etwas zu bewegen, etwas zu tun, oder ihn wissen zu lassen, daß etwas ist. Davon sind andere Zwecke zu trennen, die nicht mit sprachlichen Mitteln verfolgt werden.

Entscheidend ist nun, daß es möglich ist, unter bestimmten kommunikativen Bedingungen Handlungen zu vollziehen, die nicht sprachlich sind, aber einem Zweck dienen, der auch mit den sprachlichen verfolgt wird. Hier nun liegt das Neue des Ansatzes, der von Handlungen ausgeht, durch deren Vollzug illokutionäre Akte möglich werden, die eigentlich sprachlich wären.

Die semantische Dimension liegt im Pragmatischen. Es geht um den Vollzug illokutionärer Akte mit nonverbalen Mitteln. So werden von Karabalic nonverbale performative Äußerungensformen untersucht, die unter normalen Handlungsbedingungen sprachlich realisiert werden, aber zu bestimmten kommunikativen Zwecken anstatt der sprachlichen durch nonverbale Äußerungsformen ersetzbar sind (Karabalic 1994:4).

Gegenüber der Vorgehensweise von Steuble wird in der Sprechakttheorie ein theoretisches Konzept genutzt, um die Frage einer Bedeutungszuordnung leisten zu können. Da das Nonverbale sprachliche Ersatzhandlung ist, stellt sich nicht die Frage, welche nonverbalen Phänomene unterschieden werden müssen, sondern gefragt wird: "welche Eigenschaften muß ein außersprachliches Verhalten haben, damit es als Vollzug eines illokutionären Aktes betrachtet werden kann?" (Karabalic 1994:7).

### 1.3 Verhältnisbestimmung der Ansätze

Das wirft die Frage auf, was ist neu oder wie groß ist der Unterschied zu der traditionellen Sicht. Denn schon Scheflen (1964) hatte gesehen, daß körperliches Verhalten musterhaft kommunikative Prozesse begleitet, so daß in Abhängigkeit zur verbalen Aussage bestimmten Haltungskonfigurationen Bedeutungen zugeordnet werden bzw. diese ersetzen konnten.

Die integrative Kommunikationsanalyse stellt einen engen Zusammenhang mit Diskurseigenschaften her. Körperliches Verhalten wird nicht aus der Perspektive spezifisch nonverbaler Kategorien interpretiert, sondern es wird ein Zusammenhang zwischen der Bewältigung propositional gestellter Aufgaben, illokutional vorfindlicher Anforderungen und emotional bedingter Zustände hergestellt und beschrieben, wie sich dieser im verbalen und nonverbalen Verhalten widerspiegelt.

Ein niedergeschlagenes Augenlid beispielsweise bedeutet nicht automatisch "Unterwerfung" oder "Verlegenheit", es ist ein an sich wertneutrales Phänomen körperlichen Verhaltens. Dieses Phänomen kann in einer Phase auftreten, bei der propositional hohe Anforderungen gestellt worden sind, das Rederecht an den Angesprochenen übergeben wurde, und die Obligation, auf spezifische Weise zu antworten, sehr hoch ist. In einer Prüfungssituation ist ein solches Verhalten nicht unüblich. Die Person konzentriert sich, denkt nach. Es kann ein Reflex auf eine Verunreinigung im Auge sein. Das Phänomen gewinnt Bedeutsamkeit durch die Zuweisung einer Bedeutung durch den, welcher glaubt, hier läge etwas Bedeutungshaltiges vor.

Neu bei einer solchen Perspektive ist also die Offenheit der Interpretationen und die Abhängigkeit von unterschiedlichen Bezugssystemen. Ungelöst bleibt die Semantik, woher kommen die Interpretamente, um die jeweiligen Situationen angemessen bewältigen zu können, was bedeutet es überhaupt, angemessen mit Interpretamenten umzugehen, wenn eine Situation umschrieben wird durch **das Kommunikationsereignis auf der Basis einer Personen-Konstellation, mit sichtbaren Körperphänomenen, hörbaren Sprachphänomenen, gebunden in Raum und Zeit.**

Hier reicht der Ansatz von Karabalic weiter. Er stellt einen expliziten Zusammenhang zu sprechakttheoretischen Implikationen her und baut einen solchen auf der Basis von dialoggrammatischen Handlungsannahmen auf. Damit ist ein semantisch wirksames System genannt, aus dem heraus Handlungszusammenhänge ihre Bedeutungen entnehmen können. Karabalic kommt mit dem sprechakttheoretischen Hintergrund weiter, weil die semantische Leistung durch den illokutiven Akt gesichert ist. Es existiert ein semantisch ausdefiniertes bzw. ausdefinierbares System, das jeweils Verhaltenskonfigurationen und Abläufe von Verhaltenskonfigurationen als Ausdrucksformate zu identifizieren erlaubt.

Ein solches Vorgehen ermöglicht nun zwar die Zuordnung einer Sprechakt-Semantik, zu fragen bleibt aber, ob die Sprechakte nicht unabhängig von ihrer Realisationsform bei den Interaktionspartnern aufgrund ihres Handlungswissens erschlossen werden, was zur Konsequenz haben könnte, daß Ausdrucksformen bis zu einem gewissen Grad offen und unbestimmt bleiben können oder vielleicht sogar müssen.

Ob eine verbale oder welche nonverbale Form jeweils gewählt wird, kann unbestimmt bleiben. Durch das Wissen um eine zu erwartende Illokution ist es nur nötig, die Funktion an einen "Platzhalter" oder "Verstärker" anzubinden. Welche Gestalt dieser annimmt, ist dann irrelevant.

Der Ansatz von Karabalic bleibt letztlich der Vorstellung verhaftet, es gäbe eine nonverbal definierte Einheit, die als Substitut für eine verbale agiert. Damit aber tritt sein Konzept hinter das zurück, was bei Steuble mit weiter-

reichenden Konsequenzen angedacht worden ist. Von einer hohen Funktio-
nalität auszugehen und diese nicht vorschnell durch Kategorien auf etwas zu
verengen, was eigentlich erklärungsbedürftig ist. Kommunikation stellt sich
dar als **ein Kommunikationsprozeß zwischen Personen, mit Wissen über
die Interpretation hörbarer Sprachphänomene, mit Kenntnissen über
Schlußverfahren, wie Sprachphänomene durch sichtbare Körperphänomene ersetzbar oder unterstützbar sind.**

Beiden Ansätzen haftet etwas an, was typisch für die linguistische Diskussion von Nonverbalität ist, Nonverbalität wird als ein Begleitphänomen betrachtet, ist etwas Bei- oder Nebengeordnetes. Die Nonverbalität bleibt damit
auf die Begleitdimension verbalen Handelns eingegrenzt. Denn "etwas Analoges zur wörtlichen Bedeutung von sprachlichen Äußerungen haben die
außersprachlichen nicht" (Karabalic 1994, 9).[2] Eine solche Haltung über-
sieht, Zeichen an sich haben noch keine Bedeutung. Diese erhalten sie durch
ihre semantische Funktion und eine solche wird ihnen durch Sprachbenutzer
zugewiesen, wenn diese sich in jeweils pragmatisch definierbaren Situationen verständigen müssen. Welches Zeichensystem welche Aufgabenstellun-
gen optimal löst, ist daher abhängig von der Aufgabe und nicht von der
Frage nach Verbalität und außerverbalen Zeichensystemen.

## 2. Die Rolle der Eigenständigkeit des Nonverbalen

### 2.1 Bisherige Bedeutungsaspekte des Nonverbalen

Dialoganalysen belegen unzweideutig die einen Dialog steuernde Funktion
des Nonverbalen. Das wird auch in den Studien von Steuble gezeigt. Sprecherwechsel und Nonverbalität gehören auf das engste zusammen, wie ethno-
methodologische Analysen in der Tradition von Sacks (1971) oder Duncan
(1974) belegen. Aber auch die einen Diskurs beeinflussende Funktion ist
nachweisbar, das Bestätigungsverhalten von Zuhörern ist bekannt (Brinker/
Sager 1989:83-93) und im paraverbalen Bereich beschrieben worden (Ellgring
1995; Rosenbusch 1995).

Offen ist die Semantik, beschränkt sich diese auf das Anzeigen der Akzep-
tanz von Aussagen oder stehen semantische Regeln dahinter, welche die
Verständigungsarbeit auch inhaltlich beeinflussen können. Der Nachweis,
Illokutionen zu etablieren, wie ihn Karabalic führt, macht klar, daß Nonver-

---

2    Einigen, aber wenigen Formen wird allerdings noch ein konventionelles illokutionäres
     Akt-Potential zugebilligt (Karabalic 1994:9).

balität verbales Potential ersetzen kann. Von jeher bekannt ist die Leistungsstärke des Nonverbalen, wenn deiktische Aufgaben zu lösen sind (Cheang 1990:163-198; Ehlich 1991).

All diese Gebrauchsformen sind hinsichtlich ihrer Eigenständigkeit gekennzeichnet, denn es lassen sich Funktionen erkennen, die inhaltlich näher bestimmbar sind. Eine Gruppe nonverbaler Verhaltensweisen zeigt ihre Leistung im Bereich der interaktiven Organisation, eine andere bei diskursspezifischen Interpretationen und davon zu unterscheiden alle Propositionen begleitenden Formen, die als "Batons", "Ideographen", "Kinetographen", "Piktographen" oder emblematische Bewegungen fungieren (Ekman/Friesen 1979: 113-114). Sie organisieren die Fokusbildung oder setzen Zeichen für Thema-Rhema-Strukturen, erlauben Hervorhebung und Konturenbildung von Diskursteilen aller Art. Sie eignen sich zu Phrasenmarkierungen, welche zur Konstituentenstabilisierung dienen. Die Vielfalt der Auftretensformen erweckt sogar den Eindruck, erst aus der Nonverbalität heraus konstituiere sich Verbalität: **Körperphänomene unterstützen Sprachphänomene, Körperphänomene steuern Diskursphasen, Körperphänomene etablieren Referenz.**

## 2.2 Merkmale einer nonverbalen Semantik – Gestaltbildung

Das Besondere des Nonverbalen besteht gegenüber verbalen Äußerungsformen darin, ganzheitlich wahrgenommen und ganzheitlich verarbeitet zu werden. Syntax phrasierende Handgesten, fokusbildende Kopfhaltungen und Körper-Positionswechsel zur Dialogsteuerung sind jeweils unterscheidbare Funktionen eines ganzheitlichen Körperverhaltens. Analysen von Skill-Trainings zur Verhaltensmodifikation, wie sie in Schulungskursen zur erfolgreichen Kommunikation angeboten werden, belegen, daß es zu Widerspruchsverhaltensweisen kommen kann, bei denen diese Ganzheitlichkeit "gestört" worden ist. Die eigentlich voneinander getrennt zu interpretierenden Funktionen bilden für den Gesprächspartner unter normalen Umständen ein kontinuierlich bestehendes Ganzes, das immer als ein solches bestehen bleibt und dabei eine eigenständige Bedeutung besitzt.

Eine Erklärung dafür wird in einem Prozeß gesehen, der als Hinter- und Vordergrundeffekt beschrieben wird. Die Nonverbalität als Körperlichkeit des anderen ist nämlich stets als Ganzheit im Hintergrund präsent und erfährt als dieser Hintergrund seine eigenständige Deutung und Bedeutung. Aus diesem Hintergrund treten dann phasenweise Elemente hervor und bewegen sich dorthin wieder zurück. Das geschieht in Abhängigkeit zu bestimmten Funktionen, welche das Hervortreten für die Wahrnehmung motivieren und ermöglichen.

Bei einem Sprecherwechsel beispielsweise ist dieser Effekt offenkundig. Erfolgt ein solcher auf der Basis bestimmter Gestik, können die gleichen Gesten während der Entwicklung einer thematischen Phase als Konstituenten stützende Konturbildungen wahrgenommen werden, oder sie werden im Sinne der Individualpsychologie als Symptome für Nervosität und Irritation gesehen, wenn der Interaktionspartner dafür angemessene Gründe hat.

Das Prinzip von Vorder- und Hintergrundsverarbeitung wurde erstmals im Rahmen der Gestaltpsychologie erkannt und in der kognitiven Linguistik aufgegriffen (Langacker 1987). Wir nehmen Gestalten wahr, die sich zwar aus Teilen erklären lassen, diese gewinnen aber als Ganzes eine eigenständige und nicht von den Teilen her erklärbare Bedeutung. Warum sieben Sterne am Himmel als Wagen wahrgenommen werden, kann nicht aus den sieben Sternen des Sternenbildes hergeleitet werden. Eine Gestalt ist nicht additiv konzipiert, sondern sie ist qualitativ etwas anderes und Eigenwertiges. Ehrenfels (1890) verwies als erster auf das Phänomen, bei dem drei Töne einen Klang bilden und als Dreiklang wahrgenommen werden.

In Studien zur Verarbeitung visueller Informationen hat Marr (1976) Prinzipien erörtert, wie Linien und figurale Elemente zu Segmenten zusammengeordnet werden. Diese Segmentierungsprinzipien zeigen große Ähnlichkeiten zu den sog. Gestaltgesetzen. Es ist die Rede von der Gestaltschließung, d.h., Merkmale werden nicht als Merkmale verarbeitet, sondern als etwas Ganzes. Wird ein Merkmal getilgt oder verändert, bricht die Gestalt nicht zusammen, sondern sie verändert sich oder bleibt weiterhin eine Gestalt.

Die Gestalt-Prinzipien werden in das Gesetz der Nähe, der Ähnlichkeit, des glatten Verlaufs, der Geschlossenheit bzw. der guten Gestalt unterteilt. Studien konnten experimentell belegen, daß Konfigurationen schneller wahrgenommen werden als die separate Wahrnehmung von Elementen (Pomerantz et al. 1977). Erklärungen für die Verarbeitung der Nonverbalität im Sinne bestimmter semantischer Gehalte werden daher Wirkweisen der Gestaltpsychologie zu berücksichtigen haben.

## 2.3 Merkmale einer nonverbalen Semantik – Schemata

Wenn nach einem Konstrukt gesucht wird, welches theoretisch Grundlagen für die Behandlung eröffnet, bietet sich das Konzept der Schema-Theorie an. "Die Repräsentation durch Schemata ist ein Weg, um die Struktur von Beziehungen zu erfassen. Schemata repräsentieren die Struktur eines Objektes durch eine Struktur von Leerstellen für Attribute, die Werte spezifizieren" (Anderson 1988:121). Nehmen wir ein Gesichtsschema, es kann durch den Wechsel des Merkmals "Mund" einen Wert freundlich oder unfreundlich, lustig oder traurig erhalten. Wir wählen einen Kreis und fügen ihm zwei Punkte als Augen ein, dann zeichnen wir einen halbrunden, nach oben geöffneten oder einen nach unten geöffneten Halbkreis ein und nehmen jeweils eine andere Qualität des Gesichtsausdrucks wahr. Obwohl alle anderen geometrischen Elemente stabil bleiben, verändert ein Element den Gesamteindruck im Sinne der zitierten Adjektive.

Die Präsentation kann durch ein Personenschema kontextuell weiterführend gedeutet werden, spezifische Merkmale, wie Kopfhaltung und Haltung des Oberkörpers, können den Wert unterstützen und in der Bedeutung eindeutiger machen.

Aus Studien über das Erinnern von Schemata ist bekannt, daß solche Schemata bei den Beteiligten Schlußprozesse bedingen, aufgrund derer Bedeutungszuordnungen erfolgen, d.h., in Abhängigkeit zu der Identifikation eines Schemas und seiner Bedeutungszuweisung werden spezifische Schlußprozesse der Verarbeitung ausgelöst. Brewer/Treyens (1981) erörterten, wie aufgrund des Schemas "Büroraum" sehr viele Details wiedergegeben werden konnten, die als Gegenstände ohne diesen Kontext nicht mehr gemerkt werden. Andererseits fehlten Dinge, die im Raum waren, aber nicht als typisch für ein Büro gelten.

Schemata erweisen sich als entscheidende Hilfe bei der Wahrnehmungsorganisation, indem sie komplexe Phänomene zu Bedeutungseinheiten zusammenfassen und damit den Wörtern vergleichbare Funktionen erfüllen. Was auf die Konstellation von Gegenständen in einem Raum bezogen wird, kann nun ebenso auf die Rückerinnerung an Personen verwendet werden. Nach einem Gespräch werden Merkmale erinnert, welche nicht nur aus der tatsächlichen Begegnung hergeleitet sind, sondern aus dem Wissen um diese Person mitbestimmt werden.

Nonverbalität ist etwas, was nicht linear organisiert ist. Die Darstellung der
Nonverbalität als Schema ist ein Verfahren, komplexe Strukturen nicht-li-
near abzubilden. Auf einzelne Strukturen kann aber jederzeit aus unterschiedlicher Perspektive zugegriffen werden. Nonverbalität ist kontinuierlich. Sie ist aber nicht hierarchisch. So kann in der Darstellung eines Schemas etwas mehr vordergründig, etwas anderes mehr hintergründig erscheinen. Es kann etwas zentral, etwas anderes peripher wirken. Ein Wechsel der
Perspektive erlaubt dann zu wechseln zwischen dem, was vordergründig,
und dem, was hintergründig ist. Nonverbalität ist kontinuierlich, sie ist nicht
statisch.

Wird die Schema-Darstellung mit Zeiteffekten verbunden, eignet sie sich
auch, die Organisation von Ereignisabläufen zu erfassen. Unter dem Terminus "Skript" ist dies seit den 70er Jahren bekannt (Abelson 1981). Linguistisch ist diese Sichtweise unter dem Terminus des Musters bzw. Sprechakt-
oder Handlungsmusters mehrfach behandelt worden (Ehlich/Rehbein 1982).
Verlaufsprozesse von Kommunikation lassen sich mit einem solchen Instrument unterschiedlich zerlegen und subjektiv gestalten.

Dabei definiert sich das Schema immer aus Einzelteilen, die, ziehen wir die
Gestaltgesetze hinzu, nicht bis ins Detail festgelegte Entitäten sind und sich
entsprechend jederzeit so ergänzen, daß ein geschlossener Gesamteindruck
entsteht.

Wenn wir ein Schema mit der Bedeutung 'freundlich' konstruieren, dann läßt
das Gesetz der Nähe erwarten, daß diese Bedeutung aus Merkmalen abgeleitet wird, die bei einer Begegnung mit einer Person als vordergründig
hervortreten. Nun kann dieser Vordergrundseffekt durch die Stimme ausgelöst sein, er könnte durch das Mienenspiel bedingt werden oder Auffälligkeiten der Gestik. Merkmale eines dieser Bereiche werden aufeinander bezogen,
weil lokale Nähe schneller zu einer Gestalt verarbeitet wird. Durch das Prinzip der Ähnlichkeit werden dann Abweichungen nivelliert. Auch wenn nicht
alle Details dieses Merkmals zu erkennen sind, wird aufgrund des glatten
Verlaufs erschlossen, daß es sich um ein zusammengehöriges Phänomen
handelt. Mit dem Prinzip der Geschlossenheit wird ein nur fragmentarisch
wahrgenommenes Phänomen dennoch im Sinne des angenommenen Schemas bearbeitet und in den fehlenden Teilen ergänzt. **Schemata fixieren Wissen über Erwartungen zu kommunikationsbedingten Phänomenen.**

Das Schema "freundlich" funktioniert letztlich so wie das Schema "Büroraum". Es filtert die Wahrnehmung, und es konstruiert die verarbeitbare Wirk-

lichkeit durch eine Art Projektion der eigenen Erwartung. D.h., wir haben es mit einer Semantik zu tun, der nicht nur das Problem der Vagheit anhaftet, sondern die darüber hinaus das Phänomen systematischer Mehrdeutigkeit auszeichnet, so daß die Frage entsteht, ob sich Nonverbalität überhaupt semantisch greifen läßt.

## 3. Bedingungen für eine Semantik des Nonverbalen

### 3.1 Der Effekt der Nicht-Hintergehbarkeit

Nonverbalität ist als Phänomen im kommunikativen Akt immer präsent, und sie ist für die Interaktanten in kommunikativen Situationen immer bedeutungshaltig. Als Konsequenz daraus folgt: Der Kommunikationsteilnehmer nutzt eine Semantik des Nonverbalen so, wie er über eine Semantik des Verbalen verfügt.[3] Das setzt voraus, es gibt etwas, worauf die Kommunikationspartner zurückgreifen, um sich in den konkreten Situationen zu orientieren und mit diesen zielgeleitet umzugehen. Daß Kommunikationsteilnehmer die komplexe und nichtverbale Interaktionssituation interpretativ auflösen, steht außer Frage, wie sie das tun, ist das eigentliche Problem.

Nehmen wir ein Beispiel: In der Literatur bekannt ist das Restaurant-Schema (Abelson 1981; Ehlich/Rehbein 1972). Das Konzept schafft einen Handlungskontext, innerhalb dessen eine Vielzahl von Details bedeutungshaltig "aufgeladen" werden. Wählen wir die Bewegung der Individuen in einem solchen Rahmen. Da gibt es verschiedene Arten des Sich-Fortbewegens innerhalb eines solchen Raumes, eine solche Fortbewegung kann dann als "zur Toilette gehen" oder "einen Tisch suchen" oder "eine Bestellung annehmen" verstanden und gedeutet werden.

Oder betrachtet man das Blickverhalten, wenn wir uns in einem Restaurant befinden. Einer jungen Frau nachzuschauen, sie mit dem Blick zu fixieren, kann als die normale Wahrnehmung der Fortbewegung einer fremden Person gelten, der Blick kann den Versuch eines Flirts beinhalten, er kann aber auch eine Aufforderung anzeigen, mich als Gast zu bedienen, wenn die Person als Bedienung angesehen wird. Der Blick kann im letzten Fall verbal ersetzt oder verbal ergänzt werden oder durch eine Geste seine Konkretisierung erfahren.

---

3   Damit ist nicht gesagt, daß die semantischen Funktionen dieselben sind und eine Differenzierung notwendig ist.

Das Wichtige an den genannten Vorgängen ist, weder das Blicken noch das
Gehen an sich haben eine Bedeutung aus sich heraus, sie sind quasi bedeutungslos. Erst ein umfassenderer und typisierter Handlungskontext schafft
die semantisch relevante Umgebung und eröffnet die Möglichkeit zur Anwendung der Interpretationsregeln, die das Identifizieren von Gestalten erlaubt. **Der Kommunikationsprozeß zwischen Personen leitet Wissen über
die Interpretation hörbarer Sprachphänomene sowie sichtbarer Körperphänomene aus besonderen Rahmenbedingungen ab, die durch eine Institution gesetzt werden kann.**

Ein solcher Handlungskontext könnte in der Form eines Schemas gedacht
werden. Es verarbeitet die vorfindlichen Phänomene. Keller (1995) unterscheidet grundsätzlich drei Verarbeitungsverfahren bei semiotischen Problemstellungen, die sich den Kommunikationsteilnehmern als Interpretationen anbieten: eine Gestalt wird im Sinne von Symptomen verarbeitet, als
Ikon für etwas genommen oder zu Symbolen abstrahiert.

Ein solches Schema legt also nicht nur symptomhafte Interpretationen fest,
wie sie aus der Beschreibung des Beispiels entnommen werden. Es schafft
auch den nötigen Rahmen, um Bildhaftigkeit von Formen zu erkennen, weil
er u.U. eine eigene Bildhaftigkeit zur Bewältigung der kommunikativen Situation gefunden hat. Der Akt des Zahlenwollens bietet dafür eine Reihe von
Bcispielen. Nur im Kontext des Restaurants gewinnen diese Zeichen den
Charakter eines Ikons.

Gehen wir einen Schritt weiter, dann eröffnet dieser Rahmen auch solchen
Akten Raum, die wir bei Karabalic kennengelernt haben, d.h., wenn Schemata sequenzhafte Strukturen und Versatzstücke mit referentiellen Anteilen
beinhalten, dann lassen sich diese sehr verschieden auffüllen, so daß ohne
verbale Ausführungen referentielle Effekte eintreten können, weil die Kommunikationspartner über Schlußverfahren verfügen, die sie auf der Basis solcher Verarbeitungsmodelle dazu in die Lage versetzen. Innerhalb bestimmter
Schemata können dann nonverbale Formen Symbolfunktionen wahrnehmen.

Entscheidend aber bleibt, nicht ein Verhalten an sich löst diesen Effekt aus,
sondern das Bezugssystem, innerhalb dessen Verhalten bedeutsam wird.
Welches Bezugssystem genutzt wird, das entscheidet die Wahl eines Schemas, daß ein Bezugssystem aktiv ist, ist unvermeidlich.

## 3.2 Systematische Mehrdeutigkeit

Damit werden erste Konsequenzen für die Semantik des Nonverbalen offenkundig. Im Mittelpunkt der Analysen hat weniger das zu stehen, was allgemein als die Nonverbalität angesehen wird. Nonverbalität an sich ist "bedeutungslos". Nonverbalität als nicht hintergehbarer Hintergrund eines Kommunikationsprozesses lädt sich immer bedeutungshaltig auf. Welche Phänomene zum Träger von Bedeutung werden, ist grundsätzlich offen und wird konkret faßbar in Abhängigkeit zu den kommunikativen Umständen, wenn von den streng konventionell definierten Formen abgesehen wird. Der Ausgangs- und Bezugspunkt ist daher immer die konkrete kommunikative Situation, in der sich die Personen befinden, und die kommunikative Bewältigung im Hinblick auf spezifische Ziel- und Zweckbestimmungen.

Die Bewältigung einer solchen Aufgabe läßt sich formal als Schema im Sinne von Anderson (1988:120-128) darstellen und deuten. Ein solches definiert sich aus Kategorien zur Wahrnehmung sowie besonderen Operationen zur Verarbeitung. Grundlage für die Wahrnehmung ist ein Wissen, das entweder universell existiert oder aus der Kommunikationspraxis hergeleitet wird. Dieses beinhaltet personale Erfahrungen aus konkreten Kommunikationsverläufen und mögliche Klassifikationen im Hinblick auf spezifische Problemstellungen.

Die kommunikative Praxis des einzelnen spielt daher eine bedeutsame Rolle, und die Kategorienbildungen beeinflussen, ob und wie Verhaltensphänomene des Gegenübers als Zeichen erfaßt werden. Bei Kategorien dieser Art ist mit einer sehr individuellen Ausrichtung zu rechnen, und nur dort, wo Konventionen das Verhalten vorschreiben, d.h. bei kommunikativen Aufgaben mit hohem rituellen und/oder institutionellen Anteil, ist eine Regelbildung im Sinne gegenseitigen Austauschs anzusetzen. Darüber hinaus werden Verhaltensweisen reguliert, welche kulturspezifisch geprägt und im Rahmen der Sozialisation vermittelt und erworben werden. **Die Wahrnehmungen sichtbarer Körperphänomene sind von kategorialen Eigentümlichkeiten abhängig, welche offene Ableitungen über Interpretationen der Körperphänomene bedingen.**

Diese in großen Teilen bestehende Offen- bzw. Unbestimmtheit schafft für den konkreten Kommunikationsprozeß immer wieder Situationen, in denen die Interaktionspartner sich nicht sicher sein können, daß ihre Annahmen über die zugeordnete Bedeutung zu einzelnen Zeichenhypothesen zulässig sind.

Auf diesem Hintergrund wird verständlich, wie leicht es zu problematischen und für die Interaktionspartner mißverständlichen Situationen kommen kann, wenn divergente Unterstellungen von Zeichenhypothesen Einfluß auf die argumentativ-thematische Struktur eines Diskurses nehmen. Verfahren zum Abgleich aber sind nicht ohne weiteres möglich, weil sie in einen Bereich der Persönlichkeit führen würden, der verbal meist nicht oder nur schwer zugänglich gemacht werden kann oder auch aus gesprächstaktischen Gründen vielfach nicht zugänglich sein soll.[4]

Den Operationen, die den Umgang aufgrund der mit den Wahrnehmungskategorien ermittelten Informationen über das Wahrgenommene aus- und bewerten, fallen unterschiedliche Aufgaben zu. Grundsätzlich soll ihr Resultat eine Entscheidung darüber sein, wie die wahrgenommenen Phänomene, zu einem Zeichen vereinigt, semantisch bewertbar sind und welche Konsequenzen sich daraus für das konkrete Handeln im weiteren Kommunikationsverlauf ableiten lassen.

Sie müssen klären, welcher Verarbeitungsmodus im Sinne der von Keller vorgeschlagenen Verfahren gilt. Das ist ein Vorgang, bei dem eine Situationsbearbeitung prüft, welche Phänomene dem Vorder- oder dem Hintergrund zugewiesen werden müssen, welche Kohärenz zum aktuellen und zu erwartenden Zustand sichern und welche dem Gesprächspartner aus seinem bisherigen Verhalten unterstellt werden können.

Die Verarbeitung der Wahrnehmung relevanter Körperphänomene unterliegt mehrschichtigen Prüfverfahren mit dem Ziel einer Zuordnung semantischer Werte, welche unterschiedliche Bereiche (Diskurs, thematische Entwicklung, Interaktion und emotionale Befindlichkeit ...) betreffen können.

Solche Vorgänge vollziehen sich weitgehend unbewußt. Werden sie aber den Interaktionspartnern in Teilphasen oder für Teilbereiche bewußt, dann ist die Hypothesenbildung über mögliche Zeichen und ihre Bedeutungszuweisung faßbar. Das Individuum bildet sich für die vorfindliche Situation Zeichenhypothesen und sucht nach Indizien aus seinem allgemeinen und speziellen Er-

---

4   Nonverbales Verhalten zu thematisieren scheint grundsätzlich schwierig zu sein, wie Erfahrungen aus der Analysearbeit mit Jugendlichen gezeigt haben. Versuchsklassen mit Schülern aus der Regel- und Geistigbehindertenschule hatten bei der Kommunikation Schwierigkeiten erkennen lassen, welche durch die Unterschiedlichkeit im nonverbalen Verhalten mitbedingt wurden. Gespräche darüber konnten nur nach den Kontaktphasen geführt werden. Einzelne Phänomene mußten teilweise durch direktes Ansprechen aufgearbeitet werden.

fahrungswissen dafür, welche Annahme angemessen und welche eher unzutreffend bzw. wann diese falsch ist. In Nachbesprechungen von Gesprächsverläufen ist dieses beobachtbar, wenn die Teilnehmer über Phasen berichten, in denen sie sich unsicher fühlten und beispielsweise im Mienenspiel des Gegenübers oder seiner Körperhaltung nach Hinweisen gesucht haben, was damit "gesagt" werden sollte.

So gewonnene Deutungen bleiben indes immer offen und sind nur mit einer hohen oder geringeren Wahrscheinlichkeit gewichtet, zutreffend im Hinblick auf den vermuteten Typ eines Zeichens und die Bedeutungszuweisung zu diesem. In Abhängigkeit zu einzelnen Zeichentypen sind verschiedene semantische Funktionen anzusetzen, welche entscheiden, von welcher Art die Inhalte sind, die mit dem Zeichen verbunden oder aus diesem hergeleitet werden müssen.

Eine Handgeste kann referenzsemantische Funktion haben, wenn sie deiktisch gedeutet wird. Sie könnte diskursstützende Funktionen haben, wenn sie als Gliederungssignal verarbeitet wird. Sie kann aber auch nur ein Symptom einer Muskelverspannung sein und damit einer weiteren Zeichenbearbeitung entzogen werden.

### 3.3 Aspekte bei einer Modellbildung

Bei einer Modellierung von Nonverbalität ist davon auszugehen, nicht Einzelphänomene mit Einzelbedeutungen zu verbinden. Ausgangspunkt ist ein Repertoire möglicher Bedeutungen im weitesten Sinn. Über ein solches Repertoire verfügen mehr oder weniger bewußt die einzelnen Individuen. Die Bedeutungen, deren Inhalte durchaus unspezifisch sein können, erscheinen im Sinne symptomhafter, ikonischer oder symbolischer Sichtweisen mit Körperphänomenen assoziiert. Ihre Verknüpfung kann universell vererbt, kulturell erlernt, institutionell erwartet oder durch die Kommunikationspraxis bestimmter Gruppen eingeübt sein.

Für den Kommunikationsteilnehmer hat das zur Folge, daß einerseits auf Körperphänomene mit Bedeutungszuweisungen reagiert, andererseits Körperphänomene in relevanten Merkmalen erkannt werden müssen. Das setzt zweierlei voraus. Er muß über Bedeutungen verfügen, die sich Körperphänomenen zuordnen lassen, und Verfahren erworben haben, auf Körperverhalten kontinuierlich reagieren zu können.

Diese Verfahren können bildhaft gesprochen als eine Art "Radar" vorgestellt werden, welches auf bestimmte Felder ausgerichtet wird, in denen ein "Prüfstrahl" Profile ortet und diese in als relevant eingestuften Bereichen kontinuierlich beobachtet, Veränderungen auf Konsequenzen prüft und zur selben Zeit testet, ob Perspektivenverschiebungen zum selben Bild führen. Formal läßt sich dieser Vorgang als eine Funktion erfassen, welche als Variable das konkrete Körperbild der an der Kommunikation beteiligten Personen und die zur Verarbeitung von Körperphänomenen vorhandenen Schemata nimmt. Die Schemata enthalten Kategorien und Operationen zur Zerlegung eines Körperbildes in Abhängigkeit zur Diskurs- und Interaktionswirklichkeit sowie der emotionalen Befindlichkeit der Beteiligten.

Probleme in der Alltagskommunikation gewinnen aus einer solchen Sicht spezielle Erklärungshintergründe. Wenn auf die eingangs zitierte Episode zurückgegriffen wird, dann scheiterte der dort beschriebene junge Mann Allen bei den Frauen, weil er zwar im Sinne des Bildes eine Profilbildung vorgenommen hat, er hat in den Körperphänomenen sexuelle Bereitschaft erkannt. Er hat aber nicht geprüft, was ein Perspektivenwechsel bedeutet, d.h., ob seine Lesart aus der Sicht der Gesellschaft, in der er sich gerade befand, zu denselben Werten führt. Die Interaktionswirklichkeit definiert sich in Abhängigkeit zu institutionellen und sozialen Parametern. Das hat eigenständige Bedeutungszuweisungen zur Folge. Obwohl die Ortung nicht falsch gewesen ist, sind die Konsequenzen daraus nur in Abhängigkeit zu weiteren Parametern ableitbar.

## LITERATUR

Abelson, Robert P. (1981): *Psychological Status of the Script Concept.* - In: American Psychologist 36, 715-729.

Anderson, John R. (1988): *Kognitive Psychologie.* - Heidelberg: Spektrum der Wissenschaft Verlagsgesellschaft.

Birdwhistell, Ray L. (1968): *Kinesics.* - In: International Encyclopedia of the Social Science 8. - New York: Macmillan, 379-385.

Brewer, William F.; Treyens, J.C. (1981): *Role of Schemata in Memory for Places.* - In: Cognitive Psychology 13, 207-230.

Cheang, Kiseang (1990): *Semantik der Deixis. Eine organismische Analyse sprachlicher Deixis.* - Opladen: Westdeutscher Verlag.

Cranach, Mario von; Ellgring, Johann H. (1973): *Problems in the Recognition of Gaze Direction.* - In: M. von Cranach, J. Vine (Hg.): *Social Communication and Movement.* - London: Academic Press, 419-443.

Duncan, Starkey D. (1974): *On the Structure of Speaker-Auditor Interaction during Speaking Turns.* - In: Language in Society 2, 161-180.

Ehlich, Konrad (1985): *School Discourse as Dialogue?* - In: M. Dascal (Hg.): *Dialogue: An Interdisciplinary Approach.* - Amsterdam: Benjamins, 383-411.

Ders.: (1991): *Funktional-pragmatische Kommunikationsanalyse. Ziele und Verfahren.* - In: D. Flader (Hg.): *Verbale Interaktion: Studien zur Empirie und Methodologie der Pragmatik.* - Stuttgart: Metzlersche Verlagsbuchhandlung, 127-143.

Ehlich, Konrad; Rehbein, Jochen (1972): *Zur Konstitution pragmatischer Einheiten in einer Institution: Das Speiserestaurant.* - In: D. Wunderlich (Hg.): *Linguistische Pragmatik.* - Frankfurt/M.: Athenäum, 209-254.

Dies. (1982): *Augenkommunikation. Methodenreflexion und Beispielanalyse.* - Amsterdam: Benjamins B.V.

Ehrenfels, Christoph von (1890): *Über Gestaltqualitäten.* - Vierteljahresschrift für Wissenschaft und Philosophie 14, 249-292.

Ekman, Paul; Friesen, Wallace V. (1969): *The Repertoire of Nonverbal Behavior: Categories, Origins, Usage, and Coding.* - In: Semiotica 1, 49-98.

Dies.: *Handbewegungen.* - In: K.R. Scherer, H.G. Wallbott (1979) (Hg.): *Nonverbale Kommunikation: Forschungsberichte zum Interaktionsverhalten.* - Weinheim, Basel: Beltz, 108-123.

Ellgring, Heiner (1995): *Nonverbale Kommunikation. Einführung und Überblick.* - In: H.S. Rosenbusch, O. Schober (1995) (Hg.): *Körpersprache in der schulischen Erziehung.* - Baltmannsweiler: Schneider Verlag Hohengehren, 9-53.

Fast, Julius (1979): *Körpersprache.* - Hamburg: Rowohlt.

Hanke, Michael (1991): *maieutike techne. Zum Modell der sokratischen Gesprächstechnik.* - In: D. Flader (Hg.): *Verbale Interaktion: Studien zur Empirie und Methodologie der Pragmatik.* - Stuttgart: Metzlersche Verlagsbuchhandlung, 50-91.

Karabalic, Vladimir (1994): *"Ohne Worte Dinge tun".* *Zu einer Theorie nonverbaler kommunikativer Akte.* - Göppingen: Kümmerle.

Keller, Rudi (1995): *Zeichentheorie.* *Zu einer Theorie semiotischen Wissens.* - Heidelberg: Francke.

Langacker, Ronald W. (1987): *Foundations of Cognitive Grammar.* - Stanford, California: Stanford University Press.

Marr, David (1976): *Early Processing of Visual Information.* - In: Philosophical Transactions of the Royal Society 275 B, London, 483-524.

Pomerantz, J.P.; Sager, L.C.; Stoever, R.J. (1977): *Perception of Wholes and their Component Parts: Some Configural Superiority Effects.* - In: Journal of Experimental Psychology: Human Perception and Performance 3, 422-435.

Rehbein, Jochen; Mazeland, Harrie (1991): *Kodierentscheidungen.* *Zur Kontrolle interpretativer Prozesse bei der Kommunikationsanalyse.* - In: D. Flader (Hg.): *Verbale Interaktion: Studien zur Empirie und Methodologie der Pragmatik.* - Stuttgart: Metzlersche Verlagsbuchhandlung, 166-221.

Rosenbusch, Heinz S.; Schober, Otto (1995) (Hg.): *Körpersprache in der schulischen Erziehung.* - Baltmannsweiler: Schneider Verlag Hohengehren.

Sacks, Harvey (1971): *Das Erzählen von Geschichten innerhalb von Unterhaltungen.* - In: Kölner Zeitschrift für Soziologie und Sozialpsychologie 15 (Sonderheft), 307-314.

Scheflen, Albert E. (1964): *The Significance of Posture in Communication Systems.* - In: Psychiatry 27, 316-331.

Scherer, Klaus R.; Wallbott, Harald G. (1979) (Hg.): *Nonverbale Kommunikation: Forschungsberichte zum Interaktionsverhalten.* - Weinheim, Basel: Beltz.

Steuble, Annette (1986): *Integrative Konversationsanalyse: zum Zusammenhang von Sprache, nonverbaler Kommunikation und interaktiver Beziehung.* - Pfaffenweiler: Centaurus Verlagsgesellschaft.

Wallbott, Harald G. (1979) (Hg.): *Nonverbale Kommunikation: Forschungsberichte zum Interaktionsverhalten.* - Weinheim, Basel: Beltz.

Watzlawick, Paul; Beavin, Janet H.; Jackson, Don D. (1967): *Pragmatics of Human Communication.* - New York: Norton.

JÖRG LÖFFLER

# Die Idealität der Bedeutung und die Materialität des Signifikanten in Hegels Theorie des poetischen Zeichens

> [...] ce n'est pas avec des idées qu'on
> fait des vers, c'est avec les mots.[1]

Hegels "Vorlesungen über die Ästhetik" sind nicht nur die elaborierteste Konstruktion einer Geschichtsphilosophie der Kunst, sondern auch der frühe Versuch einer zeichentheoretischen Grundlegung der Ästhetik. Auf die Berührungspunkte zwischen Hegels Text und der modernen Semiotik hat Bense bereits in den fünfziger Jahren hingewiesen.[2] Später waren es dann die beiden bekanntesten Vertreter der Dekonstruktion, Derrida und de Man, die auf die Bedeutung der "Hegelschen Semiologie"[3] für dessen Philosophie aufmerksam gemacht haben.[4] Sie betonen den prekären Status seiner zeichen-

---

[1]  Valéry (1960:784), zit. nach Szondi (1974:481).

[2]  Vgl. Bense (1965; zuerst 1958). Auch für Szondi liegt die Aktualität der Hegelschen Ästhetik nicht nur im Geschichtsdenken, sondern ebenso in der Aufmerksamkeit auf den Signifikanten: "Die beiden Hauptmerkmale der Hegelschen Ästhetik: die radikale Historisierung und die Konkretheit, die das Material der Kunstdarstellung in deren Begriff hereinnimmt – diese beiden Charakteristika, die zugleich die Hauptvorzüge der Hegelschen Ästhetik sind, werden wohl erst im *System der einzelnen Künste* deutlich" (1974:465). Dies gegen Zima (und viele andere), der in Hegel nur den prototypischen Vertreter einer Ästhetik des Signifikats erkennen kann (vgl. 1991:23-31). Die "opinio communis" der "Herrschaft des Begriffs" (a.a.O.:23) in Hegels Ästhetik gilt es jedoch zu relativieren.

[3]  Die Formulierung stammt aus dem Untertitel von Derrida (1988b).

[4]  Vgl. Derrida (1988b) u. de Man (1993c). Beide Arbeiten beziehen sich allerdings weniger auf Hegels "Ästhetik" als auf die §§ 451-464 seiner "Enzyklopädie der philosophischen Wissenschaften" (10:257-283), wo das Verhältnis von Einbildungskraft, Erinnerung und Sprache behandelt wird. Die Tragweite der daraus eruierten Ergebnisse erstreckt sich jedoch sowohl auf die "Ästhetik" im besonderen als auch auf das Hegelsche System im allgemeinen. Zur Debatte um Derridas Hegellektüre vgl. Donougho (1982, der auch auf Bense eingeht), Chaffin (1989) und Cutrofello (1991). Zu de Man vgl. Geuss (1983), Norris (1988:28-38), Sözer (1988) und Gasché (1989). Für eine Kritik an de Mans radikalem "Junghegelianismus" vgl. Zima (1994:92-126). – Eine "postmoderne" Aktualisierung Hegels, die von dekonstruktivistischen, vor allem aber von systemtheoretischen Prämissen angeregt ist, hat jüngst Gamm unternommen (vgl. 1997:77-178).

theoretischen Überlegungen, der die idealistische Systemkonstruktion gleichzeitig fundiert und untergräbt. Doch steht die dekonstruktive Akzentuierung
von Widersprüchlichkeit und Negativität in einem komplizierten Verhältnis
zur Hegelschen Dialektik.[5] Für sie gilt in besonderem Maße, was Hamacher
über das Dilemma einer jeden Hegel-Interpretation schreibt:

"Und so ist jede neue Lektüre von Hegels Schriften vor das Dilemma versetzt, in dem Text, den sie kritisch zu lokalisieren sucht, selbst schon an einem von ihm vorgeschriebenen Ort figurieren zu müssen, von dem was zu
begreifen sie sich bemüht, selbst schon begriffen zu sein. [...]. Was sie zu
lesen sucht, davon ist sie selbst schon gelesen. Und jeder neue Versuch, die
Struktur des spekulativ-dialektischen Systems zu verstehen, jeder, sie kritisch zu zerlegen, sogar jeder Versuch, von ihr abzusehen und zu Wichtige-
rem überzugehen, hat sich, wenn anders darin der Gegenstand des Verstehens, der Zerlegung oder der Marginalisierung überhaupt als System der
Dialektik **bestimmt** ist, davon Rechenschaft abzulegen, daß er, als Versuch
und als Suche nach diesem Bestimmten, vom System schon gefunden und in
die Schlinge seines Kreises schon eingefangen ist" (1978:11).

Hamachers Lehrer de Man drückt denselben Sachverhalt etwas einfacher
aus: "Ob wir es wissen und ob es uns gefällt oder nicht, die meisten von uns
sind Hegelianer, und orthodoxe noch dazu" (1993c:40). Deshalb kann es
nicht die Aufgabe einer dekonstruktiven Lektüre sein, Hegel schlichtweg zu
"negieren", seinen (Syn-)Thesen zu widersprechen und abstrakt das Gegenteil zu behaupten. (Ich bin mir bewußt, daß ich mit dieser Forderung immer
noch hegelianisch argumentiere, noch ganz auf dem von Hegel bereits abge-
steckten Feld stehe.) Stattdessen gilt es, die subsumierende Kraft der Dialektik von innen heraus zu unterlaufen, sich ihr rückhaltlos[6] auszusetzen, um
innerhalb ihres Terrains ihre Grenzen zu erkunden, ihren blinden Fleck zu
umkreisen, ihr Zentrum zu verschieben. Ein Mittel dazu könnte sein, Figuren
der Unentscheidbarkeit in Hegels Text zu lokalisieren, seine Schrift auf jene
Zeichen hin zu entziffern, die eine Differenz markieren, die nicht mehr bloß
Spur einer vergangenen oder Index einer zukünftigen Identität ist. Wer
"Nein" sagt zu Hegels "Ja", bricht noch nicht aus dem Spiel der Dialektik
aus, sondern unterwirft sich seinen Regeln und spielt es weiter, ad infinitum.
Doch eine Atempause zwischen "Ja" und "Nein" vermag es vielleicht, das

---

5  Vgl. dazu Desmond (1985), der allerdings auf eine allzu leichte "Versöhnung" zwischen Dialektik und Dekonstruktion setzt.
6  In seinem Essay über Georges Batailles Hegel-Lektüre plädiert Derrida für einen "rück-
   haltlosen Hegelianismus" (vgl. den Untertitel von Derrida 1997b). Zur Kritik daran
   vgl. Flay (1989) und Butler (1989).

unablässige Rotieren der Spirale für einen Augenblick zu unterbrechen, um Raum zu schaffen für etwas anderes (kaum jedoch für **das** Andere[7] der Dialektik, dessen Konturen sie lückenlos umschreibt, um ihr eigenes Selbst zu bestimmen).

Vor dem Horizont dieser Überlegungen möchte ich an Hegels Literaturtheorie eine dekonstruktive Lektüre erproben. Ich beziehe mich dabei in erster Linie auf den allgemeinen Teil des Kapitels "Die Poesie" aus den "Vorlesungen über die Ästhetik" (vgl. 15:222-321)[8], den Teil, der noch nicht auf einzelne literarische Gattungen eingeschränkt ist. Bevor ich damit beginne, möchte ich kurz auf das semiotische Grundgerüst der Hegelschen Ästhetik eingehen, in dem die Literatur als einzelne Kunst ihren historisch-systematischen Ort findet.

Den historischen Wandel in der Kunst erklärt Hegel als Verschiebung der Signifikant-Signifikat-Relation – natürlich ohne die entsprechende Terminologie der strukturalen Linguistik, was den sachlichen Parallelen aber keinen Abbruch tut. Die Trias der symbolischen, klassischen und romantischen Epoche ergibt sich aus drei verschiedenen Konstitutionstypen des ästhetischen Zeichens.[9] Die erste Entwicklungsstufe umfaßt die frühen Hochkulturen des Orients. Die ungewöhnliche Benennung dieser Phase als "**symbolische** Kunstform" (13:107; Hervorhebung i. Orig. – J.L.) verweist bereits auf das zeichentheoretische Kriterium, das der Hegelschen Periodisierung zugrunde liegt. Die Beziehung zwischen Signifikant und Signifikat ist in dieser ersten Epoche paradoxerweise gleichzeitig motiviert und arbiträr. Hegel definiert das Symbol, indem er es als ikonische Variante des Zeichens klassifiziert. "Das Symbol ist zunächst ein **Zeichen**. Bei der bloßen Bezeichnung aber ist der Zusammenhang, den die Bedeutung und deren Ausdruck miteinander haben, nur eine ganz willkürliche Verknüpfung" (13:394). Im Gegensatz zum Zeichen im engeren Sinne ist das Symbol "kein bloßes gleichgültiges Zeichen, sondern ein Zeichen, welches in seiner Äußerlichkeit zugleich den Inhalt der Vorstellung in sich selbst befaßt, die es erscheinen macht" (13:395). Trotz der ikonischen Motivation ist das Hauptmerkmal der symbolischen Kunstform jedoch ihre Arbitrarität:

---

7   Zu Versuchen im Poststrukturalismus, das radikal Andere der Dialektik zu denken, vgl. Smith (1987). Derrida selbst hat die Vorstellung, "man könnte der Metaphysik eines Tages **einfach** entkommen", immer als Illusion bezeichnet (1990:140).

8   Hegel wird unter Angabe von Band- und Seitenzahl nach der Theorie-Werkausgabe zitiert (Hegel 1970).

9   "Wir haben hier **drei** Verhältnisse der Idee zu ihrer Gestaltung zu betrachten" (13:107).

"Die erste Kunstform ist [...] mehr ein **bloßes Suchen** der Verbildlichung als ein Vermögen wahrhafter Darstellung. Die Idee hat die Form noch in sich selber nicht gefunden und bleibt somit nur das Ringen und Streben danach. [...] Dadurch kann die Bedeutung dem Ausdruck nicht vollendet eingebildet werden, und bei allem Streben und Versuchen bleibt die Unangemessenheit von Idee und Gestalt dennoch unüberwunden bestehen" (13:107-109).

Hegel begründet die Diskrepanz zwischen Form und Inhalt mit der "Unbestimmtheit und Unklarheit" (13:107) der Signifikate, die in der orientalischen Kunst zum Ausdruck kommen.

Auf die unvollkommene Phase der "**Vorkunst**" (13:408), wie Hegel die symbolische Epoche auch nennt, folgt in seinem geschichtsteleologischen Schema die "klassische Kunstform" (13:109) der griechischen Antike. In der Nachfolge Winckelmanns versteht Hegel diese Periode als Höhepunkt der Kunstgeschichte. Er bezieht sich bei diesem Werturteil aber weniger auf die Inhaltsebene (die vielbeschworene Humanität) als auf das Zusammenspiel von Inhalt und Ausdruck. Die griechische Kunst zeichnet seiner Meinung nach eine geradezu kratylische Angemessenheit von Signifikant und Signifikat aus: Ihr Prinzip ist die "adäquate Einbildung der Idee in die der Idee selber eigentümlich ihrem Begriff nach zugehörige Gestalt, mit welcher sie deshalb in freien, vollendeten Einklang zu kommen vermag" (13:109)[10].

Die dritte und letzte Stufe bezeichnet Hegel als "**romantische** Kunstform" (13:111). Sie umfaßt die gesamte europäische Kunst seit dem Aufkommen des Christentums. Das ästhetische Zeichen ist hier wieder arbiträr – wie schon in der symbolischen Epoche. Die Gründe dafür liegen jedoch nicht in der Unbestimmtheit des Signifikats, sondern im Gegenteil in dessen Hypostasierung als zu sich selbst gekommener Geist. In der romantischen Kunstform "kommt die Gleichgültigkeit, Unangemessenheit und Trennung von Idee und Gestalt – wie im Symbolischen – von neuem hervor, doch mit dem wesentlichen **Unterschiede**, daß im Romantischen die Idee, deren Mangel-

---

10 Im Gegensatz zu Hegels Sprachgebrauch kommt dieses Merkmal nach Goethe gerade dem Symbol zu (vgl. die Aphorismen zur Unterscheidung von Allegorie und Symbol in den "Maximen und Reflexionen" [Goethe 1984:516, 520, 638]). Diese "ideology of the symbol" (1996:190) ist es, die de Man in Hegels Text ebenfalls am Werk sieht, wenn auch unter anderem Namen: "Far from being nonsymbolic, classical art is the moment at which the semiotic function of language, which is, in principle, arbitrary and detached from meaning, is entirely transformed into a symbolic function" (a.a.O.: 188).

haftigkeit im Symbol die Mängel des Gestaltens herbeiführte, nun als Geist und Gemüt in sich **vollendet** zu erscheinen hat und aus dem Grunde dieser höheren Vollendung sich der entsprechenden Vereinigung mit dem Äußeren entzieht, indem sie ihre wahre Realität und Erscheinung nur in sich selber suchen und vollbringen kann" (13:114).

Der Inhalt der romantischen Kunst entzieht sich der adäquaten Repräsentation im Medium des Signifikanten und zieht sich in die immaterielle Selbstpräsenz des Bewußtseins zurück. Hier setzt auch Hegels These vom "Ende der Kunst" an.[11] Die Rückkehr des Geistes aus der Entäußerung zu sich selbst läßt die Materialität der Kunst obsolet erscheinen. Die beiden letzten Stufen des absoluten Geistes, Religion und Philosophie, haben einen sinnlich wahrnehmbaren Signifikanten nicht mehr nötig; sie vermitteln sich in den rein innerlichen Medien "Vorstellung" und "Gedanke".[12]

Hegels Geschichtsphilosophie der Kunst zeigt sich somit als Verschränkung seiner Philosophie des Geistes mit einer semiotischen Rekonstruktion des ästhetischen Zeichens im historischen Wandel. Auf eine Formel gebracht, bewegt sich die Kunstgeschichte im Dreischritt von "Erstreben, Erreichen und Überschreiten des Ideals als der wahren Idee der Schönheit" (13:114). Die dialektische Konstruktion erfaßt nicht nur die Epocheneinteilung, sondern auch das Gattungssystem, das dadurch aus der ontologischen Umklammerung gelöst und konsequent historisiert wird – freilich nicht ohne einige Zugeständnisse an den Systemzwang. Jeder Epoche wird eine Art "Leitgattung" zugeordnet: der symbolischen die Architektur, der klassischen die Skulptur und der romantischen die Trias Malerei – Musik – Literatur. Die Literatur – von Hegel durchweg "Poesie" genannt – nimmt eine Sonderstellung ein, die für das gesamte Gattungssystem von konstitutiver Bedeutung ist. Als Telos der dialektischen Entwicklung garantiert sie deren zielgerichtete Einheit: "Die **Poesie** […] ist das dritte, die **Totalität**, welche die Extreme der **bildenden** Künste und der **Musik** auf einer höheren Stufe, in dem Gebiete der geistigen Innerlichkeit selber, in sich vereinigt" (15:224). Die

---

11  "In allen diesen Beziehungen ist und bleibt die Kunst nach der Seite ihrer höchsten Bestimmung für uns ein Vergangenes" (13:25). Vgl. auch (14:231-244: "Das Ende der romantischen Kunstform").

12  Vgl. dazu die §§ 564-577 der "Enzyklopädie" (10:372-394). Bodammer weist darauf hin, daß die verschiedenen Ausdrucksformen des Absoluten (innerhalb und außerhalb der Kunst) wie Sprachen strukturiert sind: "Hegel kann diese besonderen Darstellungsweisen auch ausdrücklich 'Sprachen' nennen. Die Kunst im ganzen und nicht nur im engeren Verständnis die sprachlich gebundene Kunst, die Dichtung, ist in diesem metaphorischen Sinn eine 'Sprache' des absoluten Geistes" (1969:181).

gegenständliche Objektivität der bildenden Kunst und die subjektive Innerlichkeit der Musik finden in der Literatur ihre Synthese. Ihr Material besteht
sowohl aus visuell verfaßten "Vorstellungen" (15:229) als auch aus einer
akustisch wahrnehmbaren Klanggestalt.[13]

Doch dominiert in der Literatur, "diese[r] geistigste[n] Kunst" (13:140), die
Idealität des Signifikats gegenüber der Äußerlichkeit des Signifikanten. Hegel begründet dies zum einen mit der Interiorität der Vorstellungen, die im
Gegensatz zur bildenden Kunst keines sinnlich wahrnehmbaren Gegenstands
mehr bedürfen. Gegenüber der Musik betont er den Verweischarakter und
die Arbitrarität des sprachlichen Zeichens: "Der Geist zieht deshalb seinen
Inhalt aus dem Tone als solchem heraus, und gibt sich durch Worte kund, die
zwar das Element des Klanges nicht ganz verlassen, aber bloß zum äußeren
Zeichen der Mitteilung herabsinken" (15:228). Den wichtigsten Grund sieht
Hegel schließlich in der immanenten Rationalität, die der Sprache als Medium der Vernunft seiner Meinung nach zukommt: "Indem die **Sprache** das
Werk des Gedankens ist, so kann auch in ihr nichts gesagt werden, was nicht
allgemein ist" (Enzyklopädie § 20; 8:74)[14].

Hier zeigen sich überdeutlich die Konturen einer in jedem Sinne logozentri-
schen Poetik.[15] Doch wird – so meine These – der logozentrische Tenor
durch die immanente Bewegung des Hegelschen Textes selbst unterlaufen.
Mit de Man wäre zu fragen, ob "sich hier ein dialektisches Erzählmuster und
ein anderes, damit nicht unbedingt zu vereinbarendes Muster überlagern"
(1993b:68)[16]. Ein erstes Indiz für solch einen "double bind" ergibt sich bereits aus der absoluten Priorität des Signifikats in Hegels Poetik. Wird der

---

13  Bereits in der "Phänomenologie des Geistes" beschreibt Hegel die Genese des ersten
    "geistigen Kunstwerk[s]" (3:529), des Epos, aus der "**Vorstellung**" und ihrem "Da-
    sein", der "**Sprache**" (3:531).
14  Diese Sprachauffassung liegt auch Hegels "Ästhetik" zugrunde (vgl. etwa 13:220 u.
    15:239), ohne dort eine ähnlich zugespitzte Formulierung zu gewinnen. De Man geht
    auf § 20 der "Enzyklopädie" genauer ein, indem er Hegels paradoxen Satz: "so kann
    ich nicht sagen, was nur **meine**" (8:74) zu dekonstruieren versucht (vgl. 1993c:
    47f.).
15  Simmen beschreibt Hegels Kunst- und Sprachdenken in einer Bildlichkeit, die auf die
    Komplizität von Logo- und Phallozentrismus verweist: "Geist der Vater, Mutter die
    Sprache: das vorhandene oder wahre Leben ist ihre Einheit, der Geist bestimmt die
    Sprache – das ist ihr ehernes Gesetz" (1980:75).
16  De Mans Fragestellung, die sich auf Hegels Untersuchung des Erhabenen bezieht (vgl.
    13:466-485), läßt sich m.E. auch mit Gewinn auf die Hegelsche Literaturtheorie an-
    wenden.

Signifikant zum bedeutungslosen Akzidens, zum "nur Beiherspielende[n]"[17] (15:229) degradiert, so gerät die Literatur in Konflikt mit Hegels Definition des Kunstschönen, die eine adäquate Gleichwertigkeit von Inhalt und Form verlangt. Auf dieses Problem weist er auch selbst hin:

"[Die Poesie] löst [...] aber die Verschmelzung der geistigen Innerlichkeit und des äußeren Daseins in einem Grade auf, welcher dem ursprünglichen Begriffe der Kunst nicht mehr zu entsprechen anfängt, so daß nun die Poesie Gefahr läuft, sich überhaupt aus der Region des Sinnlichen ganz in das Geistige hineinzuverlieren" (15:235).

Nur wenig später vertritt Hegel jedoch die diametral entgegengesetzte These, indem er die Literatur als "**allgemeine** Kunst" (15:233) mit dem Ideal des Schönen selbst identifiziert: "Denn die Natur des Poetischen fällt im allgemeinen mit dem Begriff des Kunstschönen und Kunstwerks überhaupt zusammen [...]" (15:238). Doch der "Begriff des Kunstschönen" fordert als notwendige Bedingung gerade die adäquate sinnliche Präsenz des Signifikats im Signifikanten: "Das Schöne ist die Idee als unmittelbare Einheit des Begriffs und seiner Realität, jedoch die Idee, insofern diese ihre Einheit unmittelbar in sinnlichem und realem Scheinen da ist" (13:157)[18]. Diese allgemeine Forderung an alle Kunst soll auch und gerade für die Literatur gelten: "Die poetische Phantasie hat in dieser Rücksicht [...] **die Mitte** zu halten

---

17 Hegels Formulierung legt den Vergleich mit Kants Diskussion der "Parerga" oder "Zieraten" nahe (vgl. § 14 der "Kritik der Urteilskraft"; Kant 1990:65). Derridas Thesen zur "Parergonalität" bei Kant eröffnen auch auf Hegels Marginalisierung des phonischen Signifikanten interessante Perspektiven (vgl. Derrida 1992).

18 Durch die Relationierung von "Begriff" und "Realität" ist diese Formulierung differenzierter als der zumeist zitierte Satz: "Das **Schöne** bestimmt sich [...] als das sinnliche **Scheinen** der Idee" (I, 151). Zu dieser These, auf die die gesamte Hegelsche Ästhetik oft reduziert wird, ist "[e]s wichtig zu erfahren, daß diese [...] Formel [...] in Hegels Berliner Vorlesungen offenbar nicht nachweisbar ist" (Gadamer 1986:216). Außerdem gebraucht der erste Herausgeber der "Ästhetik", Hotho, "die schöne Wendung [...] in einem traditionalistischen Zusammenhang, nämlich bei der Erörterung des Verhältnisses von Wahrheit und Schönheit" (ebd.). Der Kontext ist wichtig, denn Hegel/Hotho desambiguiert die widerständige "Äquivokation des Scheinbegriffs. Er hat nicht nur, entsprechend dem Begriff der 'doxa', den Platon den Rhetoren vorwirft, die Bedeutung von 'Wahrscheinlichkeit' und 'Täuschung', sondern auch von 'Leuchten', von 'Glanz'. Diese Äquivokation erlaubt in der Folge verschiedene, ja gegensätzliche Interpretationen. Hegel entscheidet sich für den Platon des 'Phaidros', wenn er das Schöne als das 'sinnliche Scheinen der Idee' bestimmt" (Früchtl 1992:301f.). Gethmann-Siefert betont, daß die These der "Überfremdung des Phänomens Kunst durch den philosophischen Begriff" (1995:208) auf Hegels "Enzyklopädie" und die Quellen zu den Berliner Ästhetikvorlesungen in viel geringerem Maße zutrifft als auf Hothos Edition.

zwischen der abstrakten Allgemeinheit des Denkens und der sinnlich-kon-
kreten Leiblichkeit, soweit wir letztere in den Darstellungen der bildenden
Künste haben kennenlernen [...]" (15:231; Hervorhebung – J.L.). So zeigt
sich Hegels Theorie der Literatur in der Tat von zwei widersprüchlichen Er-
zählmustern durchzogen. Einerseits dominiert das Signifikat die Struktur des
poetischen Zeichens, andererseits geraten Bedeutung und Ausdruck in ein
Verhältnis wechselseitiger Gleichwertigkeit.[19]

Hegel versucht nun, diese Ambivalenz aufzulösen, indem er die von jeder
Kunst geforderte Anschaulichkeit von der Lautgestalt der Poesie in die innere Vorstellung verlegt. In seinem Modell der poetischen Semiose unterscheidet er drei Stufen. An erster (und letzter) Stelle des Signifikationsprozesses
steht, was Hegel mit "Idee", "Begriff", "Wesen" und "Substanz" umschreibt.
Mit Derrida gesprochen, handelt es sich hierbei um ein "transzendentales Signifikat" (1997b:424), das als Arche und Telos die Einheit und Abschließ-
barkeit der Kommunikation garantiert. Ihr marginalisiertes Gegenstück ist
der phonische Signifikant. Die Beziehung dieser beiden Pole zueinander erreicht in der Literatur im Unterschied zu den anderen Künsten ein Höchst-
maß an Arbitrarität. "[D]ie Poesie [...] geht in der negativen Behandlung
ihres sinnlichen Elementes so weit, daß sie [...] den Ton, statt ihn [...] zu
einem andeutenden Symbol zu gestalten, vielmehr zu einem bedeutungslosen
Zeichen herabbringt" (15:235). Nachdem er das Lautmaterial der Dichtung
zum rein äußerlichen Akzidens der Bedeutung erklärt hat, muß Hegel einen
dritten Term in das Spiel der Begriffe einführen. Als vermittelndes Glied
zwischen zufälliger Lautgestalt und ideeller Bedeutung setzt er schließlich
"das **innere Vorstellen** und **Anschauen**" (15:229). Dieser Bestandteil des
poetischen Zeichens ist weder ganz Signifikant noch ganz Signifikat. Es ist
gerade seine oszillierende Unbestimmtheit, die die postulierte Vermittlungs-
leistung möglich macht. Zwischen visueller Vorstellung und allgemeingülti-
ger Idee entsteht dann schließlich doch noch jene parusische Transparenz,
die die Literatur für das Kunstschöne rettet:

"Im allgemeinen können wir das dichterische Vorstellen als **bildlich** bezeichnen, insofern es statt des abstrakten Wesens die konkrete Wirklichkeit
desselben, statt der zufälligen Existenz eine solche Erscheinung vor Augen
führt, in welcher wir unmittelbar durch das Äußere selbst und dessen Indivi-

---

19 Auf die Doppeldeutigkeit der Hegelschen Literaturtheorie ist in der Forschung wiederholt hingewiesen worden (vgl. etwa Szondi 1974:484f. und Paetzold 1983:336f.).
Meistens wird sie jedoch als letztlich irrelevantes Randphänomen abgetan. Erst eine
dekonstruktive Lektürestrategie kann den Status der Ambivalenz im **Zentrum** der Hegelschen Ästhetik umschreiben.

dualität ungetrennt davon das Substantielle erkennen und somit den Begriff der Sache wie deren Dasein als ein und dieselbe Totalität im Innern der Vorstellung vor uns haben" (15:276f.).

Hegel kompensiert also die Marginalisierung des phonischen Signifikanten durch die Hypostasierung des internalisierten Bildes zum Medium der Wesensschau. Doch endet dieser Versuch der Versöhnung von geistiger Interiorität und bildhafter Äußerlichkeit erneut in einem "double bind". Ein erstes Anzeichen dafür ergibt sich, wenn man mit de Man eine doppelte Lektürestrategie[20] verfolgt, die auf Widersprüche zwischen der referentiellen und der rhetorischen Ebene des Hegelschen Textes aufmerksam macht. Unmittelbar nach der soeben zitierten Passage erläutert Hegel sein Modell einer semiotischen Parusie an einem Beispiel. Das Zusammenspiel von Anschaulichkeit und Abstraktion verdeutlicht er über den Umweg einer rhetorischen Figur, nämlich durch ein ausgedehntes Gleichnis.

"Es geht damit ähnlich wie mit dem Lesen. Sehen wir die Buchstaben, welche Zeichen für Sprachlaute sind, so verstehen wir bei ihrer Betrachtung, ohne daß wir die Töne zu hören nötig hätten, sogleich das Gelesene; und nur ungeläufige Leser müssen sich erst die einzelnen Laute aussprechen, um die Wörter verstehen zu können. Was hier eine Ungeübtheit ist, wird aber in der Poesie das Schöne und Vortreffliche, indem sie sich nicht mit dem abstrakten Verstehen begnügt und die Gegenstände nur so in uns hervorruft, wie sie in Form des Denkens und der bildlosen Allgemeinheit überhaupt in unserem Gedächtnisse sind, sondern den Begriff in seinem Dasein, die Gattung in bestimmter Individualität an uns kommen läßt" (15:277).

Ist es nicht sonderbar, daß ausgerechnet der phonische Signifikant, das Musterbeispiel für Arbitrarität und Kontingenz, hier als Modell einer im höchsten Sinne motivierten Signifikation figuriert? Die Verbindung zwischen Lautgestalt und Bedeutung, die Hegel gerade eben noch als zu lose kritisiert hatte, tritt auf einmal zu der besonders engen Beziehung zwischen Bild und Begriff in ein Verhältnis der Strukturhomologie. Was sich daraus ergibt, ist eine Figur der Unentscheidbarkeit. Ist der arbiträre Signifikant nun so motiviert wie das vorgestellte Bild? Oder ist das Bild seiner Bedeutung gegenüber genauso äußerlich wie der Schall des Wortes? Statt das Gewebe der Argumentation fester zu knüpfen, zeitigt die Gleichnisrede einen Riß, der den Hegelschen Text entlang der Nahtstelle von Referenz und Rhetorik un-

---

20 Zum methodischen Hintergrund vgl. de Man (1988:31-51). Für eine "rhetorische Lektüre" der "Phänomenologie des Geistes" vgl. Smith (1988; 1994).

terschwellig auftrennt.[21] (Ich bin mir bewußt, daß ich, indem ich dies sage, wie Hegel auf die begriffliche Einholbarkeit metaphorischen Sprechens vertraue.) "Die Philosophie", schreibt Derrida, "bestimmt die Metapher als vorläufigen Sinnverlust, als Einsparung ohne irreparable Schädigung des Eigentlichen, als sicherlich unvermeidliche[n] Umweg, jedoch als Geschichte hinsichtlich und im Horizont der zirkulären Wiederaneignung des eigentlichen Sinns" (1988c:257). Aber "[d]ie Metapher trägt [...] stets ihren eigenen Tod mit sich" (a.a.O.:258). Der "beruhigend[e] Gegensatz von Metaphorischem und Eigentlichem" (ebd.) weitet sich zum unüberbrückbaren Hiatus, sobald die bildliche Ebene einen semantischen Mehrwert aufweist, der in der eigentlichen Bedeutung nicht mehr aufgeht, sondern sie von innen heraus unterläuft.[22]

Die Materialität des Signifikanten spielt in Hegels logozentrischer Poetik des Signifikats ein doppeltes Spiel. Als das Andere des Geistes übernimmt sie ihm gegenüber die Rolle eines marginalen Supplements. Doch erweist sich die äußerliche Ergänzung, der trübende Zusatz, paradoxerweise als Ermöglichungsgrund des zu ergänzenden Innen, des scheinbar präexistenten geistigen Gehalts. Der "Fremdkörper"[23] des Signifikanten konstituiert, was er zur gleichen Zeit (z)ersetzt. Am Anfang des Kapitels "Die Poesie" steht, wie schon angedeutet, die Diskreditierung der Lautgestalt und die damit korrespondierende Aufwertung der visuellen Vorstellung als eigentliches Material der Dichtung. Um die reine Supplementarität des Signifikanten zu erweisen,

---

[21] De Man nennt dieses Phänomen, das seiner Meinung nach in allen Texten latent vorhanden ist, die irreduzible "Spannung zwischen Grammatik und Rhetorik" (1988:38). Er beruft sich dabei auf Peirce und dessen Unterscheidung zwischen der unabschließbar differentiellen Bewegung einer "reinen Rhetorik" und einer "reinen Grammatik, die die Möglichkeit einer unproblematischen dyadischen Bedeutung postuliert" (ebd.).

[22] In seiner Interpretation von Platons "Phaidros" beschreibt Derrida eine ähnliche Ambivalenz zwischen Referenz und Rhetorik, wie sie in Hegels Text bei der Bewertung des phonischen Signifikanten auftritt. Bei Platon kontrastiert die bekannte Polemik gegen die Schrift als mechanischer Gedächtnisstütze mit deren unterschwelliger Aufwertung in metaphorischen Wendungen wie "in die Seele eingeschrieben" (vgl. Derrida 1995).

[23] "Obwohl das sinnliche Element als gleichgewichtiges Moment im Begriff des Schönen erscheint [...], bleibt es in vielen Zusammenhängen ein Fremdkörper in Hegels Kunstphilosophie" (Schüttauf 1984:36). Die Metapher des "Fremdkörpers", die Schüttauf hier nur en passant gebraucht, läßt sich unter dekonstruktivistischer Perspektive wieder mit Derridas Platonlektüre in Bezug setzen. Die Schrift als Gift **und** Heilmittel (Pharmakon) korreliert Derrida mit dem Pharmakos, dem "Sündenbock" der antiken Polis. Als "Fremdkörper" wird er nichtsdestoweniger im Herzen der Stadt geduldet, ähnlich wie die verfemte Schrift sich für den Logos (den Geist und das Wort) als unabdingbar erweist (vgl. Derrida 1995:144-151).

schlägt Hegel eine Reihe von Gegenproben vor, die immer wieder zum Spott der Kommentatoren wurden.

"Deshalb bleibt es auch für das eigentlich Poetische gleichgültig, ob ein Dichtwerk gelesen oder angehört wird, und es kann auch ohne wesentliche Verkümmerung seines Wertes in andere Sprachen übersetzt, aus gebundener in ungebundene Rede übertragen und somit in ganz andere Verhältnisse des Tönens gebracht werden" (15:229f.)[24].

Hegel fällt hier sicherlich gegenüber seinem eigenen zeichentheoretischen Standard zurück[25], und dennoch ist die zitierte Passage nur die äußerste Konsequenz einer Logik, die den Ausdruck als vollkommen beherrschbares Akzidens der Bedeutung nimmt. Doch wird diese Logik von einer Bewegung des Textes überlagert und durchkreuzt, die sich gegen Ende der Einleitung zur "Poesie" Raum verschafft.

In einem mit "Der poetische Ausdruck" überschriebenen Abschnitt wendet sich Hegel ausführlich denjenigen Themen zu, die er vorher für irrelevant erklärt hatte, so etwa der Metrik und ihrer potentiellen Funktion für die Semantik. Nachdem er ein kategoriales Schema für das Feld der "elocutio" vorgestellt hat (vgl. 15:284f.), wird aller Arbitrarität zum Trotz noch einmal das Ideal des Kunstschönen als Muster für das poetische Kunstwerk heraufbeschworen: "Denn nach allen diesen Seiten hin muß das Innere in die äußere sprachliche Darstellung hineinscheinen und deren Charakter bestimmen" (15:285). Doch die am Modell von Körper und Seele[26] orientierte Innen/Außen-Metaphorik erweist sich im Fall des sprachlichen Zeichens als brüchig:

---

24 Mit Lotman gesprochen, leugnet Hegel hier – zumindest für die Literatur – die Möglichkeit "sekundäre[r] modellierende[r] Systeme" (1973:22), die dadurch entstehen, "daß alles strukturell Relevante in der Kunst semantisiert wird" (a.a.O.:197).

25 Taylor schreibt diesen Widerspruch der problematischen Editionslage zu (vgl. 1978: 627), die meisten dafür hinhalten muß, um Ungereimtheiten "wegzuerklären". Einige dieser Ambivalenzen sind jedoch systematisch und müssen deshalb als solche ernstgenommen und interpretiert werden.

26 Ziel der Kunst ist nach Hegel die Vereinigung der "**Seele** der Bedeutung mit ihrer **leiblichen** Gestalt" (13:546; Hervorhebung – J.L.). Wie Derrida gezeigt hat, durchzieht dieses metaphorische Modell der Zeichenstruktur die "ganz[e] Geschichte der Metaphysik" (1979:66). Noch Husserl faßt die Bedeutung als "intentional[e] Beseelung, die den Leichnam des Wortes Fleisch werden läßt, die aus dem 'Körper' einen 'Leib', eine 'geistige' Leiblichkeit' macht" (ebd.).

"Allerdings scheint die Künstlichkeit des Versmaßes oder der Reimverschlingungen ein hartes Band[27] der inneren Vorstellungen mit dem Elemente des Sinnlichen zu sein, [...] die Vorstellung [...] hat mit den Sprachlauten, die zu bloß willkürlichen Zeichen der Mitteilung gebraucht werden, nur einen sehr weitabliegenden oder gar keinen inneren Zusammenhang [...]" (15:290).

Und doch postuliert Hegel im folgenden gerade solch einen "inneren Zusammenhang" zwischen metrischer Form und semantischer Funktion: "Dem ganzen Charakter nun eines Versmaßes entspricht, besonders nach seiten der rhythmischen Bewegung, auch eine **bestimmte** Weise des **Inhalts**" (15:299). Im Anschluß an diesen Satz konstatiert Hegel eine gleichsam "natürliche" Affinität zwischen bestimmten antiken Versmaßen und den darin konventionellerweise gestalteten Sujets bzw. Genres (vgl. 15:299f.).

Dieselbe Ambivalenz wiederholt sich bei der Diskussion des Reims. Im Vergleich mit den Mitteln der antiken Prosodie bescheinigt Hegel dem modernen Reim ein "plumpes Klingen" und "gröber[es]" "Tönen" (15:310) und hebt auf diese Weise seine rein äußerliche Materialität hervor. Doch schafft der Reim andererseits als typisches Mittel der romantischen, also der reflektierten Kunstform eine "Beziehung des Tönens und Sinnes der Wörter" (15: 312). Und das trotz seiner mechanischen Äußerlichkeit als "bloße Erinnerung des Geistes und Ohrs an die Wiederkehr gleicher oder verwandter Laute und Bedeutungen" (15:311). Durch die Adjektion "Laute **und Bedeutungen**" postuliert Hegel gleichsam en passant einen symbolähnlichen Nexus zwischen phonetischer Überstrukturierung und semantischen Relationen.

Selbst der abgeleitete Status der Lautgestalt in seiner Funktion als bloßes Supplement der geistigen Bedeutung gerät ins Wanken. Statt vorgefertigte

---

[27] Hegels Formulierung erinnert an § 463 der "Enzyklopädie", wo von dem "leere[n] **Band**" (10:281) die Rede ist, das einen arbiträren Signifikanten im menschlichen Gedächtnis an sein Signifikat bindet. Die Passage sei hier zitiert, weil sie die merkwürdige Komplizität zwischen mechanischer Äußerlichkeit und innerlicher Parusie auf den Punkt bringt, die auch in der Hegelschen "Ästhetik" ihre Spuren hinterläßt. "[D]iese höchste Erinnerung des Vorstellens ist ihre höchste Entäußerung, in der sie sich als das **Sein**, den allgemeinen Raum der Namen als solcher, d.i. sinnloser Worte setzt. Ich, welches dies abstrakte Sein ist, ist als Subjektivität zugleich die Macht der verschiedenen Namen, das leere **Band**, welches Reihen derselben in sich befestigt und in fester Ordnung behält" (ebd.). De Man bezieht sich unter anderem auf diese Stelle, wenn er die "sinnlich[e] Manifestation des Gedankens" bei Hegel in die Nähe einer "Schreib-'kunst'" gerückt sieht, deren "maschinengleiche Äußerlichkeit" die "Komplementarität und gegenseitig[e] Durchdringung von Form und Inhalt" ad absurdum führt (1993c: 54).

Gedanken bloß noch einzukleiden, entfaltet der Signifikant eine eigene Produktivität, der die Semantik dann nur noch nachgeschaltet wird:

"In der freien Poesie aber gibt [...] die Nötigung, den Ausdruck der Vorstellungen herüber- und hinüberzuwenden, zusammenzuziehen, auszubreiten, dem Dichter ebensosehr **neue** Gedanken, Einfälle und Erfindungen, welche ihm ohne solch einen Anstoß nicht gekommen wären" (15:291)[28].

Das Abgeleitete, Passive, Nebensächliche setzt sich an die Stelle des Ursprungs, des Aktiven und des Eigentlichen. Diese Bewegung folgt einer Logik des Supplements, wie sie Derrida in seiner Lektüre von Rousseaus "Bekenntnissen" entwickelt hat:

"Denn der Begriff des Supplements [...] birgt in sich zwei Bedeutungen, deren Zusammengehörigkeit ebenso befremdlich wie notwendig ist. Das Supplement fügt sich hinzu, es ist ein Surplus; Fülle, die eine andere Fülle bereichert, die Überfülle der Präsenz. Es kumuliert und akkumuliert die Präsenz. [...] Aber das Supplement supplementiert. Es gesellt sich nur bei, um zu ersetzen. Es kommt hinzu oder setzt sich unmerklich **an-(die)-Stelle-von**; wenn es auffüllt, dann so, wie wenn man eine Leere füllt. [...] Diese zweite Bedeutung des Supplements ist von der ersten nicht zu trennen" (1996:250).

Gleichzeitig Zusatz und Ersatz, verschiebt das Supplement den Status dessen, zu dem es hinzutritt. Es destabilisiert die hierarchische Struktur von Oppositionen wie Substanz – Akzidens, Wesen – Erscheinung, Signifikat – Signifikant. In eben dieser Weise erschüttert die Materialität des Signifikanten den scheinbar unverrückbaren Bestimmungsgrund der Hegelschen Poetik: die Priorität des Inhalts vor der Form, der allgemeinen Bedeutung vor dem flüchtigen Ausdruck.

Eng verwandt mit dem Supplement ist Derridas Konzept des Parergon, dessen Bezeichnung er Kants Diskussion der "Zieraten" bzw. Parerga in der "Kritik der Urteilskraft" entlehnt.[29] Das Parergon ist der Rahmen, der das Kunstwerk einfaßt und es von seiner Umgebung abgrenzt. Wie das Supplement ist er einerseits rein äußerliches Beiwerk, das zu dem für sich beste-

---

28 Für Szondi zeigt diese Passage, "wie wenig im Grund Hegels Sprachbegriff der Intention seiner eigenen Philosophie angemessen ist, wie nahe er der Einsicht in die Bedeutung der Sprache für die Dichtung gekommen war – wobei die merkwürdige Insistenz, mit der er das Gegenteil behauptet, vielleicht schon ein Zeichen seiner Unsicherheit ist" (1974:482).
29 Vgl. Derrida (1992) und Kant (1990:65).

henden Werk nur hinzutritt und es abrundet. Doch ist der Rahmen andererseits dasjenige, was das Werk erst als solches konstituiert, indem es seine
Gestalt von ihrem Hintergrund abhebt. Die Grenze zwischen Innen und Außen, Ergon und Parergon läßt sich deshalb nie sicher ziehen. Wie fruchtbar
diese paradoxe Denkfigur sein kann, zeigt sich auch und gerade an Hegels
Diskurs, dessen argumentative Strategie auf Entparadoxierung zielt. Denn
ein weiteres Mal kreuzen sich die Schichten von Referenz und Rhetorik und
hinterlassen eine Aporie. Hegel schreibt:

"In der Dichtkunst aber ist das sinnliche Klingen der Wörter in ihrer Zu-
sammenstellung zunächst ungebunden, und der Dichter erhält die Aufgabe,
sich diese Regellosigkeit zu einer sinnlichen Umgrenzung zu ordnen und
sich damit gleichsam eine Art von festerem Kontur und klingendem Rahmen
für seine Konzeptionen und deren Struktur und sinnliche Schönheit hinzu-
zeichnen" (15:291).

Hegels Metapher aus der Kunst des Zeichnens definiert den Signifikanten als
"klingende[n] Rahmen", als Parergon des poetischen Kunstwerks. Damit
übernimmt er erneut jene doppeldeutige Rolle, die er zuvor als Supplement
gespielt hatte. Die Lautgestalt figuriert **gleichzeitig** als prinzipiell überflüssi-
ger "Zierat" und als unverzichtbare Grundlage, ohne die das Werk nicht
existieren würde. Der Signifikant geht der Einschreibung des Sinns voraus,
dessen Resultat er ist. Aus Hegels Metapher erhellt der paradoxe Status des
Rahmens zwischen der Innen- und der Außenseite des Umrahmten. Das Parergon umschließt und umgrenzt das Werk, ist aber gleichzeitig dessen Teil.
Der Signifikant umrahmt nach Hegel ausdrücklich **beide** Bestandteile des
poetischen Zeichens, also auch sich selbst: Er ist der "klingend[e] Rahmen"
für die "Konzeptionen" (die Signifikate) "und deren Struktur und sinnliche
Schönheit" (die Signifikanten selbst). Hegels metaphorische Zeichnung des
Zeichens faltet sich wie eine Graphik von Escher auf sich selbst zurück und
schließt sich zu einer paradoxen Figur der Selbstbezüglichkeit zusammen.
Die kleine Vignette zum Rahmen ist auch eine Reflexion der Hegelschen
"Ästhetik" auf ihre eigene Lesbarkeit, eine Allegorie des Lesens, eine Alle-
gorie der Unlesbarkeit.[30]

---

30  Zum Zusammenhang zwischen Allegorie und (Un-)Lesbarkeit vgl. de Man (1988) und
    Hamacher (1988).

# LITERATUR

Bense, Max (1965): *Die Aktualität der Hegelschen Ästhetik*. - In: Ders.: *Aesthetica*. - Baden-Baden: Agis, 196-203.

Bodammer, Theodor (1969): *Hegels Deutung der Sprache*. - Hamburg: Meiner.

Butler, Judith (1989): *Commentary on Joseph Flay's "Hegel, Derrida, and Bataille's laughter"*. - In: W. Desmond (1989), 174-178.

Chaffin, Deborah (1989): *Hegel, Derrida, and the sign*. - In: H.J. Silverman (Ed.): *Derrida and deconstruction*. - London, New York: Routledge, 77-91.

Cutrofello, Andrew (1991): *A critique of Derrida's Hegel deconstruction. Speech, phonetic writing, and hieroglyphic script in logic, law, and art*. - In: Clio 20 (1991) 2, 123-137.

Derrida, Jacques (1979): *Die Stimme und das Phänomen. Ein Essay über das Problem des Zeichens in der Philosophie Husserls*. - Frankfurt/M.: Suhrkamp.

Ders. (1988a): *Randgänge der Philosophie*. - Wien: Passagen.

Ders. (1988b): *Der Schacht und die Pyramide. Einführung in die Hegelsche Semiologie*. - In: Ders. (1988a), 85-118.

Ders. (1988c): *Die weiße Mythologie. Die Metapher im philosophischen Text*. - In: Ders. (1988a), 205-258.

Ders. (1990): *Semiologie und Grammatologie. Gespräch mit Julia Kristeva*. - In: P. Engelmann (Hg.): *Postmoderne und Dekonstruktion*. - Stuttgart: Reclam, 140-164.

Ders. (1992): *Parergon*. - In: Ders.: *Die Wahrheit in der Malerei*. - Wien: Passagen, 31-176.

Ders. (1995): *Platons Pharmazie*. - In: Ders.: *Dissemination*. Hrsg. von P. Engelmann. - Wien: Passagen, 69-190.

Ders. (⁷1997a): *Die Schrift und die Differenz*. - Frankfurt/M.: Suhrkamp.

Ders. (1997b): *Von der beschränkten zur allgemeinen Ökonomie. Ein rückhaltloser Hegelianismus*. - In: Ders. (1997a), 380-421.

Ders. (1997c): *Die Struktur, das Zeichen und das Spiel im Diskurs der Wissenschaften vom Menschen.* - In: Ders. (1997a), 422-442.

Desmond, William (1985): *Hegel, dialectic, and deconstruction.* - In: Philosophy and rhetoric 18 (1985) 4, 244-263.

Ders. (Ed.) (1989): *Hegel and his critics. Philosophy in the aftermath of Hegel.* - New York: State University of New York Press.

Donougho, Martin (1982): *The semiotics of Hegel.* - In: Clio 11 (1982) 4, 415-430.

Flay, Joseph C. (1989): *Hegel, Derrida, and Bataille's laughter.* - In: W. Desmond (1989), 163-173.

Früchtl, Joseph (1992): *Kategorien der literarischen Ästhetik.* - In: H. Brackert, J. Stückrath (Hg.): *Literaturwissenschaft. Ein Grundkurs.* - Hamburg: Rowohlt, 296-309.

Gadamer, Hans-Georg (1986): *Die Stellung der Poesie im System der Hegelschen Ästhetik und die Frage des Vergangenheitscharakters der Kunst.* - In: A. Gethmann-Siefert (Hg.): *Welt und Wirkung von Hegels Ästhetik.* - Bonn: Bouvier, 213-223.

Gamm, Gerhard (1997): *Der Deutsche Idealismus.* - Stuttgart: Reclam.

Gasché, Rodolphe (1989): *In-Difference to philosophy. De Man on Kant, Hegel, and Nietzsche.* - In: L. Waters, W. Godzich (Eds.): *Reading de Man reading.* - Minneapolis, 259-296.

Gethmann-Siefert, Annemarie (1995): *Einführung in die Ästhetik.* - München: Fink.

Geuss, Raymond (1983): *A response to Paul de Man.* - In: Critical Inquiry 10 (1983) 2, 375-382.

Goethe, Johann Wolfgang ($2$1984): *Werke. Berliner Ausgabe.* Bd. 18: *Schriften zur Literatur II.* Hrsg. von S. Seidel. - Berlin, Weimar: Aufbau.

Hamacher, Werner (1978): *pleroma. Zu Genesis und Struktur einer dialektischen Hermeneutik bei Hegel.* - In: G.W.F. Hegel: *"Der Geist des Christentums". Schriften 1796-1800.* Hrsg. von W. Hamacher. - Frankfurt/M., Berlin, Wien: Ullstein, 11-333.

Ders. (1988): *Unlesbarkeit.* - In: P. de Man (1988), 7-26.

Hegel, Georg Wilhelm Friedrich (1970): *Werke*. Hrsg. von E. Moldenhauer u. K.M. Michel. - Frankfurt/M.: Suhrkamp.

Kant, Immanuel ([7]1990): *Kritik der Urteilskraft*. Hrsg. von K. Vorländer. - Hamburg: Meiner.

Lotman, Jurij M. (1973): *Die Struktur des künstlerischen Textes*. Hrsg. von R. Grübel. - Frankfurt/M.: Suhrkamp.

de Man, Paul (1988): *Allegorien des Lesens*. - Frankfurt/M.: Suhrkamp.

Ders. (1993a): *Die Ideologie des Ästhetischen*. Hrsg. von Ch. Menke. - Frankfurt/M.: Suhrkamp.

Ders. (1993b): *Hegel über das Erhabene*. - In: Ders. (1993a), 59-79.

Ders. (1993c): *Zeichen und Symbol in Hegels Ästhetik*. - In: Ders. (1993a), 39-58.

Ders. (1996): *Reply to Raymond Geuss*. - In: Ders. : *Aesthetic ideology*. Ed. A. Warminski. - Minneapolis: University of Minnesota Press, 185-192.

Norris, Christopher (1988): *Paul de Man. Deconstruction and the critique of aesthetic ideology*. - London, New York: Routledge.

Paetzold, Heinz (1983): *Ästhetik des deutschen Idealismus*. - Wiesbaden: Steiner.

Schüttauf, Konrad (1984): *Die Kunst und die bildenden Künste. Eine Auseinandersetzung mit Hegels Ästhetik*. - Bonn: Bouvier.

Simmen, Jeannot (1980): *Kunst-Ideal oder Augenschein. Systematik – Sprache – Malerei. Ein Versuch zu Hegels Ästhetik*. - Berlin: Medusa.

Smith, John H. (1987): *U-Topian Hegel. Dialectic and its other in poststructuralism*. - In: German Quarterly 60 (1987) 1, 237-261.

Ders. (1988): *The spirit and its letter. Traces of rhetoric in Hegel's philosophy of "Bildung"*. - Ithaca: Cornell University Press.

Ders. (1994): *The language of mastery and the mastery of language. The recognition of rhetoric in Hegel*. - In: Clio 23 (1994) 4, 377-394.

Sözer, Önay (1988): *Dekonstruktion, Gedächtnis und Dialektik. Zur Hegel-Interpretation Paul de Mans.* - In: A. Gethmann-Siegert (Hg.): *Philosophie und Poesie. Otto Pöggeler zum 60. Geburtstag.* - Stuttgart-Bad Cannstatt: frommann-holzboog, 433-452.

Szondi, Peter (1974): *Hegels Lehre von der Dichtung.* - In: Ders.: *Poetik und Geschichtsphilosophie I.* Hrsg. von S. Metz u. H.-H. Hildebrandt. - Frankfurt/M.: Suhrkamp, 269-511.

Taylor, Charles (1978): *Hegel.* - Frankfurt/M.: Suhrkamp.

Valéry, Paul (1960): *Oeuvres. T. 1.* Ed. J. Hytier. - Paris: Gallimard.

Zima, Peter V. (1991): *Literarische Ästhetik.* - Tübingen: Francke.

Ders. (1994): *Die Dekonstruktion. Einführung und Kritik.* - Tübingen: Francke.

**BURGHARD RIEGER**[1]

# Unscharfe (fuzzy) Modellierung natürlichsprachlicher Bedeutung
## Zu einer computerlinguistischen Neuorientierung der Semantik

## 1. Einleitung

In der Computerlinguistik zeichnen sich derzeit weltweit Veränderungen ab, die ihre **Untersuchungsmethoden** ebenso wie ihre **Forschungsgegenstände** betreffen und damit eine Neubestimmung auch ihres **Erkenntnisinteresses** kennzeichnet, das die traditionellen Ansätze der computerlinguistischen Forschung wie der sprachverarbeitenden künstlichen Intelligenz in sehr grundsätzlicher Weise in Frage stellt (Rieger 1998a).

Bekanntlich basieren nicht triviale, maschinelle Analyse- und Synthesesysteme in der Sprachverarbeitung auf formalen Beschreibungen syntaktischer Strukturen und den diesen zuordenbaren semantischen Interpretationen. Diese sind in geeignete Formalismen zu überführen, damit eine Verarbeitung durch Automaten möglich wird. Hierbei lassen sich zwei Bereiche formaler Wissensrepräsentationen unterscheiden: das (syntaktische und lexikalische) **Sprachwissen** in Form von Produktionen (Ersetzungsregeln) sowie geeigneten Prozeduren zur kontrollierten Abarbeitung (Grammatikformalismen) einerseits und das (referenzielle und situative) **Weltwissen** in Form von prädikatenlogisch motivierten Strukturen (Propositionen) sowie Prozeduren zur inferenzfähigen Aufarbeitung (Wissensrepräsentationsformalismen) andererseits. Derartige Repräsentationsformalismen sind Bestandteil der eben deswegen **wissensbasiert** genannten Modellbildungen in der kognitiven Linguistik, die auf der Grundlage und mit Hilfe symbolanalytischer Techniken (monotone Logiken, symbolische Repräsentationen, regelbasierte Operationen, serielle Verarbeitung etc.) zunehmend komplexere Systeme entwickelte. Diese Modellbildungen sehen sich inzwischen von neueren Ansätzen herausgefordert, deren nach **Methodik** und **Gegenstand** verändertes und erweitertes **Interesse,** operable Lösungen in solchen Bereichen zu entwickeln und

---

[1] E-mail: rieger@LDV.Uni-Trier.de

*Anmerkung: Die Textmarkierungen durch den Autor wurden beibehalten – I.P.*

anzuwenden möglich erscheinen läßt, die bisher als Problemfelder compu-
terlinguistischer Forschung ausgespart blieben.

## 1.1 Die Herausforderung

Vor allem die Dynamik und anpassungsfähige Variabilität natürlicher kognitiver Systeme, welche selbst unvollständige oder vage Informationen
sprachlicher Daten problemlos verarbeiten, sind deswegen zu Prüfsteinen geworden, die von *konnektionistischen Modellen* durch den Einsatz prozeß-
simulierender Techniken (auf der Basis der Theorie dynamischer Systeme,
sub-symbolischer oder verteilter Repräsentationen, kontinuierlich-numeri-
scher Operationen, paralleler Verarbeitung) tatsächlich nachgebildet werden
können (Nadel et al. 1989; Pfeiffer et al. 1989; Carpenter/Grossberg 1991).
Gleichzeitig gelang es den *quantitativ-linguistischen Ansätzen* der empirischen Untersuchung sehr großer Sprachkorpora (auf wahrscheinlichkeits-
und possibilitäts-theoretischer Basis, über stochastische bzw. fuzzy Modellbildungen, numerisch-mathematische und fuzzy-logische Operationen,
durch strenge Verfahren der Hypothesenbewertung), vor allem den Reichtum
an funktionalen Zusammenhängen sprachlicher Regularitäten und Strukturen
bis hin zu universalen Gesetzmäßigkeiten erkennen zu lassen (Armstrong-
Warwick 1993; Köhler/Rieger 1993), der große Textmengen tatsächlicher
Sprachverwendung beobachtbar auszeichnet und Rückschlüsse auf Eigenschaften des menschlichen Sprachvermögens durchaus zu bergünden vermag.

## 1.2 Die Aufgaben

Obwohl sich die Diskussion der Unterschiede konnektionistischer vs. regelbasierter Ansätze zunächst vor allem auf die mit den unterschiedlichen, auch
*hybriden* Modellbildungen verbundenen Erklärungsansprüche (Pfeiffer et al.
1989; Schnelle 1990; Hinton 1992) konzentrierte, hat die Auseinandersetzung mit den empirisch-quantitativen Ansätzen, deren Rezeption auch wegen
der für Linguisten neuen und lernaufwendigen Untersuchungsmethodik ver-
zögert wird, gerade erst eingesetzt (vgl. Rieger 1998). Immerhin scheint sich
unter dem Eindruck des formalen Aufwands wie der praktischen Beschränktheit wissensbasierter Modelle einerseits, der überraschenden Leistungsfähigkeit stochastischer Parser (Church 1988; Briscoe 1993) und statistischer Übersetzungssysteme (Brown 1988; 1993) andererseits eine Revision der für die kognitive Linguistik verbindlichen Grundhypothesen abzu-

zeichnen. Diese besagen, daß die natürliche Sprache vor allem als Problem der Struktur und des Erwerbs von *Sprachvermögen (Kompetenz)* zu erforschen ist und daß dies – ohne die Kenntnis empirisch überprüfbarer Parameterwerte aus der Anwendung und Realisation solchen Vermögens in Situationen kommunikativer *Sprachverwendung (Performanz)* – auch (theoretisch) zu analysieren möglich und (formal) zu charakterisieren nötig sei (vgl. Chomsky 1988).

Ein Ergebnis dieser Auseinandersetzungen (Schnelle 1994) könnte sein, daß die Basis bisheriger kognitiv-linguistischer Forschung als eine zu weit gehende Abstraktion der sprachlich-kommunikativen Realität erkannt wird. Angesichts der Defizite komplexer regelbasierter Modellbildungen (Rieger 1988) in der kognitiven Linguistik (KL), Computerlinguistik (CL) und der sprachverarbeitenden künstlichen Intelligenzforschung (KI), und vor dem Hintergrund der zwar empirisch nachweisbaren, durch traditionelle Analysen mithilfe linguistischer Kategorien aber nicht erfaßten sprachlichen Strukturen,[2] wird eine empirisch-performative Linguistik bedeutsam gerade aufgrund ihrer komplementären Forschungsgegenstände und Untersuchungsmethoden. Durch ihre quantitativ-statistischen wie auch fuzzy-theoretischen Modellbildungen könnte so eine Neu- oder Umorientierung des kognitiv-linguistischen Erkenntnisinteresses eingeleitet werden, das den zeichentheoretisch motivierten Grundlagen einer funktionalen Semiotik näher steht als bisher.

Die Modellierung *performativer* Prozesse unterscheidet sich von der Wertzuweisenden Auffüllung schon vorgegebener, weil *kompetenztheoretisch* vorausgesetzter Repräsentationsstrukturen dadurch, daß (diesen vergleichbare, neuartige) Repräsentationen als Strukturierungsleistung von den prozeßmodellierenden Prozeduren selbst erbracht werden. Ihre Resultate werden zunächst in Form von Verteilungen oder Vektoren notiert, die in der Regel hochdimensionierte (metrische) Raumstrukturen (*semiotische Räume*) bilden und deren Elemente als unscharfe (*fuzzy*) Mengen gedeutet werden können. So ließen sich anhand von (*morphischen*) Vektoren, die auf n-Grammen von Buchstaben basieren (Oerder 1994; Schneider 1994; Zubak 1994) und an-

---

[2] Phänomene etwa der linearen Nah-Ordnung sprachlich-perfomativer Einheiten (z.B. Kookkurrenzen), deren Regularitäten sich regelbasierten Notationen entziehen, aber in numerischen Ausdrücken von Korrelationen, mutual information Werten etc. beliebig genau notiert und verarbeitet werden können, können als Resultate von Prinzipien verstanden werden, die kompetenztheoretisch bisher nur deswegen unbeachtet blieben, weil sie keine der regelbasierten Verkettungen linguistischer Kategorien betreffen, wie sie gängige Grammatikformalismen erfassen (Fucks 1954; Church 1990; Hindle 1993).

hand von (*semischen*) Vektoren, die aus Korrelationen von Wörtern (Rieger 1982a; 1989; Reichert 1999) berechnet wurden, erstmals Zusammenhänge aufdecken und modelltheoretisch nutzen, die erst durch die vektoriell repräsentierten *fuzzy* Elemente und Relationen des *morphologischen* bzw. *semantischen* Raumes erkennbar wurden. Inwieweit dabei Eigenschaften des Modells den Eigenschaften der Modellobjekte (Originale) entsprechen, wird im Einzelfall zu prüfen und sicherlich auch schwierig zu entscheiden sein. Sie sind aber eine Voraussetzung des besseren Verständnisses der semiotischen Funktionen solcher sprachlicher Entitäten, die unterschiedliche Ordnungen, Strukturen und Bedeutungen in natürlichsprachlichen Texten konstituieren, und die zu erfassen, zu analysieren und zu repräsentieren den bloß regelbasierten Ansätzen der traditionellen linguistischen Beschreibungen nicht hinreichend gelang.

## 2. Zur kognitiven Perspektive

Im Rahmen der *Kognitionswissenschaften*, deren Erkenntnisinteresse sich auf die Erweiterung der Kenntnisse über das Wissen (seine Formen, seine Strukturen, seines Erwerbs, seiner Anwendungen und seiner Realität im Denken) richtet (Johnson-Laird/Wason 1977), wird unter durchaus uneinheitlichen Wissenschaftsauffassungen anhand unterschiedlichster Forschungsgegenstände und mit den verschiedensten Untersuchungsmethoden an der theoretischen wie praktischen Präzisierung dessen gearbeitet, was *Kognition* ausmacht.

### 2.1 Kognitive Prozesse

Weitgehend unkontrovers scheint ein prozessuales Verständnis von Kognition zu sein. *Kognitive Prozesse* können danach – im weiten Sinn: systemtheoretisch – als adaptive Leistung von informationsverarbeitenden Systemen (*Agenten*) verstanden werden, die ihre Umgebungen in jeweils dem Maße in strukturierte Repräsentationen zu überführen vermögen, wie dies ihre jeweils eigene Strukturiertheit erlaubt (Rieger 1995a; 1995b).

In den Kognitionswissenschaften heißen diese Prozesse *mentale Prozesse*. Sie gelten als Bedingung dafür, daß Regularitäten, Ordnungen und Strukturen nicht nur entstehen, sondern auch repräsentiert werden. Sofern es sich dabei um (nicht notwendigerweise auch zeichenhaft-symbolische) *Repräsentationen* von für das Zustandekommen von Erkenntnis notwendigen (Zwischen-)Resultaten handelt, wird angenommen, daß auch ihnen (andere) *Prozesse* zugeordnet sind, die einerseits das Entstehen solcher *Repräsentationen*, andererseits ihre Verarbeitung kontrollieren (Harnad 1982). Die *Semiotisierung* der kognitionswissenschaftlichen Sicht besteht – verkürzt gesagt – in der Suche nach solchen Prozessen (und ihren Modellen), die durch die Verarbeitung (von schon repräsentierten) Einheiten der einen Stufe die Repräsentationen (von Einheiten) einer anderen Stufe erst schaffen.

Während die **kognitive Linguistik** von formal konstruierbaren Repräsentationen ausgeht, die als Bedingung der Möglichkeit von auf ihnen operierenden mentalen Prozessen gelten, konfrontiert die **kognitive Sprachverarbeitung** kompetenztheoretisch relevante Ergebnisse und Resultate der kognitiven Linguistik mit der performativen Praxis der kommunikativen Produktion und Rezeption natürlichsprachlicher Texte. Hierzu fordert sie eine *ökologisch* orientierte Kognitionstheorie (Rickheit/Strohner 1993), die sich als *semiotischer Ansatz* für informationsverarbeitende Systeme darstellt (Rieger 1989) und thematisch für eine Weiterentwicklung solcher Systeme wurde. Diese Erweiterung bezieht konsequenterweise die Bedingungen wissenschaftlicher Kommunikation und Modellpluralität als besondere, weil explizierte Form situierter Produktion und Rezeption von Zeichen- und Symbolaggregationen ein.

Der Forderung eines ökologischen Paradigmas (Bateson 1979; Maturana/Varela 1980) auch für die kognitiv-wissensbasierte Computerlinguistik entspricht dabei eine dynamische Konzeption von Modellierung, deren Überprüfbarkeit weitgehend in der methodischen Realisierung kontextuell situierter *Prozeßsimulationen* begründet ist. Diese können als *semiotische* Erklärung für das Entstehen von Strukturen, Ordnungen und Einheiten aus Vielheiten dann gelten, wenn sie – unabhängig von anderen kognitiven Erklärungsparadigmen – einen durch *Berechenbarkeit* kontrollierbaren, durch *Algorithmisierbarkeit* modellierbaren und durch seine *Prozeduralität* vermittelten Zusammenhang (Marr 1982) herstellen zwischen den Repräsentationen unterschiedlicher Analyse- und Darstellungsebenen. Während das Prinzip der Berechenbarkeit (*computational level*) mögliche Formate, Einheiten und Operationen über die Repräsentationen aller Beschreibungsebenen sprachlicher Phänomene festzulegen erlaubt, sind aus der Menge ihrer möglichen Algorithmisierungen (*algorithmic level*) nur diejenigen *semiotisch* interessant, die durch Verarbeitung der Einheiten einer Repräsentationsebene die Einheiten einer anderen Ebene erst konstituieren. Sie bilden offenbar eine Teilklasse der Algorithmen, die in Modellen symbolischer Repräsentationen von Einheiten und der regelbasierten (syntaktischen) Festlegung ihrer

Konkatenationen gar nicht vorkommen, sondern überhaupt nur in Modellen mit verteilt repräsentierten Einheiten und nicht-syntaktischen Agglomerationen benötigt werden. Denn während die regelverarbeitenden Algorithmen in den symbolischen Modellen den Bereich der *Zuordnungen* abdecken, vermögen Algorithmen, die auf sub-symbolischen oder verteilten Repräsentationen operieren, offenbar den Bereich der *Korrespondenzen* zu modellieren. Diese *semiotischen* Algorithmen setzen im wesentlichen Einheiten unterschiedlicher Repräsentationsebenen derart zueinander in Beziehung, daß sie (mindestens) eine dieser Ebenen mit ihren Einheiten erst schaffen. Die Rede ist von *emergenten* Strukturen, welche bisher nicht-unterscheidbare Einheiten dadurch unterscheiden lassen, daß sie als Resultate von Prozessen erscheinen, welche die Daten, die sie verarbeiten, systematisch verändern.

## 2.2 Kognitive Modellierung

Weitgehend ungeklärt ist bisher, ob – und gegebenenfalls wie – *semiotische* Modellbildungen ein stufenweises Entstehen von Strukturen aus Ordnungen und dieser Ordnungen aus Regularitäten von Vielheiten beobachtbarer Entitäten erklären können. Es kann aber aufgrund vorliegender Untersuchungen vermutet werden, daß diese Prozesse der Identifikation von Regelhaftigkeiten und deren Zusammenfassung in solchen (Zwischen-)Repräsentationen, denen wiederum Eigenschaften von beobachtbaren Entitäten zukommen, für das Entstehen und die Verwendung zeichenhaft-funktionaler Strukturen in natürlichsprachlichen Systemen verantwortlich, wenn nicht mit ihnen identisch sind. Eine fundierte Hypothese dazu ist, daß sie einen durch *Berechenbarkeit* **formal kontrollierbaren**, durch *Algorithmisierbarkeit* **prozedural modellierbaren** und durch ihre *Implementationen* **praktisch realisierten** Zusammenhang überprüfbar herstellen zwischen Repräsentationen verschiedener Ebenen, die sie selbst erzeugen. Für kognitive Prozesse des Sprachverstehens bietet sich eine Modellierung in Form von mehrstufigen Verarbeitungs- und Repräsentationsebenen an, weil sie auf Gegebenheiten aufsetzen können, die als sprachliche Manifestationen selber schon (Zwischen-)Repräsentationen sind.

### 2.2.1 Quantitative Verfahren

Die quantitative Beschreibung und numerische Analyse sprachlicher Elemente, Einheiten und Strukturen bietet sich an, wenn es darum geht, Eigenschaften ihrer Verwendung, ihres Gebrauchs und der damit verbundenen Zusammenhänge zu ermitteln, die als (nicht unmittelbar beobachtbare) abgeleitete Funktionen ihres (beobachtbaren) Vorkommens beschrieben werden können. In Verbindung mit den *fuzzy-theoretischen* Möglichkeiten der Modellierung (Kruse et al. 1993; Novák 1989) erlauben diese Verfahren die Definition von elastischen Einheiten (Zadeh 1975) – den *soft constraints* (Smolensky 1989) in sub-symbolischen Modellen entsprechend – durch numerische Spezifizierungen und erhöhtes Auflösungsvermögen von Zugehörigkeitsgraden, verbunden mit größeren Toleranzen der Kategorisierung und der Verarbeitung (Zadeh 1994). *Weiche Kategorien* lassen sich so in ihren Reichweiten (Umfang) über die gleichen Formen numerischer Bestimmung kennzeichnen wie die Arten der ihnen subsumierbaren Elemente (Inhalt). *Unscharfe (fuzzy) Kategorien* heißen dabei solche abstrakten Zuordnungen, deren (leere) Strukturen ebenso wie deren mögliche Füllungen als Resultate von Prozessen erscheinen, die in Form von *Prozeduren* dargestellt werden können. Die *prozedurale* Form erlaubt dabei,

– *dynamische,* strukturelle Zusammenhänge als sich veränderliche Resultate von Prozessen zu erklären, deren (wiederholte) Durchläufe Veränderungen der (metrischen, topologischen) Struktur der Daten, auf denen sie operieren, zur Folge hat;
– diese Prozesse als Modell *kognitiver* Leistungen zu deuten, wodurch die Elemente (und Elementverbindungen) einer Ebene Strukturen anderer Ebenen zugeordnet werden, die durch diese Zuordnung erst entstehen;
– diese Zuordnung als prozedurale Explikation einer *Bedeutungskonstitution* zu verstehen, insofern bisher verborgenen (*hidden*) und uninterpretierten Einheiten und Strukturen durch die sie konstituierenden Prozeduren erkennbar (repräsentierende) Funktionen zukommen.

Kategoriale Konstrukte und Begriffsbildungen der strukturellen Linguistik, die immerhin aufgrund operationaler (wenn auch nicht streng algorithmisierbarer) Ansätze gefunden wurden, dienen hierbei als Leitlinie für die Suche nach algorithmisierbaren Prozeduren. Sie haben das Ziel, operational definierte, prozedural (re)konstruierende Konzepte zu entwickeln, denen überprüfbare, gegebenenfalls *weiche Kategorien* entsprechen, die in einer semiotischen Theorie linguistischer Performanz relevant werden.

Die Verbindung eines *semiotisch* fundierten Modells vektorieller Funktionsrepräsentationen linguistischer Einheiten mit einer dem semiotischen Gegenstandsbereich angemessenen mathematischen Analyse dieses Repräsentationsformats eröffnet begründete Aussicht darauf, neuartige Zusammenhänge zwischen den Erscheinungen *performativer* Sprachverwendung und den Prinzipien *kompetenten* Sprachvermögens aufzuweisen, deren quasi empirische Überprüfbarkeit durch die prozedurale Modellierung und experimentelle Simulation Zeichen-konstitutiver Prozesse gewährleistet werden kann.

## 2.2.2 Rekonstruktive Modelle

Für die Modellbildung kann auf ein Grundprinzip sprachlicher Strukturbildung zurückgegriffen werden, dessen Universalität[3] in der spezifischen Form der Einschränkung liegt, welche die in beobachtbaren sprachlichen Regularitäten tatsächlichen realisierten Kombinationen von den theoretisch möglichen Kombinationen dieser sprachlichen Einheiten unterscheidet. Diese als lineare Verkettungsrelationen (*Syntagmatik*) und als selektive Ersetzungsrelationen (*Paradigmatik*) von (eben hierdurch unterschiedenen) linguistischen Einheiten wurde schon von den Begründern der strukturellen Linguistik in ihrer Systematik erkannt und zur Konstitution verschiedener Beschreibungsebenen sprachlicher Erscheinungen und ihrer Kategorisierung (Segment und Klasse) genutzt. Diese Unterscheidung kann durch den fuzzy-theoretischen Ansatz für die semiotische Modellbildung verschärft und numerisch präzisiert werden.[4] Die hierbei zu verarbeitenden primären Eingabedaten sind Mengen von (hier: eindimensionalen) Verteilungen (Ketten) von Elementen, die aufgrund *syntagmatischer* und *paradigmatischer* Restriktionen erst als Einheiten unterschieden werden. Verarbeitungsresultate geeigneter Prozeduren werden wiederum als (diesmal: zweidimensionale) Verteilungen (Matrizen) ausgegeben, welche als Relationen, Vektoren oder hochdimensionierte Raumstrukturen (*semiotische Räume*) interpretiert werden können.[5]

Die auf *semantischer* und *morphologischer* Ebene schon durchgeführten Untersuchungen, die auf der Basis schriftsprachlicher Textdaten des Deutschen

---

3 Es ist keine Sprache dieser Welt bekannt, die nicht den Strukturierungsprinzipien der *syntagmatischen* und *paradigmatischen* Restriktionen unterläge, wenngleich wesentliche sprachtypologische Unterschiede auf dem unterschiedlichen Gebrauch beruhen, der in den verschiedenen Sprachen von diesen Prinzipien gemacht wird.

4 Daß damit kein Widerspruch zur *fuzzy* Modellierungstechnik entsteht, ist in der Konzeption *unscharfer Mengen* (Zadeh 1965) begründet, für die die Verbindung von algebraischen Termen diskreter Entitäten mit numerischen Termen mathematischer Kontinua kennzeichnend ist.

5 Diese *semiotischen Räume* werfen in ihrer Topologie wie in ihrer Metrik noch beträchtliche Probleme auf, die bei der Deutung und Interpretation (durch veranschaulichende Transformationen) selbst kleiner Ausschnitte – möglicherweise aber auch wegen dieser Fragmentierung – auftreten.

durchgeführt wurden, haben die (graphischen) Analoga so unterschiedlicher linguistischer Konzepte wie *Wortbedeutung* und *Silbe* als vektorbasierte Strukturierungsleistung von Prozeduren modellieren können. Grundlage hierfür bildeten Korrelationsmessungen und Rekurrenzanalysen, die auf linearen Folgen von Elementen (*Wörter* und *Graphen* bzw. Buchstaben) in natürlichsprachlichen Texten großer Korpora aufsetzten. Die in Trier entwickelten Implementationen solcher prozeduralen Modellierungen von *weichen (fuzzy)* linguistischen Kategorien beruhen dabei auf verteilten Repräsentationen, welche die Zustände eines dynamischen Systems möglicher Graphen-Agglomerationen bzw. Wort-Zusammenhänge partiell festlegen. In zwei unterschiedlichen Analysebereichen – dem *morphologischen Raum* mit (*morphischen*) Vektoren aus Prozeduren auf n-Grammen von Buchstaben (Rieger 1996) und dem *semantischen Raum* mit (*semischen*) Vektoren aus Prozeduren auf Korrelationen von Wörtern (Rieger 1991; 1997) – hat sich gleichermaßen gezeigt, daß die Fülle der in diesem Repräsentationsformat enthaltenen Informationen nur in dem Maße zugänglich und nutzbar ist, wie die Verfügbarkeit von Prozeduren zu ihrer Überführung in Strukturen, die (potentiell) mathematisch und/oder linguistisch[6] interpretierbar sind.

## 2.3 Der semantische Raum

Anknüpfend an schon früher vorgelegte Operationalisierungen von Prinzipien der WITTGENSTEINschen Gebrauchssemantik und der Situationssemantik von BARWISE/PERRY, wonach sich die Bedeutungen der (Inhalts-)Wörter einer natürlichen Sprache als deren Gebrauch analysieren lasse, den die Sprecher in Situationen kommunikativer Sprachverwendung von ihnen machen, bietet auf der Ebene lexikalisch-semantischer Einheiten die Theorie der unscharfen (*fuzzy*) Mengen in Verbindung mit statistischen Verfahren der quantitativen Analyse großer Textkorpora die Möglichkeit, natürlich-sprachliche *Wortbedeutungen* in Form von Vektoren zu repräsentieren, deren Komponenten als Funktionswerte *syntagmatischer* und *paradigmatischer* Restriktionen von Wortverwendungsweisen berechnet wurden (Rieger 1981; 1982a; 1982b).

---

6 Diese Strukturen analysierenden und generierenden Algorithmen, welche Konzepte und Techniken der *unscharfen* Modellierung bei der Transformation tatsächlicher Sprachdaten in (Zwischen-)Repräsentationen verschiedener Stufen nutzen, gehören in den Bereich der empirisch, (re-)konstruktiv arbeitenden Computerlinguistik, die als *Fuzzy Linguistics* (Rieger 1998a) sich derzeit erst abzuzeichnen beginnt.

## 2.3.1 Die textanalytischen Verfahren

Die hierzu auf der Wortebene angewandten Verfahren sind deskriptiv-statistischer Natur und beruhen im wesentlichen auf einer Korrelationsmessung $\alpha$ von (Wort-)**Token** in großen Korpora *pragmatisch-homogener* Texte sowie auf der *verteilten* Repräsentation der Verwendungsregularitäten ihrer (Wort-)**Typen** $y_i = \{ \ \alpha \ (x_i, x_1)...\alpha \ (x_i, x_N)\}$ . Deren Unterschiede – über ein Distanzmaß $\delta$ als Zwischenrepräsentation $z_i = \{ \ \delta \ (y_i, y_1)...\delta \ (y_i, y_N)\}$ im *Corpusraum* $\langle C,\delta \ \rangle$ numerisch präzisiert – konstituieren den *semantischen Raum* $\langle \ S,\zeta \ \rangle$ , der als ein (Mengen-)System abstrakter Bedeutungsrepräsentationen $z_i \in S$ (*Bedeutungspunkten*) bestimmt wird.

Für ein Vokabular $V=\{x_n\}, n=1,\cdots,i,j,\cdots,N$ von Lexikoneinträgen (*Types*) werden die diesen zugeordneten Bedeutungen $z_n \in \langle S,\varsigma \rangle$ als zweistufige Abbildungsfunktion der Verteilung der Gebrauchsweisen jeden Types zu allen übrigen

(1) $\qquad\qquad \alpha|x_n \ :V \to C; \ \ \{y_n\}=:C$

und der Differenzen-Verteilung

(2) $\qquad\qquad \delta|y_n \ :C \to S; \ \ \{z_n\}=:S$

berechnet. Dies geschieht mit Hilfe eines Koeffizienten, der die Intensitäten kookkurrierender Wörter in Texten mißt und in numerischen Werten des reellen Intervalls zwischen [-1,+1] ausdrückt

(3) $\qquad \alpha(x_i,x_j) = \dfrac{\sum_{t=1}^{T}\left(h_{it}-e_{it}\right)\left(h_{jt}-e_{jt}\right)}{\sqrt{\sum_{t=1}^{T}\left(h_{it}-e_{it}\right)^2 \sum_{t=1}^{T}\left(h_{jt}-e_{jt}\right)^2}}; \quad -1\le\alpha(x_i,x_j)\le +1$

Dabei sind die beiden Erwartungswerte $e_{it}$ und $e_{jt}$, mit denen zwei Worttypen $x_i$ und $x_j$ theoretisch im Text $k_t$ der Länge $l_t$ des analysierten Korpus $K$ vorkommen können

(4) $\qquad\qquad e_{it} = \dfrac{H_i \cdot l_t}{L} \ \text{ und } \ e_{jt} = \dfrac{H_j \cdot l_t}{L} \ ,$

abhängig vom analysierten Textkorpus

(5) $\qquad\qquad K = \{k_t\}; \ \ t = 1,\cdots,T$

und von seinem Umfang und der Länge seiner Texte, gemessen in der Anzahl der Wörter (*Tokens*)

(6) $\qquad\qquad L = \sum_{t=1}^{T} l_t; \ \ 1 \le l_t \le T$

sowie von den Häufigkeiten $h_{it}$ bzw. $h_{jt}$ , mit denen die paarweise betrachteten einzelnen Worttypen des Vokabulars $x_i, x_j \in V$ tatsächlich in jedem $t$-ten Text vorkommen

(7) $\qquad H_i = \sum_{t=1}^{T} h_{it}; \ \ 0 \le h_{it} \le H_i \ \text{ bzw. } \ H_j = \sum_{t=1}^{T} h_{jt}; \ \ 0 \le h_{jt} \le H_j$

Um die Unterschiede bemessen und numerisch präzisieren zu können, welche die Verwendungsweisen jeden Wortes zu allen anderen des Vokabulars unterscheidbar macht, wurde die EUKLIDische Distanz verwendet

$$(8) \qquad \delta(y_i, y_j) = \left( \sum_{n=1}^{N} (\alpha(x_i, x_n) - \alpha(x_j, x_n))^2 \right)^{y} \quad ; \quad 0 \le \delta(y_i, y_j) \le 2\sqrt{n}$$

Der Berechnung zunächst der α-Werte (3) aus den Eingabetexten und nachfolgend aus den Ergebnissen die Berechnung der δ-Werte (8) läßt die konsekutive Anwendung der beiden in (1) und (2) gegebenen Abbildungsfunktionen auch numerisch präzisieren. Die beiden Schritte der α- und δ-Abstraktion, die über Zwischenrepräsentationen – wie in **Abb.** 1 als Matrizen – oder über Morphismen – wie in **Abb.** 2 als Diagramm – die formale Rekonstruktion und empirische Berechnung verbinden, erweisen sich so als Kern einer auf syntagmatische und paradigmatische Restriktionen der Kombinierbarkeit von Zeichenaggregaten fußende Rekonstruktion der Bedeutungen von Wörtern als deren Gebrauch in Texten.

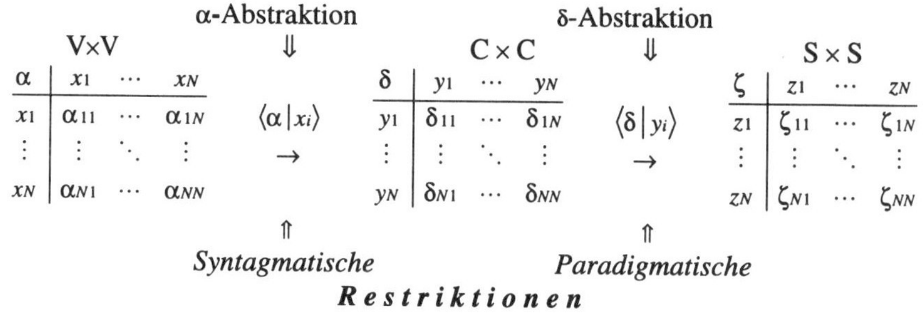

**Abbildung 1:** Formalisierung (*syntagmatischer/paradigmatischer*) Restriktionen (*constraints*) durch die zweistufige (α- und δ- ) Abstraktion von Verwendungs-Regularitäten $x_i$ über deren Ähnlichkeiten/Unterschieden $y_i$ zu den Bedeutungspunkten $z_i$ .

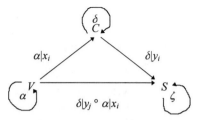

**Abbildung 2:** Abbildungsrelationen $\alpha$ und $\delta$ zwischen den strukturierten Mengen des Vokabulars $xn \in V$, seiner Verwendungs-Regularitäten $yn \in C$ und seiner Bedeutungspunkte $zn \in S$.

Als Resultat des zweifachen Abstraktionsschritts (**Abb.** 1) läßt sich die Lage und Position jedes Bedeutungspunkts $z \in S$ in der vieldimensionalen metrischen Struktur des *semantischen Raums* $\langle\ S,\zeta\ \rangle$ auch als Funktion aller Unterschiede ($\delta$- oder Distanzwerte) aller Verwendungsregularitäten ($\alpha$- oder Korrelationswerte) der in den untersuchten Texten verwendeten Wörter des Vokabulars $x \in V$ deuten (**Abb.** 2), die als Komposition $\delta\ |y_j \circ \alpha\ |x_i$ zweier restringierter Abbildungen (*fuzzy* mengentheoretische) erklärt wird.

Als Zuordnung von *Wörtern* zu ihren *Bedeutungspunkten* stellt diese Funktion eine (mögliche) formale Repräsentation und empirisch überprüfbare Operationalisierung der *syntagmatischen* und *paradigmatischen* Restriktionen dar, welche Folgen von Wörtern in Texten pragmatisch homogener Korpora erkennen lassen. Die Visualisierung *unscharfer* Konzepte mithilfe eines Bäume generierenden Algorithmus zur Auffindung dispositioneller Dependenzen, der die Bedeutungspunkte nach ihrer Relevanz (*Kriterialität*) für die Bedeutung eines Konzepts (Wurzelknoten) reorganisiert, stellt dabei bisher eine einzigartige Möglichkeit dar, um eine anschauliche Vorstellung *relevanter* Ausschnitte des semantischen Raumes zu vermitteln (**Abb.** 3).

```
⊟ Alp
    ⊞ schnei__3.053968
    ⊟ Ski__3.871443
        ⊟ haeng__6.488533
            ⊞ komm__7.873714
            └ fahr__9.294390
        ─ Hand__6.798648
        ⊟ helf__7.617712
            ⊟ trag__8.337730
                ⊞ zurueck__8.390996
                └ zusammen__8.665907
            ─ recht__9.340849
            ⊟ fang__9.675977
                ─ Mann__10.151337
                ⊟ lauf__10.183265
                    └ schnell__11.892035
            ⊞ Sorge__10.804380
        ⊟ Bahn__9.257086
            ⊟ Lift__9.368572
                ⊟ Winter__10.866597
                    ─ fall__11.675453
                    ⊟ Berg__12.330944
                        ─ Piste__12.959556
    ⊞ fueg__5.462785
    ⊞ Glueck__6.099894
    ⊞ tot__6.378346
```

**Abbildung 3:** Fragment des *DDS*-Baumgraphen mit Wurzelknoten des Bedeutungspunktes $z_i$=ALPEN in $\langle S, \zeta \rangle$, ermittelt anhand eines Teilkorpus deutscher Zeitungstexte (DIE WELT, 1964). Die numerischen Werte sind Punktdistanzen, die mit + markierten Knoten sind nicht-expandierte Teilbäume des generierten Graphen.

Die besonderen (formalen und inhaltlichen) Merkmale derart modellierter lexikalisch-semantischer Beziehungen haben eine Reihe sehr interessanter Eigenschaften, deren Grundlage in der primär Distanz-bestimmten Repräsentationsweise zu sehen ist, welche ihnen die Charakteristika von *Stereotypen* (Rieger 1985a; 1985c; 1985d) verleiht. Deren semantische Verwandtschaften lassen sich anhand struktureller Eigenschaften des vieldimensionalen Raumes explizieren und auch zur Modellierung von *semantischen* – im Unterschied zu *syntaktischen* – Verknüpfungen nutzen, die von der vektoriellen Repräsentationsform der Bedeutungen ausgeht.

Sie erlaubt eine Interpretation der die Vektorkomponenten bestimmenden numerischen Werte – nach geeigneter Transformation – als Zugehörigkeitswerte von so definierten unscharfen (fuzzy) Mengen. Auf diesen sind – als Verallgemeinerungen der mengentheoretischen Explikationen prädikatenlogischer Operatoren $\wedge$ (*und*), $\vee$ (*oder*) und $\neg$ (*nicht*) – numerische Operationen definiert, die unscharfe Mengen $A$ und $B$ als Repräsentationen vager Ausdrücke in analoger Weise – $\mu A \wedge B$, $\mu A \vee B$ und $\mu_{\neg} A$ – miteinander zu verknüpfen gestatten. Dies erlaubt die Konjunktion, Disjunktion und Negation von so repräsentierten Bedeutungen im semantischen Raum, als deren Resultate sich unscharfe (fuzzy) Mengen ergeben, die **neue Bedeutungspunkte** im semantischen Raum definieren (Rieger 1979a). Sie lassen sich anhand ihrer DDS-Baumgraphen veranschaulichen (**Abb.** 4 und **Abb.** 5).

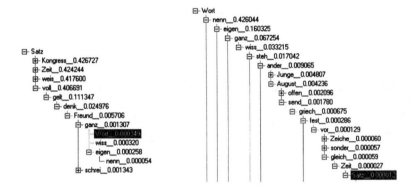

**Abbildung 4:** Fragmente der DDS-Bäume $z_i$ = SATZ und $z_i$ = WORT, welche auch die schwache Symmetrie der wechselseitigen Dependenzen erkennen lassen, d.h. nicht alle Knoten finden sich in beiden Dependenzpfaden. Die Ziffernangaben bei den Knoten sind ein Maß der Kriterialität [0,1], mit der jeder der Knoten im Baum zur Bedeutung der Wurzel beiträgt. Mit + markierte Knoten kennzeichnen verborgene Teilbäume.

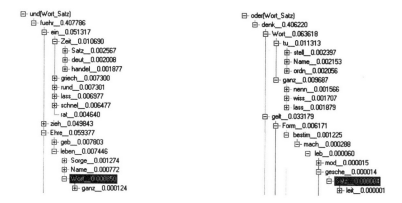

**Abbildung 5:** Fragmente der DDS-Bäume $z_{(i \wedge j)}$ = WORT ∧ SATZ bzw. $z_{(i \vee j)}$ = WORT ∨ SATZ mit Kriterialitäts-Werten der Knoten in den jeweiligen Dependenz-Pfaden. Man beachte, daß in beiden Bäumen die beiden durch den jeweiligen Operator verknüpften Bedeutungspunkte vertauscht erscheinen. Mit + markierte Knoten kennzeichnen wieder nicht-expandierte Teilbäume.

### 2.3.2 Der systemtheoretische Zusammenhang

Entscheidender als diese auf dem Repräsentationsformat aufsetzenden Operationalisierungen sind aber Organisationsprozesse, die – als **Prozeduren** modelliert – abstrakte Repräsentationsstrukturen erst liefern und zwar als variable Resultate der textanalytischen Verarbeitung sprachlicher Eingabeketten. Dies geschieht durch die algorithmische Rekonstruktion der *syntagmatischen* und *paradigmatischen* Beschränkungen, welche die formalen (Zwischen-)Repräsentationen über einen zweistufigen Prozeß als eine Art **Emergenz** von Zusammenhängen liefern. Solche emergierenden Zusammenhänge können als **Bedeutungen** deswegen gelten (Rieger 1991), weil sie vektoriell repräsentierte und unterscheidbare Strukturen gleichzeitig mit bestimmten Zeichen (und Zeichenketten) verbinden, deren systematischen Gebrauch sie darstellen. Auf diese Weise ist der Vektor (oder die unscharfe Menge) nicht etwas, das dem Zeichen – gleichsam *extrinsisch* – zugeordnet würde, sondern diese Zuordnung ergibt sich – gleichsam *intrinsisch* – aus den systematischen Unterschieden der (Verwendungs-)Regularitäten dieser Zeichen in den analysierten Texten (Rieger 1991; 1994b; Thiopoulos 1992; Rieger/Thiopoulos 1993).

Die den Meß- und Abbildungsfunktionen α , δ und ζ dabei zugeordneten
Analyse- und Repräsentationsalgorithmen können daher in ihrer aufeinander
aufbauenden Mehrstufigkeit als rekonstruktiv-prozedurales Modell der *Verstehens*-Fähigkeit gedeutet werden.

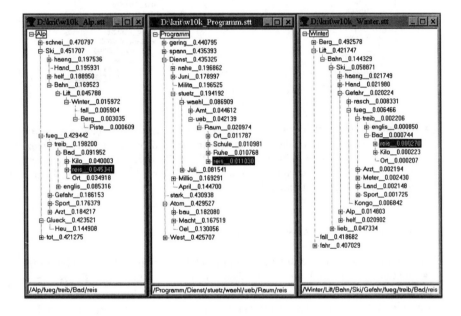

**Abbildung 6:** Semantische Inferenz von den Bedeutungspunkten ALP, PROGRAMM,
WINTER (*Prämissen*) auf REIS(en) (*Konklusion*) mit den während des Schlußprozes-
ses aktivierten *Dependenzpfaden* (im unteren Rahmen).

Das wird deutlich, wenn man sich klarmacht, daß die in der vektoriell bestimmten Struktur des mehrdimensionalen *semantischen Raumes* enthaltene
Information bei weitem reicher ist, als dies die Lage und Position jedes einzelnen Bedeutungspunktes erkennen läßt. Da dieser Raum definitionsgemäß
als Beziehungsstruktur sämtlicher Unterschiede aller Verwendungsregularitäten jedes einzelnen Wortes mit sämtlichen anderen des in den analysierten
Texten verwendeten Vokabulars bestimmt ist, kann seine komplexe Topologie der Lagen und Positionen solcher Bedeutungsrepräsentationen vielfältige
Nachbarschaften, Gemeinsamkeiten und Unterschiede erkennen lassen, die

sich – wie durch veränderte Perspektiven und semantische Selektionen – algorithmisch veranschaulichen und visualisieren lassen.

Hierzu wurde eine rekursiv definierte Prozedur entwickelt und algorithmisiert, die Hierarchien von Bedeutungspunkten (Pfadknoten) in Abhängigkeit eines vorgegebenen Aspekts (Startknoten) als sog. dispositionelle Dependenzstrukturen (DDS) erzeugt. Der implementierte Algorithmus operiert auf der Datenstruktur des hochdimensionalen semantischen Raums und überführt einen durch den Startknoten determinierten Teilraum in eine zweidimensionale Baumstruktur (vgl. **Abb.** 3 – 5). Die Prozedur induziert dabei auf der Basis der δ-Distanzen im *semantischen Raum* $\langle S, \zeta \rangle$ eine reflexive, schwach symmetrische und kontextuell transitive, semantische *Relevanzrelation* zwischen den selegierten Bedeutungspunkten $z_i$ (Rieger 1998c). Dadurch werden die in DDS-Bäumen re-organisierten Bedeutungspunkte zur geeigneten Grundlage einer kontextsensitiven Modellierung (Rieger 1998b) **semantischer Inferenzen** bzw. analoger Schlüsse (**Abb.** 6). Für jeden der *m* als **Prämissen** fungierenden Bedeutungspunkte (hier: $m = 3$) wird dabei je ein DDS-Prozeß initiiert. Während der parallelen Abarbeitung der Daten im *semantischen Raum* durch diese drei Baum-generierenden Prozeduren wird jeder der dabei verarbeiteten *Bedeutungspunkte* mit einer Marke versehen. Der Prozeß endet, sobald eine der *m* Prozeduren auf einen Bedeutungspunkt trifft, der schon von den anderen *m* – 1 Prozeduren (hier: 2) markiert wurde; dieser Bedeutungspunkt bildet gleichzeitig die semantische **Konklusion** des Inferenzprozesses.

Obwohl hierbei weder Propositionen und Sätze noch Prädikate und Eigenschaften wahrheitsfunktional bestimmt oder im Rahmen einer traditionell formal-semantischen Theorie analysiert werden, kann einem künstlichen kognitiven System, das über Analyse-, Repräsentations- und Kontroll-Mechanismen verfügt, die den α- , δ- und ζ-Funktionen entsprechen, sowie über die DDS- und Inferenz-Prozeduren, die auf den Bedeutungspunkten operieren, ein quasi kognitives Vermögen zugesprochen werden. Seine Fähigkeit, aus natürlichsprachlichen Eingabetexten und ihrer algorithmischen Verarbeitung eine interne Repräsentationsstruktur selbstorganisierend aufzubauen, die es zur Ableitung von Erwartungen (Dispositionen) nutzen und durch weitere Eingaben verändern und verfeinern kann (Lernen), macht ein solches System zu einem – wenn auch nicht-propositionalen – flachen Verstehensmodell.

Anders als alle Regel-basiert, Satz-semantisch und Wahrheits-funktional begründeten Verstehenskonzepte vermag ein auf den genannten Funktionen und Prozeduren aufgebautes, künstliches System der semiotischen kognitiven Informations-Verarbeitung (SCIPS) – ausschließlich durch Verarbeitung von natürlichsprachlichen Texteingaben – Bedeutungsrepräsentationen aus Zeichenverwendungen zu berechnen, die es ihm erlauben, *strukturelle Information* seiner (textuellen) Umgebung zu erkennen, zu verarbeiten und als sein (semantisches) *Wissen* in *Schlußprozessen* zu nutzen. Daß das System dabei in der Lage ist, aufgrund veränderter (textueller) Umgebungen auch sein eigenes (semantisches) Wissen kontinuierlich zu modifizieren, macht die *Dynamik* dieses Modells lernenden *Bedeutungserwerbs* aus. Dieser Prozeß kann als *Verstehen* gedeutet werden und kennzeichnet die adaptive Leistung des SCIP-Systems, durch die es seine sprachliche Umgebung in strukturierte Repräsentationen überführt, und zwar in jeweils dem Maße, wie seine eigene Strukturiertheit dies erlaubt.

Aufgrund früherer Untersuchungen zur Bedeutungskonstitution (Rieger 1979b; 1980) und der prozeduralen Verarbeitung unscharfer (fuzzy) Bedeutungsrepräsentationen (Rieger 1983; 1984; 1985b) erscheint es auch im Licht der neueren Untersuchungen plausibel anzunehmen, daß *Bedeutungen* sprachlicher Einheiten als Resultate einer Klasse kognitiver Prozesse verstanden werden können, deren prozedurale Modellierung darin besteht, durch die Verarbeitung von schon repräsentierten Einheiten (der einen Stufe) die Repräsentationen von Einheiten (einer anderen Stufe) erst zu schaffen (Rieger/ Thiopoulos 1989; Rieger 1994).

### 3. Zusammenfassung

Akzeptiert man ein eher **semiotisches Konzept der Semantik**, wie es auch – anders als in der **kognitiven Linguistik** – von performanztheoretischen Ansätzen der **kognitiven Sprachverarbeitung** nahegelegt wird, dann läßt sich Bedeutung kaum mehr als bloß relationale Zuordnung mehr oder weniger fixierter, jedenfalls weitgehend statischer Gegebenheiten analysieren und erklären, sondern sie wird eher als **dynamisch** und **kontextabhängig** sich veränderndes Resultat **mehrstufiger**, auf **lernend** sich verändernden Wissensbasen operierender **Konstitutionsprozesse** verstanden werden müssen, deren Relationalität in der Zuordnung von etwas besteht, das ohne diese Prozesse nicht faßbar ist: **Bedeutungen von Zeichen**, die nicht definiert oder verbal expliziert, sondern aufgrund ihres **kommunikativen Gebrauchs** in Texten **berechnet und dargestellt** werden.

# LITERATUR

Armstrong-Warwick, Susan (Hg.) (1993): *Using Large Corpora I & II.* [Special Issues: *Computational Linguistics,* 19:1 & 19:2]. - Boston, MA: MIT Press for ACL.

Bateson, Gregory (1979): *Mind and Nature: A Necessary Unit.* - New York: Dutton.

Briscoe, Ted; Carroll, John (1993): *Generalized Probabilstic {LR} Parsing of Natural Language (Corpora) with Unification-Based Grammars.* - In: Computational Linguistics (1993) 1, 25-59.

Brown, Peter F.; DellaPietra, Stephen; DellaPietra, Vincent; Mercer, Robert L. (1993): *The Mathematics of Statistical Machine Translation: Parameter Eestimation.* - In: Computational Linguistics (1993) 2, 263-311.

Church, Kenneth W.; Hanks, Patrick W. (1990): *Word association norms, mutual information, and lexicography.* - In: Computational Linguistics (1990) 1, 22-29.

Chomsky, Noam (1988): *Language and Problems of Knowledge. The Managua Lectures.* [Current Studies in Linguistics 16]. - 2. Aufl. - Cambridge, MA, London: MIT Press.

Fucks, Wilhelm (1954): *On Nahordnung and Fernordnung in samples of literary texts.* - In: Biometrica (1954) 2, 116-132.

Harnad, Stevan (1982): *A Unifying Theme for the Cognitive Science.* - In: T. Simon, R. Scholes (Hg.): *Language, Mind, and Brain.* - Hillsdale, NJ: Erlbaum, 1-12.

Hinton, Geoffrey (Hg.) (1992): *Connectionist Symbol Processing.* - Cambridge, MA: MIT Press.

Hindle, Donald; Rooth, Mats (1993): *Structural Ambiguity and Lexical Relations.* - In: Computational Linguistics (1993) 1, 103-120.

Johnson-Laird, Philip N.; Wason, Peter (Hg.) (1977): *Thinking. Readings in Cognitive Science.* [Open University Set Book]. - Cambridge, London, NewYork: Cambridge UP.

Kruse, Rudolf; Gebhardt, Jörg; Klawonn, Frank (1993): *Fuzzy Systeme.* [Leitfäden und Monographien der Informatik]. - 1. Aufl. - Stuttgart: Teubner.

Köhler, Reinhard; Rieger, Burghard B. (Hg.) (1993): *Contributions to Quantitative Linguistics. Proceedings of the 1st Quantitative Linguistics Conference – QUALICO-91.* - Dordrecht: Kluwer Academic Publishers.

Marr, David (1982): *Vision.* - San Francisco: Freeman.

Maturana, Humberto R.; Varela, Francisco J. (1980): *Autopoiesis and Cognition.* [Boston Studies in the Philosophy of Science 42]. - Dordrecht, Boston, London: Reidel.

Novák, Vilaem (1989): *Fuzzy Sets and their Applications.* - Bristol, Philadelphia: Hilger.

Oerder, Beate (1994): *Zum Problem linguistischer Kategorien: Untersuchungen der Silbenkonstitution im Deutschen und ihre unscharfe Modellierung.* - Magister-Arbeit (LDV/CL), FB II, Universität Trier.

Pfeiffer, R.; Schreter, Z.; Fogelman-Soulié, F.; Steels, L. (Hg.) (1989): *Connectionism in Perspective.* - Amsterdam: North Holland.

Reichert, Maria (1999): *Konnektionistische Modellierung lexikalischer Prozesse der Bedeutungskonstitution.* - Diss., Universität Trier.

Rickheit, Gert; Strohner, Hans (1993): *Grundlagen der kognitiven Sprachverarbeitung.* [UTB 1735]. - Tübingen, Basel: Francke.

Rieger, Burghard B. (1979a): *Linguistic Semantics and the Problem of Vagueness: on analysing and representing word meaning.* - In: D.E. Ager, F.E. Knowles, J. Smith (Hg.): *Advances in Computer-aided Literary and Linguistic Research.* - Birmingham: AMLC University of Aston, 271-288.

Rieger, Burghard B. (1979b): *Fuzzy Structural Semantics. On a generative model of vague natural language meaning.* - In: R. Trappl, P. Hanika, F. Pichler (Hg.): *Progress in Cybernetics and Systems Research.* - Washington, New York, London: Wiley & Sons, 495-503.

Rieger, Burghard B. (1980): *Fuzzy Word Meaning Analysis and Representation in Linguistic Semantics. An empirical approach to the reconstruction of lexical meanings in East- and West-German newspaper texts.* - In: M. Nagao, K. Fuchi (Hg.): *COLING-80 8th International Conference on Computational Linguistics, International Committee on Computational Linguistics.* - Tokyo: ICCL, 76-84.

Rieger, Burghard (1981): *Unscharfe Semantik natürlicher Sprache. Zum Problem der Repräsentation und Analyse vager Wortbedeutungen.* - In: J. Scharff (Hg.):

*Naturwissenschaftliche Linguistik. Leopoldina Symposion 1976.* - Halle: Barth, 251-276.

Rieger, Burghard B. (1982a): *Fuzzy Representation Systems in Linguistic Semantics.* - In: R. Trappl, N. Findler, W. Horn (Hg.): *Progress in Cybernetics and Systems Research.* - Washington, New York, London: McGraw-Hill Intern., 249-256.

Rieger, Burghard B. (1982b): *Procedural Meaning Representation. An empirical approach to word semantics and analogical inferencing.* - In: J. Horecky (Hg.): *COLING-82 Proceedings 9th International Conference on Computational Linguistics.* - Amsterdam, New York: North Holland, 319-324.

Rieger, Burghard B. (1983): *Generating Dependency Structures of Fuzzy Word Meanings in Semantic Space.* - In: S. Hattori, K. Iounu (Hg.): *Proceedings of the XIIIth International Congress of Linguists,* Comité International Permanent des Linguistes. - Tokyo: CIPL, 543-548.

Rieger, Burghard B. (1984): *Semantic Relevance and Aspect Dependancy in a Given Subject Domain.* - In: D. Walker (Hg.): *COLING-84 10th International Conference on Computational Linguistics, International Committee of Computational Linguistics.* - Stanford: ACL-ICCL, 298-301.

Rieger, Burghard (1985a): *Semantische Dispositionen. Prozedurale Wissenstrukturen mit stereotypisch repräsentierten Wortbedeutungen.* - In: B. Rieger (Hg.): *Dynamik in der Bedeutungskonstitution.* - Hamburg: Buske, 163-228.

Rieger, Burghard B. (1985b): *Inducing a Relevance Relation in a Distance-like Data Structure of Fuzzy Word Meaning Representations.* - In: R. Allen (Hg.): *Data Bases in the Humanities and Social Sciences. 4th International Conference on Data Bases in the Humanities and Social Sciences,* ICDBHSS/83. - Osprey, FL: Paradigm Press, 374-386.

Rieger, Burghard B. (1985c): *Lexical Relevance and Semantic Disposition. On stereotype word meaning representation in procedural semantics.* - In: G. Hoppenbrouwes, P. Seuren, T. Weijters (Hg.): *Meaning and the Lexicon.* - Dordrecht: Foris Publications, 387-400.

Rieger, Burghard B. (1985d): *Stereotype representation and dynamic structuring of fuzzy word meanings for contents-driven semantic processing.* - In: J. Agrawal, P. Zunde (Hg.): *Empirical Foundations of Information and Software Sience.* - New York, London: Plenum Press, 273-291.

Rieger, Burghard (1988): *Theoretische Grundlagen der Computerlinguistik: eine Paneldiskussion mit M. Bierwisch, C. Habel, B. Rieger, H. Uszkoreit und W. Wahl-*

*ster.* - In: I. Bátori, U. Hahn, M. Pinkal, W. Wahlster (Hg.): *Computerlinguistik und ihre theoretischen Grundlagen.* - Berlin, Heidelberg, New York: Springer, 192-218.

Rieger, Burghard (1989): *Unscharfe Semantik. Die empirische Analyse, quantitative Beschreibung, formale Repräsentation und prozedurale Modellierung vager Wortbedeutungen in Texten.* - Frankfurt/M., Bern, Paris: Lang.

Rieger, Burghard B. (1991): *Distributed Semantic Representation of Word Meanings.* - In: J.D. Becker, I. Eisele, F.W. Mündemann (Hg.): *Parallelism, Learning, Evolution. Evolutionary Models and Strategies, {WOPPLOT}-89.* - Berlin, Heidelberg, New York: Springer, 243-273.

Rieger, Burghard B. (1994): *Fuzzy Computational Semantics.* - In: H. Zimmermann (Hg.): *Fuzzy Systems. Proceedings of the Japanese-German-Center Symposium.* - Berlin: JGCB, 197-217.

Rieger, Burghard B. (1995): *Meaning Acquisition by SCIPS.* - In: B.M. Ayyub (Hg.): *ISUMA-NAFIPS-95,* IEEE-Transactions: Joint Intern. Conf. on Uncertainty Modeling and Analysis, North American Fuzzy Information Processing Society. - Los Alamitos, CA: IEEE Computer Society Press, 390-395.

Rieger, Burghard B. (1995d): *Situations, Language Games, and Semiotic Agents.* - In: A. Meystel, N. Nerode (Hg.): *Architectures for Semiotic Modeling and Situation Analysis in Large Complex Systems* (1995 IEEE Monterey Workshop). - Bala Cynwyd, PA: AdRem, 130-138.

Rieger, Burghard (1996): *Fuzzy Modellierung linguistischer Kategorien.* - In: H. Feldweg, E.W. Hinrichs (Hg.): *Lexikon und Text* (Lexicographica Series Maior 73). - Tübingen: Niemeyer, 155-169.

Rieger, Burghard B. (1997): *Computational Semiotics and Fuzzy Linguistics. On Meaning Constitution and Soft Categories.* - In: A.M. Meystel (Ed.): *A Leaning Perspective. Intern. Conf. On Intelligent Systems and Semiotics* (NIST Special Publication 918). - Washington, DC: US Gov. Printing Office, 541-551.

Rieger, Burghard (1998a): *Warum Fuzzy Linguistik? Überlegungen und Ansätze einer computerlinguistischen Neuorientierung.* - In: D. Krallmann, H.W. Schmitz (Hg.): *Perspektiven einer Kommunikationswissenschaft.* - Münster: Nodus, 153-183.

Rieger, Burghard B. (1998b): *Tree-like Dispositional Dependency Structures for non-propositional Semantic Inferencing.* - In: B. Bouchon-Meunier, R.R. Yager (Eds.): *Proceedings of 7th Intern. Conf. on Information Processing and Manage-*

*ment of Uncertainty in Knowledge-based Systems* (IPMU). - Paris: EDK Publ., 351-358.

Rieger, Burghard B. (1998c): *A Systems Theoretical View on Computational Semiotics. Modeling text understanding as meaning constitution by SCIPS.* - In: J.S. Albus (Ed.): *Proceedings of the Joint Conf. on the Science and Technology of Intelligent Systems* (ISIC/CIRA/ISAS). - Piscataway, NJ: IEEE Publ., 840-845.

Rieger, Burghard B.; Thiopoulos, Constantin (1989): *Situations, Topoi, and Dispositions. On the phenomenological modelling of meaning.* - In: J. Retti, K. Leidlmair (Hg.): *5. Österreichische Artificial-Intelligence-Tagung, Innsbruck-Igls.* - Berlin, Heidelberg, New York: Springer, 365-375.

Rieger, Burghard B.; Thiopoulos, Constantin (1993): *Semiotic Dynamics: a self-organizing lexical system in hypertext.* - In: R. Köhler, B.B. Rieger (Eds.): *Contributions to Quantitative Linguistics. Proceedings of the 1st Quantitative Linguistics Conference - QUALICO-91.* - Dordrecht: Kluwer Academic, 67-78.

Schnelle, Helmut (1994): *Welcher Sprachwissenschaft auf der Spur? Plädoyer für größere Klarheit und Toleranz.* - In: Zeitschrift für Sprachwissenschaft (1994) 1, 110-120.

Smolensky, Paul (1989): *Connectionist Modelling: Neural Computation / Mental Connections.* - In: L. Nadel, L. Cooper, P. Culicover, R. Harnish (Hg.): *Neural Connections, Mental Computation.* - Cambridge, MA, London: MIT Press, 49-68.

Thiopoulos, Constantin (1992): *Semiosis und Topoi.* - Diss., Universität Trier.

Zadeh, Lotfi A. (1965): *Fuzzy Sets.* - In: Information and Control (1965) 8, 338-353.

Zadeh, Lotfi A. (Hg.) (1975): *Fuzzy Sets and their Application to Cognitive and Decision Processes.* - New York, San Francisco: Academic Press.

Zadeh, Lotfi A. (1994): *Fuzzy Logic, Neural Networks, and Soft Computing.* - In: Comm. of the ACM 37 (1994) 3, 77-84.

# METHODOLOGISCHE KONZEPTE

# ZUR WORTSEMANTIK

# ANDREAS BLANK

# Kognitive Linguistik und Bedeutungswandel

## 1. Kognitive Linguistik als Chance für die Historische Semantik

Diachrone Fragestellungen spielen in der Kognitiven Linguistik nach wie vor eine untergeordnete Rolle; bisweilen werden auch genuin diachrone Prozesse, wie z.b. die Metapher, in ihrer historischen Dimension gar nicht wahrgenommen (z.b. bei Lakoff/Johnson 1980). Seit den frühen 80er Jahren jedoch haben einige, zumeist europäische Linguisten die Erklärungsmächtigkeit verschiedener kognitivistischer Theorien für die diachrone Semantik entdeckt. Hier sei insbesondere auf das Werk Traugotts, Dirvens und Geeraerts verwiesen[1], aber auch auf die Studie von Warren (1992). Für Geeraerts bedeutet die Kognitive Semantik – nach der strukturalistischen "Durststrecke" – geradezu "the return of hermeneutics to lexical semantics" (so der Titel von Geeraerts 1992).

Die Kognitive Linguistik, und zwar nur diejenige der – wie Schwarz (1992) es nennt – "holistischen" Ausrichtung, bietet in der Tat eine ganze Palette von Ansätzen und Theorien, die für die Analyse sprachhistorischer Prozesse, insbesondere im Wortschatz, fruchtbar gemacht werden können. Ich bin überzeugt, daß alle Verfahren, die zur lexikalischen Innovation und zur Lexikalisierung führen können, also bes. Wortbildung, Phraseologie und eben Bedeutungswandel, aber auch sämtliche Entlehnungsprozesse, auf dem Hintergrund dessen, was wir in den letzten Jahren über Wahrnehmung, Kategorisierung, Konzeptualisierung gelernt haben, besser erfaßt und dargestellt werden können (vgl. Blank, im Druck a:Kap. 6); vor allem aber verstehen wir besser, **warum** wir **welche** lexikalischen Innovationen vornehmen. Ich will dies im folgenden am Beispiel der lexikalischen Semantik zeigen.

Von den Theorien und Beschreibungsmodellen, die im "Dunstkreis" der Kognitiven Linguistik entstanden sind bzw. dort zu neuen Ehren gelangt sind, kommen für mich insbesondere die folgenden in Frage:

---

[1] Vgl. z.B. Traugott (1985; 1989; 1990); Traugott/König (1991); Dirven (1985); Geeraerts (1983a; 1983b; 1985; 1988; 1997).

– die Prototypentheorie, und zwar in ihrer "klassischen" onomasiologischen Standardversion, wo es um die similaritätsbasierte Strukturierung außersprachlicher Kategorien in zentrale und randständige Mitglieder geht; hingegen halte ich die semasiologisch gewendete Prototypensemantik Lakoffscher Prägung für weniger hilfreich (zur Kritik vgl. Kleiber 1990; Blank 1997a:89ff.; Blank, im Druck b:Kap. 5.6.4.);

– die auf Rosch (1975, Rosch u.a. 1976) zurückgehende Basic-Level-Theorie;

– die im wesentlichen von Fillmore (1975; 1977) entwickelte Frames-and-Scenes Semantik, wobei ich unter "frame" bzw. "scene" einen Verbund von Konzepten fasse, die nach dem Kontiguitätsprinzip strukturiert sind, also z.b. der berühmt gewordene "RESTAURANT"-Frame nach Schank/ Abelson (1977:36ff.);[2]

– schließlich muß man natürlich die im Rahmen der Kognitiven Linguistik entwickelten Beschreibungsmodelle zur Metapher und zur Metonymie miteinbeziehen, die meistens auf einem oder mehreren der genannten Prinzipien beruhen (z.b. Similarität, Frames).[3]

Wie schon angeklungen, halte ich die Assoziationsprinzipien **Similarität** und **Kontiguität** für fundamental im Hinblick auf die Kategorisierung und Konzeptualisierung von Referenten; hinzu kommt als drittes Assoziationsprinzip der **Kontrast**. Diese drei Assoziationsprinzipien sind seit Aristoteles einschlägig, eine prominente Rolle haben sie v.a. in der Gestaltpsychologie gespielt (vgl. u.a. Köhler 1947; Herrmann 1976). Die Assoziationsprinzipien sind das psychologische Fundament einer jeden Theorie des lexikalischen Wandels.

Im folgenden werde ich mich mit drei "Schnittstellen" von Semantik und Kognitiver Linguistik eingehender befassen:

– Bedeutungstheorie (Kap. 2);
– Definition und Typologie der semantischen Innovation (Kap. 3 u. 4);
– Motive für semantische Innovationen (Kap. 5).

---

2   Zum Nutzen der Frame-Konzeption in Semantik und Lexikologie vgl. bes. Koch (im Druck a, im Druck b); Blank (im Druck b:Kap. 6).

3   Die Literatur zur Metapher ist inzwischen nicht mehr überschaubar; zu einem Verständnis der Metapher, wie es dem meinen entspricht vgl. bes. Koch (1994). Zur Metonymie sei insbesondere auf den im Erscheinen begriffenen Sammelband von Radden/ Panther verwiesen.

## 2. Bedeutungstheorie und ein komplexes Modell der Semiose

**2.1** In der Strukturellen Semantik wurde "lexikalische Bedeutung" im wesentlichen auf die einzelsprachlich-distinktiven Merkmale reduziert;[4] in der Kognitiven Linguistik hingegen setzt man "Bedeutung" mit "enzyklopädischem Wissen" gleich, also gerade mit dem, was Coseriu "Kenntnis der Sachen" nennen würde.[5] Beide Wege, der strukturalistische wie der kognitivistische, führen zu semantischem und semiotischem Reduktionismus (Koch 1995; 1996), der sich in der diachronen Perspektive am deutlichsten offenbart: Die strukturelle Semantik kann z.b. das Zustandekommen von Metaphern und Metonymien nur sehr schwer erklären. Eine Metapher wie (1) kann nicht sinnvoll auf gemeinsame Seme zurückgeführt werden; es böte sich höchstens ein Sem wie [physisches Objekt] an:

(1) engl. *mouse* 'kleines Nagetier' > 'graphisches Zeigegerät für
    Computer'.

Gar keine Sem-Überschneidung liegt vor bei (2):

(2) it. *spina* 'Dorn' > 'stechender Schmerz'.

Der Schmerz ist nicht Teil des Semems von 'Dorn', der Dorn nicht Sem von 'Schmerz'. Dieser Wandel beruht vielmehr auf einer *URSACHE-FOLGE*-Relation, die zu unserer Welterfahrung gehört: Dornenstiche rufen stechende Schmerzen hervor.

Hier zeigt sich, daß zum semantischen Wissen eines Wortes auch Außersprachliches, Wissen um den Referenten gehört, das nicht zentralen, einzelsprachlich relevanten Status haben muß: Die für den metaphorischen und metonymischen Bedeutungswandel relevanten Aspekte sind gerade **nicht** diejenigen, die zur Abgrenzung im entsprechenden Wortfeld notwendig sind.

Daß andererseits Einzelsprachen die Welt unterschiedlich versprachlichen, war eine der zentralen Thesen der Strukturellen Semantik. Allerdings wird dabei, wie Koch (1998) gezeigt hat, zumeist die – ebenfalls einzelsprachli-

---

4   Vgl. z.B. Coserius Unterscheidung zwischen "Bedeutung" und "Kenntnis der Sachen" (z.B. in Coseriu 1966/1978).
5   Typisch sind z.B. Äußerungen, wie die folgenden: "semantics is held to be *encyclopedic*" (Langacker 1987:62f.), oder: "One of the central tenets of cognitive semantics is that the meaning of words is encyclopedic: everything you know about the concept is part of its meaning" (Croft 1993:336).

che – Polysemie sprachlicher Zeichen als einzelsprachliche Struktur **einer** Bedeutung mißinterpretiert.[6] Um einen "echten" Fall unterschiedlicher konzeptueller Gliederung und daraus resultierender Versprachlichung handelt es sich im folgenden Beispiel:[7]

Fig. 1

| fr. *poil*, it. *pelo*, span. *pelo* 'Körperhaar' | dt. *Haar* rum. *păr* |
|---|---|
| fr. *cheveu*, it. *capello*, span. *cabello* 'Kopfhaar' | |

Den Inhaltsbereich von dt. *Haar* teilen sich fr. *poil* – *cheveu*, it. *pelo* – *capello*, sp. *pelo* – *cabello*. Im Rumänischen existiert wie im Deutschen ein Wort für ein beide Konzepte übergreifendes Konzept. Man kann sicher sein, daß Deutsche und Rumänen kein anderes Sachwissen haben als Spanier und Franzosen; auch im Deutschen kann man natürlich den **konzeptuellen** Unterschied versprachlichen (*Kopfhaar* – *Körperhaar*). Die unterschiedliche Weise der Versprachlichung läßt aber auf eine andere Profilierung und Gewichtung der Konzepte durch die Sprecher schließen.

Entscheidend ist, daß sich für die jeweiligen einfachen Sprachzeichen eine andere semantische Struktur ergibt: Für fr. *cheveu* ist das Merkmal [qui recouvre le crâne] distinktiv gegenüber fr. *poil*. Die spezifische Lokalisierung gehört im Französischen also zum Sprachwissen, zum Wissen um das Wort *cheveu*. Für dt. *Haar* und rum. *păr* existiert kein solches Merkmal auf einzelsprachlicher Ebene. Natürlich wissen Deutsche trotzdem um die Unterschiede zwischen Körper- und Kopfhaaren, dies jedoch ist Wissen um das Konzept. Auch Franzosen haben dieses enzyklopädische Wissen, ein Ele-

---

6 Berühmt sind die interlingualen Beispielpaare bzw. -tripel Saussures (engl. *sheep* – *mutton* vs. fr. *mouton*) und Hjemslevs (dän. *træ* – *skov* vs. dt. *Baum* – *Holz* – *Wald* vs. fr. *arbre* – *bois* – *forêt*). Im ersten Fall handelt es sich um eine metonymische Polysemie im Französischen, die im Englischen durch zwei Lexeme versprachlicht wird; im zweiten Fall weisen dän. *træ* 'Baum', 'Holz (als Materie)', dt. *Holz* 'Holz (als Materie)', 'kleines Wäldchen' sowie fr. *bois* 'Holz (als Materie)', 'kleiner Wald' jeweils metonymische Polysemien auf (vgl. Koch 1998:115ff.).

7 Zu weiteren interlingualen Paaren, bei denen aber ebenfalls nicht zwischen unterschiedlicher konzeptueller Gliederung und Polysemie unterschieden wird, vgl. Geckeler (1993; 1997).

ment daraus, die Lokalisierung, ist für sie jedoch auch auf der Ebene der Signifikate selbst relevant. Mit anderen Worten: Seme sind als Wissensaspekte aus dem enzyklopädischen Wissen abstrahiert, unterscheiden sich also von daher nicht **substantiell** von anderen Wissensaspekten, sie sind jedoch darüber hinaus auch einzelsprachlich distinktiv und haben somit – als Beschreibungsinstrumente des einzelsprachlich-lexikalischen Wissens – einen **kategoriell** anderen Status (vgl. z.B. auch Wotjak 1997:36f.).

Der Antagonismus von einzelsprachlich-sememischen und enzyklopädischen Bedeutungsmodellen wird teilweise überbrückt in sogenannten "Two-Level-Semantics"-Modellen (vgl. Bierwisch 1983; Schwarze 1995; Schwarze/Schepping 1995; zur Kritik vgl. Blank, im Druck b:Kap. 10.1. u. 11). Es ist sinnvoll, hier noch einen Schritt weiter zu gehen und drei "Ebenen des semantischen Wissens" als neuropsychologische Entitäten (also im Gedächtnis) zu unterscheiden, denen mehrere Ebenen der "Bedeutung" als einer daraus abstrahierbaren sprachwissenschaftlichen Entität entsprechen (vgl. Blank 1997b: 89ff.):

I.   **Einzelsprachlich-sememisches Wissen**: der einzelsprachlich relevante Kern, das "Semem".

II.  **Einzelsprachlich-lexikalisches Wissen**: Wissen um das hinter einer Bedeutung stehende sprachliche Zeichen, seine Verwendungs- und Kombinationsmöglichkeiten, Polysemie, lautliche Ähnlichkeit, Wortart und Wortfamilie.

III. **Außersprachliches Wissen**: die nicht einzelsprachlich relevanten enzyklopädischen Weltwissensbestände und Präsuppositionen über die Welt sowie intersubjektiv nachvollziehbare Gefühle (Konnotationen).

**2.2** Dieses komplexere Verständnis von "Bedeutung" steht und fällt mit einer Konzeption der Semiose, bei der auf dem Weg vom Referenten zur konkreten Lautung und umgekehrt neben einem sprachlichen Zeichen im engeren Sinne auch eine außersprachliche "Dingvorstellung", ein "Konzept" oder "Designat" durchlaufen wird. Dieser Konzeption entspricht das Modell in Fig. 2, bei dem es sich um eine Adaption eines fünfseitigen semiotischen Modells Raibles (1983:5) handelt:

Fig. 2

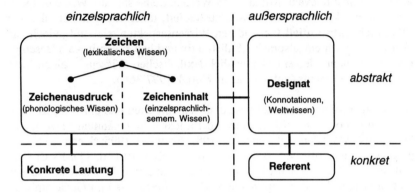

Semiotisch relevant sind hier sechs Entitäten: Konkrete Lautung, Zeichen-ausdruck, Zeicheninhalt, das gesamte sprachliche Zeichen, das Designat (auch "Konzept" oder "Dingvorstellung") sowie der Referent. Der semioti-sche Prozeß geht von einer konkreten Äußerung über ein doppelseitiges sprachliches Zeichen und über ein Designat zum konkreten Referenten. Um-gekehrt versuchen wir, jeden konkreten Referenten (jeden Gegenstand oder Sachverhalt) einem Designat zuzuordnen, das wiederum mit einem sprachli-chen Zeichen verbunden sein kann. Das Zeichen enthält alle einzelsprachli-che Information, das Designat enthält neben den einzelsprachlich relevanten Merkmalen auch alle darüber hinausgehenden Weltwissenssegmente und Konnotationen. Das Designat ist nicht identisch mit dem tatsächlichen Refe-renten im konkreten Sprechakt, es handelt sich dabei vielmehr um eine ge-samthafte überindividuelle Vorstellung vom bezeichneten Gegenstand oder Sachverhalt, deren einzelne Aspekte konkrete Referenten nicht in Vollstän-digkeit realisieren müssen (vgl. auch Gauger 1976:126ff.).

### 3. Was ist eigentlich Bedeutungswandel?

Ich verstehe unter lexikalischem Bedeutungswandel das Hinzukommen oder das Verschwinden einer lexikalisierten Bedeutung bei einem Wort. In vieler-lei Hinsicht ist der **innovative Bedeutungswandel**, also das Hinzutreten ei-ner neuen Bedeutung zu der schon vorhandenen bzw. zu den schon vorhan-denen Bedeutungen interessanter. Der innovative Bedeutungswandel läßt sich, wie aller Sprachwandel, als Adoption einer individuellen Innovation durch eine immer größer werdende Zahl von Sprechern verstehen (vgl. bereits Coseriu 1958:44f.). Die Innovation kann als Regel einer bestimmten nicht-einzelsprachlichen Diskurs- oder Texttradition **usualisiert** werden oder in einer bestimmten Varietät einer Historischen Einzelsprache **lexikalisiert** werden.[8] In diesem Fall wird das entsprechende Zeichen polysem, oder bereits bestehende Polysemie wird erhöht. Polysemie ist also eine Folge des Bedeutungswandels (vgl. bereits Bréal 1899:154f.), sie ist der synchrone Reflex eines in diachroner Perspektive beobachtbaren Prozesses (allerdings mit spezifischen Unterschieden gegenüber der diachronen Entwicklung; vgl. Blank 1997b:413ff.).

An einen konkreten Wandel, wie in den Beispielen (1) und (2), kann man folgende Fragen stellen:

1. Warum haben Sprecher eine semantische Innovation vorgenommen und warum wurde diese lexikalisiert, d.h. von der Sprachgemeinschaft bzw. mindestens von den Benutzern einer diatopischen, diastratischen oder diaphasischen Varietät übernommen?

2. Auf welcher psychologisch-assoziativen Basis beruht diese Innovation?

3. Welches sprachliche Verfahren des Bedeutungswandels wurde angewandt?

Die Unterscheidung zwischen der zweiten und der dritten Frage ist von wesentlicher Natur, weil es zwar nur die drei Assoziationsprinzipien gibt, jedoch eine ganze Reihe von Verfahren des Bedeutungswandels, die sich aus den möglichen Kombinationen der Assoziationsprinzipien und den Teilen des oben vorgestellten semiotischen Modells ergeben.

## 4. Die semantische Innovation

**4.1** Was geschieht, wenn ein Sprecher einen noch nicht versprachlichten Referenten oder ein Konzept ohne sprachliches Zeichen vorfindet? Oder, wenn ihm zwar ein Zeichen zur Verfügung stünde, ihm dieses aber nicht gefällt?

Der Ausweg ist die lexikalische Neologie. Wenn unser Sprecher das Verfahren der semantischen Innovation wählt, stellt er eine assoziative Relation

---

8 Zur Begründung und Abgrenzung dieser Termini vgl. Blank (1997b:116ff.); Blank (im Druck a:Kap. 2).

zwischen dem zu versprachlichenden Konzept und einem Teil eines sprachlichen Zeichens bzw. dem dazugehörigen Designat her.

Betrachten wir hierzu ein konkretes Beispiel:
Man kann sich vorstellen, daß der Erfinder des GRAPHISCHEN ZEIGEGERÄTS FÜR COMPUTER seiner Erfindung einen besonders treffenden Namen geben wollte. Er assoziierte also auf der Basis bestimmter ähnlicher perzeptueller Merkmale (Form: langer, dünner Schwanz – langes, schmales Kabel) zu dem Konzept GRAPHISCHES ZEIGEGERÄT das Konzept MAUS (Fig. 3a). Die eigentliche Innovation bestand dann in der Übertragung des Zeichenausdrucks engl. *mouse* auf das in assoziative Relation gebrachte Konzept (Fig. 3b); dies ist die "Versprachlichung" des neuen Konzepts. Zur Lexikalisierung (Fig. 3c) kam es, als diese Innovation sich innerhalb einer Sprachgemeinschaft im oben genannten Sinn habitualisierte, weil andere Sprecher sie als kommunikativ erfolgreich erachteten. In diesem Stadium ist also das engl. Wort *mouse* polysem geworden.

Fig. 3

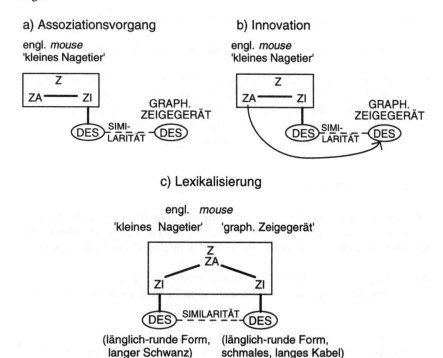

a) Assoziationsvorgang

engl. *mouse*
'kleines Nagetier'

b) Innovation

engl. *mouse*
'kleines Nagetier'

c) Lexikalisierung

engl. *mouse*
'kleines Nagetier'    'graph. Zeigegerät'

(länglich-runde Form,    (länglich-runde Form,
langer Schwanz)          schmales, langes Kabel)

Ebenso verlaufen Assoziation und Innovation bei unserem Beispiel it. *spina*, nur daß anstelle einer perzeptuellen Similarität eine kausale Kontiguität die assoziative Grundlage der Bezeichnungsübertragung liefert (Fig. 4a).

Fig. 4

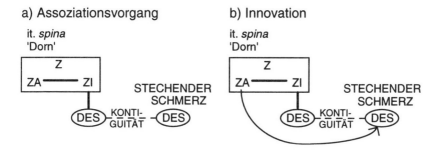

a) Assoziationsvorgang

b) Innovation

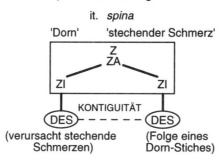

c) Lexikalisierung

**4.2** Similarität und Kontiguität sind die beiden Assoziationsprinzipien, die in der traditionellen Historischen Semantik seit den Anfängen bei Reisig (1839/1972) bis zu Ullmann (1951/1957; 1962/1964) als die psychologischen Grundlagen des Bedeutungswandels gelten. Der Kontrast als drittes Assoziationsprinzip spielt beim Bedeutungswandel eine eher untergeordnete Rolle, so daß es nicht ganz überrascht, daß er zumeist außer Betracht gelassen wird. Allerdings kann man auch nicht sagen, daß ein Bedeutungswandel auf Basis einer Kontrast-Assoziation überhaupt nicht vorkäme:

(3) lt. *sacer* 'heilig' > 'verflucht' (vgl. fr. "un lieu *sacré*" 'ein heiliger Ort' – "un *sacré* lieu" 'ein verfluchter Ort')

Insofern jedwede semantische Innovation auf einer dieser drei Assoziationen beruht, ist also Bedeutungswandel insgesamt ein "kognitives" Ereignis, insofern er sich aus der Wahrnehmung oder Schaffung bestimmter Relationen zwischen Konzepten, deren Versprachlichung durch einen innovierenden Sprecher und den kognitiven und sprachlichen Nachvollzug durch andere Sprecher zusammensetzt.

Theoretisch können die drei Prinzipien nun an allen Teilen unseres semiotischen Modells ansetzen, so daß wir auf insgesamt 18 mögliche einfache Relationen kämen, auf denen Bedeutungswandel beruhen könnte; also z.b. Similarität zweier Referenten, Kontiguität zweier Designate, Kontrast zweier Zeichen, Zeicheninhalte etc. Auf der Basis einer Reihe von Überlegungen können jedoch 11 dieser 18 Möglichkeiten eliminiert werden:

Ein bestimmter Referent kann als Assoziationspartner am Ausgangspunkt einer Innovation stehen; damit es zur Lexikalisierung kommt, bedarf es jedoch immer auch einer konstanten, nachvollziehbaren Designats-Relation. Gleiches gilt für die konkrete Lautung im Hinblick auf den Zeichenausdruck. Konkrete Lautung und Referent scheiden also generell als Ansatzpunkte für Bedeutungswandel aus.

Similarität zwischen Zeichen kann nur entweder als Similarität zwischen Zeichenausdrücken oder als Similarität zwischen Zeicheninhalten verstanden werden. Was die Similarität (und ebenso den Kontrast) zwischen Zeicheninhalten angeht, so sind sie zwar als eigenständige Relationen denkbar, scheinen aber immer in einer Similarität (bzw. im Kontrast) der Designate aufgehoben zu sein. Kontrast auf der Zeichen- und Zeichenausdrucksebene ist geradezu die Grundbedingung der Kommunikation und aller semiotischen Systeme, so daß die Kontrastrelation hier nur e negativo eine Rolle spielt, nämlich dann, wenn der formale Kontrast zu gering ist, als daß zwei Zeichen problemlos differenziert werden könnten (also im Falle von Homonymie oder Paronymie).

Kontiguität zwischen Zeichenausdrücken in einem konkreten Syntagma ist immer auch Kontiguität zwischen den ganzen, hinter den Zeichenausdrücken stehenden Zeichen. Wir verwenden ja Zeichen und nicht nur Zeichenausdrücke. Schwierig zu konzeptualisieren ist auch die Kontiguität zwischen Zeicheninhalten: Unser Beispiel it. *spina* beruht auf einer Kontiguität im Weltwissen, die jeweiligen Zeicheninhalte sind gar nicht involviert. Zeicheninhalte oder Sememe können nicht wirklich kontig sein, sie sind es höchstens in einer graphischen Repräsentation von Wortfeldern, deren psychologischassoziative Ordnungsprinzipien aber natürlich Sem-Übereinstimmungen und -unterschiede sind, also Similarität und Kontrast sowie taxonomische Über-, Unter- und Beiordnung.

Es bleiben also sieben für den Bedeutungswandel relevante Assoziationsmuster übrig:

Fig. 5

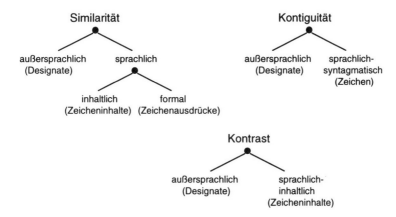

Aus diesen sieben Assoziationsmustern bzw. aus ihren Kombinationen ergeben sich nun die folgenden Verfahren des Bedeutungswandels:[9]

I. Similarität der Designate (Metapher):

   (4) a. lt. *capere* 'fangen' > it. *capire* 'verstehen';

      b. it. *afferrare* 'packen, ergreifen' > 'verstehen';

II. Similarität der Designate und taxonomische Relation sowie sekundäre Similarität der Zeicheninhalte:

IIa. vom Unter- zum Oberbegriff (Bedeutungserweiterung):

---

9  Zu einer ausführlichen Typologie der Verfahren des Bedeutungswandels vgl. Blank (1997b:157ff.). Unter dem Aspekt der Motive des Bedeutungswandels werden in Kap. 5 einzelne Phänomene nochmals etwas ausführlicher diskutiert.

(5) lt. *passer* 'Spatz' > sp. *pájaro*, pt. *pássaro* 'kleiner Vogel', rum.
   *pasăre* 'Vogel';

IIb. vom Ober- zum Unterbegriff (Bedeutungsverengung):
   (6) lt. *homo* 'Mensch' > fr. *homme*, it. *uomo*, sp. *hombre* 'Mann' etc.;

IIc. vom Nebenbegriff zum Nebenbegriff (Kohyponymische Übertragung):
   (7) lt. *sorex* 'Spitzmaus' > fr. *souris*, it. *sorcio*, rum. *şoarece* 'Maus';

III. Similarität der Zeichenausdrücke u. Kontiguität der Designate
   (volksetymologischer Bedeutungswandel):
   (8) mhd. *vrîthof* 'eingefriedeter Raum um die Kirche, der als Begräbnis-
       stätte dient' > nhd. *Friedhof* 'Begräbnisstätte' (< *vride* 'Friede');

IV. Kontiguität der Designate:
IVa. Figur-Grund-Effekt innerhalb eines Frames (Metonymie):
   (9) a. lt. *coxa* 'Hüfte' > fr. *cuisse*, it. *coscia* etc. 'Oberschenkel';
       b. engl. *paper* 'Papier (auf dem der Vortrag steht bzw. Handout)'
          > 'Vortrag' > 'Aufsatz';

IVb. Vertauschung der Perspektive zweier aufeinander bezogener Konzepte
   (Auto-Konverse):
   (10) a. fr. *louer*, it. *affittare*, pt. *alugar* 'vermieten' > 'mieten'
        b. lt. *hospes* 'Gastgeber' > 'Gast';

V. Kontiguität der Zeichen (lexikalische Ellipse):
   (11) a. dt. *Schirm* 'beschützender Gegenstand' > 'Regenschirm'
           (< *Regenschirm*);
        b. fr. *rapide* 'schnell' > 'Schnellzug' (< *train rapide*);

VI. Kontrast der Designate (Antiphrasis):
   (12) afr. *oste* 'Gast' > 'Geisel';

VII. Kontrast der Designate und sekundärer Kontrast der Zeicheninhalte
   (Auto-Antonymie):
   (13) engl. *bad* 'schlecht' > engl. slang 'gut, hervorragend'.

Hinzu kommen als Verfahren mit verschiedenen komplexen Relationen der "analogische Bedeutungswandel" sowie als Verschiebung im Varietätengefüge "Bedeutungsabschwächung und -verstärkung".

## 5. Pragmatik, Kognition und die Motive der semantischen Innovation

**5.1** Oben hatten wir gesagt, Sprecher greifen zur lexikalischen Neologie, wenn sie zwar einen Gegenstand oder Sachverhalt konzeptualisiert haben, ihnen aber das adäquate sprachliche Zeichen fehlt. Dies ist eine wesentliche Motivation für Bedeutungswandel, und bei der Computermaus war diese Konstellation sicher gegeben, aber schon die anderen hier angeführten Beispiele für Bedeutungswandel lassen sich nicht einfach mit der Erfindung eines neuen Gegenstandes und dem daraus entstandenen Bezeichnungsbedarf erklären.

Betrachten wir das Beispiel von engl. *mouse* nochmals näher: Der oder die Erfinder hätten genausogut ihrem Gerät die Wörterbuchdefinition des Websters als Namen geben können:

>  (14) MOUSE "[...] small hand-guided electronic device for positioning the cursor and executing commands in a computer program" (WEUD, s.v. "mouse").

Demgegenüber liegen die Vorteile des einfachen Lexems *mouse* auf der Hand: Die Metapher ist kürzer, folgt einem geläufigen Metaphernschema (einer "conceptual metaphor"), demzufolge ARTEFAKTE **als** TIERE konzeptualisiert werden. Diese Einbettung in ein Bildfeld und die glückliche Assoziation der Maus verleiht dieser Innovation eine suggestive Expressivität und ist von jedem, der mit dem Gegenstand konfrontiert wird, leicht nachzuvollziehen. Für die innovierenden Sprecher war daher die Erfolgschance deutlich größer als das kommunikative Risiko. Im Rahmen einer pragmatischen Sprachwandeltheorie kann man sagen, die semantische Innovation *mouse* 'graph. Zeigegerät ...' verspricht kommunikativen Erfolg zu geringen sprachlichen und kognitiven Kosten (vgl. Keller 1994; 1995; Blank 1997b:369ff.; Blank, im Druck c).

Für die Sprecher, welche die Innovation aufnehmen und so den Bedeutungswandel erst vollziehen, geht es ebenfalls um die günstige Kosten/Nutzen-Rechnung, in zweiter Linie war hier wohl auch das Prestige der innovierenden Sprecher ausschlaggebend.

Damit können wir drei Arten von Motivationen unterscheiden:

1. Die allgemeine Motivation für Innovationen: erfolgreiche, effiziente Kommunikation bei geringem sprachlichem und kognitivem Aufwand.

2. Die spezielle Motivation für eine Innovation: hier der Bezeichnungsbedarf für das neue Gerät.

3. Die Motivation der Sprecher, welche die Innovation übernehmen.

**5.2** Generell zeigt sich: Motive für semantische Innovation fallen in den Bereich der Pragmatik: es geht um kommunikativen Erfolg, um sprachliche Effizienz. Auch bei den anderen Beispielen für Bedeutungswandel von oben finden wir Fälle, die ganz eindeutig dem Ökonomieprinzip geschuldet sind, wie z.b. die lexikalischen Ellipsen *Schirm* oder *rapide* oder die Volksetymologie *Friedhof*. Aber bereits bei *Friedhof* tritt zur lautlichen Similarität eine Kontiguitätsrelation: mit Friedhöfen assoziiert man ewige Ruhe und Frieden, den die Toten finden mögen; mit anderen Worten: zum prototypischen Frame "FRIEDHOF" gehören essentiell die Konzepte FRIEDE und RUHE. Zur sprachlich-lexikalischen Effizienz tritt hier ein kognitives Moment. Im folgenden will ich einige der kognitiven Konstellationen für semantische Innovation aufzeigen.

**5.2.1** Abstrakte oder kognitiv "fernliegende" Konzepte:
Jene kognitive Konstellation, an die man wohl zuerst denkt, ist eng verbunden mit der kognitiven Metapherntheorie: Abstrakte, für unsere Wahrnehmung schlecht faßbare oder auch nur irgendwie "fernliegende" Konzepte werden häufig über die Hervorhebung einer Similarität zu einem Konzept, das uns "näherliegt", konzeptualisiert und dann metaphorisch versprachlicht, wobei sich übereinzelsprachlich zeigt, daß der KÖRPER und mit ihm verbundene Tätigkeiten als kognitive Ausgangsbasis eine große Rolle spielen.[10] Hierher gehören die Metaphorisierungen von lt. *capere* und it. *afferrare*, aber auch Körperteilmetaphern wie *Tischbein, Fuß eines Berges, Kopf der Verschwörung* etc.

---

[10] Nur durch den Vergleich von Versprachlichungen aus möglichst vielen Sprachen kann man dem Problem der zirkulären Argumentation Lakoffscher Art entgehen: weil etwas sprachlich realisiert ist, ist es kognitiv prägnant, weil es prägnant ist, wird es sprachlich umgesetzt. Vgl. bes. auch Krefeld (1997); Blank (1998b:7).

In selteneren Fällen finden wir auch Metonymien:

(15) a. lt. *luna* 'Mond' > rum. *lună* 'Monat';
     b. ahd. *farstan* 'davor stehen (= genau wahrnehmen)' > 'verstehen'.


### 5.2.2 Dominante konzeptuelle Relation im Frame:

Eine enge konzeptuelle Relation in Frames, wie wir sie schon beim *Friedhof* vorfanden, scheint als hinreichende Bedingung von Bedeutungswandel nicht selten zu sein. Wenn die Frames konstituierende Kontiguitätsrelation zwischen zwei Konzepten besonders prägnant und besonders eng ist, kann die exakte Zuordnung der Zeichenausdrücke für die Sprecher verschwimmen, so daß es zur metonymischen Verschiebung kommt. Dies dürfte der Fall bei dem uns allen bekannten Fall von engl. *paper* gewesen sein: Man liest vom Papier ab, und zwar seinen Vortrag, der natürlich später gedruckt wird (und zwar nach wie vor meistens auf Papier).[11] Einige andere Beispiele:

(16) a. lt. *testimonium* 'Zeugnis' > fr. *témoin* 'Zeuge';
     b. fr. *veille*, it. *vigilia* 'Nachtwache vor einem Festtag'
        > 'Tag vor einem Festtag' (später dann 'Vortag').

Die enge konzeptuelle Relation kann natürlich bewußt vom Sprecher in Szene gesetzt werden, mit dem Ziel einer expressiven Versprachlichung; so erklärt sich u.a. der metonymische Bedeutungswandel von it. *spina* 'Dorn' > 'stechender Schmerz'.

Am deutlichsten wird die Rolle enger Frame-Relation beim auto-konversen Bedeutungswandel, also z.B. bei fr. *louer* 'vermieten' > 'mieten': Im entsprechenden Frame werden die Partizipanten MIETER und VERMIETER vor allem unter dem Aspekt ihres Aufeinanderbezogenseins gesehen; ein einfacher Perspektivenwechsel kann dann den Bedeutungswandel auslösen, der hier noch dadurch begünstigt wird, daß VERMIETER wie MIETER beide gleichermaßen agensfähig sind. Interessanterweise muß hier letztlich der Kontext klären, welcher Aktant welche Rolle innehat, denn eine Äußerung wie (17) läßt heute beide Lesarten zu, nämlich daß Michel **von** Bernard eine Wohnung *ge*mietet bzw. **an** ihn *ver*mietet hat:

(17) *Michel a loué un appartement à Bernard.*
     (Bsp. aus Koch 1991:299).

---

11 Interessanterweise – und dies spricht für die Lexikalisierung der Metonymie – kann man ein *paper* jetzt auch im Internet, also ohne Papier, veröffentlichen.

**5.2.3** Referentielle Unschärfe

Ein in gewisser Weise analoges Phänomen läßt sich auch innerhalb taxono-
mischer Strukturen beobachten, wie der Fall der kleinen Nagetiere zeigt: wo
kollektiv eine scharfe konzeptuelle Scheidung von unterschiedlichen Refe-
rentenklassen nicht erfolgt, kann es innerhalb einer "folk-taxonomy" zu
Übertragungen von einem Kohyponym zu einem anderen kommen. Bei den
Bezeichnungen für MAUS, RATTE und MAULWURF (7) scheint diese referentielle Unschärfe in der Romania, und besonders in Italien, zu vielfältigen
onomasiologischen Wechselspielen geführt zu haben (vgl. Blank 1998a).

**5.2.4** Kognitive Dominanz des Prototyps

Bleiben wir bei Kategorien, die taxonomische Strukturen aufweisen, jedoch
solche mit zusätzlicher prototypischer Organisation. Der Prototyp selbst
zeichnet sich durch kognitive Salienz und häufig auch durch Gebrauchshäu-
figkeit des entsprechenden sprachlichen Zeichens aus. Diese Konstellation
kann nun in zweifacher Hinsicht zu Bedeutungswandel führen:

Im ersten Fall wird das eigentlich mit dem Prototypen verbundene Zeichen
aufgrund der kognitiven Dominanz des Prototypen beständig zur Referenz
auf die gesamte Kategorie verwendet, wie im Falle von (5) lt. *passer*, das als
Wort für den prototypischen (kleinen) Vogel im Iberoromanischen jetzt eine
neue Zwischenkategorie KLEINER VOGEL bezeichnet, während das Rumä-
nische noch einen Schritt weiter gegangen ist.

Im zweiten Fall wird nun gerade umgekehrt das ursprünglich der gesamten
Kategorie zugeordnete Wort beständig zur Referenz auf den Prototypen verwendet. Dies führt zur Bedeutungsverengung, wie wir sie bei (6) fr. *homme*
etc. beobachten können. Hintergrund ist natürlich eine patriarchalische Gesellschaft, in welcher der Mann als Prototyp des Menschen gilt, und wo z.B.
in einer öffentlichen Ansprache der Redner sich zwar verbal an die gesamte
Menschheit wendet, in der Tat aber nur Männer anwesend sind. Der Bedeutungswandel "entlarvt" also typische, in unserem Fall typisch patriarchalische Denkmuster.

In beiden Fällen ist es wichtig zu sehen, daß prototypische Strukturen nur die
notwendige Bedingung des Wandels sind; damit es zum Wandel kommt,
muß eine besonders starke Fixierung auf den Prototypen hinzukommen,
möglicherweise auch noch andere einzelfallspezifische Begleitumstände.
Warum es in einem Fall zu Bedeutungsverengung und im anderen zu Bedeutungserweiterung kommt, läßt sich mit einem Blick auf den jeweiligen Aus-

gangspunkt klären: Wenn die Ausgangskategorie prototypisch strukturierbar ist, kann es nur zu Bedeutungsverengung kommen, wenn die Ausgangskategorie hingegen selbst als Prototyp innerhalb einer höherrangigen Kategorie fungiert, ist nur Bedeutungserweiterung möglich. Der Wandel geht also im ersten Fall von der Basisebene weg, im zweiten zu ihr hin.

### 5.2.5 Dominanz des Prototyps in einem spezifischen Frame

In einigen Fällen von Bedeutungserweiterung und -verengung erscheint die Fixierung auf einen Prototyp als mögliche Motivation unplausibel:

> (18) vlt. *adripare 'am Ufer ankommen' > fr. arriver, it. arrivare 'ankommen';

> (19) mengl. der 'Tier' > nengl. deer 'Rotwild'; mengl. hound 'Hund' > 'Jagdhund'.

Hier ist es nun hilfreich, wenn wir uns vor Augen führen, daß unsere Konzepte ja nicht im luftleeren Raum existieren, sondern zumeist in Frames eingebunden sind. Bei homme und bei passer wirkte der Prototyp offenbar Frame-übergreifend. Um nun die Beispiele (18) und (19) zu verstehen, müssen wir die Frame-Restriktion genauer definieren: Begibt man sich in einen Frame "SEEFAHRT", dann handelt es sich bei vlt. *adripare 'am Ufer ankommen' um die für diesen Frame typische Weise des Ankommens, so daß das Merkmal 'am Ufer' problemlos zurücktreten kann; innerhalb des für die englische upper class so überaus wichtigen Frames "JAGD" erklärt sich dann ebenso die Bedeutungsverengung von mengl. der, die durch die parallele Entwicklung von mengl. hound 'Hund' > 'Jagdhund' gestützt wird.

### 6. Schluß

Der Bedeutungswandel ist ein komplexes Phänomen, zu dessen Erklärung semiotische, psychologische, semantische und pragmatische Überlegungen notwendig sind sowie eine gute Portion Weltwissen. Er ist ein idealer Prüfstein, der z.B. die Unzulänglichkeit der strukturellen Semantik schonungslos offenlegt, ebenso aber die Ignoranz von Vertretern der kognitiven Linguistik gegenüber dem Einzelsprachlichen in der Semantik und das naive Gleichsetzen von Wörtern, Bedeutungen und Konzepten, wie man sie beispielsweise bei Lakoff (aber auch schon bei Rosch) findet (vgl. Koch 1994; 1995; 1996), nicht zu sprechen vom leichtfertigen und oftmals zirkulären Umgang mit

Begriffen, wie Universalität, kognitive Basiskategorie etc. (vgl. Krefeld 1997: 5ff.; Blank 1998b:7).

Die Rede von der Diachronie als Prüfstein für die Kognitive Linguistik gilt für das Lexikon und vielleicht in noch stärkerem Maße für die Grammatik (vgl. z.B. Detges 1998; Detges, im Druck; Waltereit 1998). Für das Lexikon hat sich vor allem die Relevanz der klassischen, onomasiologischen Prototypentheorie sowie der Frame-Theorie herausgestellt, zwischen denen eine wichtige Interdependenz besteht: Auch prototypische Konzepte sind immer in Frames eingebunden, die Strukturierung von Frames selbst ergibt sich als Abstraktion aus typischen Situationen (vgl. Konerding, in diesem Band).

Wo in sprachvergleichender Perspektive historische Fakten interpretiert und geordnet werden müssen, da können die verschiedenen Semantikmodelle ihre Leistungsfähigkeit erst recht eigentlich unter Beweis stellen, und zwar auf eine Weise, wie sie von ihren Vordenkern nicht unbedingt immer intendiert war. Insofern *kann* man aus der Erforschung der Diachronie heraus nur ein Plädoyer für einen abgewogenen Methodenpluralismus und für eine dem Thema angemessene Interdisziplinarität formulieren.

## LITERATUR

Aristoteles: *De memoria et reminiscentia*. - In: R. Sorabij: *Aristotle on Memory*. - London: Duckworth 1972, 47-60.

Bierwisch, Manfred (1983): *Semantische und konzeptuelle Repräsentation lexikalischer Einheiten*. - In: R. Růžička, W. Motsch (Eds.): *Untersuchungen zur Semantik*. - Berlin: Akademie-Verlag, 61-99.

Blank, Andreas (1997a): *Il senso di una semantica dei prototipi e dei frames: osservazioni decostruttive e ricostruttive*. - In: M. Carapezza, D. Gambarara, F. Lo Piparo (Eds.): *Linguaggio e cognizione. Atti del XXVIII Congresso Internazionale della Società di Linguistica Italiana*. - Rom: Bulzoni, 89-103.

Ders. (1997b): *Prinzipien des lexikalischen Bedeutungswandels am Beispiel der romanischen Sprachen*. - Tübingen: Niemeyer.

Ders. (1998a): *Topo et al. – Onomasiologie, Semasiologie und Kognition am Beispiel der Bezeichnungen von MAUS, RATTE und MAULWURF in der Italoromania.* - In: Zeitschrift für Romanische Philologie 114 (1998) 3, 505-531.

Ders. (1998b): *Kognitive italienische Wortbildungslehre.* - In: Italienische Studien 19 (1998) 5-27.

Ders. (im Druck a): *Pathways of Lexicalization.* - In: M. Haspelmath et al. (Eds.): *Language Typology and Language Universals. An International Handbook.* - Berlin, New York: De Gruyter.

Ders. (im Druck b): *Neuere Entwicklungen in der lexikalischen Semantik.* - In: G. Holtus, M. Metzeltin, Ch. Schmitt (Eds.): *Lexikon der Romanistischen Linguistik,* Bd. I (Art. 34b).

Ders. (im Druck c): *Why Do New Meanings Occur? A Cognitive Typology of the Motivations for Semantic Change.* - In: A. Blank, P. Koch (Eds.): *Historical Semantics and Cognition.* - Berlin etc.: Mouton, Gruyter.

Bréal, Michel (1897/99): *Essai de sémantique. Science des signification.* - Paris: Hachette.

Coseriu, Eugenio (1958): *Sincronía, diacronía e historia. El problema del cambio lingüístico.* - Montevideo: Universidad de la República.

Ders. (1966/78): *Einführung in die strukturelle Betrachtung des Wortschatzes.* - In: H. Geckeler (Ed.): *Strukturelle Bedeutungslehre.* - Darmstadt: Wissenschaftliche Buchgesellschaft, 193-238.

Croft, William (1993): *The Role of Domains in the Interpretation of Metaphors and Metonymies.* - In: Cognitive Linguistics 4 (1993), 335-370.

Cruse, D. Allen (1986): *Lexical Semantics.* - Cambridge: University Press.

Detges, Ulrich (1998): *Echt die Wahrheit sagen. Überlegungen zur Grammatikalisierung von Adverbmarkern.* - In: Phin 4, 1-29 (www-fu-berlin.de/phin).

Ders. (im Druck): *Wie entsteht Grammatik? Kognitive und pragmatische Determinanten der Grammatikalisierung von Tempusmarkern.* - In: J. Lang, I. Neumann-Holzschuh (Eds.): *Reanalyse und Grammatikalisierung in romanischen Sprachen.* Tübingen: Niemeyer.

Dirven, René (1985): *Metaphor as a Basic Means for Extending the Lexicon*. - In: W. Paprotté, R. Dirven (Eds.): *The Unbiquity of Metaphor*. - Amsterdam etc.: Benjamins, 85-119.

Fillmore, Charles (1975): *An Alternative to Checklist Theories of Meaning*. - In: *Proceedings of the 1st Annual Meeting of the Berkeley Linguistic Society*. - Berkeley: Berkeley Linguistic Society, 123-131.

Ders. (1977): *Scenes-and-Frames Semantics*. - In: A. Zampolli (Ed.): *Linguistic structures processing*. - Amsterdam: Benjamins, 55-81.

Gauger, Hans-Martin (1976): *Sprachbewußtsein und Sprachwissenschaft*. - München: Piper.

Geckeler, Horst (1993): *Wortschatzstrukturen des Französischen und des Spanischen in kontrastiver Sicht*. - In: G. Rovere, G. Wotjak (Eds.): *Studien zum romanisch-deutschen Sprachvergleich*. - Tübingen: Niemeyer, 155-165.

Ders. (1997): *Romanisch-germanischer Sprachvergleich: kongruente und nichtkongruente lexikalische Strukturen (mit einem sprachgeschichtlichen Exkurs)*. - In: G. Holtus. J. Kramer, W. Schweickard (Eds.): *Italica et Romanica. Festschrift für Max Pfister zum 65. Geburtstag*. - Tübingen: Niemeyer, 265-282.

Gceraerts, Dirk (1983a): *Reclassifying Semantic Change*. - In: Quaderni di semantica 4, 217-240.

Ders. (1983b): *Prototype Theory and Diachronic Semantics. A Case Study*. - In: Indogermanische Forschungen 88, 1-32.

Ders. (1985): *Cognitive Restrictions on the Structure of Semantic Change*. - In: J. Fisiak (Ed.): *Historical Semantics, Historical Word-Formation*. - Berlin etc.: Mouton, de Gruyter, 127-153.

Ders. (1988): *Cognitive Grammar and the History of Lexical Semantics*. - In: B. Rudzka-Ostyn (Ed.): *Topics in Cognitive Linguistics*. - Amsterdam etc.: Benjamins, 647-677.

Ders. (1992): *The Return of Hermeneutics to Lexical Semantics*. - In: M. Pütz (Ed.): *Thirty Years of Linguistic Evolution. Studies in Honour of René Dirven on the Occasion of his Sixtieth Birthday*. - Philadelphia etc.: Benjamins, 257-282.

Ders. (1997): *Diachronic Prototype Semantics*. - Oxford: Clarendon.

Herrmann, Theo (1976): *Ganzheitspsychologie und Gestalttheorie*. - In: H. Balmer (Ed.): *Die Psychologie des 20. Jahrhunderts*. Bd. 1. - Zürich: Kindler, 573-658.

Keller, Rudi (1990/94): *Sprachwandel. Von der unsichtbaren Hand in der Sprache.* - Tübingen: Francke.

Ders. (1995): *Zeichentheorie. Zu einer Theorie semiotischen Wissens.* - Tübingen: Francke.

Kleiber, Georges (1990): *La sémantique du prototype.* - Paris: Presses universitaires de France.

Koch, Peter (1991): *Semantische Valenz, Polysemie und Bedeutungswandel bei romanischen Verben.* - In: Ders., Th. Krefeld (Eds.): *Connexiones Romanicae.* - Tübingen: Niemeyer, 279-306.

Ders. (1994): *Gedanken zur Metapher – und zu ihrer Alltäglichkeit.* - In: A. Sabban, Ch. Schmitt (Eds.): *Sprachlicher Alltag. Linguistik – Rhetorik – Literaturwissenschaft. Festschrift für W.-D. Stempel.* - Tübingen: Niemeyer, 201-225.

Ders. (1995): *Der Beitrag der Prototypentheorie zur Historischen Semantik: eine kritische Bestandsaufnahme.* - In: Romanistisches Jahrbuch 46, 27-46.

Ders. (1996): *Le prototype entre signifié, désigné et référent.* - In: H. Dupuy-Engelhardt (Ed.): *Questions de méthode et de délimitation en sémantique lexicale. Actes d'EUROSEM 1994.* - Reims: Presses universitaires, 113-135.

Ders. (1997): *La diacronia quale campo empirico della semantica cognitiva.* - In: M. Carapezza, D. Gambarara, F. Lo Piparo (Eds.): *Linguaggio e cognizione. Atti del XXVIII Congresso Internazionale della Società di Linguistica Italiana.* - Rom: Bulzoni, 225-246.

Ders. (1998): *Saussures mouton und Hjelmslevs træ: zwei Schulbeispiele zwischen Semstruktur und Polysemie.* - In: E. Werner u.a. (Eds.): *et multum et multa. Festschrift für Peter Wunderli zum 60. Geburtstag.* - Tübingen: Narr, 113-136.

Ders. (im Druck a): *Ein Blick auf die unsichtbare Hand: kognitive Universalien und historische romanische Lexikologie.* - In: Th. Stehl (Ed.): *Unsichtbare Hand und Sprecherwahl. Typologie und Prozesse des Sprachwandels in der Romania.* - Tübingen: Narr.

Ders. (im Druck b): *Frame and Contiguity: On the Cognitive Basis of Metonymy and Certain Types of Word-Formation.* - In: Radden/Panther.

Köhler, Wolfgang (1947): *Gestalt Psychology. An Introduction to New Concepts in Modern Psychology.* - New York: Liveright.

Krefeld, Thomas (1997): *Wahrnehmung auf Italienisch. Zur verbalen Kategorisierung der Perzeption im Italienischen.* - In: Italienische Studien 18, 5-24.

Lakoff, George (1987): *Women, Fire and Dangerous Things. What Categories Reveal about the Mind.* - Chicago etc.: Univ. of Chicago Press.

Ders.; Johnson, Mark (1980): *Metaphors We Live By.* - Chicago etc.: University of Chicago Press.

Langacker, Ronald W. (1987): *Foundations of Cognitive Grammar.* Bd. 1. - Stanford: University Press.

Radden, Günter; Panther, Klaus-Uwe (Eds.) (im Druck): *Papers of the "Workshop on Metonymy", Hamburg 1996.* - Amsterdam: Benjamins.

Raible, Wolfgang (1983): *"Zur Einleitung."* - In: H. Stimm, W. Raible (Eds.) *Zur Semantik des Französischen.* - Wiesbaden: Steiner, 1-24.

Reisig, Karl (1839/1972): *Semasiologie oder Bedeutungslehre.* - In: L. Antal (Ed.): *Aspekte der Semantik. Zu ihrer Theorie und Geschichte (1662-1969).* - Frankfurt: Athenäum., 21-40 (Ausschnitt aus: *Professor Karl Reisigs Vorlesungen über lateinische Sprachwissenschaft.* Hrsg. von F. Haase. Leipzig 1839, 286-307).

Rosch, Eleanor (1975): *Universals and Culture Specifics in Human Categorization.* - In: R.W. Brislin, S. Bochner, W.J. Lonner (Eds.): *Cross-cultural Perspectives of Learning.* - New York: Wiley, 177-206.

Dies. u.a. (1976): *Basic Objects in Natural Categories.* - In: *Cognitive Psychology* 8, 382-439.

Schank, Roger; Abelson, Robert P. (1977): *Scripts, plans, goals and understanding. An inquiry into human knowledge structures.* - Hillsdale: Erlbaum.

Schwarz, Monika (1992): *Einführung in die kognitive Linguistik.* - Tübingen: Francke.

Schwarze, Christoph (1995): *Polysemie im Sprachvergleich.* - In: W. Dahmen u.a. (Eds.): *Konvergenz und Divergenz in den romanischen Sprachen. Romanistisches Kolloquium VIII.* - Tübingen: Narr, 204-219.

Ders; Schepping, Marie-Theres (1995): *Polysemy in a Two-Level-Semantics*. - In: U. Egli u.a. (Eds.): *Lexical Knowledge in the Organization of Language*. - Amsterdam etc.: Benjamins, 283-300.

Taylor, John R. (1989/95): *Linguistic Categorization*. - Oxford: Clarendon.

Traugott, Elizabeth C. (1985): *On Regularity in Semantic Change*. - In: Journal of Literary Semantics 14, 155-173.

Dies. (1989): *On the Rise of Epistemic Meaning in English: An Example of Subjectification in Semantic Change*. - In: Language 65, 31-55.

Dies. (1990): *From Less to More Situated in Language: The Unidirectionality of Semantic Change*. - In: S. Adamson, V. Law, N. Vincent, S. Wright (Eds.): *Papers from the Fifth International Conference on English Historical Linguistics*. - Amsterdam: Benjamins, 496-517.

Dies; König, Ekkehard (1991): *The Semantics-Pragmatics of Grammaticalization Revisited*. - In: E.C. Traugott, B. Heine (Eds.): *Approaches to Grammaticalization*. Bd. 1. - Amsterdam usw.: Benjamins, 189-218.

Ullmann, Stephen (1951/57): *Principles of Semantics*. - Oxford: Blackwell.

Ders. (1962/64): *Semantics. An Introduction to the Science of Meaning*. - Oxford: Blackwell.

Waltereit, Richard (1998): *Metonymie und Grammatik. Kontiguitätsphänomene in der französischen Satzsemantik*. - Tübingen: Niemeyer.

Warren, Beatrice (1992): *Sense Developments. A Contrastive Study of the Development of Slang Senses and Novel Standard Senses in English*. - Stockholm: Almqvist & Wiksell.

WEUD = *Webster's Encyclopedid Unabridged Dictionary of the English Language*. - New York: Gramercy.

Wotjak, Gerd (1977): *Bedeutung und Kognition. Überlegungen im Spannungsfeld zwischen lexikalischer und kognitiver Semantik*. - In: U. Hoinkes, W. Dietrich (Eds.): *Kaleidoskop der lexikalischen Semantik*. - Tübingen: Narr, 31-59.

Zipf, George K. (1949): *Human Behaviour and the Principle of Least Effort*. - Cambridge/MA: Addison-Wesley.

HELMUT EBERT

## Führen, leiten, lenken, steuern –
## Beobachtungen über Wortfeld- und Schemastrukturen
## in Führungsgrundsätzen der Gegenwart

## 1. Zielsetzung

Das Sprechen und Schreiben über Führung ist ein unübersichtliches Gelände. Das gilt für den fachwissenschaftlichen Diskurs ebenso wie für den alltagssprachlichen Diskurs. Viele fachsprachliche Definitionen bleiben eine präzise theoretische Einordnung der Begriffe schuldig (vgl. Neuberger 1995:6). Auch in der Alltagssprache verhält sich das Wort *Führung* wie der Meergott Proteus: Es kann unendlich viele Gestalten annehmen und alle täuschen (vgl. a.a.O.:7).

Es verwundert daher nicht, daß Texte, in denen Firmen ihre Führungsgrundsätze darstellen und propagieren, eine sehr "sperrige" Materie sind. Es mischen sich darin nicht nur Segmente verschiedener Theorien, sondern auch alltagssprachliche und fachsprachliche Elemente, und es "konkurrieren" lexikalische Haupt- und Nebenbedeutungen mit okkasionellen Bedeutungen. Hier einige Beispiele aus den von mir untersuchten 15 Texten[1]:

i. *Sie* [i.e. die Führungskraft] *muß bereit sein, den Stier bei den Hörnern zu nehmen.*

ii. *Führungsaufgabe: Persönliche Einflußnahme auf das Verhalten anderer zur Realisierung bestimmter Ziele.*

---

[1] Leitsätze für die Führung im Hause Bertelsmann (1985), BMW Handlungsmaximen (1990), Führungsgrundsätze Deutscher Ring (1990), EMS Führungsgrundsätze (1998), Festo Führungsgrundsätze (1990), Festo Visionen (1987), Führungsgrundsätze IBM Deutschland (1988), Allgemeine Führungsrichtlinien – Homag (1987), Hewlett Packard Unternehmensziele (1990), Führen im Team – Ploenzke (1990), Führungsgrundsätze der Unternehmensgruppe Rombach (1989), Leitsätze zum Führungsstil Wilh. Schade KG (1987), Führungsanleitung der Stadtsparkasse Köln (1974), Voith – Die Führung (1991), Unternehmensgrundsätze der Vorwerk-Gruppe für die 90er Jahre (1992).

iii. *Der Vorgesetzte führt seine Mitarbeiter [...] ergebnisorientiert; die Konzernleitung führt die [...] Unternehmensgruppe.*

iv. *Wir sind führend in technischer Kompetenz; [...] ob er [...] das Ruder führt ...*

v. *Führen heißt [...] motivieren; Die Allgemeinen Führungsrichtlinien haben die Zielsetzung, die Mitarbeiter nach einheitlichen Richtlinien gerecht zu führen.*

Die Beispiele stehen für folgende Lesarten von *Führung* bzw. *führen*: 'zupacken können' (i), 'beeinflussen' (ii), 'innerhalb eines betrieblichen Weisungsverhältnisses jmdn. dazu bringen, Aufgaben zu erfüllen' (iiia), 'verantwortlich leiten' (iiib), 'an der Spitze einer Entwicklung stehen' (iva), 'bedienen' (ivb), 'motivieren' (va), 'mit jmdm. umgehen/verfahren' (vb).

Lexikalische Bedeutungen und Führungsdefinitionen sind in den untersuchten Texten nicht immer zur Deckung zu bringen. Viele Definitionen erscheinen beliebig und widersprüchlich, da der theoretische Zusammenhang fehlt: *Führen = fordern, um zu fördern; Führen heißt [...] Handlungsfreiräume gewähren* usw.

Für die auch alltagssprachliche Vermittlung von Führungswissen erweist es sich als unumgänglich, den jeweils zugrundeliegenden theoretischen Ansatz zu verdeutlichen. Dazu gehört, daß die Texte andeuten, warum sie welche Aspekte beleuchten und warum sie andere ausblenden. Da viele der untersuchten Führungsgrundsätze dies nicht tun, setzen sie sich dem Vorwurf der konzeptionellen Beliebigkeit aus bzw. erscheinen textsemantisch als wenig kohärent. Die Vielzahl von Ausdrücken für Führungsmethoden tut ein übriges, um *Führen* wie ein Passepartout-Wort erscheinen zu lassen:

*Führung/Führen durch Achtung vor dem Mitarbeiter, durch Anweisung, durch Beteiligung der Mitarbeiter an Entscheidungen, durch Budgets und Pläne, durch gemeinsame Ergebniskontrolle, durch Förderung und Weiterbildung, durch aufgeschlossene und faire Gespräche, durch umfassende Information, durch Information und Kommunikation, im Mitarbeiterverhältnis, durch Motivation, Kompetenz und Verantwortung, durch Kooperation, durch Übertragen von Aufgaben, durch Vertrauen, durch Vorbild, durch Ziele, durch Zielvereinbarung, mit Zielvorgabe.*

Meine These besagt, daß die Texte trotz dieser komplizierten und verwirrenden Situation[2] erlauben, im Sinnbereich des Führens eine feldartige Gliederung zu rekonstruieren. Dabei ist klar, daß es sich bei dem zu rekonstruierenden Wortfeld nicht um ein vollständiges Feld handelt, sondern um einen textsortenspezifischen Ausschnitt aus einem größeren Ganzen.

## 2. Lexikalisches Wissen und Feldgliederung

Lexikalisch organisiertes Wissen stellt gleichsam ein Minimalwissen über die Welt dar. Nach Faust (1978:376) kann man grundsätzlich versuchen, "das durch die sprachlich fixierten Kategorien verfügbare Wissen vom sonstigen Wissen zu trennen, denn gerade durch die Entlastung vom ins Einzelne gehenden sonstigen Wissen wird die Sprache zu einem Verständigungsmittel, das allseitig verwendet [...] werden kann".

Beim Versuch, den Wortfeldausschnitt zu rekonstruieren, habe ich mich von einem intuitiven Vorverständnis, von Wörterbuchkontrollen und Textbelegen leiten lassen und einen begrifflichen Rahmen vorgegeben, um zu prüfen, welche Lexeme diesen Rahmen als sinnverwandte Lexeme ausfüllen können.

"Sinnverwandt" heißt, daß die Lexeme in einer kontrastiven Beziehung zueinander stehen oder innerhalb eines bestimmten syntaktischen Aussagerahmens ohne Bedeutungsunterschied austauschbar sind.

Der begriffliche Rahmen gibt als Prädikat eine Bewegung als betriebliche Aktion oder Interaktion vor, eine bewegende Größe, eine bewegte bzw. der Bewegung bedürfende Größe sowie eine Größe, die Richtung, Ziel oder Zweck der Bewegung ausdrückt.

Die auf diese Weise bestimmten Verben sind *führen, leiten, managen, lenken* und *steuern*.

Das Verb *navigieren* kommt ebenfalls vor. Aber da es eindeutig ein Beispiel aus der Seefahrt ist und nicht betriebliche Prozesse meint, wird es im folgenden nicht weiter berücksichtigt.

Antonyme sind selten. Belegt sind nur *durchregieren* (1mal), *loslassen* (1mal) und *eingreifen* (2mal): *Durchregieren ausschließen: Aufgaben und*

---

2   Für eine langue-Studie wäre zu prüfen, ob die Texte geeignete Vertreter einer funktionellen Sprache im Sinne Coserius sind.

*Kompetenzen dürfen nur im Ausnahmefall an nicht unterstellte [...] Mitarbeiter übertragen werden; Er* [i.e. der Vorgesetzte] *greift in diese Aufgaben nur in Notfällen ein; Er* [i.e. der Vorgesetzte] *muß loslassen können.*

Innerhalb des Aussagerahmens "X führt ein Geschäft/Unternehmen/einen Bereich" sind *führen* und *leiten* weitgehend austauschbar: *Die Konzernbereichsleitungen führen die Geschäftseinheiten; die Tochtergesellschaften werden von Geschäftsführern geleitet.*

*Managen* ist nur einmal belegt, und zwar als infinitivische Kapitelüberschrift. Als Urteilsgrundlage für die Bedeutungsbeschreibung kann das nicht genügen. Aber Kovtun (1996:344) hat nachgewiesen, daß *managen* auch in der Bedeutung 'ein Unternehmen leiten' gebraucht wird, auch wenn viele Wörterbücher nur die Bedeutungen 'handhaben'/'bewältigen' und 'jemanden, besonders einen Künstler/Sportler o.ä. geschäftlich betreuen, lancieren' verzeichnen: *Nach seinem Nasa-Abschied managte Slayton die private Raumfahrtfirma Space Services* (zit. nach Kovtun 1996:344).

Für *steuern* findet sich in den von mir untersuchten Texten kein Beleg mit identischem Aussagerahmen wie *führen* und *leiten* im obengenannten Sinne.

Um die kontrastiven Beziehungen zwischen *führen, leiten, lenken* und *steuern* aufzudecken, ist ein Vergleich der syntaktischen Aussagerahmen erforderlich.

*Führen* zielt auf den Nahbereich, hier den textsortenspezifischen Fall der Vorgesetzten-Mitarbeiter-Interaktion, wobei ein Tun oder eine Bewegung unterstützt wird, die sonst weniger effektiv vonstatten gehen würde[3]:

*Führungskräfte* [sollen] *Mitarbeiter so führen, daß diese ihre Aufgaben in hervorragender Weise erfüllen. Führen impliziert auch die Angabe einer* Richtung: *Der Vorgesetzte führt seine Mitarbeiter [...] ergebnisorientiert.*

---

3  Nach Türk (1988) impliziert der Gebrauch der Kategorie "Personalführung" "eine permanente Pädagogisierung der Interaktionsbeziehung zwischen Vorgesetzten und Unterstellten: im Unterschied zur klassischen Meister-Lehrling- bzw. Meister-Gesellen-Beziehung, in der die Pädagogisierung zur Emanzipation, zu Selbständigkeit im Meisterstatus führte, haben wir hier eine 'Dauerinfantilisierung' des Personals bis hin zu so extremen Formen, daß der Vorgesetzte zu entscheiden hat, wann z.B. eine Maschinenarbeiterin notdürftigste Bedürfnisse befriedigen darf oder in weniger krasser, aber gleichwohl nicht weniger subtiler Form: daß Unterstellte sich nach Lob oder gar Tadel des Vorgesetzten sehnen" (zit. nach Neuberger 1995:46).

Der Geführte hat einen Handlungsspielraum, je nachdem der Vorgesetzte von sanftem Nachdruck oder von seiner Weisungsgewalt Gebrauch macht:

*Führung durch Zielvereinbarung ermöglicht im Gegensatz zur Führung durch A n w e i s u n g individuelle Freiheit und persönliche Beiträge.*

Definitorische und umschreibende Aussagen deuten darauf, daß eine Verschiebung des Inhaltes von *führen* hin zu *leiten* und *motivieren* gewollt ist: *Kooperative Führungskraft sein ist eine Frage der inneren Einstellung. Nicht Autorität durch höhere Stellung in der Hierarchie ist hier gefragt, sondern Autorität durch Persönlichkeit; Wer nicht [...] von den BMW-Zielen überzeugt ist, kann seine Mitarbeiter nicht exzellent und motivierend führen – höchstens im technokratisch-rationalen Sinn, nicht jedoch im emotionalen Bereich.*[4]

*Leiten* bezieht sich in den untersuchten Texten nicht auf die Interaktion zwischen Vorgesetzten und ihren Unterstellten, sondern auf institutionelle Größen, auf Vorgänge und auf den intrapersonalen Bereich. Zum Begriff der Bewegung und Richtungsbestimmung setzt *leiten* noch das Ziel hinzu. Wer leitet, ist im Besitz überlegener Kräfte. Wer geleitet wird, kann sich noch selbständig bewegen. Als agentivische Größen begegnen bei *leiten* auch abstrakte Begriffe, wie *Grundsätze* oder *Überlegungen: Diese* [i.e. die Budgetverantwortlichen] *leiten ihre Bereiche eigenverantwortlich; Zwei Überzeugungen leiten die Beziehungen, die HP zu seinen Kunden pflegt; Grundsätze leiten uns bei der Erreichung unserer Ziele; Jeder Mensch wird von seinen Vorstellungen geleitet; Zur [...] Verantwortung jeder Führungskraft gehört es, sich vom Gesamtinteresse des Unternehmens leiten zu lassen.*

*Lenken* setzt voraus, daß die gelenkte Größe unselbständig ist und für ihre Bewegung auf eine höhere Kraft angewiesen ist, von der sie eine Richtung erhält, die den Absichten und Zwecken der bestimmenden Größe entspricht:

*Die Konzernleitung [...] lenkt den Einsatz der Ressourcen; Dazu gehört: die Tagesarbeit so zu lenken, daß die [...] Ziele erreicht werden; [...] wollen wir durch eine aktive Öffentlichkeitsarbeit interessante Menschen auf uns lenken; Die Unternehmensplanung soll als Führungs- und Motivationsinstrument die Aktivitäten unserer verschiedenen Bereiche auf gemeinsam akzeptierte Ziele lenken; Autofahren ist ständiges Kontrollieren und lenkendes*

---

4 Vgl. Eberhard (1896:448): "*Leiten* weist immer auf überlegene Kraft oder Einsicht hin, die in nachdrücklicherer Weise bestimmend auf andere wirkt, als es beim bloßen *Führen* geschieht [...]. Man *leitet* durch Rat, man *führt* auch durch Gewalt".

*Korrigieren [...]. Nicht anders ist jede Kontrolle im Unternehmen zu verstehen – Sie dient allein der Sicherheit.*

*Steuern* zielt in den untersuchten Texten meist auf (komplexe) Prozesse und bedeutet soviel wie 'für einen bestimmten Ablauf, Vorgang sorgen'/'etwas so beeinflussen, daß es sich in beabsichtigter Weise verhält'. Im Unterschied zu *lenken* erscheint bei *steuern* keine Person in der Agensrolle, zumindest nicht explizit: *die Programme steuern [...] die Entscheidungsprozesse kleiner Gruppen; Führen heißt [...] Konflikte steuern; das Steuern der Kosten; Unser Ziel ist es, ein sich [...] selbststeuerndes [...] Festo-Unternehmen zu verwirklichen.*

### 3. Enzyklopädisches Wissen und Textschemata

Textschemata bilden textuelle Wissensstrukturen ab und können mit einem Oberbegriff benannt und in Listenform notiert werden (vgl. Schimpf 1997: 39).[5] Ich gehe im folgenden kurz auf diejenigen Schemadimensionen ein, die in den Texten stärker ausgeprägt sind. Die Vollständigkeit der Listen ist nicht angestrebt. Sie dienen lediglich der Orientierung.

i.   Der Vorgesetzte erscheint als: *Führungskraft, Leiter, Berater, Coach, Trainer, Partner, Vorbild, Gefolgsmann, Persönlichkeit, Lotse, Pionier, nicht ... Befehlsgeber* etc.

ii.  Führen erscheint als Sozialtechnik mit speziellen *Führungs- und Motivationsinstrument[en]: Führen durch Motivation, durch Vorbild* (weitere Belege s.o.).

iii. Führen erscheint als
     BEEINFLUSSEN: *beeinflussen, Einfluß nehmen, einwirken ...*
     MACHEN: *die Zukunft zur Gegenwart machen, verändern, bewegen ...*
     MOBILISIEREN: *begeistern, ermuntern, ermutigen, fordern, mobilisieren, motivieren ...*
     ZIELE SETZEN: *Ziele vorgeben, Ziele setzen ...*
     HELFEN: *helfen, unterstützen ...*
     KONTROLLIEREN: *kontrollieren, überwachen ...*
     DISPONIEREN: *ausrichten, organisieren, koordinieren, entscheiden, planen ...*

---

5   Zu kognitiven Führungs-Schemata vgl. Neuberger (1995:66ff.).

DELEGIEREN: *Aufgaben/Verantwortung/Kompetenzen übertragen/delegieren ...*
INFORMIEREN: *informieren, kommunizieren, beraten, besprechen ...*
FÖRDERN: *fördern, schulen, entwickeln ...*
KOOPERIEREN: *kooperieren, zusammenarbeiten, vereinbaren ...*

Selektiv sind solche Textschemata, weil sie u.a. den Herrschaftsaspekt weitgehend aus der Sachverhaltsdarstellung ausblenden (s.o. Vorgesetzter als *Partner, Coach, Trainer* usw.) und weil sie Führen weitgehend aus funktionaler Sicht darstellen. Führen wird dann "zum technischen Regelungsprozeß versachlicht und verharmlost [...]; damit wird verschleiert, daß es sich nicht nur um ein Effizienz- oder Rationalisierungsproblem handelt (vorgegebene Ziele auf bestmögliche Weise erreichen), sondern daß die 'vorgegebenen' Ziele selbst bestimmte Eigentums- oder Verwertungsinteressen beinhalten, die aber nicht offengelegt, sondern als dem Führungsprozeß 'äußerlich' (eben: vor-gegeben) deklariert werden" (Neuberger 1995:11). Dazu paßt, daß auch die Rolle des Vor-Setzenden von den Texten ausgeblendet wird, obwohl es dort, wo es Vor-Gesetzte gibt, auch Vor-Setzende geben muß.

## 4. Fazit und Ausblick

Auf der Basis von schriftlich formulierten Führungsgrundsätzen konnte ein textsortenspezifischer Wortfeld-Ausschnitt (*führen, leiten, lenken, steuern*) rekonstruiert und somit lexikalisch organisiertes Wissen aus dem Sinnbereich des Führens "freigelegt" werden. Der Zugang zum Sprachwissen war erst möglich, nachdem die begrenzte Verwertbarkeit des sehr selektiven enzyklopädischen Wissens für das Untersuchungsziel erkannt wurde. Als Untersuchungsobjekt eigenen Rechts verdienten die Textschemata eine genauere Prüfung, als es hier möglich war. Auch erscheint es sinnvoll zu fragen, wie sich in diachronischer Sicht Feldstrukturen und Textschemata zueinander verhalten.

## LITERATUR

Eberhard, Johann A. (1896): *Synonymisches Handwörterbuch der deutschen Sprache.* - 15. Aufl. - Leipzig: Grieben.

Ebert, Helmut (1997): *Textfunktionen und Textstrukturen von Führungs- und Unternehmensgrundsätzen der Gegenwart.* - Frankfurt/M.: Lang.

Faust, Manfred (1978): *Wortfeldstruktur und Wortverwendung*. - In: Wirkendes Wort 28 (1978) 6, 365-401.

Geckeler, Horst (1982): *Strukturelle Semantik und Wortfeldtheorie*. - München: Fink.

Gipper, Helmut (1995): *Jost Trier und das sprachliche Feld. Was bleibt?* - In: Zeitschrift für germanistische Linguistik 23 (1995) 3, 326-341.

Konerding, Klaus-Peter (1993): *Frames und lexikalisches Bedeutungswissen: Untersuchungen zur linguistischen Grundlegung einer Frametheorie und zu ihrer Anwendung in der Lexikographie*. - Tübingen: Niemeyer.

Kovtun, Oksana (1996): *Zum fachsprachlichen und allgemeinsprachlichen Gebrauch von "Manager", "Management" und "managen"*. - In: Muttersprache 106 (1996) 3, 344-349.

Lutzeier, Peter R. (Hg.) (1993): *Studien zur Wortfeldtheorie*. - Tübingen: Niemeyer.

Neuberger, Oswald (1995): *Führen und geführt werden*. - 5. Aufl. - Stuttgart: Enke.

Schimpf, Silke (1997): *Wissens- und Wortschatzvariationen im Bereich der Sexualität*. - Frankfurt/M.: Lang.

JOSEF KLEIN

# "Frame" als semantischer Theoriebegriff
# und als wissensdiagnostisches Instrumentarium

## 1. Zielsetzung und Untersuchungsrahmen

In diesem Beitrag soll die Aufmerksamkeit auf die Interdependenz zwischen angewandter und theoretischer Linguistik – genauer: angewandter und theoretischer Semantik – gelenkt werden. Es wird gezeigt, wie Fragestellungen im Rahmen anwendungsbezogener Forschung die Lösung unerledigter Theorieprobleme erfordern können und wie andererseits das Potential linguistischer Theoriebildung genutzt werden kann, um empirische Fragen, z.B. solche von gesellschaftlicher (hier: bildungspolitischer) Relevanz, zu beantworten. So tut sich für die linguistische Semantik im Bereich der empirischen Wissensforschung mit der Erforschung der gesellschaftlichen Distribution von Begriffswissen – und das bedeutet im wesentlichen: von lexembezogenem Bedeutungswissen – ein neues, wichtiger werdendes Arbeitsfeld auf. (Man denke an das Schlagwort von der künftigen "Wissensgesellschaft".) Den klassischen empirischen Sozialwissenschaften und auch der Psychologie ist dieses Forschungsfeld nicht zugänglich, weil ihnen die geeigneten theoretischen – und bis zu einem gewissen Grade auch die methodischen – Voraussetzungen fehlen. Hier ist angewandte linguistische Semantik gefragt. Gezeigt werden soll dies an dem Forschungsprojekt "Bedeutung, Verständlichkeit und Wirkung ökonomischer Begriffe bei jungen Erwachsenen als Fernsehzuschauer", einem von der informedia-Stiftung, Köln, finanzierten, am Koblenzer Institut für Germanistik in Kooperation mit FOKS, Aachen, (= Forschungszentrum für Kommunikation und Schriftkultur beim Germanistischen Institut der RWTH Aachen) durchgeführten Drittmittelprojekt. Wie aus dem Projekttitel deutlich wird, gehen die Fragestellungen des Gesamtprojekts über den mit Hilfe des Frame-Konzepts erschließbaren Bereich des Bedeutungswissens hinaus. Für Konzeption, Durchführung und Ergebnisse des Gesamtprojekts sei auf den Abschlußbericht verwiesen.[1] Hier sollen ausschließlich die theoretischen und methodischen Fragen der Ermittlung von Bedeutungswissen, und zwar auf frame-theoretischer Basis,

---

[1] Klein/Meißner (1998).

im Vordergrund stehen. Bevor wir uns auf die frame-semantischen Aspekte konzentrieren, soll jedoch zunächst das Projekt als Ganzes kurz vorgestellt werden:

Ziel des Projektes war es, zu ermitteln, welches Wissen und welche Einstellungen junge Erwachsene, die sich in einer schulischen, beruflichen oder universitären Ausbildung befinden und damit kurz vor dem Berufsleben stehen, im Hinblick auf zentrale ökonomische Begriffe und Begriffszusammenhänge haben, insbesondere auch auf solche, die in der öffentlichen Auseinandersetzung um die Wirtschafts- und Sozialpolitik eine zentrale Rolle spielen. Begriffswissen – genauer: auf Lexeme oder feste Lexemverbindungen bezogenes Bedeutungswissen – wurde mit Hilfe eines Fragebogens zu massenmedial geradezu allgegenwärtigen Begriffen in vier Themenfeldern erhoben: (1) Globaler Wettbewerb, z.b. *Globalisierung*, (2) Standort Deutschland, z.b. *Senkung der Lohnnebenkosten*, (3) Finanzwirtschaft, z.b. *Dollarkurs*, (4) Börse, z.b. *Aktienrendite*.

Da der Zugang zum öffentlichen Diskurs in der Gruppe der 17- bis 27jährigen überwiegend über das Medium Fernsehen erfolgt, wurden in dem Projekt die **Einstellungen** zu ökonomischen Begriffen und Themen in Form von Reaktionen auf Ausschnitte aus bekannten Nachrichten- und anderen Informationssendungen (ARD Tagesschau, RTL-aktuell, ARD/ZDF Morgenmagazin, ZDF WISO, 3-SAT Börse, ARD Presseclub) erhoben. Zur Einstellungsanalyse wurde das an der RWTH Aachen entwickelte und an der Universität Koblenz-Landau unter dem Namen AZUR weiterentwickelte Evaluationsrecorder-Verfahren zur Akzeptanzmessung von Medienangeboten verwendet.[2]

Mit der Erfassung von Zuschauerreaktionen auf die Fernsehbeiträge ergab sich gleichzeitig die Möglichkeit, die **Aufmerksamkeit** gegenüber den Inhalten mit der Aufmerksamkeit für andere Aspekte der Sendungen, wie Ausstrahlung des Medienpersonals, Bildtechnik u.ä., zu vergleichen.

Auch die Untersuchung des **Wissens** über ökonomische Begriffe und Begriffskomplexe war systematisch mit den Medienangeboten verknüpft:

(1) Durch die Konfrontation mit den Sendungsausschnitten wurde vor Ausgabe der Fragebögen ein thematischer Kontext geschaffen, der es erleichtern sollte, die vorhandenen Bestände an ökonomischem Alltagswissen zu akti-

---

2    Vgl. Klein (1996).

vieren und damit der Gefahr zu entgehen, die bei kontextisolierten Fragen gegeben ist: daß der Zugang zu den vorhandenen Wissensbeständen mangels geeignetem Kontext blockiert ist.

(2) Die Antworten, die die untersuchten Personen auf die Fragen nach ihrer Kenntnis ökonomischer Begriffe und damit verbundener Zusammenhänge gaben, wurden an dem Wissensniveau gemessen, das die Massenmedien – und zwar Medien der informationellen Grundversorgung, nicht die an ein Fachpublikum gerichteten Medien – bei Zuschauern und Lesern voraussetzen, um mit ihren Informationsangeboten überhaupt einigermaßen angemessen verstanden zu werden.

Die in den Punkten (1) und (2) enthaltenen methodischen Entscheidungen haben einen frame-theoretischen Hintergrund, dem wir uns nun zuwenden wollen.

## 2. Das lexikonsemantische Potential des Frame-Konzepts

Die prototypische Sicht auf das Verhältnis zwischen theoretischer und anwendungsbezogener Forschung geht von der Vorgängigkeit der Theorie in sachlogischer und zeitlicher Hinsicht aus. Dieses Bild muß für das Frame-Konzept und seine mittlerweile mehr als zwanzigjährige Geschichte zumindest teilweise korrigiert werden. Die frühen Frame-Überlegungen in der KI-Forschung waren weitgehend untheoretisches, allerdings durchaus originelles Handwerkeln, das sich ganz unprätentiös mit alltagsmetaphorischen ad-hoc-Begriffen wie "slot" und "filler" zufriedengab. Die Bescheidenheit bei der Begriffsbildung entsprach der Abstinenz, für diese Begriffe einen bestimmten Theoriestatus zu reklamieren. Unter Theorieaspekten wäre es z.B. unumgänglich gewesen, zu klären, in welchem Verhältnis die informatik-praktischen Kategorien "slot" und "filler" zu theoretischen bzw. semantischen Kategorien, wie Hyponymie, Meronomie u.ä., stehen. Gleichwohl übernahm die Linguistik das Frame-Konzept unter dem anspruchsvollen Etikett einer "Theorie", obwohl die Bemühungen, es zu theoretisieren – abgesehen von einigen satzsemantischen Ansätzen bei Fillmore[3] –, erst relativ spät, vor allem bei Konerding (1993), einsetzten. Zentrale Fragen auf Theorieebene blieben allerdings auch da noch offen, z.B. auf welcher Basis die Slots eines Frames zu bestimmen sind. Zwar hat Konerding eine wichtige Teilantwort gegeben: Die Struktur der Frames für (insbesondere substantivische) Lexi-

---

3  Insbesondere Fillmore (1977).

koneinheiten wird in hohem Maße bestimmt durch die Wissensaspekte, die mit den Hyperonymen, insbesondere mit den obersten Hyperonymen der jeweiligen Lexikoneinheiten, verknüpfbar sind (sog. Matrix-Frames). So wird der Frame zu *Student* durch den Matrix-Frame *PERSON/AKTANT* bestimmt oder besser: beschränkt. Allerdings ist die durch den Matrix-Frame geleistete Beschränkung gering und besagt nichts über die Spezifika des mit *Student* etwa im Verhältnis zu *Schüler* oder *Nonne* gegebenen Bedeutungswissens.

Der Matrix-Frame stellt eine (unüberschaubar große) Menge potentiellen Wissens bereit, dessen Umfang sich daraus ergibt, daß Konerding zu seiner Bestimmung sämtliche Prädikatsklassen zuläßt, aus denen sich sinnvolle Fragen (vor allem Ergänzungsfragen) im Hinblick auf das Hyperonym stellen lassen.[4] So gehören zum Matrix-Frame *PERSON/AKTANT* z.B. Informationen über den Aufenthaltsort ebenso wie Informationen über den seelischen Zustand. Denn aus der Verbklasse *sich aufhalten, sich befinden, wohnen, hausen* u.ä. läßt sich sinnvoll fragen: "Wo hält die Person sich auf?", und aus der Verbklasse *leiden, trauern, sich freuen* u.ä. "Leidet/trauert/freut sich die Person?".[5]

Angesichts der unüberschaubaren Fülle der durch dieses Verfahren zur Gewinnung von Matrix-Frames eröffneten potentiellen Wissensdimensionen stellt sich die bisher unbeantwortete Frage, wie und wodurch diese Menge reduziert wird auf die weit geringere Menge des default-Wissens, das den Frame zu einer Lexikoneinheit wie *Student* bildet. An der Beantwortung dieser Frage führt kein Weg vorbei, wenn man in einem sozio-linguistischen Empirieprojekt auf theoretisch rechtfertigbare Weise lexikalisches Bedeutungswissen für Lexeme erheben soll, die fachwissenschaftlich, fachpraktisch, politisch-publizistisch und alltagssprachlich verwendet werden.

Im Hinblick auf das Verhältnis von Anwendung und Theorie zeigt sich für das Frame-Konzept nun in zweifacher Weise, daß die prototypische Vorstellung von der Vorgängigkeit von Theorie zumindest forschungspraktisch korrigiert werden muß. Es waren vor allem anwendungspraktische Probleme ökonomischer Repräsentation bereichsspezifischen Wissens in der KI-Forschung, die zu einem Konzept führten, das später ein theoretisches Potential zu entfalten begann. Und es ist hier das Problem angewandter Linguistik, eine gesicherte Basis für die Kategorisierung und Bewertung von Bedeu-

---

4   Vgl. Konerding (1993a:141ff.).
5   Da es für die Demonstration des Verfahrens unwesentlich ist, habe ich mich nicht streng an die Verbklassifikation von Ballmer/Brennenstuhl (1986) gehalten, die Konerding zugrunde legt.

tungswissen bei bestimmten Sprachteilhabern (hier: jungen Erwachsenen) zu gewinnen, das uns auf offene Theoriefragen stößt und dazu nötigt, Antworten zu finden, die auf Theorie- und Anwendungsebene befriedigen können. Warum wird das Frame-Konzept und nicht eines der anderen in der lexikalischen Semantik etablierteren Konzepte (Merkmal-, Stereotypen-, Prototypen-Theorie) zugrunde gelegt? Mehrere Gründe spielen hier zusammen:

(1) In einer Untersuchung, in der ermittelt werden soll, wie hoch das Bedeutungswissen ist, über das eine bestimmte Probandengruppe verfügt, ist es unumgänglich, Bedeutung als Phänomen sozialer Geltung zu unterscheiden von der individuell ausgeprägten Kenntnis der Bedeutung eines Lexems oder einer festen Lexemkombination (= Bedeutungswissen). Vor allem wenn dies einen Lexembereich fachsprachlicher Herkunft betrifft, d.h. einen Bereich, in dem lexikalisches Wissen mit enzyklopädischem Wissen untrennbar verbunden ist, liegt es nahe, ein semantisches Konzept zugrunde zu legen, das davon ausgeht, daß der Gebrauch von Lexemen und festen Lexem-Kombinationen, sofern sie zur Bezeichnung von Dingen oder Sachverhalten dienen[6], ding- bzw. sachverhaltsbezogenes Wissen evoziert. Ein solches Konzept ermöglicht relativ problemlos eine diagnostische Perspektive, in der es darum geht, die Differenz zu bestimmen zwischen dem Wissen, das sich in der mit sozialem Geltungsanspruch ausgestatteten Bedeutung manifestiert, und dem bei Individuen und Gruppen tatsächlich vorhandenen Bedeutungswissen.

(2) Die o.g. lexikonsemantischen Theorien sind alle – die einen mehr (semantische Merkmalstheorie, Stereotypentheorie), die anderen etwas weniger (Prototypentheorie) – in der Tradition befangen, Lexembedeutungen primär oder ausschließlich per Definitionsverfahren zu bestimmen. D.h. cum grano salis: die Lexikonbedeutung ist angebbar in den Bestandteilen, die in einsprachigen linguistischen Bedeutungswörterbüchern im Definitionsteil des Lexikonartikels zu finden sind und sich vor allem bei Substantiven in die denotatbezogenen Prädikationsschemata "L ist (ein) ..." oder "L hat die Eigenschaft ..."[7] einordnen lassen. Es ist allerdings bemerkenswert, daß kein Bedeutungswörterbuch sich zur Angabe von Wortbedeutungen allein mit dem Definitionsteil begnügen kann. Lexikonartikel enthalten darüber hinaus Verwendungsbeispiele, und in denen pflegen semantische Bestände zu stekken, die, wenn sie auch im Definitionsteil nicht explizit sind, dennoch als (lexembezogenes) default-Wissen d zur Wortbedeutung gehören, so z.B. der default-Wissensbestandteil 'Stacheldraht' im Verwendungsbeispiel zum 50er/

---

6  D.h., für Synsemantika gilt dies nicht.
7  L = Denotat der Lexikoneinheit.

60er-Jahre-Lexem *Zonengrenze* in der Neubearbeitung des Paulschen "Deutschen Wörterbuchs" 1992. Alltagssprachlich lassen sich solche semantischen Bestände in die Prädikationsschemata "Bei L denkt man d wie selbstverständlich mit" oder schlicht "d gehört zu L" einordnen. Operational sind sie als lexembezogene usuelle Inferenzen in Texten bestimmbar. In lexembezogenen Frames sind solche semantischen Bestände miterfaßt.

(3) Die frame-semantische Beschreibung umfaßt zwei Ebenen: die Ebene der "filler", auf der die konkreten default-Wissensbestände repräsentiert sind, und die Ebene der "slots", auf der repräsentiert ist, welcher Kategorie die verschiedenen default-Wissensbestände angehören. Der Frame zu *Auto* beispielsweise enthält die Slots RÄDER, SITZE, aber auch ZWECK, ANTRIEBSART, BEWEGUNGSFORM. Beim Wissen über Autos sind diese Kategorien mit typischen Werten als Filler ausgefüllt: RÄDER = vier; SITZE = fünf; ZWECK = Transport; ANTRIEBSART = Kraftstoff-Motor; BEWEGUNGSFORM = Fahren mit Bodenkontakt. Diese – in den anderen semantischen Theorien nicht vorgesehene – systematische Beschreibung auf zwei Ebenen hat mehrere Vorzüge:

– Sie wirkt der Suggestion entgegen, das Verhältnis zwischen Bedeutungsbestandteilen sei, mit einigen Ausnahmen, wie sie etwa die generative Semantik für kausative Verben herausgearbeitet hat, ungeordnet additiv.

– Die kategoriale Ebene der Slots eröffnet den methodischen Zugriff auf spezifische Bedeutungselemente innerhalb der Gesamtbedeutung eines Lexems, indem mit der Slot-Kategorie als explizitem Begriff nach den Fillern eben dieser Kategorie gefragt wird. Während eine Frage wie "Was verstehen Sie unter L?" darauf zielt, Probanden zur Explikation ihrer Kenntnis der Gesamtbedeutung von L zu veranlassen, ermöglicht z.B. die Frage "Wer sind die Hauptakteure in L?" eine Fokussierung auf diejenigen Bedeutungselemente, die die Filler zum Slot AKTANTEN darstellen. Die Möglichkeit, bestimmte Bedeutungselemente zu fokussieren, ist unter wissensdiagnostischem Aspekt wichtig, wenn man wie in diesem Projekt gruppenspezifisches Bedeutungswissen vergleichen will mit der im öffentlichen Diskurs geltenden Bedeutung; denn dort sind es oft bestimmte Filler bestimmter Kategorien bzw. Slots, die als diskursrelevant ausgezeichnet sind und deren Kenntnis oder Unkenntnis vorrangig über Diskurskompetenz entscheidet.

– Stößt man bei der Diagnose von Bedeutungswissen zu etlichen Lexemen eines Sachbereichs, hier der Ökonomie, bei einer Probandengruppe auf

Defizite, so ermöglicht die Analyse auf zwei Ebenen von vornherein, solche Defizite nicht allein als einzelwort-bezogene Singulärfakten sehen zu können, sondern gegebenenfalls einzelwort-übergreifende kategoriale Defizite systematischen Charakters auszumachen. So enthalten prozeßbezeichnende Lexeme aus dem wirtschaftspolitischen Bereich (z.B. *Globalisierung*) als Elemente ihrer in der Öffentlichkeit etablierten Bedeutung häufig prozeßimplizite Konsequenzen, die im zugehörigen Frame unter dem Slot KONSEQUENZEN repräsentiert sind. Durch Vergleich zwischen dem Bedeutungswissen zu mehreren Lexemen, deren Frame den Slot KONSEQUENZEN enthält, kann dann ermittelt werden, ob eventuelle gruppenspezifische Defizite in dieser Kategorie punktuell und lexemspezifisch oder systematisch und lexemübergreifend sind.

– Die durch die Zwei-Ebenen-Beschreibung gegebene bessere interlexematische Vergleichbarkeit von Bedeutungswissen ermöglicht auch tiefere und genauere Einsichten in Prozesse der Bedeutungsnormierung und des Bedeutungswandels sowie in deren Zusammenhang mit lexikonsemantischer Bereichs- und Diskursspezifik. Denn Frames sind – nach außen nur unscharf abgrenzbare – Ausschnitte aus mehrdimensional vernetzten bereichsspezifischen Begriffsnetzen, die z.B. im Bereich der Politik als Schlagwort-Netze[8], oder im Bereich beruflicher Fachspezifik als Terminologien sprachlich greifbar werden.

Mit dem letzten Punkt zeichnet sich auch der Weg ab, auf dem das eingangs erwähnte Theorieproblem gelöst werden kann: Was bestimmt angesichts der durch die Matrix-Frames eröffneten Vielzahl potentieller Slot-Kategorien die vergleichsweise geringe Zahl von Slots in den lexemspezifischen Frames?[9]

---

8  Der Begriff "Wortfeld" (oder hier "Schlagwortfeld") wird mit Bedacht nicht verwendet, weil Wortfelder (fast) ausschließlich auf der Basis der Hyponym-Hyperonym-Relation basieren, während der Begriff des Netzes weitere interlexematische semantische Relationen zuläßt.

9  So eröffnen nach dem oben skizzierten Konerdingschen Verfahren, über Fragen zu Slot-Kategorien zu kommen, die Matrix-Frames zu den Hyperonym-Konzepten *PERSON/AKTANT* und *INSTITUTION/SOZIALE GRUPPE* mehr als hundert Kategorien, in denen Menschen(gruppen) auf der Basis der Verb- bzw. Prädikatklassen des Deutschen konzeptualisierbar sind. Diese Zahl reduziert sich z.B. in den Frames, welche die mit ethnischen Bezeichnungen wie *Pole, Farbiger* u.ä. gegebenen Stereotypen repräsentieren, nach breit belegten Befunden auf folgende frametheoretisch als Slots interpretierbare Kategorien: "(a) national origin and/or appearance; (b) socioeconomic status; (c) sociocultural norms, values, religion, beliefs, language; (d) (typical) actions or interactions; (e) assigned personal properties (intelligence etc.)" (van Dijk 1984:34; auch van Dijk 1987). Eine geringere Reduzierung der Slot-Kategorien ergibt sich,

Es sind die thematischen Foci und die dominanten Vernetzungen mit weiteren Begriffen in den maßgebenden Diskursen, die dies leisten. Wie aber lassen sich maßgebliche Diskurse eingrenzen und in den für frametheoretisch orientierte Bedeutungsbeschreibungen relevanten Hinsichten repräsentieren? In dem hier vorgestellten Projekt ist auf die Frage eine Antwort erarbeitet worden, der wir uns nun zuwenden wollen.

### 3. Alltagswissen und massenmedialer Diskurs – Wissensnetze als Repräsentationsformat

Das Wissen, um das es in diesem Projekt geht, ist Alltagswissen. Die Qualität des Alltagswissens ist nicht mit der Elle der Fachwissenschaft zu messen. In Themenbereichen, die alle angehen und die im Mittelpunkt der öffentlichen, im wesentlichen über die Massenmedien laufenden Auseinandersetzung stehen, ist es vielmehr sinnvoll, als Maßstab für Alltagswissen das Wissensniveau anzusetzen, das von den Medien, die die informationelle Grundversorgung besorgen, zum Verständnis ihrer Artikel und Sendungen vorausgesetzt wird. Das gilt vor allem auch für ökonomisches Wissen von Laien, sofern es über praktisches Handlungswissen zur Alltagsbewältigung, wie Einkaufen, Preisvergleich, Hauswirtschaften, einfache Bankgeschäfte, Lohn- und Gehaltsangelegenheiten etc., hinausgeht. Wissen über wirtschaftliche Zusammenhänge und Prozesse schafft, wenn es angemessen ist, für eine Einsicht in eigene Partizipations- und Gestaltungsmöglichkeiten eine wesentliche Voraussetzung. Dieses Wissen wird in der schulischen Grundausbildung nur rudimentär vermittelt. Die hauptsächliche Auseinandersetzung mit diesem Thema findet, wenn überhaupt, primär bei der Rezeption von Medienprodukten, wie Nachrichtensendungen, Magazinen, Tageszeitungen etc., statt.

Allerdings vermitteln diese Massenmedien ökonomisches Alltagswissen nur selten erklärend, sondern sie präsentieren Informationen so, daß zu deren Verständnis bereits vorhandenes Wissen benötigt wird. So wird ein Wis-

---

wenn man das Frame-Konzept nicht zur Bestimmung derjenigen Bedeutungskomponenten verwendet, die als mit dem Lexemgebrauch gegebenes default-Wissen vorausgesetzt werden und daher nicht eigens expliziert zu werden brauchen, sondern wenn man wie Fraas (1996) nach den expliziten Prädizierungen fragt, die im Mediendiskurs auf das Lexem bezogen werden können. Dem entspricht Fraas' Verständnis von Frame nicht als Instrument zur Darstellung der lexikalischen Bedeutung, sondern als "systematisch aufgestellte Liste von Fragen" zur Ermittlung des "Kontextualisierungspotentials von Konzepten" (a.a.O.:5, Hervorhebung – J.K.).

senshorizont konstituiert, den die Medien sowohl generieren als auch immer wieder voraussetzen. In unserem Testvideo kommt beispielsweise Finanzminister Theo Waigel in einem Tagesschauausschnitt mit der Äußerung zu Wort: "Wir brauchen Strukturreformen im Bereich des Steuerrechts, im Bereich der Sozialversicherungen und vor allem im Bereich des Arbeitsrechts, um von der hohen Arbeitslosigkeit in Deutschland wegzukommen. Mit der Konjunktur – so gut sie auch läuft – allein ist das nicht zu schaffen". Um die dort angebotene Information, nämlich die Explikation und die Begründung einer wirtschaftspolitischen Position, überhaupt erfassen und dann auch beurteilen zu können, muß auf vorhandenes Wissen über die Bedeutung der Begriffe *Strukturreform, Steuerrecht, Sozialversicherung, Arbeitsrecht, Arbeitslosigkeit, Konjunktur* zurückgegriffen werden. Ferner wird in der Äußerung bereits impliziert, daß normalerweise eine "gut laufende Konjunktur" Arbeitslosigkeit vermindert. Äußerungen dieser Art sind in den Massenmedien der informationellen Grundversorgung nicht die Ausnahme, sondern der Normalfall. Es handelt sich bei vorausgesetztem, vornehmlich begriffsbezogenem Bedeutungswissen dieser Art nicht um ein der Expertenkommunikation vorbehaltenes Fachwissen, sondern um ein im Mediendiskurs generiertes und als Norm gesetztes Alltagswissen.

Zur Ermittlung dieses für das ökonomische Alltagswissen als Standard unterstellte Wissensniveau wurden auf der Basis von Medienprodukten mit Wirtschaftsthemen aus den Jahren 1996 und 1997 zentrale Begriffe ermittelt und zusammen mit den Verknüpfungen, die im Mediendiskurs ihren Zusammenhang bestimmen, als Wissensnetze dargestellt.

Die **Netze** wurden gewonnen durch qualitative Inhaltsanalyse von ca. 300 Nachrichten- und Magazinsendungen von ARD, ZDF, RTL, SAT 1 und Artikeln aus Aachener Nachrichten, Rhein-Zeitung Koblenz, Spiegel, Focus, Die Zeit, Rheinischer Merkur, FAZ, FR, SZ, Die Welt. Dabei blieben Artikel aus den Wirtschaftsteilen der überregionalen Tageszeitungen ausgespart, weil diese sich vorwiegend an ein Publikum richten, bei dem die Redaktionen nicht nur gesteigertes Interesse an wirtschaftlichen Themen, sondern vielfach auch ökonomisches Fachwissen voraussetzen.

Es ging bei der Auswertung der Sendungen und Artikel nicht darum, ein Profil der wirtschaftsbezogenen Berichterstattung des jeweiligen Mediums zu erstellen. Ziel war es, quer über die Einzelmedien hinweg zu ermitteln, welches Bild von wirtschaftlichen Zusammenhängen in den vielfältigen, an ein breites Publikum gerichteten Einzelinformationen impliziert wird. "Impliziert wird" bedeutet hier: Die jeweilige Einzelinformation wird so vermittelt, daß sie nur angemessen verstanden werden kann im Rahmen eines von den Journalisten beim Publikum vorausgesetzten Wissenshorizonts. Zu diesem Zweck wurde jeweils festgehalten, welche Zusammenhänge in dem jeweiligen Medienprodukt aktualisiert wurden – zum meist geringeren Teil in expliziter Ausführung, zum meist größeren Teil als implizit vorausgesetztes Wissen. Dies verdichtete sich schon bald zu einem Gesamtbild, das in schematisierter Weise auf zwei Wissensnetze, "Volkswirtschaftliche Zusammenhänge" und "Gobalisierung", aufgeteilt wurde, von denen hier letzteres exemplarisch betrachtet werden soll (vgl. Anhang).

Die im Mediendiskurs thematisierten ökonomischen und wirtschaftspolitischen Zusammenhänge sind im wesentlichen funktionaler Art. Dabei dominieren die kausale Verknüpfung von (Teil-)Ursachen und Wirkungen (a → b = a führt zu b) und die finale Verknüpfung von Zwecken und Mitteln (a → b = a erfordert b). Weil beide Verknüpfungen auf – oft logisch unscharfen – Schlüssen (Konklusionen) beruhen[10], fassen wir die genannten Relationen unter dem Terminus "konklusive Verknüpfungen" zusammen. Diese Verknüpfungsarten (Relationen) werden in öffentlichen Diskursen vor allem im Rahmen von Erklärungen (genauer: Warum-Erklärungen) und Argumentationen verwendet.

Da die Netze den Mediendiskurs in seiner Breite und partiellen Widersprüchlichkeit repräsentieren, enthalten sie auch Verknüpfungen, die unter wirtschaftswissenschaftlichen oder unter politischen Gesichtspunkten miteinander konkurrieren oder einander widersprechen, so im Globalisierungsnetz z.B. bei den Forderungen, die sich aus den Zielen Sicherung des Standorts Deutschland und Beseitigung der Arbeitslosigkeit ergeben: *Steuersenkung, Einschränkung sozialer Leistungen, Euro-Einführung, ökologische Steuerreform, Schaffen größerer inländischer Kaufkraft.*

Die Kategorien in den Wissensnetzen sind in möglichst wertneutralen Begriffen formuliert, soweit der Medienbefund dies zuläßt. Umstrittene Schlagwörter, wie *Sozialabbau* oder *Überregulierung*, die ihren Wertungscharakter aus der Sprache beziehen, fehlen daher vollständig. Allerdings läßt es sich nicht vermeiden, Begriffe zu verwenden, die zwar aus ihrer sprachlichen Herkunft keine Bewertung mitbringen, die aber dennoch Reizwörter sind, je nachdem, wo man politisch steht – z.B. *ökologische Steuerreform* oder *Euro*. Das ist dann nicht in den Wörtern selbst, sondern in der Umstrittenheit des Sachverhalts begründet.

---

[10] Vgl. Klein (1987).

Die Wissensnetze repräsentieren den Wissenshorizont für die Lexeme, um deren Bedeutung es geht. Deren Repräsentation im Frame-Format wenden wir uns jetzt zu (vgl. hierzu die Abb. "Wissensnetz Globalisierung" im Anhang).

## 4. Exemplarische Frames

Bei der soziolinguistischen Frage danach, wer der Normgeber ist, der für Wortbedeutungen soziale Geltungskraft beansprucht, stößt man in dem Wortschatzbereich, der Gegenstand dieses Projekts ist, auf das Varietätenproblem. Ursprünglicher Normgeber vieler ökonomischer Begriffe ist die Wirtschaftswissenschaft. In modernen Gesellschaften dringen fachwissenschaftliche Begriffe in immer stärkerem Maße in die Allgemeinsprache ein, und zwar primär über die Massenmedien. Dabei pflegen die Bedeutungen vereinfacht und in den internen Relationen zwischen den Bedeutungsbestandteilen vager zu werden. Dementsprechend wird für die Frames der ökonomischen Begriffe als Norm der in den Massenmedien der informationellen Grundversorgung übliche Gebrauch zugrunde gelegt.

Der eigentliche Gegenstand unserer Untersuchung ist allerdings nicht der Mediensprachgebrauch, sondern der Zugang der Gruppe der in der Ausbildung befindlichen jungen Erwachsenen zu diesem Sprachgebrauch. Dabei geht es dann um die Differenz zwischen den Frames des ökonomiebezogenen Mediendiskurses und deren – unter Umständen fragmentarischer – Präsenz bei den Angehörigen der Untersuchungsgruppe. Das soll zunächst am Beispiel des Lexems *Globalisierung* erläutert werden.

Was als Bedeutung in einem Frame zu repräsentieren ist, hängt davon ab, was in der für den Lexemgebrauch maßgebenden Gruppe als default-Wissen vorausgesetzt und damit von den Sprachteilhabern mit normativem Anspruch als Bedeutungswissen erwartet wird. Was dabei als Norm vorausgesetzt wird, kann je nach Kommunikationspartner durchaus variieren. Frames, die das unter Experten erwartbare Bedeutungswissen repräsentieren, beanspruchen daher in der Regel eine weit größere kategoriale Differenzierung bei den Slots und eine feinere Granulierung bei den Fillern als Frames, die das bei Laien mit normativem Anspruch erwartbare Bedeutungswissen repräsentieren. Um das Bedeutungswissen, das z.B. Wirtschaftspolitiker und -journalisten in ihrer internen Kommunikation für das Lexem *Globalisierung* wechselseitig erwarten, zu repräsentieren, mag nicht einmal das gesamte im Anhang abgebildete Wissensnetz zur *Globalisierung* ausreichen, sondern

lediglich einen zentralen – vor allem die Slot-Kategorien VORAUSSET-
ZUNGEN und KONSEQUENZEN abdeckenden – Teil eines sehr detaillier-
ten Experten-Frames darstellen. Ob das tatsächlich so ist, wollen wir, da es
nicht Gegenstand unserer empirischen Untersuchung ist, dahingestellt sein
lassen. Aber was Vertreter der genannten Gruppen in ihren an die breite
Öffentlichkeit gerichteten Texten als meist nicht eigens expliziertes default-
Wissen bei den Rezipienten voraussetzen und als allgemein geltende Bedeu-
tungsnorm behandeln, sind durchgängig drei Bestandteile: (1) Internationalisierung der Märkte, (2) weltweite Verfügbarkeit und Vernetzbarkeit von
Information und (3) weltweite technisch-zivilisatorische Entwicklung.

Dies läßt sich abbilden als knapper und wenig differenzierter Frame mit nur
einem – aus dem Matrix-Frame zum hyperonymischen Konzept PROZESS
übernommenen – Slot TEILPROZESSE und den drei genannten Wissensbe-
standteilen als Fillern:

Frame *Globalisierung*

Slot:                                    Filler:
TEILPROZESSE                             1. Internationalisierung der Märkte
                                         2. Weltweite Verfügbarkeit und
                                            Vernetzbarkeit von Informationen
                                         3. Weltweite technisch-zivilisatori-
                                            sche Entwicklung

Die Filler dieses Frames wurden bei der Auswertung der Frage "Was verstehen Sie unter Globalisierung?" als Maßstab für das Bedeutungswissen der
Probanden zugrunde gelegt.

Das Lexem *Globalisierung* ist noch Anfang der 90er Jahre so selten, daß es
in den einsprachigen Wörterbüchern des Deutschen gänzlich fehlte. Es
wurde erstmals 1996 – in der 3. Auflage im Duden "Deutsches Universalwörterbuch" – lexikographisch kodifiziert.[11] Zuvor war es etwa ab Ende
1994 vor dem Hintergrund einer internationalen wirtschaftswissenschaftlichen Diskussion über "globalization" und einer zunehmenden Krise auf dem
deutschen Arbeitsmarkt – neben *Standort Deutschland* – in kurzer Zeit[12]
zum dominierenden Schlagwort geworden, das den massenmedialen politischen Diskurs weit über den im engeren Sinne wirtschaftspolitischen The-
menbereich hinaus prägte und prägt.

---

[11] Vgl. Scherrer (1998:24).
[12] Im Jahreswirtschaftsbericht 1993 der Bundesregierung kommt das Wort *Globalisierung* noch nicht vor.

Um in Erfahrung zu bringen, inwieweit bei jungen Erwachsenen die im wirtschaftspolitischen Diskurs breit behandelten Folgen und Folgerungen aus der Globalisierung bekannt sind, wurde die Frage "Welche Bedeutung hat die Globalisierung für Deutschland?" gestellt. In lexikonsemantischer Hinsicht läßt sich aus den Antworten erschließen, ob einige Folgen und Folgerungen bei den Probanden so regelmäßig mit dem Globalisierungskonzept verknüpft sind, daß sie – wie im wirtschaftswissenschaftlichen Gebrauch von *Globalisierung* z.b. hinsichtlich des Merkmals 'Verschärfung der Konkurrenz auf dem Weltmarkt' zu beobachten – als Bedeutungselemente zu buchen sind, nämlich als Filler des Slots FOLGEN, oder ob sich zumindest eine Entwicklung dahin abzeichnet.[13]

Bevor wir zum diagnostischen Teil der Untersuchung übergehen, soll an der Frage "Welche Auswirkungen hat die Senkung der Lohnnebenkosten?" (1) der frame-theoretische Status fester, d.h. im Diskurs fest gewordener Lexemverbindungen (hier: *Senkung der Lohnnebenkosten*) erläutert werden

---

[13] Aufgrund des Korpusbefundes wurde für die Auswertung der Antworten auf diese Frage folgender Katalog von Folgen und Folgerungen zugrunde gelegt:
    Globalisierung führt zu
1. Erschließung neuer Märkte (Export)
2. komparativen Nachteilen (allgemein):
2.1 Produktionsverlagerung ins Ausland
2.2 Senkung von Sozialleistungen, Löhnen
2.3 Abbau von Arbeitsplätzen
3. Veränderung des Binnenmarkts:
3.1 Rückgang der Binnennachfrage
3.2 Vergrößerung des Binnenangebots
4. politischer, gesellschaftlicher Veränderung:
4.1 geringerem Spielraum für nationale Wirtschaftspolitik (Abhängigkeiten
    von anderen Wirtschaftssystemen)
4.2 Pluralität der Lebensformen (Multikultur)
5. Angleichungsprozessen (unspezifiziert)
6. Einführung des Euro
7. Verschärfung der Konkurrenz für deutsche Unternehmen auf dem Weltmarkt
    Globalisierung erfordert
8. mehr internationale Regelungen, z.B. über Sozialstandards
9. mehr Verantwortung für die Entwicklungsländer
10. Flexibilität und Internationalität deutscher Unternehmen
11. Investitionen in Forschung und Bildung
12. Strukturwandel (Dienstleistungs-, Informationsgesellschaft)
13. Abbau von Standortnachteilen
Es sei ausdrücklich darauf aufmerksam gemacht, daß dieser Katalog kein Frame zur Repräsentation der lexikalischen Bedeutung von *Globalisierung* ist, sondern ein Suchraster für Kandidaten einer eventuellen Bedeutungzugehörigkeit.

und (2) die oben apostrophierte Möglichkeit exemplifiziert werden, die Kenntnis von Bedeutungselementen, die im Diskurs besonders relevant sind, zu überprüfen, indem Fragen auf eine bestimmte Slot-Kategorie (hier: AUSWIRKUNG) explizit zugespitzt werden:

Neue Themenschwerpunkte im öffentlichen Diskurs können innerhalb von Frames Verschiebungen bewirken. Sie modellieren dann Bedeutungen z.b. in dem Sinne, daß sie bestimmte, unter anderen Umständen periphere Bedeutungselemente ins Zentrum eines Frames rücken. Kontextisoliert würde man beim Begriff *Lohnnebenkosten* die Slot-Kategorie VERÄNDERUNG nicht als zentrale Bedeutungskategorie sehen. Im wirtschaftspolitischen Diskurs der letzten fünf Jahre aber erscheint der Begriff *Lohnnebenkosten* vornehmlich in der festen Verbindung *Senkung der Lohnnebenkosten*. Dabei ist *Senkung* die ausdrückliche Nennung (Explikation) des prototypisch gewordenen Fillers für die Slot-Kategorie VERÄNDERUNG. Diese ständige Explikation im öffentlichen Diskurs bedeutet, daß die Slot-Kategorie VERÄNDERUNG von der Peripherie in das Zentrum des Frames von *Lohnnebenkosten* gerückt ist, also eine zentrale Bedeutungskategorie geworden ist.

Minsky macht schon im Hinblick auf einfache Frames, an denen er die ersten frametheoretischen Konzepte entwickelt hat, deutlich, daß Slots und Filler Anschlußstellen für weitere Frames sind – vor allem insofern sie ja selbst Begriffe mit innerer Komplexität sind.[14] So eröffnet die Slot-Kategorie VERÄNDERUNG selbst einen Frame, der (u.a.) den Slot AUSWIRKUNG enthält. Da für die Kategorie VERÄNDERUNG innerhalb des Frames *Lohnnebenkosten* Beschränkungen für in Frage kommende Filler existieren, die wiederum durchschlagen auf das Spektrum möglicher Filler der Slot-Kategorie AUSWIRKUNG, kommen als Filler nicht beliebige Auswirkungen in Frage, sondern solche, die die AKTOREN des Lohnnebenkosten-Frames – *Unternehmer* und *Arbeitnehmer* – betreffen. Somit ergibt sich folgende Frame-Konfiguration:

---

[14] Minsky (1990:131ff. u.ö.).

*Lohnnebenkosten* (als Diskursbegriff)

| Slots: | Filler: |
|---|---|
| I. GATTUNG | Kosten |
| II. KONSTITUTIONSBEDINGUNG | Lohn |
| III. RELATION VON I ZU II | Zusätzlichkeit |
| IV. AKTOR | (1) Unternehmer, (2) Arbeitnehmer |
| V. FUNKTION | Soziale Sicherung der Arbeitnehmer |
| VI. NIVEAU | Höchststand (im hist. u. internat. Maßstab) |
| VII. FOLGE | Hohe Produktionskosten der Unternehmen; Beeinträchtigung der Konkurrenzfähigkeit; Erhöhung der Arbeitslosigkeit; Minderung der Nettobezüge |

Im neueren Wirtschaftsdiskurs fokussiert:

| VIII VERÄNDERUNG | Senkung |
|---|---|
| Sub-Slots: | Sub-Fillers: |
| VIII' AUSWIRKUNG DER VERÄNDERUNG | |
| VIII'a für AKTOR (1) | 1. für Unternehmen: |
| | 1.1 Senkung der Produktionskosten |
| | 1.2 Steigerung der Produktivität |
| | 1.3 Bessere Konkurrenzfähigkeit wegen niedriger Preise |
| | 1.4 Gewinnsteigerung (ohne Beschäftigungseffekt) |
| VIII'b für AKTOR (2) | 2. für Arbeitnehmer |
| | 2.1 Stärkung der Kaufkraft |
| | 2.2 Schaffung von Arbeitsplätzen |
| | 2.3 Abbau sozialer Sicherheit |

## 5. Die Diagnose: Ökonomiebezogenes Bedeutungswissen bei jungen Erwachsenen

90 männliche und weibliche Auszubildende, Oberstufenschüler und Studierende (aller Fakultäten mit Ausnahme der wirtschaftswissenschaftlichen) im Alter zwischen 17 und 27 Jahren wurden nach dem Quotenverfahren in einer Verteilung, die dem Zahlenverhältnis der drei Gruppen in der Bundesrepublik Deutschland entspricht, jeweils innerhalb des eingangs skizzierten Situationskontextes mit 15 Fragen zu ökonomischen und wirtschaftspolitischen Begriffen konfrontiert, zu deren schriftlicher Beantwortung den Probanden/ -innen beliebig viel Zeit gelassen wurde. Als Maßstäbe für das Bedeutungswissen der Probanden/-innen waren zuvor für alle Lexeme und festen Lexemkombinationen, auf die die Fragen zielten, – wie im vorigen Abschnitt an typischen Fragen exemplifiziert – auf der Basis der im Mediendiskurs geltenden Bedeutungen Frames fixiert worden. Die Bedeutungselemente (Filler der Frames) sind als Variable kodiert, so daß die Probandenantworten statistisch ausgewertet werden konnten. Wenn es sich, wie in diesem Projekt, um offene Fragen handelt, liegen die Antworten nicht in standardisierter Form und – vor allem bei Nicht-Experten – nicht in fachterminologischer Fassung vor. Bevor hier Antworten als Basis statistischer Auswertung den Variablen zugeordnet werden können, müssen sie, wie man sich in den empirischen Sozialwissenschaften auszudrücken pflegt, "qualitativ ausgewertet" werden. Sprachwissenschaftlich formuliert bedeutet das: Lexik, Kohärenz und Referenz der durchweg alltagssprachlich formulierten Antworten sind unter Berücksichtigung varietätenlinguistischer, textlinguistischer und verstehensanalytisch-hermeneutischer Gesichtspunkte daraufhin zu analysieren, ob bzw. inwieweit sie die in den Frames explizierten Bedeutungen und Bedeutungselemente zumindest in etwa treffen.

Das Ziel der Untersuchungen war diagnostisch. Darum interessierte nicht nur, was an Wissen vorhanden ist, sondern vor allem auch, was nicht vorhanden ist. Da es sich bei dem hier erfragten Begriffswissen, um ökonomisches Grundwissen handelt, das eine Basiskompetenz zur qualifizierten Auseinandersetzung mit dem wirtschaftlichen Geschehen und eine unabdingbare Voraussetzung für das Verständnis wirtschafts-, finanz- und sozialpolitischer Debatten darstellt, werden die Befunde nicht unter dem Aspekt des vorhandenen Wissens, sondern unter dem Aspekt der Defizite notiert. Für die Gesamtheit der Fragen und der zugehörigen Frames sei auf den Abschlußbericht (Klein/Meißner 1998) verwiesen. Hier sollen für die drei im vorigen Abschnitt erläuterten Fragen die Ergebnisse im Einzelnen vorgestellt werden. Das Übrige wird unter Relevanzgesichtspunkten lediglich skizziert.

Um einen Eindruck von Struktur und Qualität der Antworten zu vermitteln, werden den drei quantitativen Einzelauswertungen Beispiele für Antworten auf drei Qualitätsniveaus hinzugefügt.

(1) Antworten auf die Frage "Was verstehen Sie unter Globalisierung?"

| Bedeutungselemente des Lexems *Globalisierung* (Slot: TEILPROZESSE) | Defizitfälle in % (n=90) |
|---|---|
| 1. Internationalisierung der Märkte | 55,6% |
| 2. Weltweite Verfügbarkeit und Vernetzbarkeit von Information | 93,3% |
| 3. Weltweite technisch-zivilisatorische Entwicklung | 98,8% |

Bei 54 % war der Begriff *Globalisierung* unbekannt oder wurde gänzlich unspezifisch erläutert.

Beste Antwort(en) des Korpus:
*"Weltweites Zusammenwachsen in Wirtschaft, Politik, Datenverarbeitung, Öffentlichkeit (öffentliche Meinung), Kultur, Gesellschaft und Arbeitsmarkt, Europa (EU), Internet"*

Beispiele für typische Antworten mittlerer Qualität:
*"Vereinheitlichung des Marktes"*, *"Ausweitung des wirtschaftlichen Marktes von einer regionalen Ebene auf den Weltmarkt"*

Beispiele für mangelhafte Antworten:
*"Globalisierung ist eine Weltanschauung"*, *"Öffnung der Welt"*, *"Verbesserung der Wirtschaft"*, *"Globalisierung ist das Zusammenwirken von vier verschiedenen Kräften, nämlich Wachstum, Investitionen ... ?"*

(2) Antworten auf die Frage "Welche Bedeutung hat die Globalisierung für Deutschland?"

| Wissenselemente (als potentielle Bedeutungselemente)[15] zu *Globalisierung* in der | Defizitfälle in % (n=90) |
|---|---|

---

15 Es sei daran erinnert, daß es sich bei dem Katalog der Wissenselemente zu dieser Frage nicht um einen Frame zur Darstellung der lexikalischen Bedeutung von *Globalisierung* handelt, sondern um eine Liste von diskursgenerierten Kandidaten für eine eventuelle Integration in die lexikalische Bedeutung.

Dimension Folgen (1.-7.) und Folgerungen (8.-13.)

| | |
|---|---|
| 1. Erschließung der Märkte | 78,9% |
| 2.1 Produktionsverlagerung ins Ausland | 83,3% |
| 2.2 Senkung von Sozialleistungen, Löhnen | 96,7% |
| 2.3 Abbau von Arbeitsplätzen | 87,8% |
| 3.1 Rückgang der Binnennachfrage | 100% |
| 3.2 Vergrößerung des Binnenangebots | 94,4% |
| 4.1 Geringerer Spielraum für nationale Wirtschaftspolitik | 97,8% |
| 4.2 Pluralität der Lebensformen | 96,7% |
| 5. Angleichungsprozesse | 94,4% |
| 6. Einführung des Euro | 96,7% |
| 7. Verschärfung der Konkurrenz für deutsche Unternehmen auf dem Weltmarkt | 85,6% |
| 8. Notwendigkeit internationaler Regelungen, z.b. über Sozialstandards | 100% |
| 9. mehr Verantwortung für Entwicklungsländer | 98,9% |
| 10. Notwendigkeit von Flexibilität und Internationalität deutscher Unternehmen | 98,9% |
| 11. Notwendigkeit von Strukturwandel | 94,6% |
| 12. Notwendigkeit von Standortverbesserungen | 98,9% |

Beste Antwort(en) des Korpus:
*"Exportsteigerung, höherer Wettbewerb betreff Arbeitsplätze und Standort, Nachteile, weil Produktionskosten in Deutschland sehr hoch. Daher ist Anpassung in Gesellschaft und Wirtschaft nötig."*

Beispiele für typische Antworten mittlerer Qualität:
*"Aufgabe nationaler Rechte, z.B. Währung, Bundeswehr, neue Aufgaben und Pflichten für Deutschland, daher ein Umdenken, ein Ausbrechen aus einer Scheuklappensichtweise"*, *"mehr Konkurrenzdruck, deutsche Produkte zu teuer, deutsche Firmen wandern ins Ausland, keine Arbeitsplätze in Deutschland"*, *"neue Möglichkeiten, Märkte zu erschließen, die Standortkonkurrenz wird verstärkt"*

Beispiele für mangelhafte Antworten:
*"was hat Globalisierung mit Deutschland zu tun"*, *"dem Staat geht es besser"*, *"Einführung des Euro, Einführung der Euronorm"*, *"mehr Kosten, da alles gleich sein muß für mehrere Länder, z.B. Währung"*

(3) Antworten auf die Frage "Welche Auswirkungen hat die Senkung der Lohnnebenkosten?"

| Bedeutungselemente im Slot AUSWIRKUNG des Frames zur festen Lexemverbindung *Senkung der Lohnnebenkosten* | Defizitfälle in % (n=90) |
|---|---|
| 1.1 Produktionskostensenkung | 74,4% |
| 1.2 Steigerung der Produktivität | 100% |
| 1.3 Bessere Konkurrenzfähigkeit durch niedrige Preise | 100% |
| 2.1 Kaufkraft | 87,8% |
| 2.2 Schaffung neuer Arbeitsplätze | 66,7% |
| 2.3 Umbau des Sozialsystems | 71,1% |

20% der Probanden gaben keine und 10% gänzlich unsinnige Antworten.

Beste Antwort(en) des Korpus:
*"Arbeitsplätze erhalten und schaffen wird billiger, Unternehmen können mehr Leute einstellen, Leute haben mehr Geld zum Kaufen, Staatskasse wird langfristig entlastet"*

Beispiele für typische Antworten mittlerer Qualität:
*"geringere Kosten für den Arbeitgeber, bezogen auf den Arbeitgeber – der Arbeitnehmer hat nicht viel davon"*, *"Abbau des Sozialsystems, da die Lohnnebenkosten der Finanzierung von Sozialleistungen dienen"*, *"schlechte Absicherung der Arbeitnehmer, kurzfristige Einsparungen, die sich jedoch auf das gesamte Wirtschaftsniveau niederschlagen"*, *"die Senkung der Lohnnebenkosten hat vor allem die Folge, daß billiger produziert werden kann, dadurch entsteht mehr Wachstum, außerdem wird der deutsche Markt dadurch für ausländische Investoren und Unternehmer interessanter"*

Beispiele für mangelhafte Antworten:
*"keine Vorteile für Arbeitgeber und Arbeitnehmer"*, *"die Leute haben mehr Geld"*, *"höhere Löhne sind möglich"*

Setzt man als Maßstab für Bedeutungswissen und bedeutungsnahes, begriffsbezogenes Wissen[16] das Wissensniveau an, das von den Medien, die die informationelle Grundversorgung leisten, zum Verständnis ihrer Artikel

---

16  Als "begriffsbezogenes, bedeutungsnahes Wisses" wird hier Wissen, wie es in der Frage nach der "Bedeutung der Globalisierung für Deutschland" erfragt wird, bezeichnet.

und Sendungen häufiger vorausgesetzt als expliziert wird, so zeigen sich beim weit überwiegenden Teil der Antworten unserer Probanden auf die hier exemplarisch vorgestellten und erläuterten Fragen schwerwiegende Defizite. Die Antworten auf die übrigen Fragen bieten kein anderes Bild. So fehlt bei der Erläuterung des Begriffs *Standortfaktoren* bei 66,6% jeder Hinweis auf staatlich gesetzte Rahmenbedingungen. 20% können sich unter dem Begriff gar nichts vorstellen. 63,3% verbinden mit dem Begriff ausschließlich wirtschaftsgeographisch-infrastrukturelle Vorstellungen auf lokaler oder regionaler Ebene, wie Verkehrsanbindung oder Gewerbefläche.

Defizite im einfachsten begriffsbezogenen ökonomischen Basiswissen zeigen sich in Folgendem: 55,6% erläutern den Begriff der *Preisbildung* ohne die Rolle, die dabei das Angebot spielt, zu erwähnen. In den Erläuterungen des Begriffs *Wettbewerbsfähigkeit* fehlen Hinweise auf Produktivität bei 44,4%, auf Produktqualität bei 51%, auf Preise bei 70%, auf Innovationsfähigkeit bei 82,2%, auf ausreichende Nachfrage bei 84,4% und auf Standortfaktoren bei 86,7%.

Auch bei massenmedial gängigen Börsenbegriffen zeigt sich erhebliche Unkenntnis. *Rendite einer Aktie* ist 33,3% unbekannt. Nur 2,8% wissen, daß sie sich aus Kurssteigerung und Dividende zusammensetzt. In den Erläuterungen zum Begriff *Aktienentwicklung* fehlt bei 49% jeder Hinweis darauf, daß sie durch Angebot und Nachfrage an der Börse bestimmt wird, und bei 70%, daß die Gewinnentwicklung der Unternehmen darauf Einfluß hat.

Die Anwendung der Frame-Theorie ist oben u.a. damit begründet worden, daß sie es erleichtert, mittels der Slot-Kategorien Defizite im Bedeutungswissen lexemübergreifend auf Systematizität hin zu überprüfen. Betrachtet man die dargestellten Defizite bei den jungen Erwachsenen unter diesem Gesichtspunkt, so betreffen sie jeweils zentrale, z.T. alleinige Slot-Kategorien. Die meisten in der Untersuchung thematisierten Lexeme und festen Lexemkombinationen weisen das semantische Charakteristikum auf, 'Gesamtbegriffe' zu sein[17], d.h., sie denotieren die Gesamtheit einer bestimmten Art von (1) Prozessen (*Globalisierung, Preisbildung*), (2) Prozeßergebnissen (*Rendite einer Aktie*), (3) Konstitutionsbedingungen (*Wettbewerbsfähigkeit*) und (4) Wirk-Elementen (*Standortfaktoren*). Zentrale Slot-Kategorien sind hier dementsprechend TEILPROZESSE (1), (PROZESS)-ERGEBNISSE (2), KONSTITUTIONSBEDINGUNGEN (3) und (WIRK-)ELEMENTE (4). Es ist evident, daß Ausfälle im Bedeutungswissen bei relevanten Fillern dieser

---

[17] Den Hinweis auf diese Begriffsklasse verdanke ich Fritz Hermanns.

Slots besonders gravierend sind, zumal damit logischerweise auch die Unkenntnis lexemspezifischer Relationen zwischen den nichtgewußten Elementen der jeweiligen Gesamtheit verbunden ist: Wer es in einem themenbetreffenden Situationskontext trotz reichlicher Zeit zum entspannten Nachdenken[18] über den Begriff der *Preisbildung* nicht vermag, auf den TEILPROZESS des Anbietens zu verweisen – sei es in üblicher Terminologie (*Angebot*) oder in eigenen Formulierungen und/oder Beispielen (z.B. *wenn einer bei mir was quitt werden will, ...*) – der/die verfehlt damit logischerweise auch die Slot-Kategorie RELATION (zwischen Teilprozessen), d.h. im Falle von *Preisbildung* die RELATION des Einpendelns zwischen den TEILPROZESSEN Angebot und Nachfrage.

Die oben dargestellten quantifizierten Defizite im lexemspezifischen Bedeutungswissen lassen sich überwiegend den aufgezeigten zentralen Slot-Kategorien zuordnen. In der lexemübergreifenden Perspektive der Slot-Zugehörigkeit zeigt sich damit der gravierende und systematische Charakter der lexikonsemantischen Defizite der untersuchten Gruppe im Bereich Wirtschaft/ Wirtschaftspolitik.

Einige Fragen bezogen sich auf Ursachenfaktoren, Folgen und Wirkungen ökonomischer oder wirtschaftspolitischer Sachverhalte. Zum Teil lassen sich diese im Mediendiskurs als Bedeutungsbestandteile von Lexemen/festen Lexemkombinationen nachweisen (z.B. Verschärfung der Konkurrenz auf dem Weltmarkt bei *Globalisierung;* AUSWIRKUNGEN bei *Senkung der Lohnnebenkosten*), z.T. erscheinen sie dort als Kandidaten auf dem Weg zum festen Bedeutungsbestandteil (z.B. geringerer Spielraum für nationale Wirtschaftspolitik bei *Globalisierung*); andere sind weniger fest mit dem jeweiligen Lexem verknüpft, z.B. die im Zusammenhang mit dem Begriff der *Arbeitslosigkeit* im öffentlichen Diskurs mannigfach explizierten Ursachenfaktoren oder auch die mit dem Lexem *Zinserhöhung* verknüpften Auswirkungen. Gleichgültig, ob Ursachenfaktoren, Folgen und Folgerungen im Mediendiskurs als Bedeutungsbestandteile, als Kandidaten für eine Integration in die jeweilige Lexembedeutung oder nur als mit der Bedeutung des jeweiligen Lexems häufig kontextuell verbunden auftreten – hier stellte sich das Wissen der Probanden als besonders bescheiden heraus. Damit wird deutlich, daß es in hohem Maße an der Vernetzung – insbesondere der konklusiven Vernetzung – zwischen zentralen ökonomischen und wirtschaftspolitischen Begriffen fehlt.

---

[18] Zur Testsituation siehe oben.

## 6. Disziplinbezogene Schlußbemerkung

Da die Probandengruppe nach dem Quotenverfahren zusammengestellt wurde und die quantitativen Ergebnisse ihre Relevanz nicht im Bereich der Stellen hinter dem Komma haben, sondern in groben Befunden, bei denen es relativ unwichtig ist, ob ein Defizit bei 90% oder "nur" bei 75% einer Gesamtgruppe vorliegt, dürften die Ergebnisse aussagekräftig sein, auch wenn für die Probandengruppe Repräsentativität im statistischen Sinne nicht beansprucht werden kann.

Die Ergebnisse müssen vor allem diejenigen beunruhigen, die das Ideal des mündigen Bürgers/der mündigen Bürgerin hochhalten. Denn dazu gehört über einfaches ökonomisches Handlungswissen des Typs "Wie tätige ich eine Überweisung" hinaus auch ein staats- und wirtschaftsbürgerliches Grundwissen, das insofern auch als Alltagswissen einzufordern ist, als ohne dieses weder ein halbwegs angemessenes Verständnis des alltäglichen öffentlichen Diskurses noch erst recht eine auch nur entfernt kompetente Teilnahme daran möglich ist. Die Folgerungen, die aus den staatsbürgerlich alarmierenden Ergebnissen zu ziehen wären, sind nicht linguistischer, sondern bildungspolitischer und medienpraktischer Art: vom Status des Themenfeldes Wirtschaft in der Schule bis zur Darstellung von Ökonomie und Wirtschaftspolitik in den Massenmedien, insbesondere im Fernsehen.[19] Die Linguistik, genauer: die empirische Semantik, konnte hier "nur" das Diagnoseinstrument liefern – das allerdings auf einem Differenzierungs- und Präzisionsniveau, das andere Disziplinen in der Erfassung und Analyse primär sprachlich konstituierten Wissens schwerlich erreichen.[20] Daneben ergeben sich allerdings auch linguistische Folgerungen aus der Untersuchung:

(1) Das Frame-Konzept hat sich hier in der sozio- und medienlinguistischen Empirie als leistungsfähig erwiesen – also weit weg vom Ursprungsbereich KI-Forschung und jenseits der Domänen Satzsemantik und Textlinguistik.

(2) Die empirischen Befunde zeigen überdeutlich, daß es fließende Grenzen gibt zwischen kognitiven Elementen, die zu einer Wortbedeutung zu zählen sind, und solchen, die es nicht sind. Hier zeigt sich die prägende, Wortbedeutungen im Fluß haltende Rolle von Diskursen, hier des öffentlich-medialen Diskurses.

---

19  Vgl. dazu das Schlußkapitel in Klein/Meißner (1998).
20  Zum Vergleich etwa psychologische Arbeiten wie Ingrisch (1997).

(3) Die Diskurse sind es auch, die durch thematische Relevant-Setzungen (z.B. auf der Grundlage ökonomischer Entwicklungen und/oder wirksamer Interessenartikulation) die Vielzahl potentieller Slot-Kategorien, die sich aus den jeweiligen Matrix-Frames ergeben, lexemspezifisch so reduzieren, daß lexikalische Bedeutungen auf Nicht-Experten-Niveau sich überwiegend verstehen lassen als überschaubare, an den Rändern allerdings unscharfe Mengen tendenziell stereotypischer default-Wissens-Elemente.

# ANHANG

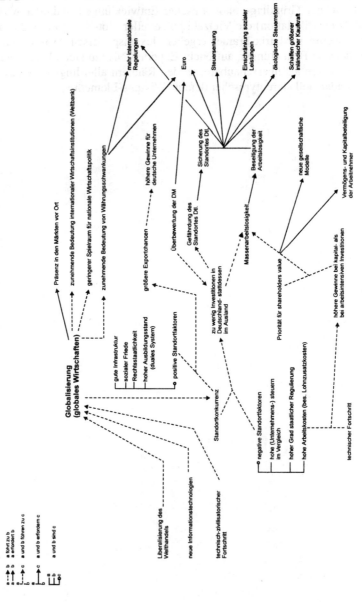

Wissensnetz Globalisierung

## LITERATUR

Baacke, Dieter; Kübler, Hans-Dieter (Hg.) (1989): *Qualitative Medienforschung.* - Tübingen: Niemeyer.

Bierwisch, Manfred (1983): *Semantische und konzeptuelle Repräsentation lexikalischer Einheiten.* - In: R. Růžička, W. Motsch (Hg.): *Untersuchungen zur Semantik.* - Berlin: Akademie-Verlag (= studia grammatica XXII).

Dijk, Teun A. van (1984): *Prejudice in Discourse.* - Amsterdam: Benjamins Publishing Company.

Ders. (1987): *Communicating Racism. Ethnic Prejudice in Thought and Talk.* - Newbury Park: Sage Publications.

Ders. (1991): *Racism and the Press.* - London: Sage Publications Routledge.

Fillmore, Charles J. (1977): *Scenes and Frames Semantics.* - In: A. Zampolli (Ed.): *Linguistic Structures Processing.* - Amsterdam, New York: North Holland Pub. Co., 55-83.

Fraas, Claudia (1996): *Gebrauchswandel und Bedeutungsvarianz in Textnetzen. Die Konzepte IDENTITÄT und DEUTSCHE im Diskurs zur deutschen Einheit.* - Tübingen: Narr.

Friedrichs, Jürgen (1973): *Methoden der empirischen Sozialforschung.* - Reinbek: Rowohlt Taschenbuch Verlag.

Hermanns, Fritz (1995): *Kognition, Emotion, Intention. Dimensionen lexikalischer Semantik.* - In: G. Harras (Hg.): *Die Ordnung der Wörter.* - Berlin, New York: de Gruyter, 138-178.

Hoffmann, Lothar ([2]1985): *Kommunikationsmittel Fachsprache. Eine Einführung.* - Tübingen: Narr.

Ingrisch, Manuela (1997): *Politisches Wissen, politisches Interesse und politische Handlungsbereitschaft bei Jugendlichen aus den alten und neuen Bundesländern. Eine Studie zum Einfluß von Medien und anderen Sozialisationsbedingungen.* - Regensburg: Roderer-Verlag.

Jackendoff, Ray S. (1990): *Semantic Structures.* - Cambridge/Mass.: MIT Press.

Johnson-Laird, Philip (1983): *Mental Models. Towards a Cognitive Science of Language, Inference and Consciousness.* - Cambridge/Mass.: Cambridge University Press.

Klein, Josef (1987): *Die konklusiven Sprechhandlungen. Studien zur Pragmatik, Semantik, Syntax und Lexik von BEGRÜNDEN, ERKLÄREN-WARUM, FOLGERN und RECHTFERTIGEN.* - Tübingen: Niemeyer.

Ders. (1996): *Unterhaltung und Information: Kategorien und Sprechhandlungsebenen. Medienlinguistische Aspekte von TV-Akzeptanzanalysen mit dem Evaluationsrecorder.* - In: E. Hess-Lüttich, W. Holly, U. Püschel (Hg.): *Textstrukturen im Medienwandel.* - Frankfurt/M. u.a.: Lang, 107-119.

Ders. (1998): *Linguistische Stereotypbegriffe.* - In: M. Heinemann (Hg.): *Sprachliche und soziale Stereotype.* - Frankfurt/M. u.a.: Lang.

Klein, Josef; Meißner, Iris (1998): *Bedeutung, Verständlichkeit und Wirkung ökonomischer Begriffe bei jungen Erwachsenen als Fernsehzuschauer.* Projekt-Abschlußbericht. - Koblenz: Hausdruck.

Konerding, Klaus-Peter (1993a): *Frames und lexikalisches Bedeutungswissen.* - Tübingen: Niemeyer.

Ders.(1993b): *Wortfeld und das Problem einer sprachwissenschaftlichen Fundierung der Frametheorie.* - In: P.R. Lutzeier (1993), 163-173.

Lakoff, George (1982): *Categories and models.* - Trier: Linguistic Agency University Trier.

Lehrer, Adrienne (1993): *Semantic Fields and Frames: Are They Alternatives?* - In: P.R. Lutzeier (1993), 149-162.

Lutzeier, Peter R. (1985): *Linguistische Semantik.* - Stuttgart: Metzler.

Ders. (1993): *Studien zur Wortfeldtheorie.* - Tübingen: Niemeyer.

Merten, Klaus (1983): *Inhaltsanalyse. Eine Einführung in Theorie, Methode und Praxis.* - Opladen: Westdeutscher Verlag.

Minsky, Marvin (1975): *A Framework for Representing Knowledge.* - In: P.H. Winston: *The psychology of Computer Vision.* - New York: Graw Hill, 211-278.

Ders. (1977): *Frame System Theory.* - In: P.N. Johnson-Laird, P.C. Wason (Eds.): *Thinking.* - Cambridge: Cambridge University Press, 355-377.

Ders. (1990): *Mentopolis.* - Stuttgart: Klett-Cotta.

Putnam, Hilary (1975): *Die Bedeutung von "Bedeutung".* - Frankfurt/M.: Klostermann (orig.: *The meaning of 'meaning').*

Scherrer, Angelika: *'Globalisierung'. Woher kommt der Ausdruck und was bedeutet er?* - In: Sprachreport (1998) 3, 23-25.

Schwarz, Monika (1992): *Kognitive Semantiktheorie und neuropsychologische Realität. Repräsentationale und prozedurale Aspekte der semantischen Kompetenz.* - Tübingen: Niemeyer.

Shell Jugendstudie (Hg.) (1997): *Jugend '97. Zukunftsperspektiven. Gesellschaftliches Engagement. Politische Orientierungen.* - Opladen: Leske und Budrich.

Wegner, Immo (1985): *Frame-Theorie in der Lexikographie.* - Tübingen: Niemeyer.

Ders. (1989): *Lexikographische Definition und Frame-Theorie im allgemeinen einsprachigen Wörterbuch.* - In: F.J. Hausmann, O. Reichmann, H.E. Wiegand, L. Zgusta (Hg.): *Wörterbücher/Dictionaries/Dictionaires. Ein internationales Handbuch der Lexikographie.* - Berlin: de Gruyter, 893-899.

INGE POHL

# Methodologisches zu semantischen Präsuppositionen

## 1. Themensituierung

Wer die Bedeutung von Wörtern, Sätzen und Texten verstehen will, muß mehr verstehen als die Bedeutung von Wörtern, Sätzen und Texten. Dieses Paradoxon ist auflösbar!

Wir wissen spätestens seit K.O. Erdmann (1925), daß Bedeutungen von sprachlichen Ausdrücken mehrschichtig sind, daß sie sich mindestens aus sprachlich Bedeutetem und intentional Gemeintem konstituieren. Neben dem, was Produzent und Rezipient in ihrem Sprachwissen als gesellschaftlich verallgemeinerten und Formativen zuzuordnenden Bewußtseinsinhalt als Bedeutung gespeichert haben und gebrauchen, wird Bedeutung von sprachlichen Ausdrücken auch aus dem konstituiert, was ein Textproduzent aufgrund seiner Intentionen, seines Vorwissens, seiner Bildung, seiner Wahrnehmung vom bisherigen Kommunikationsverlauf usw. meint und was vom Textrezipienten "zwischen den Zeilen" als Mitbedeutung mitverstanden werden muß (vgl. von Polenz 1985:298).

F. Mauthner, der Schriftsteller und Philosoph (1849-1923), hatte sich bereits 1901/1902 in seinen scharfsinnigen "Beiträgen zu einer Kritik der Sprache" Gedanken darüber gemacht, was man in einer prototypischen Gaststättensituation alles mitversteht: "Sage ich 'Ein Bier', so nennt das der Grammatiker […] (eine Aussparung – I.P.); sein Ordnungssinn wäre erst befriedigt, wenn ich hübsch ausführlich gerufen hätte: 'Bringen Sie mir ein Glas Bier'. Der Grammatiker vergißt jedoch, daß diese gewählte Ausdrucksweise immer noch unvollständig wäre, immer noch eine logische […] (Aussparung – I.P.), daß ich durch meinen Ruf mit dem Kellner oder vielmehr mit seinem Herrn einen Vertrag schließe und daß mein Gedanke erst dann vollständig war, wenn ich ihn ausführte: 'Holen Sie mir in nicht zu langer Zeit in einem Glas vom Ausschank einen halben Liter des hier angezapften Faßbiers, stellen Sie es mir zu meinem Gebrauch bereit, und nehmen Sie zugleich meine Versicherung entgegen, daß ich mich verpflichte, nachher und heute noch den auf der Karte verzeichneten Preis Ihrem Herrn in Ihre Hand zu bezahlen!' Auch diese Bestellungsform, deren Ende der Kellner wohl nicht abwarten würde, wäre aber immer noch [...] (unvollständig – I.P.), weil zu der Vollständigkeit des Gedankens noch einige Umstände gehören würden: die Herstellungsart des Biers, seine Temperatur, die Schaumhöhe und das Versprechen eines Trinkgeldes [...]" (Mauthner 1923:207; zit. bei Heringer 1989:297f.).

Der Textproduzent, hier der Bierbesteller, rechnet stillschweigend mit dem rezipientenseitigen Wissen, hier dem Wissen des Kellners, wenn er nach den Prinzipien der Relevanz und der Ökonomie kommuniziert. Er kalkuliert, daß gemeinsames Voraussetzungswissen nur dann explizit verbalisiert wird, wenn Mißverständnisse auftreten, so daß der Kellner nachfragt, bzw. wenn der Bierbesteller besondere kommunikative Absichten verfolgt, wie semantische Spezifikation, indem er sich ein angewärmtes Bier bestellt usw. Dieser Quasientwurf eines kognitiven Netzwerks durch F. Mauthner gibt uns eine Reihe von Fragen auf:

– Unsere Erfahrung lehrt, daß wir im Verstehensprozeß mit der Bedeutung des Oberflächenausdrucks *ein Bier* in der Gaststättensituation noch vieles mehr mitverstehen als die Alltagsbedeutung 'alkoholisches Getränk, das aus Hopfen und Getreide, meist Gerste, hergestellt wird' (DBW:145). Wir wissen aber auch, daß für den Verstehensprozeß nicht die Aktivierung aller semantischen Anteile notwendig ist.

– Letztlich ist bereits am Bier-Beispiel zu erkennen, daß nicht alle semantischen Konstituenten gleichwertig sind. Lassen sich sinnvolle Kriterien finden, die eine Untergliederung von Bedeutungskonstituenten begründen? Machen hier die Begriffe "Bedeutung" und "Mitbedeutung" Sinn? Sie helfen lediglich bei der Lokalisierung des Problems.

Wie viele andere Termini in der Semantikforschung auch wird der Begriff der "Mitbedeutung" neben dem Begriff "Bedeutung" benutzt, ohne eindeutig bestimmt zu sein. M. Pinkal spricht von "'Aussage' und 'Präsupposition' oder neutraler: **Vordergrund**information und **Hintergrund**information" (1985: 121), wobei nicht recht klar wird, welche Kriterien zu einer solchen Unterscheidung führen. A. Linke/M. Nussbaumer/P.R. Portmann differenzieren die Bedeutung von Äußerungen in Gesagtes und "Mitgesagtes/Mitgemeintes = Präsuppositionen" (1991:231ff.), P. von Polenz schließlich umreißt einen gesamten Komplex von Äußerungskomponenten: Bedeutetes, Gemeintes, Mitbedeutetes, Mitgemeintes, Sonstiges Mitzuverstehendes (vgl. von Polenz 1985:298ff.).

Eine genauere Sichtung der begrifflichen Unterscheidungen zeigt, daß Differenzierungen häufig nicht möglich sind, daß es sich bei der Kategorie der Mitbedeutung um einen heterogenen Bereich handeln muß, der zunächst in seinem Verhältnis zum Begriff der Bedeutung zu bestimmen ist.

Als Hauptkriterium der Unterscheidung von Bedeutungskomponenten zu einem Oberbegriff "Bedeutung" setze ich die Repräsentanzfunktion (vgl. Schema 1), so daß als **eine** Bedeutungskomponente der Lexemsemantik traditionell die denotative, begriffliche Merkmale eines Denotats erfassende Bedeutung gelten kann.

Unter **Mitbedeutungen** kann man (exemplarisch: von Polenz 1985:302) solche Bedeutungskomponenten verstehen, die nicht "auf den ersten Blick" in den tatsächlich geäußerten Wörtern und Satzkonstruktionen zu erkennen sind. Sie sind im sprachlichen Ausdruck nicht perspektiviert, sie werden im konstruktiven Verstehensprozeß hinzugedacht. Man kann sie objektivieren, wenn man der Forderung nach Sprachgebundenheit von Bedeutung nachkommt, deshalb will ich als Mitbedeutungen nur solche über die denotative Bedeutung hinausgehende Anteile verstehen, die vom Sprachwissen her kontext- und situations**un**abhängig impliziert sind und folglich aufgrund der Sprachbindung vom Rezipienten erschließbar sind.

Schema 1: Bedeutungskomponenten nach dem Kriterium der Repräsentanz
(hier: Lexemsemantik)

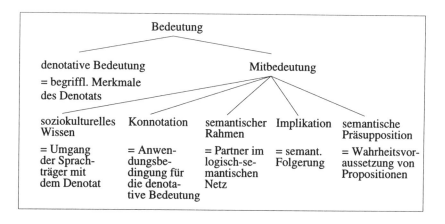

Zu einem Satz aus dem Grundgesetz

(1)  *Jeder hat das Recht auf körperliche Unversehrtheit.*

ergibt sich regelhaft **mit**bedeutet, daß *jeder* 'jeder Mensch' **impliziert**, daß
weiter die Bedeutung von *Recht* eine **soziokulturelle Komponente** hat, die
den Rechtsbezug in Deutschland auf das Grundgesetz festlegt. **Präsupponiert** wird, daß ein solches Grundgesetz existiert. *Unversehrtheit* ist **kon-
notiert** als amtssprachliches Wort. In *Unversehrtheit* steckt die Prädikation
'versehrt werden', was im Sinne des gebräuchlicheren Synonyms *verletzt werden* zu verstehen ist und entsprechend seines **semantischen Rahmens** mitbedeutet, daß 'ein jemand' 'durch jemanden' 'aus einem bestimmten Grund' 'zu
einer bestimmten Zeit' 'an einem bestimmten Ort' verletzt wird.

Dieser exemplarische Exkurs zeigt, daß es sich bei Mitbedeutungen
(a) um Bedeutungsanteile handelt, die in einer sprachlichen Äußerung enthalten und mittels Sprachregeln erschließbar sind.
(b) Weiterhin ist anzunehmen, daß Mitbedeutungen systemhaft gespeichert
sind, im Einzelfall als Leerstelle.
(c) Um Mitbedeutungen beschreiben zu können, müssen sie – was auf alle
Bedeutungen aufgrund ihres immateriellen Charakters zutrifft – verbalisiert
werden in Form einer Sachverhaltsaussage, einer Proposition. Erst in der
expliziten Verbalisierung tritt ihre spezifische Qualität zutage, so daß damit
zusammenhängend auch die Frage beantwortet werden muß, ob sie akzeptabel verbalisiert werden können oder ob ihre Verbalisierung im realen Kom-
munikationsakt an spezifischere Bedingungen gebunden ist.

## 2. Exemplarische Beschreibung einer Bedeutungskomponente:
   der Präsupposition

Nach der Entdeckung des Präsuppositionsphänomens durch B. Russel (1905)
und G. Frege (1986) um die Jahrhundertwende kam es erst in den 70er Jahren unseres Jahrhunderts zu einer inflationären Diskussion in verschiedensten Wissenschaften, mit dem Ergebnis zahlreicher, nicht nur linguistischer
Definitionen und der Ausweitung des logischen Begriffs auf verschiedenste
Begebenheiten (vgl. Strawson 1950; Kempson 1970; Garner 1971; Gazdar
1979). Zum Präsuppositionsbegriff will ich zwei Problemkreise herausgrei-
fen. Es soll gezeigt werden, daß Präsuppositionen zum einen ein Produkt
interdisziplinärer Entwicklung und Weitergabe noch offener Forschungsfra-
gen sind, daß es zum anderen verschiedenster methodischer Herangehens-

weisen bedarf, um Präsuppositionen zu identifizieren und daß hier noch eine Reihe von Fragen schlichtweg offen sind. Im letzten Teil will ich aus den besprochenen Problemkreisen einige Konsequenzen ableiten.

## Erster Problemkreis: Schwierigkeiten der Begriffsbestimmung

Der Präsuppositionsbegriff wird heute in der Linguistik als Sammelbecken für Komponenten sprachlicher Äußerungen genutzt, die an der syntaktischen Oberfläche nicht explizit verbalisiert sind. Als Verstehensvoraussetzung werden sie in einer Äußerung vom Produzenten mitbedeutet; sie sollen vom Rezipienten, dessen Wissensvoraussetzungen vom Produzenten als adäquat eingestuft werden, aus der sprachlichen Äußerung erschlossen werden. Im wesentlichen resultieren die Schwierigkeiten des Präsuppositionsbegriffs daraus, daß die wissenschaftsgeschichtliche Entwicklung des Begriffs nicht zu reibungslosen Adaptionen an die Linguistik führte. Die Herkunftswissenschaften, Logik und Analytische Sprachphilosophie, interessierten sich am Ende des vergangenen Jahrhunderts für die Wahrheitswerte von Aussagen und deren Veränderungen z.B. bei der Negation einer Äußerung, wobei sie quasi als Nebenprodukt eine Eigenschaft einzelner Bedeutungselemente, nämlich der "Präsuppositionen", entdeckten, daß diese die Negation eines Satzes überstehen. In einer Äußerung

(2)   *Egon hat jetzt aufgehört zu trinken.*

wird logisch präsupponiert, daß *Egon bis jetzt getrunken hat.* Wird der Satz negiert

(2a)   *Egon hat jetzt nicht aufgehört zu trinken.*,

dann hat die Bedeutung dieser Äußerung den Wahrheitswert falsch, die Präsupposition

(2b)   *Egon hat bis jetzt getrunken.*

bleibt konstant wahr.

Das Hauptdiskussionsproblem der Linguistik heute betrifft den theoretischen Status der Präsuppositionen, und zwar die Frage, ob es sich bei diesen latenten Äußerungsanteilen um kontextunabhängige **Komponenten der Bedeutung** oder um situationsabhängige und damit **pragmatische Bedingungen des Gebrauchs von sprachlichen Ausdrücken** handelt.

Unter kontextunabhängigen, folglich semantischen Präsuppositionen werden diejenigen verstanden, die einer sprachlichen Äußerung aufgrund ihrer sprachlichen Form (d.h. der vorkommenden Lexeme oder der syntaktischen Struktur oder der Textstruktur) zukommen und damit unabhängig vom Kontext sind, wie das oben genannte Beispiel. Eine Verbalisierung der semantischen Präsupposition würde zu störender Redundanz führen:

(2c) *Egon hat jetzt aufgehört zu trinken. Er hat bis jetzt getrunken.*

Unter pragmatischen Präsuppositionen versteht man diejenigen, die einer sprachlichen Aussage nur bei der Äußerung in bestimmten Situationen zukommen. So reagiert ein Bekannter auf eine Einladung mit dem Satz:

(3) *Zu Eurer Familienfeier am Samstag können wir leider nicht kommen, meine Frau ist doch Verkäuferin.*

Der 2. Teilsatz trägt die soziokulturelle pragmatische Präsupposition, 'daß Verkäuferinnen aufgrund der Ladenöffnungszeiten in unserem Kulturkreis auch samstags arbeiten', so daß beide Sätze in ein kausal-konsekutives Verhältnis gerückt werden. Die Präsupposition dient in diesem Fall der Textkohärenz.

Diese Differenzierung in semantische und pragmatische Präsuppositionen wurde in der Linguistik aktuell, als Handlungstheorien verstärkt einbezogen wurden (vgl. z.B. die Sprechakttheorie Austinscher Prägung 1979). Die heutige Diskussion zeigt zwei Trends: Häufig erfolgt ein eindeutiges Plädoyer **für** pragmatische Präsuppositionen und eine Ablehnung semantischer Präsuppositionen (vgl. Reis 1977; Grewendorf/Hamm/Sternefeld 1991:421ff.).

Eine andere Richtung geht von einer notwendigen, empirisch auch nachweisbaren Unterscheidung semantischer und pragmatischer Präsuppositionen aus (vgl. Schippan 1982; Linke/Nussbaumer/Portmann 1991:234), wie sie bereits R.C. Stalnaker (1974) formuliert hatte. Ob man sich für eine solche Trennung entscheidet, hängt vor allem davon ab, welche Position man generell zum Verhältnis von Semantik und Pragmatik hat. Ohne dies hier diskutieren zu können, gehe ich davon aus, daß eine moderne Semantikforschung Sprache in Aktion in den Blick nehmen muß, so daß es m.E. unabdingbar ist, beide durch die obigen Beispiele belegten Sachverhalte zu beschreiben, d.h., verschiedene Präsuppositionsarten methodisch getrennt zu untersuchen, die gegenseitigen Abhängigkeiten jedoch nicht zu vernachlässigen. Eine akzeptable Formel könnte dann lauten: "ein Textproduzent/Textrezipient y präsupponiert z bei der Äußerung eines Satzes x".

Bereits hier schließen weitere Fragen an, die noch nicht eindeutig zu beantworten sind, zum Beispiel, **was** in der Äußerung x präsupponiert wird. Theoretisch stringent könnten eigentlich nur diejenigen Größen präsupponiert werden, denen auch Wahrheitswerte zukommen, nämlich die Propositionen, nicht die Illokutionen. Damit dieser theoretische Grundsatz auch auf Lexeme zutrifft, muß die Lexemsemantik in Propositionen aufgelöst werden.

Hinterfragen muß man den Präsuppositionsbegriff auch dort, wo ein produzenten- und gleichermaßen rezipientenbezogener Präsuppositionsbegriff zugrunde gelegt wird.

Faßt man den Präsuppositionsbegriff im strengen Sinne auf, daß die vom Produzenten als wahr vorausgesetzte Präsupposition auch vom Rezipienten als wahr vorausgesetzt wird, damit Kommunikation möglich ist, sind Einschränkungen zu machen. Verschiedene Sprechakttypen konstituieren sich geradezu aus der Unkenntnis der Voraussetzungen auf der Seite des Rezipienten, z.B. das Fragen:

(4)  *Wußten Sie schon, daß es einen Zusammenhang zwischen Augenfarbe und Schuhgröße gibt?*

Als Präsupposition läßt sich formulieren: *Es gibt einen Zusammenhang zwischen Augenfarbe und Schuhgröße.*

Andere Sprechakttypen dieser Art sind das Vorstellen bei einer Begegnung:

(5)  *Darf ich Ihnen meinen Sohn vorstellen.*

mit der Präsupposition: *Der Vorstellende hat einen Sohn.* Oder das Warnen:

(6)  *Vorsicht, hier liegt ein Stein.*

Meiner Meinung nach sind Präsuppositionen vordergründig beim Produzenten anzusiedeln. Die Rezipientenpräsupposition muß man insoweit relativieren, als der Produzent im Sinne eines "kommunikativen Vertrauensvorschusses" darauf hofft, daß der Rezipient eine Andockstelle für die Präsupposition bereithält.

Es zeigt sich bereits sehr deutlich, daß die Nutzung des Begriffs der Präsupposition in der Semantikforschung deshalb so große Schwierigkeiten bereitet, weil die Anwendungsbedingungen in der Aussagenlogik nicht 1:1 auf die natürliche Sprache zu übertragen sind. In der Aussagenlogik geht es um wahrheitswertfunktionale Interpretation auf der Grundlage von Wahrheitswerttafeln, ohne daß die inhaltliche Beziehung zwischen den Aussagen wie in der natürlichen Sprache eine zwingende Rolle spielt. Die Anwendung auf natürliche Sprache kommt deshalb nicht ohne Zusatzannahmen aus.

**Zweiter Problemkreis: Methoden der Ermittlung von Präsuppositionen**

Die Begriffsbestimmung von Präsuppositionen signalisiert eine besondere semantische Eigenschaft, die sich darin ausdrückt, daß sie selbst nicht ohne weiteres verbalisiert werden dürfen und daß sie konkrete Anforderungen an die Bedeutung der mit dem fraglichen Lexem zu verbindenden Kontextelemente stellen, wobei ein Nichtbeachten als ein offensichtlicher Verstoß gegen die Semantizität der Äußerung empfunden würde, wie bei folgenden Beispielen:

(7)   *Sie kauft einen Duden für Geld.*

(8)   *Er verglast das Fenster mit Glas.*

(9)   *Das Geschenk hat Geld gekostet.*

(10) *Er rudert mit dem Ruder.*

Die Erklärung der Ursachen für die Inkompatibilität vorliegender Sätze läuft letztlich darauf hinaus, daß in der semantischen Mikrostruktur der Lexeme *kaufen, verglasen, Geschenk, rudern* Seme vorhanden sind, die die Kombination zu größeren normgerechten Semstrukturen lenken, mitunter auch blockieren. Dieses Konzept der Restriktion ist, beginnend mit U. Weinreich (1970) insbesondere in der Generativen Semantik, in Zusammenhang gebracht worden mit den aus der Logik übernommenen Begriffen von Behauptung und Voraussetzung. Nach zunächst ausschließlicher Anwendung auf Sätze werden die Begriffe Vorraussetzungssem im Sinne von Präsupposition und Behauptungssem heute zunehmend bei der semantischen Lexemanalyse genutzt, wo jedoch eine Reihe von Schwierigkeiten auftreten. Ich werde mich im folgenden auf semantische Präsuppositionen und auf die Lexemsemantik beschränken.

Zur Unterscheidung von Behauptung und Voraussetzung bedient man sich der aus der Logik übernommenen Negationsprobe: "das, was durch die Negation der Kontextbedeutungen der jeweiligen LB (lexikalische Bedeutung – I.P.) nicht beeinflußt wird, [...], wird als Voraussetzung, das, was sich durch die Negation im semantischen Bestand verändert, wird als Behauptung charakterisiert" (Lorenz/Wotjak 1977:215).

Ich interpretiere ein Beispiel im traditionellen Verständnis: Im Satz

(11) *Egon ist ein Junggeselle.*

wird *Junggeselle* im Sinne unserer Alltagsbedeutung durch folgende Seme charakterisiert: 'Mensch' 'erwachsen' 'männlich' 'unverheiratet'. Bei der Negation des Satzes

(11a) *Egon ist kein Junggeselle.*

fungiert 'unverheiratet' als Behauptungssem, da es auch negiert wird. Die Voraussetzungsseme sind 'erwachsener' 'männlicher' 'Mensch'. Keines der Voraussetzungsseme darf im Satz verbalisiert werden, jede Voraussetzung muß im Kontext erfüllt sein: wir nehmen an, daß Egon erwachsen und männlich ist. An dieser Stelle des Satzes dürfte nicht *zweijähriger Knabe* oder *Kanarienvogel* stehen, weil dann die Voraussetzungen nicht erfüllt wären.

Dieser gesuchte Beispielsatz funktioniert recht gut zur Beweisführung. Die Probleme tauchen jedoch dann auf, wenn a) der Negationstest weiterführend auf verschiedenste Beispiele angewendet wird und wenn b) die Erklärungskraft der semantischen Konstituentenanalyse hinterfragt wird.

Alle von G. Frege vorgeführten, von H. Altmann (1976), M. Reis (1977) und S.C. Levinson (1983) problematisierten Sprachtests, wie der Negationstest, der Fragetest und der Widerspruchstest mit der Konjunktion *aber*, zeigen, daß Verfahren, die aus anderen Wissenschaften, insbesondere der Logik, stammen, bei der Anwendung auf die natürliche Sprache nur mit zahlreichen Einschränkungen auskommen.

(a) Eine erste Schwierigkeit bezieht sich darauf, daß es in der natürlichen Sprache in der Relation bejahender Satz und negierter Satz kein vollständiges Register gibt.

– So fehlt zu einem Satz

(12) *Meier konnte nicht umhin, Schulze Mut zu bescheinigen.*

das bejahende Gegenstück. Eine Negation mit *nicht* verbietet sich ebenfalls.

– Lücken treten auch zu einer Reihe von Sätzen mit Partikeln auf, wo einmal das negierte, zum anderen das bejahende Gegenstück fehlt.

(13) *Meier ist **noch** jung. Schulze ist **noch** nicht alt.*
     *Lehman ist **schon** alt.*

Die Lösung, dann auf eingebettete Konstruktionen zurückzugreifen

(14) *Es ist falsch, daß Meier noch jung ist.*,

bietet sich nicht immer an, häufig würden ungrammatische Sätze entstehen, wie beim Beispiel:

(15) *Kaum hatte Meier die Zigaretten versteckt, kam Schulze herein.*

(b) Weitere Beschränkungen sind zu kalkulieren bei verschiedenen Sprechakttypen. So lassen sich exklamative Äußerungen vom Typ

(16) *Wie herrlich leuchtet die Natur!*

kaum negieren.

Auch explizit performative Sätze sind aufgrund der theoretischen Erkenntnis, daß der Sprechhandlung nicht widersprochen werden kann, nicht negierbar, wie beim Beispiel:

(17) *Angeklagter, ich spreche Sie hiermit frei.*

(c) Das schwierigste Problem ergibt sich daraus, daß man grundsätzlich jeden Satz und jedes Bedeutungselement negieren kann, indem man dagegen protestiert:

(18)   *Egon ist Junggeselle.*

(18a) *Aber Egon ist doch ein Schulkind/eine Frau/ein Meerschweinchen.*

Die logische Konsequenz dieser Allgültigkeit des Negationstests hieße, daß es überhaupt keine linguistisch relevanten Präsuppositionen gäbe, daß es sich stets um Behauptungsseme handelt. Eine Lösung des Problems hat die Logik getroffen, indem dort starke Negation (nur die Behauptung der Äußerung wird negiert) und schwache Negation (Negation allein der Präsupposition) unterschieden werden, jedoch hat diese logische Unterscheidung keine sprachsystematische Entsprechung. Die Negationsmittel der deutschen Sprache, wie *nicht, niemand, keine* usw., unterscheiden nicht, ob sie die Behauptung einer Äußerung oder nur die Präsupposition negieren.

Die genannten Beispiele zeigen ein für die Semantikforschung typisches Phänomen: Sprachtests, vor allem aus anderen Wissenschaften wie der Logik übernommene, unterliegen generell Einschränkungen, sobald man sie an natürlicher Sprache ausprobiert. Folglich überraschen Einschränkungen nicht und sind deshalb auch kein Grund, den Negationstest aus der Präsuppositionsforschung zu tilgen. Notwendig wäre ein Kriterium, das weitreichend auch "Sonderfälle" einbezieht. Auch das in der Fachliteratur favorisierte Kriterium, daß Präsuppositionen alle illokutionären Abwandlungen des fraglichen Satzes überstehen (vgl. Reis 1977:43), ist noch nicht ausreichend empirisch nachgewiesen.

Für die Linguistik sehe ich die Lösung des Problems in keiner Weise darin, daß man einen begonnenen Weg zur Differenzierung der Seme anzweifelt bzw. ganz aufgibt. Da die einzelnen Seme einer Lexembedeutung offensichtlich unterschiedliche Auswirkungen auf den Kontext haben, muß eine Analysemethode gefunden werden, die im Ergebnis eine erklärungskräftige Klassifizierung und Graduierung der Seme erlaubt. Die gegenwärtig bekannten Typologien der Seme und die Ausarbeitung der Konstituentenanalyse helfen noch wenig bei der Aufklärung der Zusammenhänge von semantischer Mikrostruktur von Lexemen und semantisch zu begründender Syntagmatik. In bezug auf meinen Gegenstand kann man einen gewissen Überblick im Rahmen des terminologischen, nicht mehr zu überschauenden Angebots verschiedenster Wissenschaftler (vgl. Anhang 1.) nur erreichen, wenn man spezifische Gliederungskriterien ansetzt.

Geht man z.B. (vgl. Anhang 2.) "von der Position der Seme in den jeweiligen Mikrostrukturen und deren Charakterisierung als komplexe logische Propositionen, bestehend aus Prädikat und Argumenten, aus, so können Seme, die Bestandteil des Prädikats [...] sind, entsprechend als **Prädikatsseme** oder auch als **Kernseme** bestimmt werden; [...]. Je nachdem, ob sie für die Valenz [...] relevant oder irrelevant sind, könnte [...] zwischen **Funktorsemen**

(valenz- bzw. sachverhaltsrelevanten) und **Modifikatorsemen** (valenzirrele-
vanten, den Sachverhalt nuancierenden Semen) unterschieden werden" (Lorenz/
Wotjak 1977:387). Allein diese Festlegung bereitet in der praktischen Analyse Probleme. **Behauptungsseme** und **Voraussetzungsseme/Präsupposi-
tionen** ließen sich dann unter dem Gesichtspunkt ihrer Relevanz für den Text
unter Vorbehalt in diese Übersicht eingliedern.

### 3. Konsequenzen aus dem ersten und zweiten Problemkreis

Die 1. Konsequenz:

Die Analyse der ausgewählten exemplarischen Beispiele hat ergeben, daß
der Negationstest als Ermittlungsmethode für Präsuppositionen versagt. Das
bedeutet in logischer Folgerung, daß in der Begriffsbestimmung von semantischen Präsuppositionen das Merkmal "Konstanz unter Negation" eliminiert
werden kann. Zur Beweisführung will ich nach dem o.g. Substantiv *Junggeselle* das Verb *paddeln* anführen. Im Satz

(19) *Ich paddle.*

ergibt die Semanalyse:

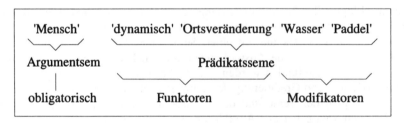

Beim Negationstest

(19a) *Ich paddle nicht.*

werden alle Seme negiert. Die Grenze zwischen Behauptungssemen und Präsuppositionen ist aufgehoben, was man mit dem Widerspruchstest mit der
Konjunktion *aber* bestätigen kann

(19b) *Ich paddle, aber nicht im Wasser.* usw.,

der einen semantisch inkompatiblen Satz erzeugt.

Ich plädiere nach diesem Ergebnis nicht dafür, alle Seme als Behauptungsseme zu setzen, sondern alle Seme als Präsuppositionen unterschiedlicher Graduierung zu akzeptieren, und zwar in dem Sinne, daß sich die Wortbedeutung als Ganzes nur im Rahmen dieser Präsuppositionen realisiert. Bei konsequenter Anwendung des Negationstests übersteht kein lexematisches Sem dieses logische Verfahren. Auf alle Seme trifft zu, daß ihnen im Kontext nicht widersprochen werden darf.

Die 2. Konsequenz:
Da die Beschäftigung mit Präsuppositionen im wesentlichen dadurch motiviert ist, daß Kombinationsregeln für Sememe aufgestellt werden, die in Lexikonregeln eingehen, ist die Untersuchung der semantischen Mikrostruktur zwingend mit der Untersuchung der syntagmatischen Regeln zu verknüpfen. Ich beschränke mich hier auf die Rolle des Textes als Kontrollinstanz.

Als erster intuitiver Schritt bietet sich an, semantische Graduierungen im Sprachgebrauch zu prüfen. Gibt es bezüglich der semantischen Stimmigkeit Graduierungen bei:

(20a) *Egon ist ein erwachsener Junggeselle.*

(20b) *Egon ist ein männlicher Junggeselle.*

(20c) *Egon ist ein Menschen-Junggeselle.*

(20d) *Egon ist ein unverheirateter Junggeselle.*

Nach meinem Dafürhalten liegt das semantisch unstimmigste Syntagma bei (20d), so daß das Verbalisierungsverbot hier am ehesten greift. Welche objektive Beweisführung läßt sich anschließen? Im Objektivierungsverfahren muß es um das Aufdecken der Graduierung der Seme innerhalb der semantischen Mikrostruktur gehen, etwa im Sinne von Abstraktionsleitern nach dem Kriterium der Rekurrenz. Es hat nach meinen ersten Untersuchungen den Anschein, daß Seme mit geringerer Rekurrenz und spezifischerem Charakter, die an niederer Stufe der Hierarchie stehen, am ehesten die Eigenschaften der Präsuppositionen, nämlich das Verbot der Verbalisierung erfüllen. Dazu zähle ich beim Lexem *Junggeselle* das Sem 'unverheiratet', beim Lexem *paddeln* das Sem 'Paddel'.

Es zeigt sich auch bei genauerer Betrachtung bereits aufbereiteter lexikalischer Felder, wie des lexikalischen Feldes der Fortbewegung (vgl. die Analyse des lexikalischen Feldes bei Wotjak 1971), daß die Seme 'dynamisch' und 'Ortsveränderung' feldprägende Begriffe sind, also hohen Abstraktionsgrad besitzen, daß 'Wasser' als Spezifizierung von 'Medium' und 'Paddel' als Spezifizierung von 'Instrument' geringere Rekurrenz besitzen.

Die Hypothese, daß man die bedeutungsdifferenzierenden, an niedrigster Stelle in der Hierarchie stehenden Seme als semantische Präsuppositionen 1. Grades ansehen kann, ist kompatibel mit der allgemeinen Erkenntnis, daß im Kommunikationsprozeß eine Reihe von Semen, vor allem die hierarchiehöchsten, ausgeblendet werden, daß für den Textproduzenten die wichtigste Kommunikationsvoraussetzung das gemeinsame Wissen zum spezifizierenden Sem ist.

Die dritte Konsequenz:

Die Untersuchung der zu einem lexikalischen Teilbereich zusammengeschlossenen Lexeme erweist sich aufgrund der verfeinerten Sembetrachtung als besonders geeignetes methodisches Hilfsmittel.

Von dieser Erkenntnis aus, daß Lexeme des gleichen lexikalischen Feldes die gleichen Präsuppositionen besitzen, lassen sich z.B. systematische Untersuchungen im Verbbestand der deutschen Sprache anschließen (vgl. die exemplarische Auflistung im Anhang 3.). So könnten Inchoativa, wie *reifen, grünen*, die semantische Argument-Präsupposition haben, daß der Geschehensträger die im Prädikatssem angegebene Eigenschaft *reif, grün* noch nicht hat, Faktitiva, wie *säubern, lindern, klären*, präsupponieren über die Argumentpräsupposition, daß das Patiens die im Prädikatssem angegebene Eigenschaft noch nicht hat, diese jedoch erhalten wird, Teilungsverben, wie *achteln, vierteln, zweiteilen*, präsupponieren, daß das Patiens über die Konsistenz des Achtelns, Viertelns, Zweiteilens verfügt usw.

## 4. Fazit

(a) Die Zielsetzung meines Beitrags bestand in der Problematisierung der Konferenzthematik in bezug auf semantische Präsuppositionen. Es ging mir nicht um die systematische Untersuchung eines Wortfeldes, und es konnten auch nicht solche wesentlichen Fragen, wie die Bedingungen der Verbalisierung von Präsuppositionen (vgl. dazu Pohl 1996) oder die Abgrenzung von anderen semantisch determinierten Phänomenen, wie der lexikalischen Ellipse (vgl. Ortner 1987), thematisiert werden.

(b) Die Untersuchung von semantischen Präsuppositionen zeigt deutlich, daß beim heutigen Stand der Forschung Defizite vorhanden sind. Das Aufgreifen von Theoremen aus anderen Wissenschaften war wissenschaftsgeschichtlich insofern nützlich, als damit das Augenmerk auf ein Phänomen gelenkt wurde, das im ureigensten Interesse auch der Linguistik stehen muß. Letztlich zeigt sich jedoch, daß **unterschiedliche** theoretische Ausgangspunkte vonnöten sind und daß mehrere Theoreme ihre Nützlichkeit bei der Objektivierung von semantischen Phänomenen generell erweisen, daß interdisziplinäres Herangehen jedoch dort Probleme aufwirft, wo noch keine linguistische Adaption geleistet ist.

c) Die Untersuchung zu semantischen Präsuppositionen unterstützt die These, daß einem immateriellen Gegenstand, wie der Bedeutung, nur beizukommen ist, wenn Methoden **unterschiedlicher Herkunft, unterschiedlicher Komplexität, unterschiedlicher Zielsetzung** genutzt werden. Als Prinzipien erweisen sich die Beachtung des Zusammenhangs von Paradigmatik und Syntagmatik sowie von Theorie und Empirie als nützlich. Nach wie vor sehe ich die Berechtigung auch tradierter Verfahren, wie der semantischen Konstituentenanalyse, jedoch bedarf es der Problematisierung und Verfeinerung. Beim heutigen Stand der Forschung besitzen wir weder eine absolute Theorie noch ausreichende methodische Verfahren, so daß interdisziplinäre Bemühungen und eine adäquate Analysemethodik dringendes Erfordernis bleiben.


**ANHANG**


1. Terminologisches Angebot der Fachliteratur zur Bezeichnung kleinster
   Bedeutungselemente (unsystematisch)

relationale und nichtrelationale (substantielle) Seme, redundante und nichtredundante Seme, potentielle Seme, Prädikats-(Funktor- und/oder Modifikator-)seme und Argumentseme, Behauptungs- und Voraussetzungsseme, Kern- und Kontextseme (Klasseme), Genus- und Differentiaseme, latente, inhärente, komplexe, einfache Seme (Abstraktions- und Verdichtungsgrad), Transferseme, semantisch-funktionale Seme (Kasusrollenseme), soziostilistische Seme usw.

2. Gliederung von Semen, vgl. Lorenz/Wotjak 1977:387

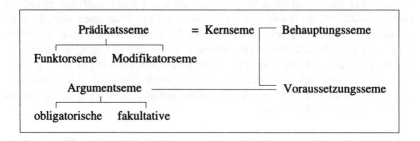

3. Exemplarische Auflistung von Präsuppositionsarten

a) Geschehensträger-Präsupposition
   – Inchoativa ('zu etwas werden, in etwas übergehen'): *reifen, grünen,*
     *veralten, verstummen, verstädtern, vertrotteln, gelieren, kristallisieren*
   – *denken, sprechen, lesen*
   – *stillen, gebären, schwanger sein*
   – *wählen*
   – *bellen – Hund; wiehern – Pferd; miauen – Katze; gurren – Taube*

b) Patiens-Präsupposition
   – Faktitiva (i.w.S. 'bewirken, daß'): *säubern, lindern, mildern, kürzen,*
     *fälschen, klären*
   – Ornativa ('etw. mit etw. versehen'): *kerben, panzern, polstern, satteln,*
     *fetten, zuckern*
   – Privativa ('etw./jemanden von etw. entfernen/wegnehmen'): *entkernen,*
     *entkorken, entstören*
   – Teilungsverben: *achteln, vierteln, zweiteilen*

c) Lokations-Präsupposition
   – *knien, seiltanzen, zelten, entgleisen, entthronen*
   – Richtungsverben: *aufsteigen, aufblicken*

d) Modal-Präsupposition
   – Instrumentale Verben: *gondeln, stelzen, kitten, stricken, sticken,*
     *schneiden, nähen, schreiben, rasieren*

e) Temporal-Präsupposition
   - Reaktive Verben: *antworten, entgegnen, entwarnen, nachbestellen, nachschreiben*
   - *vorkeimen, vorschreiben, vorturnen*
   - *bereuen*
   - *planen, etwas vorhaben*

f) Kausal-konsekutiv-Präsupposition
   - *zerstören, zittern, erröten*
   - *bewerben*

g) Soziokulturelle Präsupposition
   - *heiraten, sich verloben, sich scheiden lassen*

## LITERATUR

Altmann, Hans (1976): *Die Gradpartikeln im Deutschen. Untersuchungen zu ihrer Syntax, Semantik und Pragmatik.* - Tübingen: Niemeyer (= Linguistische Arbeiten 33).

Austin, John L. (²1979): *Zur Theorie der Sprechakte (How to do things with words).* Deutsche Bearbeitung von E. von Savigny. - Stuttgart: Reclam.

*DBW = Das Bedeutungswörterbuch. Wortbildung und Wortschatz.* Duden Band 10. Hrsg. von W. Müller u.a. - Mannheim, Wien, Zürich: Dudenverlag.

Bußmann, Hadumod (1990): *Lexikon der Sprachwissenschaft.* - Stuttgart: Kröner.

Erdmann, Karl O. (1925): *Die Bedeutung des Wortes: Aufsätze aus dem Grenzgebiet der Sprachpsychologie und Logik.* - Leipzig 1925/Darmstadt: Wissenschaftliche Buchgesellschaft 1966.

Frege, Gottlob (1986): *Über Sinn und Bedeutung.* - In: G. Frege: *Funktion, Begriff, Bedeutung: Fünf logische Studien.* Hrsg. u. eingel. von G. Patzig. - Göttingen: Vandenhoeck und Ruprecht, 40-65.

Garner, Richard (1971): *Presupposition in philosophy and linguistics.* - In: Ch.J. Fillmore, T.D. Langendoen (Eds.): *Studies in linguistic semantics.* - New York: Holt, Rinehart and Winston, 23-42.

Gazdar, Gerald (1979): *Pragmatics*. - New York: Academic Press.

Grewendorf, Günther; Hamm, Fritz; Sternefeld, Wolfgang (1991): *Sprachliches Wissen: eine Einführung in moderne Theorien der grammatischen Beschreibung*. - Frankfurt/M.: Suhrkamp.

Heringer, Hans J. (1989): *Lesen lehren lernen: Eine rezeptive Grammatik des Deutschen*. - Tübingen: Niemeyer.

Hoinkes, Ulrich; Dietrich, Wolf (Hg.) (1997): *Kaleidoskop der Lexikalischen Semantik*. - Tübingen: Narr.

Kempson, Ruth M. (1977): *Semantic theory*. - Cambridge: The University Press.

Levinson, Stephen C. (1983; 1990): *Pragmatik*. - Tübingen: Niemeyer (= Konzepte der Sprach- und Literaturwissenschaft 39).

Lewandowski, Theodor (1990): *Linguistisches Wörterbuch*. - Heidelberg, Wiesbaden: Quelle & Meyer.

Linke, Angelika; Nussbaumer, Markus; Portmann, Paul R. (1994): *Studienbuch Linguistik*. - Tübingen: Niemeyer.

Lorenz, Wolfgang; Wotjak, Gerd (1977): *Zum Verhältnis von Abbild und Bedeutung*. - Berlin: Akademie-Verlag.

Mauthner, Fritz ($^3$1923): *Beiträge zu einer Kritik der Sprache*. Bd. 3. - Leipzig.

Ortner, Hanspeter (1987): *Die Ellipse*. - Tübingen: Niemeyer.

Pinkal, Manfred (1985): *Neuere Theorien der Präsupposition*. - In: Studium Linguistik 17/18, 114-126.

Pohl, Inge (1996): *Verbalisierung semantischer Präsuppositionen – eine Erscheinungsform dynamischer lexikalischer Semantik*. - In: I. Pohl, H. Ehrhardt (Hg.): *Wort und Wortschatz*. - Tübingen: Niemeyer.

Polenz, Peter von (1985): *Deutsche Satzsemantik. Grundbegriffe des Zwischen-den-Zeilen-Lesens*. - Berlin, New York: de Gruyter.

Reis, Marga (1977): *Präsuppositionen und Syntax*. - Tübingen: Niemeyer.

Russell, Bertrand (1905): *On denoting*. - In: Mind 30, 479-493.

Schippan, Thea (1982): *Semantische Präsuppositionen und Lexikbeschreibung.* - In: Linguistische Arbeitsberichte 36, 49-59.

Stalnaker, R.C. (1974): *Pragmatic Presuppositions.* - In: M.K. Munitz, P.K. Unger (Eds.): *Semantics and Philosophy.* - New York: Academic Press, 197-213.

Strawson, Peter F. (1950): *On referring.* - In: Mind 67, 320-344.

Weinreich, Uriel (1970): *Erkundungen zur Theorie der Semantik.* - Tübingen: Niemeyer.

Wotjak, Gerd (1971): *Untersuchungen zur Struktur der Bedeutung. Ein Beitrag zu Gegenstand und Methode der modernen Bedeutungsforschung unter besonderer Berücksichtigung der semantischen Konstituentenanalyse.* - Berlin: Akademie-Verlag.

MONIKA SCHWARZ

# Versprecher: Evidenz für den Einfluß sprachinterner und sprachexterner Faktoren auf den Prozeß der lexikalischen Aktivierung in der Sprachproduktion

## 1. Vorbemerkungen

Versprecher und andere Fehlleistungen werden seit einigen Jahren in der sogenannten Fehler-Linguistik untersucht. Die bisherige Forschung hat gezeigt, daß es sich nicht um zufällige Randphänomene handelt, sondern um
regelmäßig auftretende und systematisch beschreibbare Phänomene beim
Sprechen. Die Grundannahme der Fehler-Linguistik ist, daß diese selektiven
Störungen wichtige Einblicke in das Gesamtsystem unserer sprachlichen
Kompetenz geben können. Dabei gilt das heuristische Prinzip, daß die Stö-
rung eines Prozesses generell denselben Mechanismen gehorcht, die den stö-
rungsfreien Ablauf der Sprachverarbeitung determinieren. Bei den Fehlleistungen handelt es sich also um wichtige Spuren unserer Sprachfähigkeit,
denn sie ermöglichen uns einen Einblick in Prozesse, die uns ansonsten nicht
direkt zugänglich sind.

Die bisherige Forschung hat sich allerdings primär auf morpho-phonologi-
sche und syntaktische Aspekte von Versprechern und die Rolle der grammatischen Beschränkungen konzentriert. Ich werde in meinem Beitrag dagegen
die Rolle des mentalen Lexikons und der darin ablaufenden Prozesse fokussieren. Anhand von Daten aus meiner Versprechersammlung werde ich zeigen, daß die Analyse von Versprechern Aufschluß sowohl über Organisationsprinzipien des mentalen Lexikons als auch über Prozesse bei der lexikalischen Aktivierung gibt. Insbesondere werde ich dafür argumentieren, daß
konzeptuelle und perzeptuelle Faktoren die lexikalische Aktivierung beeinflussen können und somit die aus der linguistischen Analyse weitgehend aus-
geschlossenen "Freudschen" Versprecher bei der Fehleranalyse und Sprach-
produktionsforschung berücksichtigt werden müssen.

## 2. Versprecher als Spuren unserer Kompetenz

Versprecher (so lautet die gängige Definition) stellen nicht-geplante Abweichungen von Äußerungsstrukturen im Sprachproduktionsprozeß dar. Allerdings führen auch längere Pausen bei temporären Wortfindungsstörungen
und (die häufig vorkommenden) Satzabbrüche zu nicht intendierten Äußerungsstrukturen. Die besondere Eigenart der Versprecher liegt darin, daß es
sich um irrtümlicherweise produzierte Einheiten handelt (s. hierzu auch
Wiegand 1996:18). Versprecher können unterschiedliche sprachliche Einheiten betreffen (Laute, Silben, Wörter, Phrasen) und charakteristische Eigenschaften aufweisen (Antizipationen, Postpositionen etc.). Daß und warum
Menschen Versprecher produzieren, ist bereits von Aristoteles thematisiert
worden. Die erste großangelegte wissenschaftliche Versprecheranalyse wurde jedoch vor hundert Jahren 1895 von Meringer und Mayer vorgelegt. Der
Philologe Meringer konnte zeigen, daß Versprecher nicht willkürlich, sondern nach den Regeln der Sprache verlaufen. Die von ihm erstellte Klassifikation ist noch heute in vielen Teilen verbindlich. In unserem Jahrhundert
rückte allerdings durch Freuds Untersuchungen der psychoanalytische Erklä-
rungsansatz in den Vordergrund. Dieser beruht (vereinfacht und verkürzt
dargestellt) auf der Annahme, daß Versprecher unterbewußte Wünsche, Äng-
ste, Erinnerungen oder Gefühle des jeweiligen Sprechers preisgeben (s.
Freud 1964:61ff.). Versprecher werden demzufolge noch bis zum heutigen
Tag in weiten Kreisen als "Freudsche Fehlleistungen" interpretiert.

Die moderne Fehler-Linguistik (und hier sind vor allem die Untersuchungen
Fromkins und Garretts hervorzuheben) hat gezeigt, daß sich die meisten Versprecher durch sprachstrukturimmanente Gesetzmäßigkeiten erklären und beschreiben lassen (s. Fromkin 1988; zu einem kurzen Überblick s. Schwarz
1996:184ff.). Versprecher spiegeln die kognitive Realität linguistischer Be-
schreibungseinheiten und Regeln wider: Sie sind somit als Spuren unserer
Kompetenz zu verstehen. Aufgrund ihrer Systematik werden Versprecher als
Evidenz für mentale Strukturen der sprachlichen Kompetenz betrachtet und
mit den Worten Wieses (1987:45) als "Fenster zur Sprachstruktur" angesehen.

## 3. Versprecher als Sprachproduktionsprodukte

Um Versprecher als sprachliche Phänomene angemessen analysieren und
verstehen zu können, bedarf es einer kurzen Darlegung der wesentlichen

Aspekte der Sprachproduktion, denn Versprecher sind per definitionem Sprachproduktionsprodukte.

Der Vorgang der Sprachproduktion wird in der modernen (Psycho-)Linguistik als kognitiver Prozeß verstanden, der von der vorsprachlichen Redeabsicht und Planung über die Formulierung und Linearisierung bis zur Artikulation führt. Grundlage meiner Ausführungen ist ein Modell, das verschiedene Ebenen umfaßt (vgl. Abb. 1). Dieses (von mir etwas simplifizierte) Modell entspricht dabei ungefähr dem gegenwärtigen Stand der Forschung (vgl. Levelt 1989; Pechmann 1994).

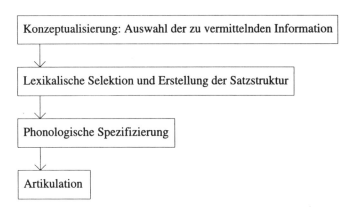

Abb. 1: Sprachproduktionsebenen

Der erste Schritt ist stets die Erstellung einer Botschaft, d.h. die Auswahl der zu vermittelnden Information. Über diese vorsprachliche Ebene der Konzeptualisierung haben wir bisher nur wenige gesicherte Kenntnisse. Offensichtlich handelt es sich hierbei um eine Repräsentations- und Prozeßebene, in die Aspekte der Motivation und Intention des Sprechers, sein Vorwissen und die jeweilige Redesituation einfließen. Als zweiter Schritt erfolgt die spezifische sprachliche Realisierung dieser Botschaft. Diese beinhaltet die lexikalische Selektion, d.h. die Aktivierung bestimmter Einträge aus unserem mentalen Lexikon. Prinzipiell können wir eine Botschaft unterschiedlich verbalisieren (und je nach Situation zwischen Synonymen auswählen; z.B. *sterben*, *abkratzen* oder *entschlafen* für denselben Sachverhalt). Die ausgewählten Lexikoneinheiten müssen dann in einer bestimmten Satzstruktur angeordnet werden. Es folgt die phonologische Spezifizierung dieser Repräsentation und schließlich die Artikulation.

Jede Ebene arbeitet dabei weitgehend autonom, d.h. nach den Regeln des jeweiligen Kenntnissystems (Semantik, Syntax, Phonologie). Die verschiedenen Ebenen laufen aber in der Zeit nicht strikt seriell ab; das würde den Prozeß der Sprachproduktion enorm verlangsamen. Unsere Srachproduktion verläuft vielmehr inkrementell, d.h. parallel ab (vgl. Pechmann 1994). Während wir noch planen, beginnen wir schon zu verbalisieren, während wir noch verbalisieren, beginnen wir schon zu artikulieren usw.

Manchmal nun versagt dieses ansonsten so reibungslos funktionierende System an einer Stelle, und wir produzieren eine fehlerhafte Äußerungsstruktur: Wir versprechen uns.

Was Versprecher uns über die Organisation und Funktionsweise des mentalen Lexikons verraten, möchte ich jetzt anhand einiger exemplarischer Versprechertypen aus meinem Versprecherkorpus erläutern. Ich behandele hierbei nur zwei besondere Verspechertypen, die Substitutionen und Kontaminationen, da deren Vorkommen in einem signifikanten Zusammenhang mit der mentalen Strukturierung des Lexikons steht.

## 4. Versprecher als geistige Fehlgriffe

### 4.1 Substitutionen

Bei den Substitutionen handelt es sich nicht um willkürlich produzierte Ersetzungen. Vielmehr sind diese Versprecher durch eine formale und/oder inhaltliche, semantische Ähnlichkeit zwischen dem eigentlich intendierten und dem irrtümlicherweise produzierten Wort bzw. Morphem bedingt. Zunächst zu den Wortersetzungen (im Fettdruck befindet sich in den Beispielen jeweils der Versprecher):

(1) *Was für eine schöne **Rose**, ich meine natürlich Nelke.*

(2) *Die Packung ist ja nicht so **leicht**, äh, schwer.*

In (1) stehen Zielwort und Versprecherwort in der Relation der Kohyponymie (vgl. hierzu Abb. 2), in (2) in der Relation der Antonymie. Substitutionen offenbaren also den Einfluß spezifischer semantischer Relationseffekte. Hervorzuheben ist, daß es sich hierbei keineswegs um Einzelfälle handelt. Bei den von mir notierten 55 Substitutionen war keine einzige Ersetzung arbiträr. Entsprechende Daten finden sich auch in den großen Versprecher-korpora (vgl. z.B. Garrett 1992; Leuninger 1993).

Nur eine formale, phonologische Ähnlichkeit liegt bei (3) vor:

(3) *Und der* **Versprecher** *läuft noch immer frei herum*/statt: *der Ver-brecher* (s. hierzu auch die Daten von Wiese 1987:47 und Leuninger 1993:97).

Daß Ersetzungen in den meisten Fällen entweder nur inhaltlich oder nur formal ähnlich mit dem Zielwort sind, spricht für die Dissoziierbarkeit von Form und Inhalt von Lexikoneinträgen. Bei dem Phänomen der temporären Wortfindungsstörung (alltagssprachlich als "Das-auf-der-Zunge-Liegen" be-zeichnet) zeigt sich ebenfalls die prinzipielle Trennbarkeit von Inhalts- und Formaspekten von Lexikoneinträgen in der kognitiven Verarbeitung. Es han-delt sich dabei um eine kurzzeitige Aktivierungs-Blockade, die nur die Aus-drucksseite eines Wortes betrifft.

Allerdings gibt es auch Substitutionen, wo diese Dissoziation nicht klar an-zutreffen ist. Die Substitution in (4) ist als Grenzfall zu bewerten: Auf den ersten Blick scheint nur eine phonologische Ähnlichkeit vorzuliegen, bei nä-herer Betrachtung fällt jedoch auf, daß *Fäden ziehen* und z.B. *Federn rupfen* eine konzeptuell motivierte Gemeinsamkeit haben.

(4) *Nun ziehen wir Ihnen nur noch die* **Federn**/statt: *die Fäden.*

Bei (5) treffen auf jeden Fall semantische und lautliche Ähnlichkeit zusam-men: Erste und letzte Silbe sind identisch; zudem besteht aber auch eine enge inhaltliche Relation (Neuralgien werden u.a. auf der Neurologie behan-delt).

(5) *Als ich damals auf der* **Neuralgie** *arbeitete*/statt: *Neurologie.*

Neben den Wortersetzungen tauchen häufig auch Substitutionen von Mor-phemen auf:

(6) *Ich bin doch dort nur das* **Weghängeschild** *(Gesprächspartner: Aus-hängeschild!), bitte?, ja, das sagte ich doch, das Aushängeschild.*

(7)  *Man sieht ihnen die Mißlust im Gesicht an*/statt: *die Unlust.*

(8)  *Er war sternhagelblau*/statt: *sternhagelvoll.*

Es handelt sich hierbei um Präfix- bzw. Suffix-Morpheme, die semantisch ähnlich oder äquivalent sind. Substitutionen von Morphemen sind immer morphologisch und phonologisch wohlgeformt, d.h., ihre Verwendung folgt den grammatischen Wortbildungsregeln der Sprache. Wir produzieren daher nicht Konstruktionen wie *Lustmiß* oder *sternblauhagel.*

Ersetzungen lassen sich durch Organisationsprinzipien unseres mentalen Lexikons erklären: Dieser geistige Wortspeicher ist hochstrukturiert und zwar primär nach dem Prinzip der Ähnlichkeit. Semantisch ähnliche Einheiten sind gemeinsam repräsentiert und durch Relationen miteinander verknüpft. Entsprechend verhält es sich offensichtlich mit phonologisch ähnlichen Einheiten (vgl. Wiese 1987; 1989; Aitchison 1994:218f.). Der Einfluß semantischer Felder auf die rezeptive wie produktive Sprachverarbeitung ist bereits durch vielfältige Untersuchungen belegt worden (vgl. u.a. Garrett 1992; Aitchison 1994).

Zwei Wörter, die im entsprechenden Netz miteinander verknüpft abgespeichert sind, werden in der Planungsphase im Lexikon parallel aktiviert. Dabei setzt sich aktivitätsmäßig das falsche Wort durch, das eigentlich intendierte wird blockiert und die nicht-intendierte Einheit in die Satzstruktur eingesetzt. In diesem Sinne sind Versprecher geistige Fehlgriffe.

In der folgenden Abbildung ist (sehr vereinfacht) der lexikalische Einfluß dargestellt: die Vernetzung von bedeutungsverwandten Lexikoneinträgen (hier exemplifiziert durch einen Ausschnitt des semantischen Netzes für Blumennamen) sowie die Parallelaktivierung (gekennzeichnet durch den Fettdruck).

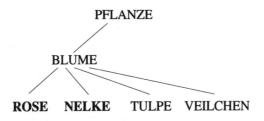

Abb. 2:  Vernetzung von Lexikoneinträgen und das Prinzip der Parallelaktivierung

Um einem eventuellen Mißverständnis vorzubeugen: Der Prozeß der Parallelaktivierung (d.h. die gleichzeitige Aktivierung mehrerer Elemente auf einer Repräsentationsebene) ist nichts Pathologisches. Er ist nicht die Ursache für Fehlleistungen, er ermöglicht nur ihr Zustandekommen. Daß es bei der normalen Sprachverarbeitung produktiver wie auch rezeptiver Art zu (uns nicht bewußt werdenden) Prozessen der Parallelaktivierung im mentalen Lexikon kommt, weiß man aus vielen anderen Untersuchungen (u.a. mit mehrdeutigen Wörtern; vgl. Aitchison 1994:213ff.; Schwarz 1996:158).

Versprecher sind also nicht nur ein Fenster zur Sprachstruktur, sondern auch ein Fenster zur Sprachverarbeitung.

## 4.2 Kontaminationen: Verschmelzung von konkurrierenden Einheiten

Aufschluß über unser mentales Lexikon gibt auch eine andere Klasse von Versprechern: Die Kontaminationen beruhen auf der Verschmelzung von Bestandteilen zweier Wörter, die in den meisten Fällen bedeutungsgleich oder -ähnlich sind.

>    (9) *In welchem **Ummaß**, also, äh, in welchem **Ausfang/Umfang***
>        und *Ausmaß ...*

In (9) findet sich als Versprecher eine Konstruktion, die aus jeweils einem Bestandteil von zwei informationsäquivalenten Wörtern besteht. Bei dem Versuch der Selbstkorrektur kommt es erneut zu einer Kontamination: Zusammengesetzt werden dabei die beiden übriggebliebenen, im Lexikon offenbar noch latent aktivierten Wortbestandteile *Aus-* und *-fang*.

Bei der Planung "konkurrieren" zwei bedeutungsgleiche Einheiten miteinander. Statt sich nun für eine Einheit bei der lexikalischen Selektion zu entscheiden, spaltet das Verarbeitungssystem die beiden auf und verbindet zwei Teile zu einer neuen Wortkonstruktion miteinander. Zu erwähnen ist, daß auch Verschmelzungen morphologisch und phonologisch stets wohlgeformt sind (s. auch Wiese 1987; Leuninger 1987).

Die Beispiele (10) und (11) zeigen Verschmelzungen von zwei Verben. Wieder handelt es sich um bedeutungsäquivalente Wörter: In (10) ist das Präfix *er-* von *erlauben* mit *leisten* vermengt, in (11) *hervor-* und *-tonen*.

(10)  *Was diese Leute sich alles **erleisten**/erlauben und leisten ...*

(11)  *Ich möchte **hervortonen**/hervorheben und betonen ...*

Unter (12), (13) und (14) sind Kontaminationen von bedeutungsverwandten Wörtern zu sehen, die jeweils bestimmten semantischen Feldern zuzuordnen sind:

(12)  *Das ist eine **Kardinalsünde**/Kardinalfehler und Todsünde.*

(13)  *Dort gab es viele **Beinamputhesen**/Prothesen und Amputierte.*

(14)  *Und hier haben wir noch das **parinierte** Huhn/paniert und mariniert.*

Aufschlußreich sind auch Kontaminationen von zwei Wörtern aus unterschiedlichen Sprachen:

(15)  *Schau mal, die dicke **bumblebiene** am Fenster!*

*Bumblebee* ist das englische Wort für Hummel; die Verschmelzung besteht aus dem ersten Teil *bumble* mit dem deutschen Wort *Biene* statt *bee*.

(16)  *Oh, **todanke**!* (*toda* ist das hebräische Wort für *Danke*.)

Obgleich wir noch nicht sehr viel über die geistige Repräsentation verschiedener Sprachen in unserem Gedächtnis wissen, legen Daten wie diese den Schluß nahe, daß die mentalen Lexika nicht weit voneinander entfernt abgespeichert sind bzw. in Relation zueinander stehen (vgl. hierzu auch Leuninger 1993:126).

Oft sind Kontaminationen bei komplexen Redewendungen zu beobachten, die semantisch äquivalent sind:

(17)  *Die reiben sich dann **ins Fäustchen**/lachen sich ins Fäustchen und reiben sich die Hände.*

(18)  *Wir wollen das doch nicht über **den Kamm brechen**/über den Zaun brechen und über einen Kamm scheren.*

(19)  *Das springt einem ja direkt **auf die Hand**/das springt einem ins Auge und das liegt auf der Hand.*

Dieser Versprechertyp legt den Schluß nahe, daß Redewendungen im mentalen Lexikon ganzheitlich abgespeichert sind. Der Sprecher sucht nicht die einzelnen Bestandteile zusammen, sondern greift im Lexikon global auf die Redewendung zu. In der Planungsphase werden zwei synonyme oder semantisch ähnliche Konstruktionen gleichzeitig aktiviert und bei der Formulierung miteinander vermengt, indem die eine Redewendung an einer passenden Stelle aufgespalten und durch ein Stück der anderen ergänzt wird (bei (17) haben wir so eine Konstruktion nach dem Muster AB; s. hierzu auch Leuninger 1993:110). Bei (18) ist die etwas seltenere Form der Art ABA zu sehen. Von Redewendung A ist *Wir wollen das doch nicht über den [...],* dann kommt von Redewendung B *Kamm* und schließlich wieder von Redewendung A *brechen*. (19) illustriert die grammatische Kontrolle unserer Sprachproduktion: *auf die Hand* (und nicht *\*auf der Hand*) ist bei der Kontamination produziert, die Konstruktion also der syntaktischen Anforderung angepaßt worden.

## 5. Versprecher und externe Faktoren

Bisher habe ich nur den Einfluß sprachsysteminterner Faktoren erörtert. Wie sieht es nun mit den sogenanten Freudschen Versprechern aus? Also Versprechern, die durch situative Faktoren, persönliche Assoziationen oder konzeptuelles Vorwissen ausgelöst werden? Die psychoanalytische Erklärung spielt in der Linguistik eine marginale oder gar keine Rolle. Bei Wiese (1987; 1989) finden die "Freudschen" Versprecher keine Erwähnung, bei Garrett (1992; 1993) wird ihre Untersuchung in die zukünftige Forschung abgeschoben, bei Leuninger (1993) werden sie sogar abgeschafft. So schließt Leuninger (1993:120) die Existenz von "Freudschen" Versprechern kategorisch aus. Ihr zufolge sind Versprecher stets sprachlich durch das grammatische oder das lexikalische System determiniert. Sprachproduktion ist bei ihr entsprechend als ein strikt modularer, autonomer Vorgang konzipiert, der nicht für äußere Faktoren (wie die Situation) oder individuelle Persönlichkeitsfaktoren des jeweiligen Sprechers offen ist.

Ein solches Modell ist jedoch zu rigide: Es erfaßt nicht alle Versprechertypen und wird sowohl der kognitiven Realität der lexikalischen Aktivierung als auch der Rolle der Konzeptualisierungsebene nicht gerecht.

Ich halte es daher für verkehrt, die Freudsche Perspektive (die beinhaltet, daß sprachexterne Aspekte einen unbewußten Einfluß auf den Produktionsprozeß nehmen können) vollständig zu verwerfen. Da die Rolle der (vorsprachlichen) Konzeptualisierungsebene als Voraussetzung für die Sprachproduktionsplanung in der modernen Forschung unumstritten ist, ist es psychologisch höchst unplausibel, den Einfluß dieser Ebene (sei er nun bewußter oder nicht bewußter Natur) auf die Versprecherproduktion zu leugnen.

Daher vertrete ich die folgende These: Es gibt "Freudsche" Versprecher, aber sie stellen nur eine Teilmenge aller Versprechertypen dar. Tatsächlich lassen sich viele der von Freud analysierten und über komplizierte Assoziationsketten hergeleiteten Versprecher oft wesentlich einfacher und eleganter durch sprachstrukturimmanente Gesetzmäßigkeiten beschreiben und erklären. Es gibt aber nichtsdestotrotz eine Reihe von Versprechern (die keineswegs so selten zu beobachten sind, wie Wiegand 1996:79 es vermutet), die durch sprachexterne Faktoren bedingt sind. Wiegand (1996:81) kommt zu der (nicht nachvollziehbaren) Schlußfolgerung, daß es sich bei Fehlleistungen dieser Art um Fehler handele, die keineswegs den Status "Versprecher" beanspruchen können. Für sie besteht daher "keine Notwendigkeit", Sprachproduktionsmodelle zu entwickeln, die mit solch "plan-externen" Fehlern vereinbar sind.

Das Ausklammern von unbequemen Daten, die nicht mit der jeweils favorisierten Theorie kompatibel sind, scheint mir jedoch kein vielversprechender Weg zu einem kognitiv plausiblen Modell unserer Sprachverarbeitung zu sein.

Die Ebene der Konzeptualisierung ist der Ebene der lexikalischen Selektion vorgeschaltet: In diese Ebene fließen Vorwissen, Gedächtnisbesitz, Motivation und Intention des jeweiligen Sprechers ein. Den bewußten oder unbewußten Einfluß dieser Ebene (und damit die Existenz "Freudscher" Versprecher) zu leugnen bedeutet letztlich, den Sprachproduktionsprozeß als einen bloßen Reflex aufzufassen, der in keiner Weise vom Weltwissen und/oder der Intention sowie Motivation des auszuführenden Sprechers beeinflußt werden kann. Diese Auffassung entspricht allerdings in keiner Weise der Dynamik unserer kognitiven Sprachverarbeitung. Was (im wesentlichen) für die modulare syntaktische Verarbeitung zutrifft, gilt offensichtlich nicht für die lexikalische Aktivierung.

Die folgenden Versprecher (die exemplarisch für eine Vielzahl ähnlicher Typen stehen; vgl. hierzu auch Harley 1990) sind jedenfalls nicht durch grammatische oder lexikalische Gesetzmäßigkeiten erklärbar. Es sind Lexikoneinträge aktiviert worden, die weder der Mitteilungsabsicht entsprechen noch zu einem parallel aktivierten Eintrag im Lexikon gehören. Versprecher und Zielwort weisen also keine formale oder inhaltliche Ähnlichkeit auf, lassen sich folglich nicht durch einen sprachsysteminternen Zusammenhang erklären.

(20)  ***Frau Bänder****/*statt: *Frau Deffner* ...

Hier ist das übergeordnete Gesprächsthema *ein Bänderriß* konzeptuell dominant und führt zur Selektion eines falschen Wortes (genauer eines Eigennamens). Die letzte Erwähnung des Wortes *Bänderriß* bzw. *Band* lag dabei mehrere Sätze zurück. Somit ist ausgeschlossen, daß es sich um eine Art von Postposition handelt. Zu beachten ist die sprachliche Angleichung an das Zielwort: Es fand keine Substitution der Art *Frau Band* oder *Frau Bänderriß* statt. Versprecher dieses Typs legen den Schluß nahe, daß auch konzeptuell motivierte Versprecher auf einer späteren Ebene im Sprachproduktionsprozeß unter die Kontrolle des grammatischen Systems kommen. Die Existenz extern bedingter Versprecher anzuerkennen bedeutet also nicht, daß der Einfluß des sprachlichen Kenntnissystems auf die Fehlerproduktion geleugnet oder relativiert wird.

In (21) überlagert ebenfalls das vorherige Gesprächsthema die Aktivierung des Lexikoneintrags. Am Telefon meldete sich eine Arztpraxis folgendermaßen:

(21)  ***Schlachtung Dr. Dietrich, guten Tag****/*statt: *Praxis Dr.* ...

Die (peinlich berührte) Sprechstundenhilfe gab an, sich einige Minuten vorher über das Thema *Fleischqualität und Metzger* unterhalten zu haben. Das konzeptuelle Umfeld dieses Themengebiets war also ausschlaggebend für den Versprecher. Würde man übrigens der Sprechstundenhilfe unterstellen, in diesem Fall nicht die Wahrheit gesagt zu haben, käme man zu einem "Freudschen" Versprecher par excellence, der etwas über die Zustände in der entsprechenden Praxis verriete!

Bei den Beispielen (22) und (23) ist die Situation, d.h. das perzeptuelle Wahrnehmungsfeld, ausschlaggebend für die Produktion der Versprecher:

(22)  *Wann wohl endlich der **Regenmann** kommt/*statt: *Bofrostmann* ...
      (Situation: es regnete draußen in Strömen, man wartete auf den Bofrostmann; die Sprecherin sah aus dem Fenster.)

(23)  *Und wenn dir dann das Wort endlich **einschlägt**/statt: einfällt* ...
       (Situation: draußen tobte ein heftiges Gewitter mit Blitzen.)

Der Sprachproduktionsprozeß verläuft zwar generell nach sprachgesteuerten
Regeln und Prinzipien und weist dementsprechend eine gewisse Autonomie
gegenüber anderen kognitiven Vorgängen auf, ist aber zumindest bei der lexikalischen Aktivierung nicht völlig abgeschlossen bzw. verschlossen für
sprachsystemexterne Faktoren. Wir benötigen also kein Modell, das die kontextuell und situativ bedingten Versprecher ausschließt, sondern eines, das
diese integrieren kann.

## 6. Schlußwort

Versprecher bestätigen eindrucksvoll Hypothesen zur Organisation und Funktionsweise des mentalen Lexikons: Die Erzeugung von Substitutionen und
Kontaminationen ist motiviert durch das repräsentationale Prinzip der Ähnlichkeit und das prozedurale Prinzip der Parallelität. Versprecher, die nicht
durch sprachinterne Repräsentationen, sondern durch konzeptuelle oder perzeptuelle Faktoren bedingt sind, belegen die Notwendigkeit, mit einem
Sprachproduktionsmodell zu arbeiten, das den Einfluß sprachexterner Faktoren bei der Aktivierung lexikalischer Einheiten berücksichtigt.

## LITERATUR

Aitchison, Jean (²1994): *Words in the Mind: An Introduction to the Mental Lexicon*. - Oxford: Blackwell.

Freud, Sigmund (1904/⁴1964): *Zur Psychopathologie des Alltagslebens*. - Frankfurt: Fischer.

Fromkin, Victoria (1988): *Grammatical Aspects of Speech Errors*. - In: F.J. New-
meyer (Ed.): *Linguistics: The Cambridge Survey*. Vol. I-IV. - Cambridge: CUP,
117-138.

Garrett, Merrill (1992): *Lexical Retrieval Processes: Semantic Field Effects*. - In:
A. Lehrer, E.F. Kittay (Eds.): *Frames, Fields and Contrasts*. - Hillsdale: Erlbaum,
377-395.

Ders. (1993): *Disorders of Lexical Selection.* - In: W.J.M. Levelt (Ed.): *Lexical Access in Speech Production.* - Oxford: Blackwell, 143-180.

Harley, Trevor A. (1990): *Environmental Contamination of Normal Speech.* - In: Applied Psycholinguistics 11, 45-72.

Leuninger, Helen (1987): *Das ist wirklich ein dickes Stück. Überlegungen zu einem Sprachproduktionsmodell.* - In: Linguistische Berichte (1987) Sonderheft 1, 24-40.

Dies. (1993): *Reden ist Schweigen. Silber ist Gold. Gesammelte Versprecher.* - Zürich: Ammann.

Levelt, Willem J.M. (1989): *Speaking: From Intention to Articulation.* - Cambridge, MA: MIT Press.

Meringer, Rudolf; Mayer, Carl (1895): *Versprechen und Verlesen.* - Stuttgart: Göschen. - Nachdruck 1978.

Pechmann, Thomas (1994): *Sprachproduktion.* - Wiesbaden: Westdeutscher Verlag.

Schwarz, Monika (²1996): *Einführung in die Kognitive Linguistik.* - Tübingen: Francke.

Wiegand, Dagmar (1996): *Die Sprachplanung als modular organisierter Prozeß: Zur Berechnung von Kontaminationen.* - Frankfurter Linguistische Forschungen (1996) Sonderheft 4.

Wiese, Richard (1987): *Versprecher als Fenster zur Sprachstruktur.* - In: Studium Linguistik 21 (1987), 45-55.

Ders. (1989): *Psycholinguistik der Sprachproduktion.* - In: G. Antos, H.P. Krings (Hg.): *Textproduktion. Ein interdisziplinärer Forschungsüberblick.* - Tübingen: Niemeyer, 197-219.

# METHODOLOGISCHE KONZEPTE

## ZUR SEMANTIK SPRACHLICHER EINHEITEN

## ZWISCHEN WORT UND SATZ

PETRA EWALD

# Zum Wesen des Metaphorischen und seiner Ausprägung in unterschiedlichen sprachlichen Einheiten

0. In Mecklenburg-Vorpommern kam es vor einigen Wochen zu einem politischen Eklat, der fast eine Regierungskrise heraufbeschworen hätte. Ausgelöst wurde er durch eine Äußerung, mit der Ministerpräsident Berndt Seite während einer USA-Reise die Situation in seinem Land charakterisiert hatte: Es gäbe in Mecklenburg-Vorpommern einen "'Bodensatz von etwa 20 Prozent' an reformunwilligen und sozial schwachen Menschen" (Norddeutsche Neueste Nachrichten 16.2.1998:4). Die empörte Reaktion der Öffentlichkeit konzentrierte sich vor allem auf die Benennung *Bodensatz* – die Seite als "irritierenden Ausdruck" wenig später zurücknahm. – "Er habe lediglich deutlich machen wollen, daß es in Mecklenburg-Vorpommern Menschen gebe, die Schwierigkeiten mit dem Umstieg von der DDR in die heutige Gesellschaft hätten. Außerdem habe er an junge Leute gedacht, die ihre Ausbildung abbrechen. Um diese Menschen müsse sich der Staat kümmern" (Norddeutsche Neueste Nachrichten 16.2.1998:4).

Linguistisch betrachtet handelt es sich, da Vergleichspartikeln nicht auszumachen sind, bei der Diskussion über die Bezeichnung *Bodensatz* um einen Metaphernstreit, der zunächst zu einer Annäherung an die Kategorie des Metaphorischen verhelfen soll. Eine umfassende Erhellung dieses schillernden und facettenreichen Phänomens, das wir im Schnittpunkt des Interesses unterschiedlicher Wissenschaftsdisziplinen vorfinden, kann dabei natürlich nicht angestrebt werden. So geht es zunächst um eine thesenartige Kennzeichnung der Merkmale von Metaphern, die für eine Beschreibung metaphorischer sprachlicher Einheiten aus unserer Sicht besonders zu berücksichtigen sind. Dabei thematisieren wir noch nicht die unterschiedlichen Erscheinungsformen des Metaphorischen in der Sprache, sondern konzentrieren uns (mit Blick auf in der Literatur favorisierte Erklärungsgegenstände) in der Erläuterung zunächst auf die Einheit Wort.

1. Die traditionelle Stilistik zählt die Metapher zu den Tropen als den Figuren des Ersatzes: "Diese Figuren [...] beruhen [...] auf der Substitution der

eigentlichen (ersetzten) durch eine uneigentliche, unübliche, ungewöhnliche Benennung" (Fleischer/Michel/Starke 1993:249). Unter Metapher "wird die Bezeichnungsübertragung aufgrund von Ähnlichkeitsbeziehungen verstanden; [...]" (Fleischer/Michel/Starke 1993:256). Gemäß der hier deutlich anklingenden "*Substitutionstheorie* der Metapher" (Black 1996:61) kommt dieser – neben der Schließung von Wortschatzlücken – primär die Funktion zu, als Schmuck und Dekoration im Text zu fungieren (vgl. Black 1996: 64f.).

Demgegenüber sieht die "*Interaktionstheorie* der Metapher" (Black 1996: 68) diese als Mittel, zwei unterschiedliche Vorstellungkomplexe in einen aktiven Zusammenhang zu bringen – in der Weise, daß der bildspendende Bereich eine besondere, konzeptspezifische Sicht auf das metaphorisch Benannte auslöst. So bemerkt etwa Black zu dem Satz *Der Mensch ist ein Wolf*:

"Alle jene menschlichen Charaktermerkmale, über die sich ohne unnötige Überstrapazierung in 'Wolf-Sprache' reden läßt, werden dabei deutlich hervortreten, während diejenigen, für die das nicht möglich ist, in den Hintergrund gedrängt werden. Die Wolf-Metapher unterdrückt einige Details und betont andere – kurz gesagt, sie organisiert unsere Ansicht vom Menschen" (Black 1996:72).

Bereits Porzig bemerkt, das 'übertragen' gebrauchte Wort bringe "dabei gewissermaßen die Luft seiner eigentlichen Umgebung mit, und darauf eben beruht seine anschauliche und eindringliche Wirkung" (Porzig 1957:40). Die Metapher wird, diesem Ansatz folgend, zu einem Mittel, unsere Sicht auf das Benannte zu fokussieren, sie erlangt heuristische oder auch persuasive Kraft. "Aus der Sicht der kognitiven Linguistik sind Metaphern, metaphorische Frames eine Form der Wissensorganisation, sie stellen Modelle bereit, die auf Grundformen unserer Wahrnehmung und unserer Lebensweise beruhen und uns Erscheinungen und Sachverhalte mental verfügbar machen" (Schäffer 1995:183). – Metaphern "lenken die Gedanken, zeigen neue Wege, verfremden das Bekannte. Aber sie fragen von sich aus nicht viel nach Richtig und Falsch. Sie haben ihre eigene Logik" (Weinrich 1996:324). (Vgl. zu den unterschiedlichen Funktionen der Metapher Bertau 1996:216ff.)

Metaphern geben sich als solche zu erkennen, wenn der Rezipient eine "Kollision wörtlicher Bedeutungen innerhalb desselben Kontextes" (Riceur 1996:365) wahrnimmt, die ihn zu sinnstiftender Umdeutung des nicht-kompatiblen Ausdrucks zwingt. (Neben semantischen Inkompatibilitäten können etwa auch Veränderungen von Valenzeigenschaften als Indikatoren metaphorischer Verwendung gelten; vgl. Drößiger 1997 und Gansel 1997.) De facto ist der Rezipient, wenn er das Vorliegen einer übertragenen Bedeutung wahrnimmt, aufgefordert, unter Berücksichtigung denkbarer Verbindungen zwischen Konzepten das Gemeinte zu erschließen (und damit auch die metaphorisch ausgelöste spezifische Perspektivierung zu erkennen). Es geht also um die Ermittlung der metaphernbegründenden Ähnlichkeiten – im groben dessen, was seit Paul unter der Bezeichnung "tertium comparationis" firmiert. "Dieses tertium ist [...] derjenige Teil von dem Inhalt der beiden mit einander verglichenen Vorstellungskomplexe, den sie mit einander gemein haben" (Paul 1909:83). Daß der Rezipient bei der Erschließung der Metapher zwingend die zugrundeliegende Ähnlichkeit als solche rekonstruieren muß, dokumentiert sich in metasprachlichen Äußerungen, die die Akzeptanz von metaphorischen Wortverwendungen thematisieren. So weist etwa Gerhard Schröder in einem stern-Interview die Bemerkung, der Spitzenkandidat sei der wichtigste Parteisoldat, mit dem folgenden Argument zurück: "Der Spitzenkandidat muß deutlich machen, daß er Vorstellungen davon hat, wohin die Reise geht. Er darf nicht als Parteisoldat die Befehle nur ausführen, er muß welche geben" (stern 11/98:28).

Das tertium comparationis, und damit die "gemeinte, übertragene Bedeutung, ist aber niemals eindeutig ableitbar. Gerade diese Flexibilität ist charakteristisch; [...]" (Wunderlich 1991:116).

Okkasionelle, innovative Metaphern sind es in erster Linie, die das Deutungsvermögen des Rezipienten herausfordern, da hier allein der Kontext eine Handhabe bietet, von Konzeptverbindungen auf die übertragene Bedeutung zu schließen. (Auf unterschiedliche 'Schwierigkeitsgrade' bei der Ermittlung von Konzeptverzahnungen und resultierende Abstufungen in der Expressivität metaphorischer Wortverwendungen verweist u.a. De Knop 1987:15.) Doch auch bei usuellen Metaphern läßt sich über das tertium comparationis nicht in jedem Fall eindeutig befinden. Keller (vgl. Keller 1995: 220) favorisiert etwa für die Deutung von *Papagei* in *Egon ist ein Papagei.* den Bezug auf farbenfrohe Kleidung, obwohl sich aus unserer Sicht die Neigung zum Nachplappern in gleicher Weise (oder sogar noch eher) als tertium comparationis anbietet. (Vgl. zu den durch *Papagei* auslösbaren Assoziationen Keller 1995:220.) Erschwert wird die genaue Feststellung des metaphernbegründenden Merkmals z.T. durch die Tatsache, daß sich die zugrunde zu legenden Wissenskomplexe der Sprachteilnehmer (innerhalb derer Metaphern 'funktionieren') nicht genau umreißen lassen. Von entsprechenden Schwierigkeiten zeugt auch die eingangs erwähnte *Bodensatz*-Diskussi-

on: Im Verlauf der Debatte rückt ein Kommentar der Norddeutschen Neu-
esten Nachrichten – glossierend – eine denkbare positive Deutung ins Blickfeld, die die empörte Reaktion der Öffentlichkeit als gegenstandslos erweisen würde: "Beschämt erkennen wir: Bodensatz ist keine üble Erscheinung.
Bei Lagerung guter Tropfen entsteht durch Farbstoffmoleküle Ablagerung.
[...] Weil sich nur edle Weine lange halten, ist das ein Qualitätszeichen. [...]
Also, eigentlich müßte es heißen: teurer Bodensatz" (Norddeutsche Neueste
Nachrichten 21.2.1998:2). Dem Rezipienten die Verfügbarkeit (und Vorder-
gründigkeit) solchen Fachwissens zu unterstellen erscheint allerdings ebenso
verfehlt wie die Annahme, Herr Seite habe die benannten Bevölkerungs-
gruppen zum Indiz für gesellschaftliche Qualitäten stilisieren wollen. *Bodensatz* dürfte eher die Assoziation des Störenden, zumindest Nicht-Verwertba-
ren (und damit Unnützen) heraufbeschwören.[1]

Die Kategorie des Metaphorischen läßt sich in der Sprache an Einheiten
unterschiedlicher Komplexität ausmachen, die jeweils (partiell oder ganzheitlich) auf andere als die ursprünglich benannten Vorstellungskomplexe re-
ferieren.

Neben den bereits erwähnten Einwortmetaphern finden sich zum einen metaphorische Wortgruppen, die im Falle ihrer Lexikalisierung als Phraseologismen fungieren (vgl. *im dunkeln tappen, jmdn. aufs Glatteis führen, die
Weichen für etwas stellen*). Zum anderen bietet die Kategorie Sprichwort
eine große Anzahl fester metaphorischer Sätze, vgl. *Der Apfel fällt nicht weit
vom Stamm.; Viele Köche verderben den Brei.; Eine Krähe hackt der anderen kein Auge aus.* (Inwieweit es, einer weiten Phraseologie-Auffassung folgend, berechtigt erscheint, auch Sprichwörter in den phraseologischen Bereich einzugliedern, wird mit Blick auf unseren speziellen Gegenstand zu
hinterfragen sein.)

---

[1]  Lexikographische Hilfe war bei der genauen Klärung der metaphorischen Bedeutung
von *Bodensatz* leider nicht zu erlangen. Adelung bietet lediglich die ursprüngliche Bedeutung (die als solche auch metaphorische Elemente enthält): "dasjenige, was sich in
flüssigen Körpern auf den Boden setzet" (Adelung 1793:I111). Im Deutschen Wörterbuch der Gebrüder Grimm findet sich der Zusatz "oft bildlich" (Grimm 1860:216), der
allerdings nicht durch eine Beschreibung präzisiert ist. Neue Bedeutungswörterbücher
verzichten entweder ganz auf die Registrierung der metaphorischen Wortbedeutung
(vgl. WDG 1978:644; HDG 1984:196; Duden 1976:413; Duden 1996:273) oder geben
lediglich ein Beispiel, das dann jedoch eindeutig auf eine negative Wertungskompo-
nente verweist: *Herren im kriminellen Bodensatz der Metropole* (vgl. Duden 1993:
345).

Im weiteren geht es im wesentlichen um die Erhellung von einheitenspezifischen Charakteristika in der Ausprägung der scheinbar einheitlichen Kategorie Metapher. Solche Spezifika der unterschiedlichen metaphorischen Einheiten erschließen sich aus unserer Sicht primär mit Blick auf die jeweilige Dynamik der Metapher, die Etablierung metaphorischer Einheiten sowie Prozesse der De-Metaphorisierung und Re-Metaphorisierung. Wie sich derartige Abläufe im einzelnen gestalten, sei im folgenden für Einwortmetaphern sowie für metaphorische Phraseologismen und Sprichwörter umrissen. Damit versuchen wir, Burger (1996) u.a. folgend, einen weiteren Brückenschlag zwischen den (traditionell weitgehend getrennten) Forschungen zur Metaphorik, zur Phraseologie und Parömiologie.

2. Einwortmetaphern erscheinen als Gleichsetzung unserer Vorstellungen von Gegenständen, Prozessen oder Eigenschaften, die – je nach Komplexität des metaphorisierten Wortes – auf mehr oder weniger punktuellen Denotatsvergleichen beruhen (wenn auch die Assoziation größerer Vorstellungsbereiche ausgelöst wird).

Die folgenden Textfragmente (entnommen einem Artikel über den Wahlsieg Gerhard Schröders in Niedersachsen) bieten Belege, an denen sich einige Besonderheiten der Kategorie Einwortmetapher festmachen lassen:

*Vorbei die Tandem-Auftritte mit Lafontaine, Schluß mit den verklemmten öffentlichen Balztänzen. Keine drei Wochen geht das gut, hatten viele prophezeit. Es ist gutgegangen, trotz des Kleinkrieges gegen ihn, angezettelt von jenen in der SPD, denen es den Magen hebt, wenn sie Schröder sagen hören, es sei "ja auch ein Leid, der populärste Politiker zu sein"* (stern 11/1998, S. 24).
*Der Weg durch den Wahlkampf bleibt damit für die SPD weiterhin Gratwanderung. Statt gesichtslosem Kürbis gibt es jetzt zwar einen Kopf. Statt des Doppelpacks Lafontöder den Solisten Schröder [...]* (stern 11/ 1998, S. 25).

Rein strukturell betrachtet, erweisen sich Wörter als ganzheitlich oder partiell metaphorisch. Ganzheitlich metaphorisch sind zwingend Simplizia (vgl. *Kürbis*), daneben jedoch auch Wortbildungsprodukte (speziell Komposita) mit ganzheitlicher Metaphorisierung, wie *Balztänze* oder *Gratwanderung*. Als partiell metaphorisch können Komposita mit metaphorischem Grundwort gelten, für die von einer Gleichsetzungsrelation auszugehen ist, wie bei *Wahlkampf* und *Kleinkrieg*: *Wahlkampf* wird als spezielle Art von *Kampf*,

*Kleinkrieg* als spezielle Art von *Krieg* gesehen (wie *Hochhaus* und *Gartenhaus* als spezielle Arten von *Haus*). Um weniger eindeutige Fälle handelt es
sich aus unserer Sicht bei Belegen mit Bestimmungswörtern, die als Anwär-
ter auf den Metaphern-Status in Frage kommen, in unserem Text etwa *Tan-
dem-Auftritt*[2] (vgl. auch Beispiele wie *Ampel-Koalition*, kommentiert bei
Schippan 1992b:172f., *Baumkuchen, Sackgasse* usw.). Obwohl derartige
Komposita in einschlägigen Untersuchungen ohne weiteres zu den Metaphern gezählt werden (vgl. etwa Käge 1980:39; De Knop 1987:42)[3], könnte
diese Zuordnung Probleme aufwerfen: Ein Vergleichsmoment liegt zwar unbestreitbar vor (in *Baumkuchen* wird der Kuchen zweifellos mit der Vorstellung von einem Baum verbunden, die sich – wie Kenner wissen – auf den
optischen Eindruck der aufeinanderfolgenden Jahresringe stützt). Ob diese
Bildungen allerdings als Vergleiche oder als Metaphern deutbar sind, können
sie selbst nicht zu erkennen geben, da auch in der vollmotivierten Wortbildungskonstruktion die Relationskomponente nicht verbalisiert ist (vgl. Käge
1980:14f.). So läßt sich (angesichts der Unmöglichkeit zu entscheiden, ob in
der Wortgruppentransformation eine Vergleichspartikel einzufügen ist) nicht
eindeutig darüber befinden, ob im Falle von *Baumkuchen* ein wortinterner
Vergleich (wie in den nicht als Metaphern deutbaren Komposita mit Vertretern unterschiedlicher Wortarten, vgl. *felsenfest, federleicht, grasgrün*) oder
eine Gleichsetzung mit einem Baum stattfindet.[4]

Der Bildung okkasioneller Einwortmetaphern sind keine Grenzen gesetzt.
*Balztänze, Kürbis* und (wohl) auch *Solist* zählen zweifellos zu den okkasionellen Metaphern, während *Doppelpack* u.E. bereits einen höheren Grad
der Usualität erreicht hat.

Die Usualisierung der metaphorischen Einheiten kann unterschiedliche
Entwicklungsprozesse auf der lexikalischen Ebene auslösen, zunächst eine
Erweiterung des Bedeutungsumfanges vorhandener Lexeme um metaphori-
sche Bedeutungsvarianten (wie die entsprechenden Sememe von *Schlange*

---

2   Da *Auftritt* auch außerhalb dieser Zusammensetzung usuell mit metaphorischer Bedeu-
    tung begegnet, gehen wir hier nicht von einer ganzheitlichen Metaphorisierung aus.

3   Fleischer/Barz operieren zwar mit einer übergreifenden Wortbildungsbedeutung 'kom-
    parativ' ("a) 'A gleicht B': *Beifallssturm*, b) 'B gleicht A': *Goldorange*"; Fleischer/Barz
    1992:99), behandeln aber weiter unten alle entsprechenden Komposita unter der Über-
    schrift "Metaphern".

4   Das von De Knop zur Begründung der Bestimmung als Metapher angeführte Argu-
    ment, Grund- und Bestimmungswort "gehören unterschiedlichen kognitiven Kategori-
    en an" (De Knop 1987:42), dürfte den Vergleich nicht zwingend ausschließen, vgl. *wie
    ein Elefant im Porzellanladen* als stehenden (phraseologischen) Vergleich, der auf dem
    Kontrast der kognitiven Kategorien basiert.

belegen – 'heimtückische, hinterhältige Frau' und 'Reihe dicht hintereinander wartender Menschen bzw. wartender oder fahrender Fahrzeuge'; vgl. HDG 1984:1000). Daneben besteht die Möglichkeit der Etablierung neuer (komplexer) metaphorischer bzw. teilmetaphorischer Lexeme, sofern das zugrundeliegende bildspendende Wort nicht als usuell gelten kann (vgl. *Löwenzahn, Gratwanderung* oder *Schlammschlacht*), sofern die Entfaltung der metaphorischen Bedeutung nur im Rahmen einer bestimmten Wortbildungskonstruktion erfolgt (vgl. *Datenautobahn, Computervirus, Briefkopf*) oder an eine einzelne grammatische Form gebunden ist (vgl. *verklemmt, verrückt* als Bezeichnungen für menschliche Eigenschaften).

Metaphorische Einwortlexeme können als eine bestimmte Gruppe innerhalb des Wortschatzes gelten, die sich durch ihre figurative Motivation[5] ausgliedert; von der Sprachgemeinschaft dürften sie aber kaum als prototypischer Vertreter der Einheit Wort betrachtet werden.

Die Usualisierung von Einwortmetaphern geht zunächst einher mit einer bindenden Auswahl aus dem Inventar denkbarer tertia comparationis. So ließe sich mit dem Wort *Esel* heute kaum ein grauhaariger (alter) Mensch benennen, obwohl eine solche Referenz mit Blick auf Verzahnungen des Esel- und des Mensch-Konzepts durchaus möglich erschiene. Diese Auswahl führt in gewisser Weise zu einer Reduktion des bildspendenden Konzepts, da die anderen, für die lexikalisierte Metapher irrelevanten Esel-Merkmale aus dem Blickfeld geraten.

In der Folge, mit zunehmender Etablierung im Wortschatz, unterliegen die Einwortmetaphern unausweichlich einer sukzessiven Abnutzung, bis ihr metaphorischer Charakter nicht mehr empfunden wird.

"Im Zuge der Lexikalisierung wird die metaphorisch beschreibende Bezugnahme zu einer etikettierenden. Damit wird der Informationsgehalt der Äußerung geringer. [...] Es handelt sich hierbei um einen Prozeß der Demotivierung, [...]. [...] Durch häufigen referierenden Gebrauch wird der Bezug zum Referenten gleichsam kurzgeschlossen und nicht mehr über das Verständnis der Beschreibung hergestellt" (Keller 1995:226).
"Frequente Metaphern symbolifizieren mit Notwendigkeit, [...]" (Keller 1995:183).

---

5   Zur Begründung des Terminus "figurative Motivation" (anstelle von "semantischer Motivation") vgl. Käge (1980:5f.).

In diesem Sinne dürfte die Ursprungsbedeutung von *gehen* 'sich aufrecht auf den Füßen schrittweise fortbewegen' (HDG 1984:454) in *gutgehen* (s. Beispieltext) nicht mehr präsent sein; die Metapher ist in gleicher Weise symbolifiziert wie *-stuhl* in *Dachstuhl*, *-schiff* in *Kirchenschiff* oder *-schuh* in *Handschuh*.

Bezogen auf den allgemeinen, unreflektierten Gebrauch der Einwortmetapher, dürfte es sich bei dieser De-Metaphorisierung um einen irreversiblen Prozeß handeln. Insofern ist Keller zuzustimmen, wenn er feststellt: "Auf lange Sicht wird alles zu Symbolen. Einen Weg zurück kann es nicht geben. Denn Symbolifizierung geht immer einher mit der Entstehung von gemeinsamem Wissen. Der Weg zurück setzte einen Gebrauch voraus, der gemeinsames Vergessen zur Folge hätte, ein wohl unmögliches Szenario" (Keller 1995:186). Dennoch besteht die Möglichkeit, das im Zuge der De-Metaphorisierung verlorengegangene Benennungsmotiv durch bestimmte Kontextsignale erneut ins Bewußtsein zu rufen, die verblaßte Einwortmetapher zu re-metaphorisieren. (Diese Re-Metaphorisierung wirkt als 'Augenblicksphänomen' der De-Metaphorisierung allerdings nicht dauerhaft und grundsätzlich entgegen.) Bei Einwortmetaphern scheint eine solche Re-Metaphorisierung prinzipiell durchaus möglich zu sein, sofern der Bildspender noch bekannt ist und die ähnlichkeitsbegründenden Merkmale fortbestehen. In unterschiedlichen Textsorten kommt ein breites Spektrum von Re-Metaphorisierungsmitteln zum Einsatz, von denen einige angedeutet seien:

Ausschließlich bei metaphorisierten Wortbildungskonstruktionen kann eine Re-Metaphorisierung durch (verfremdende) graphische Mittel erfolgen, die die unmittelbaren Konstituenten des Ausgangswortes (und damit die zugrundeliegenden Morphembedeutungen) vor Augen führen. Bevorzugt setzt man zu diesen Zwecken den Bindestrich ein, etwa in *Die Ver-rückten* (Name einer Schülerzeitung; Schule am Zentrum für Nervenheilkunde-Psychotherapie an der Medizinischen Fakultät der Universität Rostock).

Vielfältige Möglichkeiten bietet der verbale Kontext: Die Einwortmetapher wird (im einfachsten Falle) von ihrem Bildspender flankiert und so auf die zugrundeliegende Bedeutung zurückgeführt, wie in den folgenden Aphorismen:

*Baumwurzeln roden oder Quadratwurzeln ziehn hilft wenig, wenn der Zahnwurz schmerzt* (Tille 1983:23; Hervorhebungen hier und in den folgenden Belegen von mir – P.E.).

*Man muß vieles hinter sich **werfen**, damit man sich am Ende nichts vor-zuwerfen hat* (Tille 1983:26).

Darüber hinaus besteht die Möglichkeit, dem Rezipienten durch Verwendung bestimmter Wörter aus dem bildspendenden Konzept den Blick auf die ursprüngliche Metaphorizität zu eröffnen:

*Wozu sind **leuchtende** Beispiele da? Damit wir unsere **Schatten** sehn* (Tille 1983:7).
*Erst **abgebrüht**, dann **abgekühlt**: wir nennen es Erfahrung* (Tille 1983: 29).
***Durststrecken** können Sie mit anderen fliegen. Bei Condor gibt's Bier, Wein und Sekt ohne Aufpreis* (Werbeslogan).

Wichtige Re-Metaphorisierungsmittel bilden – etwa in Texten der Produktwerbung – flankierende Abbildungen, die den Bildspender unmittelbar anschaulich machen; so bei den folgenden Werbeslogans:

*SOEBEN AUFGETAUCHT: OPEL TIGRA COLOR LINE.* (Über dem Bild eines tropfenden Produktexemplars.)
*EIN THEMA, AUF DEM KÖCHE GERNE RUMHACKEN.* (Daneben das Bild eines Kräuter zerkleinernden Hackmessers.)
*Mit dem HYPO Bau-Finanzpaket **starten** wir **durch**.* (Im Bild eine Läufergruppe, die von einem Mann im "Manager-Look" angeführt wird.)

Grenzen sind der Re-Metaphorisierung zum einen gesetzt, sofern der bildspendende Vorstellungsbereich sich nicht mehr aktualisieren läßt, wie bei *anzetteln* in unserem Beispieltext: zurückgehend auf *Zettel* "bei einem Gewebe in Längsrichtung verlaufender Garnfaden" (Pfeifer 1989:2021); *anzetteln* "'den Aufzug eines Gewebes auf dem Webstuhl einrichten', übertragen 'anstiften'" (Pfeifer 1989:2021). Zum anderen läßt sich eine Re-Metaphorisierung kaum ohne die Vermittlung zusätzlichen Sachwissens bewerkstelligen, sofern die Ähnlichkeitsbeziehung durch periphere, wenig offensichtliche Merkmale vermittelt ist, wie bei *Mutter* als 'Teil der Schraube': "*Mutter* im Sinn von 'Schraubenmutter' beruht auf einer sexuellen Metapher ('Gebärmutter, Geschlechtsteil', so wie etwa auch von männlichen und weiblichen Steckerteilen gesprochen wird)" (Kluge 1989:495).

3. Auch ein Teil der Phraseologismen, die wir, Fleischer (1997) folgend, an die Merkmale der Idiomatizität, Stabilität und Lexikalisierung binden, ist

metaphorischen Ursprungs und kann z.T. (noch) als figurativ motiviert gelten, wie die folgenden neueren Bildungen aus der Sprache der Technik: *Gas geben, auf Touren kommen, eine Panne haben, grünes Licht geben, etwas unterbelichtet sein* (vgl. Röhrich 1991:16). (Zur metaphorischen Phraseologisierung vgl. Munske 1993:499f.) Im Unterschied zu einem großen Teil der Einwortmetaphern lassen sich diese metaphorischen Wortgruppenlexeme nicht auf Abbilder singulärer Denotate (und damit auf Wörter), sondern auf komplexere (in Wortgruppen manifestierte) Sachverhaltsabbilder zurückführen; vgl. *Zahnbrücke, Luftbrücke* (als Einwortmetaphern) vs. *alle Brücken hinter sich abbrechen, jmdm. eine goldene Brücke/goldene Brücken bauen* (als metaphorische Phraseologismen). (Ganzheitlich metaphorische Wortbildungskonstruktionen mit deverbalen Konstituenten, wie *Brückenschlag* oder *Tauziehen*, tendieren in ihrem Komplexitätsgrad zu den Phraseologismen.) "Bei den sprichwörtlichen Redensarten [...] wird nicht ein einzelner Begriff, sondern ein ganzer Gedanke durch eine ihm an sich fremde, meistens sinnlich-bildliche Wendung ersetzt" (Seiler 1922:13).

Soll ein "metaphorischer Phraseologismus [...]" einen abstrakten Sachverhalt in einem konkret vorstellbaren Modell" darstellen (Burger 1989:26), müssen nach Burger zwei Bedingungen erfüllt sein:

1.) "Der Phraseologismus muss eine wörtliche Lesart haben, die als konkrete vorstellbar ist [...]".
2.) "Der Zusammenhang zwischen der wörtlichen und der phraseologischen (der 'bildlichen') Lesart muss für den muttersprachlichen Sprecher/Hörer nachvollziehbar sein, d.h. er muss die wörtliche Lesart als ein 'natürliches', einleuchtendes Modell für die phraseologische Lesart empfinden" (Burger 1989:26).

In diesen Formulierungen klingt (wie auch in Burgers Beispiel *jmdm. Feuer unter dem Hintern machen*) an, daß die bildspendenden Vorstellungskomplexe durchaus nicht der Realität entsprechen müssen; viele metaphorische Phraseologismen "sind so phantastisch, daß sie keinen Wirklichkeitshintergrund zu haben scheinen, und sie haben offenbar ihre Entstehung der bloßen Freude am kräftig surrealen Sprachbild, der Lust am Paradoxen zu verdanken, wie z.B. 'das Kind mit dem Bade ausschütten' – 'einem Honig ums Maul schmieren' – 'einen Besen fressen' – 'das Gras wachsen hören' [...]" (Röhrich 1991:36; vgl. auch Wunderlich 1991:115). "Sprachpsychologisch gesehen sind Wortverbindungen, die 'normale', in der Welt mögliche Sachen bezeichnen, regelmäßiger gebildet als Ausdrücke, die in der 'sichtbaren' Welt keine Denotate haben" (Dobrovol'skij 1995:40). Dennoch würden wir in beiden

Fällen von metaphorischen Phraseologismen sprechen, da auch die surrealen Bildspender-Sachverhalte ein (nachvollziehbares) Konzept umreißen, das mit der metaphorisch-ganzheitlichen Bedeutung interagiert.

Metaphorische Phraseologismen entstehen sukzessive über die Stabilisierung und Usualisierung metaphorisch zu verstehender Wortgruppen, die beliebig bildbar sind; vgl. die folgende Replik Gerhard Schröders in dem oben erwähnten stern-Interview: *Wenn es so verstanden werden könnte, daß einer Themen pflegt, die es gar nicht gibt, um damit* **die Lufthoheit** *über den Stammtischen zu* **gewinnen**, *dann ist es ein berechtigter Vorwurf* (stern 11/ 1998:30; Hervorhebung von mir – P.E.).

Die Usualisierung der metaphorischen Wortgruppen geht – anders als bei den Einwortmetaphern – mit einem sukzessiven Ebenenwechsel einher, indem sich Phraseologismen als Wortschatzeinheiten etablieren. Von einem metaphorischen Phraseologismus zu sprechen impliziert daher u.E. zwingend die Annahme eines vorausgegangenen Lexikalisierungsprozesses. Aus dieser Sicht kann es okkasionelle metaphorische Phraseologismen nicht geben.[6]

Wie bei Einwortmetaphern erfolgt auch bei der Etablierung metaphorischer Phraseologismen eine Fixierung des tertium comparationis. – Während "die wörtlich-konkrete Lesart ein breites Interpretationspotential hat", wird aus diesem "nur eine der möglichen Interpretationen tatsächlich lexikalisiert […]. *gegen den Strom schwimmen* oder *das Kind mit dem Bade ausschütten* sind also nicht frei metaphorisierbar, sondern nur in einer bestimmten, festgelegten Richtung" (Burger 1989:27).[7] (Berücksichtigt man alle Facetten

---

6   Abgesehen von dem bei Fleischer im Kapitel "Okkasionelle Phraseologismen" (Fleischer 1997:65ff.) angeführten "Autorphraseologismus" (a.a.O.:66), der im Verlauf einer literarischen Handlung und beschränkt auf diese 'lexikalisiert' wird, dürften sich die Beispiele seiner anderen Fallgruppen als phraseologische Varianten (vgl. *böhmische/ spanische/ägyptische Dörfer*) oder okkasionell gefüllte phraseologische Strukturmodelle erklären lassen. Ähnliches gilt für die folgenden von Schindler (1997:270) aufgeführten Ad-hoc-Bildungen, die im Vorstellungsbereich des zugrundeliegenden Phraseologismus (*Mir geht gleich der Hut hoch.*) verbleiben und deren Verständnis an die Kenntnis des Phraseologismus gebunden sein dürfte: *Mir fliegt gleich das Garn aus der Mütze.*; *Mir springt gleich das Toupet vom Schädel.* usw. (In diese Kategorie ist u.E. auch das von Wotjak kommentierte Beispiel *eine alte Weste sein* [Wotjak 1992: 132] einzuordnen.)

7   Auch mit Blick auf diese Tatsache stimmen wir mit Häcki-Buhofer darin überein, "dass in vielen Fällen dieser metaphorischen Phraseologismen die phraseologische Bedeutung nicht erschlossen, sondern nur nachvollzogen werden kann, man sie also gar nicht über einen metaphorischen Prozess verstehen kann, sondern versteht, weil man

des konstruierten konkreten Vorganges, ein Kind mit dem Badewasser aus-
zuschütten, könnte der Phraseologismus auch dasselbe bedeuten wie *zwei
Fliegen mit einer Klappe schlagen*.)

Wie bei Einwortmetaphern erfolgt auch bei den metaphorischen Phraseologismen im Prozeß ihrer Lexikalisierung eine fortschreitende Lösung der
phraseologisch-ganzheitlichen Bedeutung von der zugrundeliegenden, in der
Regel konkret-anschaulichen Wortgruppenbedeutung: Die Metapher ver-
blaßt, bis sie nicht mehr wahrgenommen wird oder – im Fall der auf nicht
mehr bekannte Sachverhalte zurückgehenden Phraseologismen – nicht mehr
wahrnehmbar ist.

An diesem Punkt führt uns die Sichtung der einschlägigen Literatur zu einer
Auseinandersetzung mit dem Merkmal der Idiomatizität, das auch metaphorischen (und im Sinne von Burger, s.o., noch als Metaphern erschließbaren)
Phraseologismen zugesprochen wird. Fleischer sieht es als Indiz für Idiomatizität, daß sich die Bedeutung eines Phraseologismus nicht aus den Bedeutungen seiner einzelnen (Wort)Bestandteile ableiten läßt, wie *bei jmdm.
einen Stein im Brett haben* – 'bei jmdm. sehr beliebt sein, sich jmds. Wertschätzung erfreuen' (vgl. Fleischer 1997:30), spricht also von Teilidiomatizi-
tät, sofern eine Komponentenbedeutung innerhalb der phraseologischen Bedeutung kenntlich bleibt, wie in *einen Streit vom Zaune brechen*. Auch
Metaphern, wie *etwas auf Eis legen* oder *das fünfte Rad am Wagen*, werden
auf dieser Grundlage als vollidiomatisch bestimmt (vgl. Fleischer a.a.O.:68).
– Aus unserer Sicht stellt sich die Frage, ob eine solche Beschreibung dem
Wesen der ganzheitlich metaphorischen Phraseologismen gerecht werden
kann.

Zunächst ist festzustellen, daß die Erschließung der phraseologischen Bedeutung hier nicht bei einer semantischen 'Addition' der enthaltenen bedeutungstragenden Bestandteile ansetzt (wie dies etwa bei Morphemkonstruk-
tionen der Fall ist), sondern bei der ganzheitlichen Bedeutung der zugrundeliegenden Wortgruppe. Von daher erscheint es problematisch, nach einem
unmittelbaren Zusammenhang von Komponentenbedeutung und phraseologischer Bedeutung zu fragen, da sich diese Verbindung im Falle der Metapher nur mittelbar, über die Wortgruppenbedeutung, herstellt (Komponen-
tenbedeutungen Wortgruppenbedeutung phraseologische Bedeutung). Ein
Idiomatizitätsbegriff, der primär auf das Phänomen der morphematischen
Motivation zugeschnitten ist, dürfte für die Beschreibung ganzheitlicher Me-

sie als Lexikoneinheiten kennt oder die Bedeutung aus dem Kontext erschliesst"
(Häcki-Buhofer 1989:169).

taphern (mit mehreren bedeutungstragenden Komponenten) schwerlich instrumentalisierbar sein.

Zudem wird Idiomatisierung in der Regel mit Demotivierung gleichgesetzt (vgl. u.a. Glück 1993:255). Schippan kommentiert das im Kapitel "Idiomatisierung und Lexikalisierung" behandelte Beispielwort *Blaustrumpf* wie folgt: "Die figurative Motivation ist heute nicht mehr bekannt" (Schippan 1992a: 105). Da die figurative Motivation von Wortgruppenlexemen wie *etwas auf Eis legen* oder *das fünfte Rad am Wagen* jedoch noch durchaus gegeben sein dürfte, erschiene es kaum zu rechtfertigen, ihnen diese per Zuordnung zu den vollidiomatischen Phraseologismen quasi abzusprechen.[8] Besonders deutlich offenbart sich die Problematik, den oben skizzierten Idiomatizitätsbegriff auf metaphorische Phraseologismen anzuwenden, bei Bartels 1991: Hier erscheinen metaphorische Phraseologismen (wie die Beispiele *eine kalte Dusche, der Würfel ist gefallen* usw.) einerseits als Belege für "erhebliche bzw. vollständige Idiomatisierung" (Bartels 1991:33), während ihnen andererseits (Beispiele *wie auf Eiern gehen, mit dem eisernen Besen*) "vollständige[n] Motivation" (Bartels 1991:35) bescheinigt wird.

Wir möchten zur Lösung dieses Konflikts dafür plädieren, bei ganzheitlich metaphorischen Phraseologismen den Grad der Idiomatizität/Motiviertheit nur vom Verhältnis von Wortgruppenbedeutung und phraseologischer Bedeutung abhängig zu machen.[9]

Ebenso wie bei den Einwortmetaphern dürfte auch die Etablierung metaphorischer Phraseologismen zwingend mit dem Prozeß der De-Metaphorisierung, der Symbolifizierung einhergehen.[10] Burger verweist (auch mit Blick

---

8  In Glück (1993:255) werden die metaphorischen Phraseologismen *jmdm. aufs Dach steigen* und *sich die Finger verbrennen* als "abgeschwächt motiviert[e]" markiert, d.h. den Bildungen zugeordnet, "deren Bedeutung sich noch aus der wörtl. Bedeutung ihrer Bestandteile erschließen läßt".

9  Die folgende Bestimmung von "Motiviertheit"/"Idiomatizität" ("semantischer Transformiertheit"), wie sie Burger vornimmt, läßt diesen Bezug auf die ganzheitliche Bedeutung der Einheit (als Wortgruppe bzw. Phraseologismus) klar erkennen: "Unter 'Motiviertheit' (und Komplementäres würde für 'semantische Transformiertheit' gelten) kann man also verstehen: die synchrone semantische Relation zwischen der (bzw. einer) wörtlichen und der phraseologischen Lesart und den Grad der Ableitbarkeit der phraseologischen aus der wörtlichen Lesart (mit einer Skala von *stark* bis *gar nicht* motiviert)" (Burger 1996:169).

10  Die Verdunkelung des eigentlich metaphorischen Ursprungs dürfte etliche Fälle von phraseologischem Bedeutungswandel erklärbar machen; vgl. das bei Fleischer (1989: 121) kommentierte Beispiel *jmdn. mundtot machen* und die in Röhrich (1991:33) beschriebenen Belege.

auf entsprechende experimentelle Befunde) darauf, "daß beim Verstehen von Idiomen die phraseologische Lesart als erste aktiviert wird" (Burger 1996: 174), hält es daneben für vorstellbar, "daß die wörtliche Bedeutung immer mitaktiviert wird, ohne dominant zu sein" (Burger 1996:174). Dabei können es "durchaus einzelne Komponenten sein [...], die aktiviert werden – z.B. diejenigen, die am besten vorstellbar sind (in der Terminologie der Stilistik die 'bildhaftesten')" (Burger 1996:174). Inwieweit die zugrundeliegende Wortgruppenbedeutung bei unreflektiertem Gebrauch des Phraseologismus tatsächlich 'mitschwingt', muß mit Blick auf den Forschungsstand allerdings offenbleiben.

Wiederum besteht, wie bei den Einwortmetaphern, prinzipiell die Möglichkeit, über gezielt eingesetzte Textsignale diese allenfalls unterschwellig präsente Wortgruppenbedeutung als Bildspender bewußt zu machen, den Phraseologismus zu re-metaphorisieren. Auch hier spielt der verbale Kontext eine wesentliche Rolle, wie in den folgenden Aphorismen, die den bildspendenden Vorstellungsbereich thematisieren:

*Er hatte den Nagel auf den Kopf getroffen, nun kühlt er sich den Daumen* (Tille 1983:13).
*Wer sich nicht selbst auf den Arm nehmen kann, kann sich nicht über sich erheben* (Tille 1983:19).
*Man sollte nicht nur einige Eisen im Feuer haben, sondern auch ein paar Argumente auf Eis* (Tille 1983:22; hier führt die Kontrastierung von *Feuer* und *Eis* zur gegenseitigen Re-Metaphorisierung zweier – modifizierter – Phraseologismen).

In einigen Textsorten, wiederum vorrangig Texten der Produktwerbung, wird die ursprüngliche Metaphorizität von Phraseologismen mit Hilfe entsprechender Bilder augenfällig gemacht:

*Das Auto für hohe Tiere.* (Unter dem Bild großer Hunde.)
*Mit soviel Feuchtigkeit zeigt Ihre Haut ihr schönstes Gesicht.* (Flankiert vom Foto eines Frauengesichts mit makelloser Haut.)

Einer solchen Re-Metaphorisierung widersetzt sich allerdings der umfangreiche und markante Bereich der Phraseologismen, deren tatsächliche Metaphorik sich nur bei Vertrautheit mit dem bildspendenden kulturhistorischen Hintergrund bewußtmachen läßt. Selbst wenn die Wortgruppenbedeutung auch für den heutigen Sprachteilnehmer ohne weiteres erkennbar ist (wenn also keine unikalen Komponenten oder grammatischen Anomalien vorlie-

gen), bleibt die Metaphorik dieser Phraseologismen häufig mangels Sachwissen über Handlungsmuster vergangener Jahrhunderte unerschließbar. "Viele unserer Sprachbilder entstammen einer recht fernen Vergangenheit, deren
Lebensumstände und Gewohnheiten uns fremd oder geradezu unverständlich
geworden sind" (Röhrich 1991:37). Bei diesen Phraseologismen dürfte sich
eine Re-Metaphorisierung über bloße Kontextsignale (ohne Zugabe
entsprechender Informationen) nicht bewerkstelligen lassen. – Wer die Wortgruppe *den Stab über jmdm. brechen* zu verstehen meint (wenn auch der
bestimmte Artikel und die Wahl von *brechen* anstelle von *zerbrechen* ver-
wundern mag), ist deshalb (ohne Kenntnis historischer Rechtssprechung)
noch nicht imstande, den phraseologischen Metaphorisierungsprozeß nachzuvollziehen:

"Diese Wendung geht auf einen alten Rechtsbrauch zurück. Als Zeichen der
richterlichen Gewalt hielt der Richter den sogenannten Gerichtsstab während
der Verhandlung in der Hand. Wurde über den Angeklagten die Todesstrafe
verhängt, so wurde kurz vor der Hinrichtung über seinem Kopf der Gerichtsstab zerbrochen. Dies bedeutete, daß nun auch die Macht des Richters
dem Delinquenten nicht mehr helfen konnte" (Duden 1992:680). (Das Beispiel, speziell das Wort *Stab*, zeigt auch die Grenzen einer rein gegenwarts-
sprachlichen Deutung der phraseologischen Komponenten.)

Wird in solchen Fällen eine Aktualisierung der Wortgruppenbedeutung versucht, dürfte es sich in aller Regel um eine scheinbare Re-Metaphorisierung
handeln (die bei Einwortmetaphern, so ist zumindest zu vermuten, eine geringere Rolle spielt). Es finden sich zunächst Belege, in denen die Bedeutung
enthaltener konkret-anschaulicher Komponenten zwar aktualisiert wird, aber
auf eine Weise 'modernisiert' erscheint, daß die ursprünglichen Zusammenhänge nicht ins Blickfeld geraten können; vgl. *Ein grüner Tisch gehört ebenso zur Grundausstattung eines echten Büros wie eine lange Bank* (Tille
1983:8). In diesem Beispiel handelt es sich um eine Modifizierung des Phraseologismus *etwas auf die lange Bank schieben*, dessen Metaphorik nur erkennbar wird, wenn man um die Spezifik der im bildspendenden Zusammenhang relevanten langen Bänke weiß:

"Die Wendung bezieht sich darauf, daß früher bei den Gerichten die Akten
nicht in Schränken, sondern in langen bankähnlichen Truhen aufbewahrt
wurden. Was dorthin kam, blieb lange unerledigt liegen, während die Akten,
die auf dem Tisch des Richters blieben, schneller bearbeitet wurden" (Duden
1992:82).

Daneben begegnen Beispiele, deren Textumfeld eine homonyme Komponentenbedeutung aktualisiert, so daß ein anderer als der tatsächliche Motivationszusammenhang unterstellt wird, wie bei dem von Burger kommentierten Werbeslogan *Biscuits, die aus der Rolle fallen. Auch preislich.* (vgl. Burger 1996:173). Indem flankierende Bilder und Textelemente eine Deutung von *Rolle* als 'Biscuitrolle' nahelegen, wird eine andere als die usprünglich zugrundeliegende, bildspendende Lesart evoziert: "Die wörtlich verstandene *Rolle* ist – synchron gesehen – homonym mit der *Rolle* innerhalb des Idioms. Diachron gesehen, handelt es sich beim Bildspender um die Text-Rolle des Schauspielers, die mit sonstigen Rollen immerhin das Merkmal < rund > gemeinsam hat" (Burger 1996:173). Auch in dem folgenden, in einer früheren Arbeit Burgers beschriebenen Beispiel *Egon hat heute einen Bock geschossen. Darum Jägersauce von Zarnek nicht vergessen.* (vgl. Burger 1989: 28) entspricht die im Rahmen der Werbebotschaft gezielt ausgelöste Lesart als freie Wortgruppe nicht der eigentlich bildspendenden: "*einen Bock geschossen haben* ist synchron nicht mehr als metaphorisch zu betrachten, da der dahinterstehende Sachverhalt nicht mehr bekannt ist [...]. In dem Werbetext wird durch das nachfolgende Element *Jägersauce* eine Isotopie mit Bock hergestellt oder zumindest angeboten und damit auf die mögliche wörtlich-konkrete Bedeutung des ganzen Ausdrucks *einen Bock schiessen*, aber eben nicht im etymologischen Sinn, verwiesen" (Burger 1989:28).

4. Sprichwörter fassen wir grob als "allgemein oder zumindest weithin bekannte, fest und dauerhaft geprägte Sätze, die eine prägnant formulierte Lebensregel bzw. verallgemeinerte Lebenserfahrung enthalten" (Beyer 1988:6).

Innerhalb der Kategorie Sprichwort finden sich neben metaphorischen Sprichwörtern auch teilmetaphorische (vgl. *Morgenstunde hat Gold im Munde.*; *Jeder ist seines Glückes Schmied.*) und solche, die nicht auf metaphorischer Übertragung beruhen: *Allen Leuten (Menschen) recht getan, ist eine Kunst, die niemand kann.*; *Was du nicht willst, daß man dir tu, das füg auch keinem andern zu.* Allerdings wird den metaphorischen Sprichwörtern in der Literatur traditionell ein besonderer Stellenwert zuerkannt:

"Diejenigen Sprichwörter, die ihren Gedanken ganz oder teilweise in ein Bild kleiden, sind poetischer und deshalb wirksamer als die, welche eine Wahrheit direkt und unverhüllt aussprechen. Statt abstrakter Begriffe geben sie lebendige, auf die Vorstellung einwirkende Anschauungen. Sie prägen sich dadurch dem Gedächtnis leichter ein und reizen zugleich den Verstand, hinter dem Bilde die eigentliche Meinung des Sprichworts zu ergründen.

[...] Dieses Bildhafte des Ausdrucks ist nun schon von alters her für ein wesentliches Merkmal des Begriffs Sprichwort angesehen worden. Die griechischen und im Anschluß an sie die römischen Grammatiker heben das Allegorische und Metaphorische als erstes und bedeutsamstes Merkmal des Sprichworts hervor und erst in zweiter Linie seine Volkstümlichkeit und Verbreitung" (Seiler 1922:5).

"Die konkreten, aus vertrauten Lebensbereichen gewonnenen, jedermann verständlichen Bilder machen in ihrer Anschaulichkeit eine wesentliche Komponente der Volkstümlichkeit aus. [...] Und nicht zuletzt liegt in den Bildern ein gut Teil dessen, was die Sprichwörter zu einem Stück Poesie, zu einer Kleinform der Volksdichtung macht" (Beyer 1988:7).

Im Unterschied zu Einwortmetaphern und Phraseologismen wird im Sprichwort eine geschlossene Aussage metaphorisch übertragen, interagieren auf diese Weise zwei geschlossene Sachverhaltsabbilder:

*Getroffene Hunde bellen.*
*Ein blindes Huhn findet auch (ein)mal ein Korn.*
*Besser ein Spatz in der Hand als eine Taube auf dem Dach.*

Zur Ermittlung des Sprichwortinhalts, der vermittelten Lebensregel oder -erfahrung, ist hier zunächst eine segmentierende Deutung vorzunehmen, um dann die Elemente gemäß dem Satzzusammenhang zur ganzheitlich-metaphorischen Bedeutung zusammenfügen zu können. Insofern ließe sich evtl. von Sachverhaltsmetaphern sprechen. (Auf diesen besonderen Grad der metaphorischen Komplexität ist es u.E. zurückzuführen, daß Sprichwörter nicht – wie Einwortmetaphern und Phraseologismen – als Satzglieder fungieren, sondern als "Mikrotexte" zitiert werden [vgl. Fleischer 1997:76].)

Die Bildlichkeit der Sprichwörter "und die ihr innewohnende Deutbarkeit (sind) ein wichtiger Grund für das Überleben von Sprichwörtern, die einer Zeit entstammen, die nicht mehr die unsere ist" (Beyer 1988:7). Wie wir meinen, ließe sich diese Aussage zu folgender These erweitern: Das 'Überleben' von metaphorischen Sprichwörtern ist an den Fortbestand der metaphorischen Beziehung gebunden: Gibt die konkret-'wörtliche' Bedeutung eines Sprichwortes keinen Anhaltspunkt (mehr) dafür, eine allgemeine, übergreifende (in der Regel abstrakte) Aussage abzuleiten, kann das Sprichwort seine Funktion nicht mehr erfüllen und verschwindet – so steht zu vermuten – aus dem Sprichwortinventar. Insofern dürften sich an geläufigen Sprichwörtern Prozesse der De-Metaphorisierung weit weniger ausmachen lassen als an Einwortmetaphern und metaphorischen Phraseologismen, die zum aktiven Wortschatz zu zählen sind.[11]

Als problematisch muß sich an dieser Stelle natürlich der "im einzelnen schwer, regional schon gar nicht zu führende Nachweis gegenwärtiger Gebräuchlichkeit" (Beyer 1988:15) erweisen.[12] Zumindest begegnet unter den in einer Pilotstudie zur Bekanntheit deutscher Sprichwörter (Grzybek 1991) erfaßten Fällen kein einziges metaphorisches Sprichwort mit verblaßtem oder nicht mehr erschließbarem Zusammenhang zwischen wörtlich-konkreter und metaphorischer Bedeutung. Dieser Eindruck bestätigt sich bei (grober) Durchsicht des breite Leserinteressen bedienenden Sprichwörterlexikons von H. und A. Beyer, obwohl hier neben "lebendig[en]" auch "kulturgeschichtlich und als Zeugnis des Wortwitzes heute noch beachtenswert[e]" Sprichwörter aufgenommen sind (Beyer 1988:15). Eine gewisse Vagheit der Deutung, wie sie z.T. anzutreffen ist (vgl. *Wer abends geigt, kann morgens tanzen.*), dürfte dem Wesen des Sprichworts entsprechen und keinesfalls auf einen De-Metaphorisierungsprozeß hindeuten. Ansonsten erwies es sich als durchgehend unproblematisch, von der wörtlich-konkreten Satzbedeutung auf die metaphorisch-verallgemeinerte zu schließen – auch bei (uns) unbekannten Sprichwörtern wie den folgenden:

*In gutem Acker wächst auch Unkraut.*
*Wo alle nackt gehen, da lacht man über das Hemd.*
*Wenn der Bär auch brummt, tanzen muß er doch.*
*Mit einer goldenen Angel ist leicht Fische fangen.*
*Den Hund schickt man nicht nach Bratwürsten.*

Mit der Vermutung, daß die Geläufigkeit eines Sprichwortes auch von der Bewahrung seiner Metaphorizität abhängt, könnte die Beobachtung korrespondieren, daß man in geläufigen Sprichwörtern weitaus weniger unikale Komponenten antrifft als in geläufigen Phraseologismen (wobei in beiden Fällen der durch Geläufigkeit abgesteckte Bereich unscharf bleiben muß). Da Phraseologismen auch im Falle gänzlicher De-Metaphorisierung weiter

---

11  Von hierher läßt es sich kaum rechtfertigen, gerade Phraseologismen mit erklärungsbedürftiger Metaphorik als **sprichwörtliche** zu bezeichnen (vgl. Röhrich/Mieder 1977: 16).

12  Häcki-Buhofer verweist in Auswertung ihrer empirischen Untersuchungen zur Gebräuchlichkeit von Phraseologismen auf erstaunliche Befunde (vgl. Häcki-Buhofer 1996:391); dennoch spricht aus unserer Sicht nichts dafür, gänzlich de-metaphorisierte Phraseologismen, wie *jmdm. einen Korb geben* oder *ins Fettnäpfchen treten,* für weniger verbreitet zu halten als motivierte.

als Benennungseinheiten 'funktionieren', können unikale Komponenten hier ohne Beeinträchtigung der Bedeutungserschließung bewahrt werden; vgl. *jmdm.* den **Laufpaß** *geben, etwas auf dem* **Kerbholz** *haben, auf dem* **Holzweg** *sein, am* **Hungertuche** *nagen.* (Zur Typologie unikaler Komponenten in Phraseologismen vgl. Fleischer 1989.) (Um einen analogen Fall handelt es sich bei unikalen Konstituenten in Wortbildungskonstruktionen; vgl. **Brombeere, Himbeere, Unflat**.)

Dagegen wäre beim Sprichwort die sinnstiftende metaphorische Deutung durch unbekannte Wörter grundsätzlicher gefährdet. In dem bei Grzybek dokumentierten Korpus bekannter deutscher Sprichwörter findet sich denn auch keines mit einer unikalen Komponente (vgl. Grzybek 1991:256ff.). Vereinzelt begegnen ansonsten ungewöhnliche Formen, die die Identifizierung des Lexems jedoch kaum beeinträchtigen; vgl. *Wie die Alten* **sungen***, so zwitschern die Jungen.* Im Sprichwort *Wie der Herr, so's Gescherr.*, das wir als geläufiges betrachten würden, dürfte *Gescherr* sich (als wohl dem Reim geschuldete Form) auf *Geschirr* zurückführen lassen. Obwohl *Gescherr* im Sprichwort eine ältere, allgemeinere Bedeutung trägt[13] (und somit als unikale Komponente gelten kann), dürfte auch ein 'modernes' Verständnis des Wortes die Deutung der Metapher nicht verhindern. Die Frage nach der Häufigkeit und den Arten unikaler Komponenten in Sprichwörtern bedarf jedoch insgesamt eingehender Untersuchungen an einem größeren Beispielkorpus.

Innerhalb der Phraseologie wird die Frage nach einer Zugehörigkeit der Sprichwörter zu den Phraseologismen heute noch unterschiedlich beantwortet (vgl. die Unterscheidung einer "Phraseologie im engeren Sinne" und einer "Phraseologie im weiteren Sinne" bei Pilz 1981:21). Ohne die Pro- und Contra-Argumene hier im einzelnen vorzuführen und zu diskutieren, sei – als Fazit unserer Überlegungen – auf die offensichtlichen Unterschiede in der Ausprägung von Metaphorizität verwiesen, die auf einen Sonderstatus der Sprichwörter hindeuten: Während metaphorische Phraseologismen wie Einwortmetaphern unvermeidlich einem Prozeß der De-Metaphorisierung unterliegen, ohne daß ihre Benennungsfunktion damit gefährdet wäre, scheint die Deutung von Sprichwörtern an die Erschließbarkeit der metaphorischen Beziehung gebunden zu sein. Da de-metaphorisierte Sprichwörter folglich nicht mehr zum geläufigen Sprichwortschatz gehören können, wird die Frage nach Möglichkeiten und Arten der Re-Metaphorisierung gegenstandslos.

---

13 Zu *Geschirr*: "Früher in allgemeiner Verwendung für die verschiedensten Arten von Geräten, vgl. *wie der Herr, so das G."* (Paul 1956:237).

So zeigt sich insgesamt, blickt man auf die unterschiedlichen metaphorischen Einheiten der Sprache, einmal mehr die interne Differenziertheit des scheinbar einheitlichen Phänomens Metapher.

## LITERATUR

Adelung, Johann Ch. (1793): *Grammatisch=kritisches Wörterbuch der Hochdeutschen Mundart, mit beständiger Vergleichung der übrigen Mundarten, besonders aber der Oberdeutschen.* Erster Theil. - Leipzig: Breitkopf.

Bartels, Gerhard (1991): *Du verstehst wohl kein Deutsch? Überlegungen zum Wortcharakter der Phraseologismen.* - In: I. Pohl, G. Bartels (Hg.): *Sprachsystem und sprachliche Tätigkeit.* Festschrift zum 65. Geburtstag von Prof. Dr. phil. habil. Karl-Ernst Sommerfeldt. - Frankfurt/M. u.a.: Lang, 23-43.

Bertau, Marie-Cécile (1996): *Sprachspiel Metapher. Denkweisen und kommunikative Funktion einer rhetorischen Figur.* - Opladen: Westdeutscher Verlag.

Beyer, Horst und Annelies (1988): *Sprichwörterlexikon. Sprichwörter und sprichwörtliche Ausdrücke aus deutschen Sammlungen vom 16. Jahrhundert bis zur Gegenwart.* - 4. Aufl. - Leipzig: Bibliographisches Institut.

Black, Max (1996): *Die Metapher.* - In: A. Haverkamp (Hg.) (1996), 55-79.

Burger, Harald (1989): *"Bildhaft, übertragen, metaphorisch ...". Zur Konfusion um die semantischen Merkmale von Phraseologismen.* - In: G. Gréciano (Hg.) (1989), 17-29.

Ders. (1996): *Phraseologie und Metaphorik.* - In: E. Weigand, F. Hundsnurscher (Hg.) (1996), 167-178.

De Knop, Sabine (1987): *Metaphorische Komposita in Zeitungsüberschriften.* - Tübingen: Niemeyer.

Dobrovol'skij, Dmitrij (1995): *Kognitive Aspekte der Idiom-Semantik. Studien zum Thesaurus deutscher Idiome.* - Tübingen: Narr.

Drößiger, Hans-Harry (1997): *Zur Bildung von Satzstrukturen mit metaphorischen Verbformen.* - In: Ch. Keßler, K.-E. Sommerfeldt (Hg.): *Sprachsystem – Text – Stil.* Festschrift für Georg Michel und Günter Starke zum 70. Geburtstag. - Frankfurt/M. u.a.: Lang, 35-48.

Duden (1976): *Duden. Das große Wörterbuch der deutschen Sprache in sechs Bänden*. Hrsg. u. bearb. vom Wissenschaftlichen Rat und den Mitarbeitern der Dudenredaktion unter Leitung von G. Drosdowski. 1. Bd. - Mannheim u.a.: Dudenverlag.

Duden (1992): *Duden. Redewendungen und sprichwörtliche Redensarten. Wörterbuch der deutschen Idiomatik*. Bearb. von G. Drosdowski und W. Scholze-Stubenrecht. - Mannheim u.a.: Dudenverlag.

Duden (1993): *Duden. Das große Wörterbuch der deutschen Sprache in acht Bänden*. Hrsg. u. bearb. vom Wissenschaftlichen Rat und den Mitarbeitern der Dudenredaktion unter der Leitung von G. Drosdowski. - 2., völlig neu bearb. und stark erw. Aufl. 2. Bd. - Mannheim u.a.: Dudenverlag.

Duden (1996): *Duden. Deutsches Universalwörterbuch*. Bearb. von G. Drosdowski und der Dudenredaktion. - 3., neu bearb. und erw. Aufl. - Mannheim u.a.: Dudenverlag.

Fleischer, Wolfgang (1989): *Deutsche Phraseologismen mit unikaler Komponente – Struktur und Funktion*. - In: G. Gréciano (Hg.) (1989), 117-126.

Ders. (1997): *Phraseologie der deutschen Gegenwartssprache*. - 2., durchgesehene u. ergänzte Aufl. - Tübingen: Niemeyer.

Fleischer, Wolfgang; Barz, Irmhild (1992): *Wortbildung der deutschen Gegenwartssprache*. - Tübingen: Niemeyer.

Fleischer, Wolfgang; Michel, Georg; Starke, Günter (1993): *Stilistik der deutschen Gegenwartssprache*. - Frankfurt/M. u.a.: Lang.

Gansel, Christina (1997): *Prozeduren der Bedeutungskonstituierung – Verbale Metaphern und kognitive Modelle*. - In: I. Pohl (Hg.) (1997), 195-209.

Glück, Helmut (Hg.) (1993): *Metzler Lexikon Sprache*. - Stuttgart, Weimar: Metzler.

Gréciano, Gertrud (Hg.) (1989): *Europhras 88. Phraséologie Contrastive*. Actes du Colloque International Klingenthal - Strasbourg 12-16 mai 1988. - Strasbourg: Université des Sciences Humaines, Département d'Etudes Allemandes.

Grimm, Jacob und Wilhelm (1860): *Deutsches Wörterbuch*. 2. Bd. - Leipzig: Hirzel.

Grzybek, Peter (1991): *Sinkendes Kulturgut? Eine empirische Pilotstudie zur Bekanntheit deutscher Sprichwörter*. - In: Wirkendes Wort 41 (1991) 2, 239-264.

Häcki-Buhofer, Annelies (1989): *Psycholinguistische Aspekte in der Bildhaftigkeit von Phraseologismen.* - In: G. Gréciano (Hg.) (1989), 165-175.

Dies. (1996): *Theorie und Methodologie der psycholinguistisch basierten Bedeutungsbeschreibung: Zur Bandbreite phraseologischer Bedeutungen.* - In: E. Weigand, F. Hundsnurscher (Hg.) (1996), 387-398.

Haverkamp, Anselm (Hg.) (1996): *Theorie der Metapher.* - 2., erg. Aufl. - Darmstadt: Wissenschaftliche Buchgesellschaft.

HDG (1984): G. Kempcke et al.: *Handwörterbuch der deutschen Gegenwartssprache.* Bd. 1 und 2. - Berlin: Akademie-Verlag.

Käge, Otmar (1980): *Motivation: Probleme des persuasiven Sprachgebrauchs, der Metapher und des Wortspiels.* - Darmstadt: Kümmerle.

Keller, Rudi (1995): *Zeichentheorie. Zu einer Theorie semiotischen Wissens.* - Tübingen, Basel: Francke.

Kluge, Friedrich (1989): *Etymologisches Wörterbuch der deutschen Sprache.* Völlig neu bearb. von E. Seebold. - 22. Aufl. - Berlin, New York: de Gruyter.

Munske, Horst H. (1993): *Wie entstehen Phraseologismen?* - In: K.J. Mattheier, K.-P. Wegera, W. Hoffmann, J. Macha, H.-J. Solms (Hg.): *Vielfalt des Deutschen.* Festschrift für Werner Besch. - Frankfurt/M. u.a.: Lang, 481-516.

Paul, Hermann (1909): *Prinzipien der Sprachgeschichte.* - 4. Aufl. - Halle: Niemeyer.

Ders. (1956): *Deutsches Wörterbuch.* Bearb. von A. Schirmer. - 5. Aufl. 1. Bd. - Halle: Niemeyer.

Pfeifer, Wolfgang et al. (1989): *Etymologisches Wörterbuch des Deutschen.* 3. Bd. - Berlin: Akademie-Verlag.

Pilz, Klaus D. (1981): *Phraseologie.* - Stuttgart: Metzler.

Pohl, Inge (Hg.) (1997): *Methodologische Aspekte der Semantikforschung.* Beiträge der Konferenz "Methodologische Aspekte der Semantikforschung" an der Universität Koblenz-Landau/Abteilung Landau (1996). - Frankfurt/M. u.a.: Lang.

Porzig, Walter (1957): *Das Wunder der Sprache. Probleme, Methoden und Ergebnisse der modernen Sprachwissenschaft.* - 2. Aufl. - Bern: Francke.

Riceur, Paul (1996): *Die Metapher und das Hauptproblem der Hermeneutik.* - In: A. Haverkamp (Hg.) (1996), 356-375.

Röhrich, Lutz (1991): *Das große Lexikon der sprichwörtlichen Redensarten.* 1. Bd. - Freiburg u.a.: Herder.

Röhrich, Lutz; Mieder, Wolfgang (1977): *Sprichwort.* - Stuttgart: Metzler.

Schäffer, Christina (1995): *Metapher als Bezeichnungsübertragung?* - In: I. Pohl, H. Ehrhardt: *Wort und Wortschatz. Beiträge zur Lexikologie.* - Tübingen: Niemeyer, 175-184.

Schindler, Wolfgang (1997): *Methodologische Überlegungen zu idiomatischen Wortverbindungen und deren Abgrenzung von anderen phraseologischen Syntagmen.* - In: I. Pohl (Hg.) (1997), 267-282.

Schippan, Thea (1992a): *Lexikologie der deutschen Gegenwartssprache.* - Tübingen: Niemeyer.

Dies. (1992b): *Der Einfluß der Motivation auf das semantische Wissen.* - In: R. Grosse, G. Lerchner, M. Schröder (Hg.): *Beiträge zur Phraseologie, Wortbildung, Lexikologie.* Festschrift für Wolfgang Fleischer zum 70. Geburtstag. - Frankfurt/M. u.a.: Lang, 167-177.

Seiler, Friedrich (1922): *Deutsche Sprichwörterkunde.* - München: Beck'sche Verlagsbuchhandlung.

Tille, Peter (1983): *Sommersprossen. 666 aphoristische Gesichtspunkte.* - Halle, Leipzig: Mitteldeutscher Verlag.

WDG (1978): Klappenbach, Ruth; Steinitz, Wolfgang (Hg.): *Wörterbuch der deutschen Gegenwartssprache.* - 9., bearb. Aufl. 1. Bd. - Berlin: Akademie-Verlag.

Weigand, Edda; Hundsnurscher, Franz (Hg.) (1996): *Lexical Structures and Language Use.* Proceedings of the International Conference on Lexicology and Lexical Semantics, Münster, September 13-15, 1994. Vol. 2. Session Papers. - Tübingen: Niemeyer.

Weinrich, Harald (1996): *Theorie der kühnen Metapher.* - In: A. Haverkamp (Hg.) (1996), 316-339.

Wotjak, Barbara (1992): *Verbale Phraseolexeme im System und Text.* - Tübingen: Niemeyer.

Wunderlich, Dieter (1991): *Arbeitsbuch Semantik.* - 2., erg. Aufl. - Frankfurt/M.: Hain.

# CHRISTINE RÖMER

## Semantische Zugänge und Metaphern

### 1. Einleitung: Entwicklung der Metaphernforschung

In seinem Plenarvortrag auf der 5. Konferenz für Kognitive Linguistik 1997 in Amsterdam stellte Lakoff drei Hauptgedanken für die 2. Generation der Kognitiven Wissenschaft auf:

1. Der Geist ist inhärent eine Einheit.
2. Denken ist größtenteils unbewußt.
3. Abstrakte Konzepte sind größtenteils metaphorisch.

Diese Hauptgedanken stehen nach wie vor in grundsätzlicher Opposition zu traditionellen objektivistischen Theorien von Sprache und Geist, wie sie von der Generativen Grammatik und Logischen Semantik vertreten werden, die annehmen:

1. Der Geist ist modular organisiert.
2. Denken ist Manipulation mit abstrakten Symbolen.
3. Metaphern sind eine Sache der Sprache, nicht des Geistes. Konzepte sind Symbole, die Entitäten und Kategorien der Welt neutral repräsentieren.

Die letzteren Auffassungen knüpfen an das lange gepflegte traditionelle Metaphernverständnis an, das in Metaphern eine rhetorische Dekoration sah und auf Aristoteles und Quintilian zurückgeht. Diese Ahnväter der Metapherntheorien erklärten die Metaphern als expressive Abweichungen von der normalen, wörtlichen Sprache, deren Funktion in der Substitution bzw. im Vergleich liegt. Bereits um 1930 begannen sich neue Theorien herauszubilden, die heute als Interaktionstheorien bezeichnet werden und die Auffassungen von der Metapher als rhetorischen Schmuck ablehnten und sie als Bedeutungsträger bezeichneten. Dieser Wandel geht vornehmlich auf Richards und dessen Schüler Black zurück. Richards hat auch besonders den relationalen Charakter von Metaphern hervorgehoben, indem er von einem von ihm eingeführten "Kontext-Theorem der Bedeutung" ausging, das besagt, daß die Bedeutung eines Wortes sich erst aus dessen Wechselwirkung mit den Bedeutungen der anderen Wörter aus seiner sprachlichen Umgebung ergibt. Auf die Metapher übertragen, heißt dies, daß die Bedeutung derselben sich aus der "Interaktion" zwischen "co-präsenten Gedanken", und zwar dem "tenor", der "zugrunde gelegte[n] Vorstellung" oder dem "Hauptgegenstand" (principal subject), und dem "vehicle", dem Element, welches sich auf den Hauptgegenstand bezieht (Richards in Haverkamp 1983:37), ergibt. Black führt den Relationsaspekt dann noch weiter, indem er das "Kontext-Theorem der Bedeutung" durch das "System miteinander assoziierter Gemeinplätze" (system of associated common-places) (Black in Haverkamp 1983:70f.) ersetzt. Es interagieren nun nicht mehr nur die Bedeutungen im engeren Sinne, sondern ganze "System[e] von assoziativen Implikationen". Deshalb ersetzte Black Richards Termini "tenor" und "vehicle" durch "Fokus (focus)" und "Rahmen (frame)". Den Fokus bestimmt er als "das oder die nichtwörtlich gebrauchte(n) Wort bzw. Wörter" und den Rahmen als wörtlichen Teil der Konstruktion (Black in Haverkamp 1983:392).

Auf diesen Auffassungen bauen in der Regel die vielen sich in der Folge nicht nur in der Linguistik entwickelnden Metapherntheorien auf.

In dieser Tradition steht auch die sogenannte experientalistische Metapherntheorie von Lakoff und Johnson. Speziell ihr Buch "Metaphors we live by" von 1980 war aber auch gleichzeitig ein kreativer Neuansatz für die Metapherntheorie. Sie weiten den Gedanken von Richards aus, daß "die Metapher das allgegenwärtige Prinzip der Sprache ist" (Richards in Haverkamp 1983:33) und das Denken metaphorisch sei und vergleichend verfahre, indem sie diese Idee zu ihrer zentralen Auffassung machen. Sie legen dar, daß Metaphern unser Begriffssystem in erheblichem Maße prägen und gleichzeitig unsere Weltwahrnehmung beeinflussen und damit realitätsschaffend sind, unser Handeln und unser Leben bestimmen. Lakoff und Johnson erweitern bzw. verschieben damit das Phänomen Metapher in Richtung Kognition. In ihrem experientalistischen Ansatz geht es darum, die Struktur der Metaphern und ihre Herkunft aus der Erfahrung abzuleiten und ihren Einfluß auf das Begriffssystem aufzuzeigen. Das Grundprinzip metaphorischer Konzeptualisierung besteht für sie in der "Nutzung unmittelbarer, konkreter physischer oder kultureller Erfahrungen zur Strukturierung abstrakter, vager Konzepte" (Baldauf 1996:463).

## 2. Holistische, erfahrungsrealistische vs. modulare, objektivistische Metaphernbeschreibung am Beispiel des FRIEDENs-KONZEPTs

Ich möchte im Folgenden der Frage nachgehen, ob notwendigerweise der Lakoff-Johnsonsche Gedanke, daß abstrakte Konzepte größtenteils metaphorisch sind, mit der holistischen, erfahrungsrealistischen Auffassung des Geistes verbunden sein muß.

Können metaphorische Konzepte auch einen Platz in einem modularen, objektivistischen Geistesmodell haben?

Während, ausgehend von Lakoff/Johnson, das metaphorische KRIEGs-KON-ZEPT häufig als Beispiel in Betrachtungen zu Alltagsmetaphern gewählt wird, möchte ich die komplementären FRIEDENs-Metaphern in der deutschen Sprache als Datenmaterial für meine Betrachtungen nehmen.

Baldauf hat in ihrer Monographie "Metapher und Kognition" auf der Basis der Theorie von Lakoff/Johnson für die deutsche Sprache 17 metaphorische Kriegskonzepte ausgemacht und in einer Übersicht zusammengefaßt (s. Anhang). Sie bestätigt auch die Feststellungen von anderen, z.B. Pasierbsky oder Burkhardt, die die deutsche Sprache "militärisch infiziert" finden. Sie schreibt: "Krieg und Kampf sind im Alltag allgegenwärtig, selbstverständlich und akzeptiert" (Baldauf 1996:231).

FRIEDENs-Metaphern hat Baldauf in ihren Untersuchungen, die einen Überblick über die "Metaphernkonzepte und Metaphernsysteme im gegenwärtigen Standarddeutsch" geben wollen, nicht erwähnt, sie haben aber auch in der deutschen Alltagssprache Relevanz. Pasierbsky schreibt in seiner sehr schönen Monographie "Krieg und Frieden in der Sprache" von 1983: "Wenn wir unserer Sprache glauben wollen, dann muß der Frieden längst tot sein. Der Ort, an dem er begraben ist, heißt Friedhof" (a.a.O.:12). "Warum eigentlich hat der Frieden in unserer Sprache den Geruch des Todes und des Lazaretts oder den Mief der häuslichen Ruhe und Ordnung an sich? Warum wird mit dem Wort Frieden nicht Leben, Freude, Gesundheit und Unruhe assoziiert?" (a.a.O.:15). Diesen Fragen, die Pasierbsky stellt, soll hier nicht nachgegangen werden. Es soll, wie schon festgestellt, um die Methodik der Konzeptbeschreibung gehen.

Meine Untersuchungen haben für *Frieden* eine Konzeptstruktur erbracht, die Pasierbskys Ausführungen hinsichtlich der Semantik des Begriffs Frieden bestätigt:

FRIEDEN hat als **Basiskonzept** NICHTKRIEGERISCHE BEZIEHUNG ZWISCHEN STAATEN versprachlicht, z.B. in: *Der Frieden in Deutschland begann 1945.*

Es ist einem **Subkonzept** SOZIALE BEZIEHUNG ZWISCHEN X,Y untergeordnet, dem auch Konzepte wie LIEBE oder EIFERSUCHT zuzuordnen sind.

Um das Basiskonzept FRIEDEN gruppiert sich ein ganzes System von **verwandten Konzepten**:

1. die Konzeptspezifizierung "... BEZIEHUNG ZWISCHEN MENSCHEN-GRUPPEN"
   z.b.: *Moslems und Christen sollten in Ägypten Frieden schließen.* oder: *Der innere Frieden ist gefährdet.*

2. die metonymische Ableitung "VERTRAG ÜBER DIE GESTALTUNG DER NICHTKRIEGERISCHEN BEZIEHUNG ZWISCHEN STAATEN"
   z.b.: *Der Frieden von Dayton wurde 1995 vereinbart.*

3. die metaphorische Ableitung TOD IST FRIEDEN
   z.B.: *Ruhe in Frieden!*

4. die metaphorische Ableitung HARMONIE IST FRIEDEN
   z.B.: *... in Frieden mit ihr leben.* oder: *Frieden mit der Natur schließen.*

Wir können also folgende Konzeptbildung auf der Basis der FRIEDENs-IKMs annehmen:

– IKMs sind nach Lakoffs Konzeption von 1987 "Idealisierte Kognitive Modelle", die ein gestalthaftes Hintergrundwissen veranschaulichen, das aus den physischen und sozialen Erfahrungen der Sprachbenutzer resultiert. –

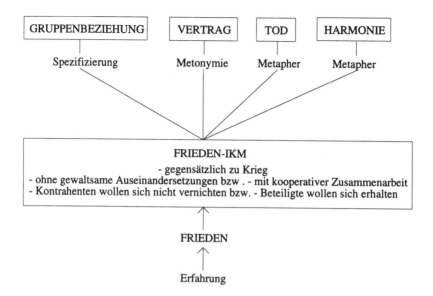

Zum gebildeten FRIEDENs-IKM, das links die Charakteristika des sogenannten "negativen" Friedensbegriffs repräsentiert, könnte noch ein "positiver" Friedensbegriff (rechte Charakteristika) gestellt werden, der als Kern
beinhaltet, daß Zusammenarbeit und Kooperation die Beziehung bestimmen
(sollten).

Wenn wir uns diese Konzeptstruktur anschauen, die gewonnen wurde durch
Generalisierungen über den sprachlichen Daten, so fällt u.a. auf, daß die
Konzeptmetaphern FRIEDEN die Implikationen "harmonischer Zustand",
"keine Kämpfe" etc., also Passivität, hervorheben, dynamische Aspekte, wie
"Konflikte bewältigen" etc., werden dagegen unterdrückt bzw. stehen im to-
ten Winkel. Bei den KRIEGs-Metaphern steht dagegen der dynamische
Aspekt im Vordergrund.

Funktionell können wir die FRIEDENs-Metaphern als sogenannte strukturelle Metaphern charakterisieren. Das übersichtlichere Konzept FRIEDEN
wird zum Verständnis der vageren Konzepte TOTSEIN und HARMONIE
benutzt.

Das Konzeptschema legt mit seiner direkten Zuordnung von Konzepten und
Sprachbeispielen eine holistische Sicht nahe, die in der erfahrungsrealisti-

schen Variante von einem direkten Zusammenhang von Denken, Wahrnehmen bzw. Erfahren, Kommunizieren und Handeln ausgeht. Hülzer hat diese
Sicht 1987 gut in einer Übersicht zusammengefaßt:

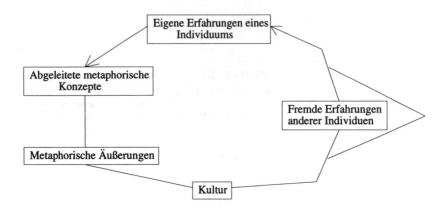

Auf der phänomenologischen Stufe werden Erfahrungen gesammelt, die metaphorisch auf schwer zugängliche, abstrakte oder vage Erfahrungsbereiche
übertragen werden können, die dann auf der Ebene des kognitiv Unbewußten
konzeptualisiert werden können. Diese Übertragungen werden dann in den
sprachlichen Äußerungen, aber auch im Handeln sichtbar und können auch,
wenn sie mit großer Häufigkeit auftreten, Teil der herrschenden Kultur
werden und damit auch wieder die Erfahrungen der Individuen lenken, als
sekundäre Erfahrungen.

Muß nun unsere Konzeptfamilie erfahrungsrealistisch und holistisch interpretiert werden?

Wir können auch eine Erklärung mit dem modularen und objektivistischen
Ansatz versuchen. Wir trennen dann, wie die Generative Grammatik in der
Version von Chomsky, die Grammatikkompetenz von anderen Wissenssy-
stemen, wie dem Weltwissen oder dem Handlungswissen, den perzeptiven
Fähigkeiten oder der Motorik:

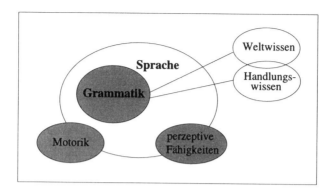

Und: wir gehen mit Jackendoff (1997:39) von einer Architektur der Sprachfähigkeit aus, die repräsentationelle Modularität als allgemeines Prinzip des
Geistes annimmt und dies auch innerhalb der Sprachfähigkeit fortführt, indem eine dreiteilige Parallelstruktur angenommen wird, die phonologische,
syntaktische und konzeptuelle Repräsentationen strikt trennt. Diese werden
deshalb in separaten Modulen entwickelt, die Zusammenhänge dann über
Korrespondenzregeln hergestellt:

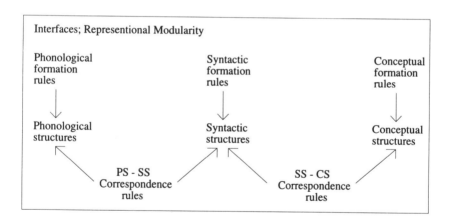

Wie Chomsky und auch Jackendoff sehen wir zwar, daß es sich bei dem
Wissen, das für die Sprache relevant ist, zu einem beträchlichen Teil um ge-
lerntes Wissen handelt, nehmen jedoch einen objektivistischen Standpunkt in
der Weise an, daß dieses Wissen in seinem strukturellen Kern auf angebore-

nen Grundstrukturen aufbaut. Wir bauen auch die Bedeutungen von Sätzen und Lexemen kompositionell aus Komponenten, die verschiedenen Inventaren angehören, auf. Diese Komponenten sind keine ungeordnete Liste und haben schemabildenden bzw. schemabelegenden Charakter. Die schemabildenden Bausteine, die theoretische Abstraktionen sind, die auf den logischen Prinzipien basieren, haben universellen und gruppenkonstituierenden Charakter. Die schemabelegenden Bausteine bestimmen den idiosynkratischen Charakter und sind zum Teil einzelsprachlich-kulturell geprägt.

Während Chomsky eine strikte Kompositionalität durchführt, die syntaktisch transparent ist, argumentieren wir mit Jackendoff für eine angereicherte Kompositionalität, die über Korrespondenzregeln im Satz nicht enthaltene Interpretationselemente einfügt. Lexeme, die mich hier interessieren, haben nach diesem Modell drei arbiträre Wissenskomponenten im Lexikon, im Langzeitgedächtnis, abgespeichert. Sie haben eine phonetische, syntaktische und konzeptuelle Struktur, die beim Sprachproduzieren bzw. beim Sprachverstehen zueinander in Beziehung gesetzt werden. Der Satzkontext wird nach der Aktivierung dieser Komponenten wirksam.

Dieses Verfahren, das für die sogenannten wörtlichen Bedeutungen entwickelt wurde, soll nun von mir im Prinzip auch auf die metaphorischen Ausdrücke angewendet werden. Sie sollen also ausdrücklich nicht nach anderen Prinzipien erklärt werden.

Für unser Beispiel *Frieden* haben wir im Lexikon folgende Zuordnung von Phonetischer Struktur (PS), Syntaktischer Struktur (SS) und Konzeptueller Struktur (CS) gespeichert:

– Ich nehme hier also parallel zu Jackendoff keine Trennung von semantischem und konzeptuellem Wissen vor, was technisch aber z.B. mit der Zweistufensemantik machbar wäre und inhaltlich auch begründet werden könnte. –

<PS, SS, CS>
/fRi:dən/[←PS-SS→][ N ][←SS-CS→][FRIEDEN]

Wie sieht nun aber die konzeptuelle Struktur von FRIEDEN genauer aus? Aus welchen Wissensstücken ist sie zusammengesetzt? Aufgrund welcher Eigenschaften ist die Erzeugung der Metaphorik möglich?

Die Ausgangsstruktur Frieden, die wir annehmen wollen, nimmt für FRIE-DEN ein relationales Konzept, ein Situationsschema mit einer inhärenten Argumentstruktur an:

$\forall y\ \forall x$ [NICHTKRIEGERISCHE BEZIEHUNG ZWISCHEN x, y] : [STAAT x, y]

Mit zur konzeptuellen Struktur gehören neben den konzeptuellen schemabildenden Strukturkonstituenten die schemabelegenden Konstituenten, die auch als Bedeutungspostulate, Präsuppositionen und Implikaturen interpretiert werden können.

Zur konzeptuellen Struktur unseres Beispiels gehören neben der konzeptuellen schemabildenden Strukturkonstituente NICHTKRIEGERISCHE BEZIEHUNG ZWISCHEN STAATEN u.a. die schemabelegenden Konstituenten OHNE WAFFENEINSATZ. Zu OHNE WAFFENEINSATZ gehört OHNE WAFFENLÄRM. Und zu OHNE WAFFENLÄRM gehört RUHE.

NICHTKRIEGERISCHE BEZIEHUNG präsupponiert z.B. auch OHNE UN-ÜBERWINDBARE PROBLEME, dies wiederum präsupponiert HARMONIE.

In der Schreibweise von Sowa, die als Formalisierung, aber nicht als logische Form, gemeint ist, könnte dies wie nachfolgend dargestellt werden:

(i.)     $\forall y\ \forall x$ (¬KRIEGERISCHE BEZIEHUNG xy):(STAAT x,y)
         → (¬WAFFENEINSATZ→¬WAFFENLÄRM→RUHE→...) &
         → (¬(UNLÖSBARE STREITIGKEITEN(HARMONIE→...) &
         →...

(ii.)    STAAT→AGENS→FRIEDEN→AGENS→STAAT

Auffällig für das Basiskonzept FRIEDEN ist auch, daß die Variablen im Konzeptschema im Verhältnis der Symmetrie stehen müssen. In aktivischer Verwendungsweise kommt beiden die semantische Rolle Aktor zu.

Als Vorzüge unserer Auffassungen ergeben sich:

(i) Im Unterschied zur holistischen Betrachtungsweise können wir nun die Begriffsvarianten regelhaft ableiten, können wir aufzeigen, wie die Konzeptstruktur angepaßt und verfeinert wird:

Bei der **Konzeptspezifizierung** verändert sich die inhaltliche Struktur der Argumente.

Während die FRIEDENs-Ausgangsstruktur die Argumente als STAATEN konzeptualisiert, ändern sich diese bei der angenommenen Konzeptspezifizierung in MENSCHENGRUPPEN.

(x, y (STAAT→GRUPPE))

Bei der **metonymischen Variante** ändert sich der Schematyp, aus dem Situationsschema wird ein Objektschema [Beziehung]→[VERTRAG] bzw. wird dem Situationsschema ein Objektschema an die Seite gestellt. Letztere Ausdrucksweise finde ich angemessener, weil damit sichtbar wird, daß beide Objektschemata aufeinander reflektieren, oder wie es bei Black heißt, in Interaktion treten, aufeinander projiziert werden.

(SITUATIONSSCHEMA→OBJEKTSCHEMA: BEZIEHUNG→VERTRAG)

Bei den **metaphorischen Varianten** ändert sich die Hierarchie der Konzeptkonstituenten.

Die sekundären Präsuppositionen treten bei unserem Beispiel in den Vordergrund, was hier dazu führt, daß das Situationsschema adynamisch als ZUSTAND verstanden wird. Dies resultiert auch daraus, daß die hervorgehobenen Konstituenten neue schemabelegende Konstituenten als feste Konnotationen hinzubekommen.

( i)→(RUHE→¬LEBEN)
(ii)→(HARMONIE→¬STREIT→LIEBE)

Diese regelhaften Ableitungen sind nur deshalb möglich, weil die konzeptuellen Strukturen flexibel sind. Sie können umgebaut werden, indem beispielsweise Komponenten in den toten Winkel geraten und andererseits das konzeptuelle Netz weiter gespannt wird.

Wir nehmen damit im generellen, aber nicht in der Ausführungsart, ein Verfahren zur Erklärung von Metaphern auf, das Way in Anlehnung an die konzeptuelle Graph-Theorie von Sowa als "Dynamic Hierarchy Theory" aufgestellt hat.

(ii) Der zweite Vorzug dieser kompositionellen Erklärungsweise ist auch, daß Blacks wichtige Aussagen, daß die Metapher "Bedeutungsverschiebungen bei Wörtern" mit sich bringt und Züge des Hauptgegenstandes "selegiert, betont, unterdrückt und organisiert", "indem sie Aussagen über ihn einbezieht, die normalerweise zum untergeordneten Gegenstand gehören" (Black in Haverkamp 1983:76), bei der Beschreibung sichtbar werden.

Die angenommene konzeptuelle Strukturierung ist zwar in sich flexibel, aber sie erfaßt, gemäß dem modularen Ansatz, nur die Ontologie der usuellen Sprecher- bzw. Hörer-Welt. Diese konzeptuelle Strukturierung beschreibt auch kontextneutral, weil diese Strukturierung unabhängig davon ist, ob die Sprecher sie für richtig oder wichtig halten. Der Kontext hat für die richtige Interpretation von Metaphern die gleiche Wichtigkeit wie für nichtfigurative mehrdeutige Ausdrücke. Dies trifft auch auf Ausdrücke zu, die wörtlich oder figurativ verstanden werden können. Welche "vorgegebene" konzeptuelle Strukturierungsspezifikation (Way spricht von "Context Masks") relevant ist, hängt vom Kontext ab, der die Mehrdeutigkeit auflöst, indem er die Referenz festlegt. Im Zuge der Konzeptualisierungsspezifikation wird der Fokus der metaphorischen Äußerung mit einer neuen Hierarchie beschrieben, die durch die Ontologie des Frame/Rahmens der Äußerung entsteht. Dies soll noch kurz an einem aktuellen Beispiel skizziert werden:

*Unsere Truppen des Friedens sind auf dem Balkan stationiert.*
*(Der Spiegel 23.3.1998)*
        Frame              Fokus

*Frieden* ist hier mit typischer *Kriegs*lexik verbunden und wird durch Analogiebezug auf das Gegenteil, auf den Krieg als SICHERUNG, konzeptualisiert. Es ist auch eine Ersetzung von *Friedenstruppe* durch *Sicherungstruppe* möglich. Die Tätigkeit von Einheiten der Bundeswehr im Rahmen der internationalen Sfor-Friedenstruppen wird in den Medien, z.B. im *Spiegel* vom 23. März 1998, so beschrieben. *Frieden* bekommt durch den speziellen Kontext die Strukturkonstituenten MIT GEWALTANDROHUNG DEN FRIEDEN ERHALTEN.

Dies geschieht dadurch, daß das Konzept FRIEDEN mit dem KRIEGskonzept direkt verknüpft wird. Es werden also neue Verbindungen in der Konzeptstruktur geknüpft:

Schematisch könnte die Veränderung in folgender Weise dargestellt werden (angelehnt an Way 1991:128):

Basiskonzeptstruktur:

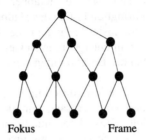

Fokus                    Frame

Metaphorische Konzeptstruktur:

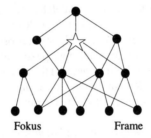

Fokus                    Frame

Way stellte fest, daß die neuen metaphorischen Konzeptstrukturen oft die Unterschiede zwischen den Kategorien verwischen. Dies trifft ziemlich deutlich auch auf unser Beispiel zu, auf die Unterscheidung von *Krieg* und *Frieden*. FRIEDEN bekommt neben der Gewaltkonstituente einen dynamischen Charakter.

Es wird auch sichtbar, daß Metaphorizität im weitesten Sinne etwas mit Ähnlichkeit bzw. Vergleichbarkeit der beteiligten Konzepte zu tun hat. Fokus und Frame werden unter ein gemeinsames Dach, eine gemeinsame Konstituente gestellt. In unserem Beispielfall kommt durch den Fokus TRUPPEN der Zugriff auf die in der semantischen Konzepthierarchie über FRIEDEN stehende Konzeptkonstituente SICHERUNG zustande. Gleichzeitig zeigt sich aber auch, daß Metaphern mehr als ein Vergleich oder eine Zusammenschau sind. Es stellt sich nämlich auch eine neue Qualität ein. Dies geschieht in unserem Beispiel auch über die Verbindung zu TRUPPE; über diese Verbindung kommt es zur Tilgung der Konzeptkonstituenten OHNE WAFFENEINSATZ, OHNE WAFFENLÄRM und MIT RUHE. Diese müssen getilgt werden, weil TRUPPEN die Konstituente HABEN WAFFEN-GEWALT schon eingebracht hat.

Diese Veränderungen in der Konzeptstruktur sollen abschließend die nachfolgenden Schemata aufzeigen:

**(i)   Nichtmetaphorische Konzeptstrukturen:**

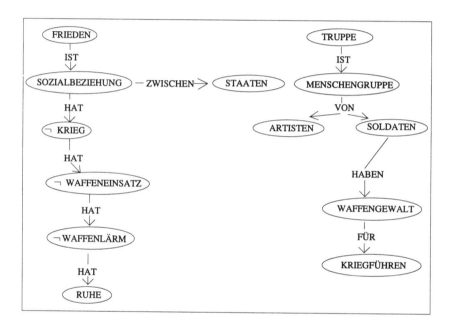

**(ii)   Metaphorische Konzeptstruktur:**

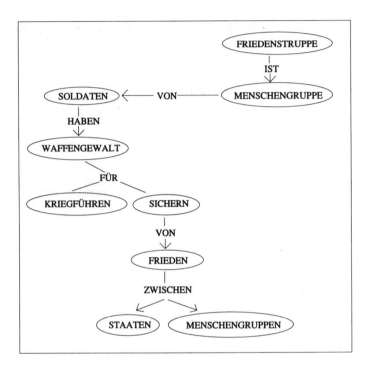

## 3. Schlußfolgerungen

1. Metaphern als eine normale Sache des Geistes zu sehen verlangt m.E. keineswegs holistische, erfahrungsrealistische Methoden und Auffassungen. Auch im Rahmen einer modularen, objektivistischen Vorgehensweise können Metaphern adäquat erklärt werden. Wichtigste Voraussetzung dafür ist aber, daß Konzepte bzw. Bedeutungen nicht als starre und feste Ganzheiten aufgefaßt werden, sondern vielmehr als strukturierte und flexible Gebilde.

2. Die Ausführungen haben sicherlich auch aufgezeigt, daß Ansichten nicht zutreffen, die davon ausgehen, daß die Bedeutungen der in eine Metapher eingehenden Wörter unverändert bleiben, wie dies auch die deutschen Sprachwissenschaftler Hundsnurscher oder Burkhardt in Anlehnung an Sear-

le (1982) vertreten haben. So stellte Searle fest: "Es wird oft gesagt, in metaphorischen Äußerungen ändere mindestens ein Ausdruck seine Bedeutung. Im Gegensatz dazu möchte ich sagen, daß sich bei metaphorischen Äußerungen genaugenommen niemals etwas an der Bedeutung ändert" (108). Searles nicht von mir geteilte Auffassung resultiert u.a. daraus, daß er in "eingefrorenen" toten Metaphern keine Metaphern mehr sieht und die metaphorische Bedeutung für ihn keine richtige Bedeutung ist. Sie ist für ihn nur eine Abweichung auf der Äußerungsebene.

3. Metaphern als eine normale Sache des Geistes zu sehen verlangt auch, daß sie normal im Rahmen der Grammatik beschrieben werden, da sie keine Abweichungen oder Anormalitäten sind.

# ANHANG

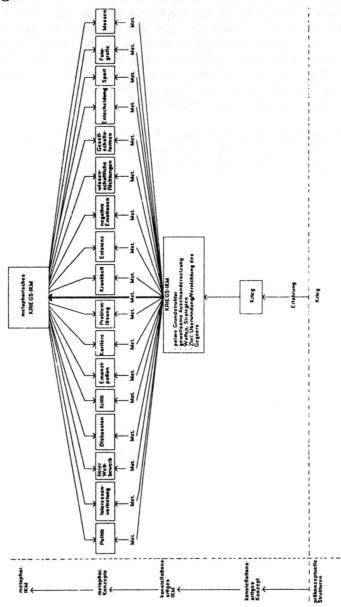

# LITERATUR

Baldauf, Christa (1997): *Metapher und Kognition*. - Frankfurt/M. u.a.: Lang.

Black, Max (1996): *Die Metapher*. - In: A. Haverkamp: *Theorie der Metapher*. Studienausgabe. - Darmstadt: Wissenschaftliche Buchgesellschaft, 55-79.

Ders. (1996): *Mehr über die Metapher*. - In: A. Haverkamp (1996), 379-413.

Burkhardt, Armin (1987): *Wie die 'wahre Welt' endlich zur Metapher wurde. Zu Konstitution, Leistung und Typologie der Metapher*. - In: Conceptus. Zeitschrift für Philosophie 52, 39-67.

Hülzer, Heike (1987): *Die Metapher. Kommunikationssemantische Überlegungen zu einer rhetorischen Kategorie*. - Münster: Nadus-Publ.

Hundsnurscher, Franz (1985): *Neues zur Metapher?*- In: G. Heintz, P. Schmitter (Hg.): *Collecteana Philologica. Festschrift für Helmut Gipper zum 65. Geburtstag*. - Baden-Baden: Koerner, 305-318.

Jackendoff, Ray (1997): *The Architecture of the Language Faculty*. - Cambridge u.a.: MIT Press.

Lakoff, George; Johnson, Mark (1980): *Metaphors We Live By*. - Chicago: University of Chicago Press.

Pasierbsky, Fritz (1983): *Krieg und Frieden in der Sprache*. - Frankfurt/M.: Fischer Taschenbuch.

Richards, Ivor A. (1996): *Die Metapher*. - In: A. Haverkamp (1996), 31-54.

Searle, John R. (1982): *Metapher*. - In: Ders.: *Ausdruck und Bedeutung: Untersuchungen zur Sprechakttheorie*. - Frankfurt/M.: suhrkamp taschenbuch wissenschaft, 98-138.

Sowa, John F. (1993): *Lexical Structure and Conceptual Structures*. - In: J. Pustejovsky (1993): *Semantics and the Lexicon*. - Dordrecht u.a.: Kluwer, 223-262.

Way, Eileen Cornell (1991): *Knowledge Representation and Metaphor*. - Dordrecht: Kluwer.

# HEINZ-JÜRGEN KLIEWER

## Metaphorisches Sprechen im neueren Kindergedicht

"fare d'occhio di triglia" – sagen die Italiener und meinen *liebäugeln*. Auf einen Deutschen wirkt die in der Fremdsprache sog. "tote" Metapher durchaus "kühn": *das Auge der Seebarbe machen*. Wie wenig Metaphern einzuordnen sind in Kategorien, zeigt dieses Beispiel: Facetten von konkreter Bildlichkeit, ironischer Sprechweise; sprachliche Kraft setzt Phantasie in Bewegung auf vorstellbare Situationen hin, ohne das Prinzip des Übertragens aus dem Auge zu verlieren. Metaphern sind nicht dies oder das, entziehen sich Definitionsversuchen immer wieder erfolgreich. Vielleicht liegt darin der Grund, daß sich die Wissenschaft an ihnen so genußvoll die Zähne ausbeißt; Wilhelm Köller fragte 1986: "Was treibt Amateure und Professionelle immer wieder dazu, sich auf diesen Markknochen zu stürzen und sich an ihm zu Tode zu nagen?" (nach Schumacher 1997:11).

Auch Kindergedichte zu definieren ist fast ebenso schwierig wie sich im Gestrüpp der Metapherndiskussion zu bewegen. Wenigstens über die Zeitangabe "neuere" ist man sich weitgehend einig und meint: nicht älter als 50 Jahre, nennt Namen, wie James Krüss und Josef Guggenmos, Elisabeth Borchers und Christine Busta. Daß auch heute noch "alte" Gedichte geschrieben werden, versteht sich von selbst. Wichtiger ist die Beobachtung, daß derlei Fragen typisch sind für die Literaturwissenschaft, die Linguistik dagegen wohl kaum interessieren. Geht es der einen um Texte, so der anderen um **den** Text oder in der Regel um einen; vergleicht die eine z.B. literarische Formen und ihre Traditionen, das Verhältnis von Innovation und Fortwirken des Alten, so wird die andere hierin keinen Forschungsgewinn für ihre Disziplin finden. Gerade die Metapher böte ideale Möglichkeiten, so meint Siegfried Grosse, die Barrieren zwischen den feindlichen Schwestern zu überschreiten, und das "nicht auf der theoretischen Metaebene, sondern realiter auf der gemeinsamen Grundlage: dem Text" (1997:16). Auf der Jahrestagung des Instituts für deutsche Sprache 1997 habe er den Vorschlag gemacht, gemeinsam die Lyrik der letzten dreißig Jahre zu analysieren; als Grund nennt er u.a.: "Es werden neue Wörter, Wortkombinationen und Metaphern geschaffen […]. Dazu tritt die wichtige Funktion der Semantik, deren Assoziationsmöglichkeiten in freier Kombination das feste syntaktische Gefüge auf- und ablösen" (ebd.). Auch ein Wörterbuch der poetischen Sprache hält er für ein geeignetes Arbeitsfeld. Kommt aber bei Kooperationsversuchen mehr dabei heraus oder kann mehr dabei herauskommen als z.b. beim interdisziplinären Wuppertaler Kolloquium "Metapher und Modell" von 1994 (Bergem u.a. 1996), wo die Disziplinen (wie hier) in einem Raum sitzen und – häufig vergeblich – versuchen, den Turm von Babylon abzutragen, d.h., wenigstens die Wissenschaftssprache der anderen zu verstehen. Was hat der Mathematiker oder Theologe davon, wenn ihm z.b. am Thema "Literarische und wissenschaftliche Formen der Wirklichkeitskonstruktion" (so der Untertitel des Tagungsbandes) der Germanist die Metaphern in der politischen Lyrik von Günter Grass erläutert? Meinen sie überhaupt dasselbe, wenn sie "Metapher" sagen? Im literaturwissenschaftlichen Proseminar wird vielleicht der Unterschied zwischen Metapher und Metonymie gelehrt, und man bewegt sich (sicher?) auf dem Boden der antiken Rhetorik, erklärt Tropen und Figuren wie weiland Heinrich Lausberg. Der Linguist könnte den Literaturwissenschaftler belehren: Metonymien und Metaphern sind Tropen. Setzen wir also den Fuß ins andere Lager und distanzieren uns von Rhetorik und Stilistik, wie es etwa Gerhard Strauss gleich im dritten Abschnitt seines Aufsatzes "Metaphern – Vorüberlegungen zu ihrer lexikographischen Darstellung" tut (1991:127). Nicht jene Metapher meine ich, wenn ich vom "Metaphorischen Sprechen" spreche, auch nicht (mit einer Ausnahme) von der menschlichen Fähigkeit, mit Hilfe seiner Sprache, ihrer metaphorischen Kraft, Wirklichkeit zu konstituieren, sondern **mein Interesse gilt dem literarischen Verfahren, "eins durch das andere zu sagen"**. Mit dieser Formulierung umgehe ich das sog. "uneigentliche" Sagen, weil ja gar nicht sicher ist, wie ein "eigentliches" Sagen zu fassen ist. Vielleicht wäre René Schumacher auch mit dieser Formulierung nicht einverstanden, denn "'Nicht-Metapher' und 'Metapher' sind nicht zwei eigentlich verschiedene Kategorien, es sind gradmässig zu unterscheidende Ausprägungen innerhalb derselben Kategorie. Alle Wörter sind grundsätzlich metaphorisch, und sie befinden sich, so wird das hier genannt, in mehr oder weniger hohem Mass in diesem Zustand, in der Schwebe von 'Metapher'" (1997:19).

Außerdem entgehe ich mit dem Vermeiden der Termini "eigentlich" und "uneigentlich" dem Irrtum, nicht nur das schulmeisterliche Interpretieren, sondern auch die Literaturwissenschaft habe die Aufgabe, das "uneigentliche" Sprechen des Dichters in das "eigentliche" zu übersetzen. Im Gegenteil: das andere ist nicht die Substitution des einen; ihre Spannung aufzuheben bedeutet Zerstörung der zu erhaltenden Ambivalenz.

"Eins durch das andere sagen" ist auch etwas anderes als "Schmuck der Rede", und nur teilweise trifft vielleicht der Vorwurf von Marie-Cécile Bertau, daß die gegenwärtige, geradezu inflationäre wissenschaftliche Beschäftigung mit der Metapher damit zusammenhängt, daß ihre kognitiven und erkenntnistheoretischen Leistungen, ihre epistemische Funktion dem Denken der Moderne entsprechen, die klassisch-rhetorische Tradition dagegen in der Neuzeit als "trivial" und uninteressant herabgesetzt wird (vgl. Bertau 1996). Tatsache ist jedenfalls, daß die Metapher Konjunktur hat in verschiedenen Wissenschaften, nur nicht in der Literaturwissenschaft. Während Systematisierungsversuche sich häufen, bleiben empirische Arbeiten, die das Metaphernverständnis und die Metaphernfähigkeit, also auch die Ursachen des "Schwebens", wie René Schumacher es nennt, untersuchen, äußerst rar. Nicht weniger als drei Dutzend Attribute zum Lemma "Metapher" listet das Register von Marie-Cécile Bertau auf: kühne und tote Metaphern, innovative, konventionalisierte und teilkonventionalisierte Metaphern, elite und mundane metaphors, aber die Frage, für wen eine Metapher trivial oder unangemessen ist, wie Umgang mit Metaphern sich entwickelt, welcher Kontext, nicht der innertextliche Weinrichs, sondern der pragmatische, die Urteile des Metaphernbenutzers bestimmt, auf diese Fragen findet man kaum Erklärungsversuche.

Verwundert stellt man fest, daß Marie-Cécile Bertau in dem Abschnitt "Kinder und Metaphern" (246ff.) in ihrem Kapitel "Das Fehlen der Metapher" sich auf amerikanische Studien aus den 70er Jahren bezieht, und ebenso merkwürdig mutet es an, daß ihm der Abschnitt folgt: "Hirngeschädigte Erwachsene und Metaphern". Was beide Gruppen verbindet ist die noch nicht erworbene oder verlorene Fähigkeit, mit Metaphern umzugehen. "Das Beherrschen der Metapher", so die Beobachtung Marie-Cécile Bertaus, "setzt ein Beherrschen der Konvention sowie der damit verbundenen Orientierung auf den Hörer voraus" (1996:249). Zu ganz ähnlichen Ergebnissen war 1965 Hermann Helmers gekommen, der die Entwicklung von "Sprache und Humor des Kindes" untersucht hatte: erst wo die sprachliche Regel erfaßt ist, kann der Regelverstoß goutiert werden. Nun ist das Kind auch in der Lage, das Spiel in der anderen Richtung zu spielen, d.h., es vermag die Komik der Eulenspiegel-Geschichten zu durchschauen, bei denen Redensarten nicht als metaphorische Abweichung verstanden werden wollen, sondern wörtlich. Gerhard Kurz formuliert dieses Phänomen: "Es ist konstitutiv für Metaphern, daß die relevante usuelle Bedeutung kopräsent mit der metaphorischen Bedeutung bewußt ist. Die metaphorische Bedeutung liegt nicht außerhalb des usuellen Bedeutungsspektrums, sondern bildet sich *durch die relevante usuelle Bedeutung hindurch*" (zit. nach Wolff 1984:95).

An Gedichten, die für Kinder geschrieben wurden bzw. von Kindern verstanden werden können, so soll "Kinderlyrik" knapp definiert sein, sollen jene Fähigkeiten des Denkens auf zwei Ebenen, im Sinne von Kopräsenz, benannt werden, die AutorInnen bei ihren LeserInnen erwarten. Bei diesem Blick auf die Texte ist die Frage irrelevant, in welchem Alter, mit welchen Bildungs- und Erfahrungsvoraussetzungen sie dazu in der Lage sind, und es soll auch unberücksichtigt bleiben, worin sich einfachere und schwierigere Formen des metaphorischen Sprechens unterscheiden sowie schließlich das Problem, auf welchem Wege Verständnis angebahnt oder gefördert werden kann.

TEXT 1

Eva Strittmatter

*Die Drossel singt*

Wenn ich sage: DIE DROSSEL SINGT.
So will das nicht viel sagen
Für den, der nicht weiß, wie der Drosselsang klingt.
Er kann nicht übertragen,
Was an meinen Worten wirklich ist.
Ihm fehlen Bilder und Töne.
Nur wenn man sie an Erfahrungen mißt,
Verwandeln sich Worte ins schöne
Gefühl. Man erweitert sie
Um Zeiten und um Welten.
Wem nie die Drossel sang märzmorgenfrüh,
Dem kann mein Wort nicht gelten.

Ein Kuriosum stellt der Text von Eva Strittmatter dar, die weder als Autorin noch als Kinderlyrikerin im Westen Deutschlands bekannt war (und heute noch weniger ist). Metapherntheorie wird zum Gegenstand eines Kindergedichts gemacht; das eine, die akustischen und visuellen Wahrnehmungen, muß an das andere, die sprachlichen Benennungen gebunden bleiben. Expressis verbis ist von der Metapher = "Übertragung" die Rede, und auch ein Beispiel für die metaphorische Kraft der Neuschöpfung bietet Eva Strittmatter: *märzmorgenfrüh*. Aus dem usuellen *am frühen Morgen eines Märztages* oder *Frühlingstages* wird der unkonventionelle Stabreim, der seinerseits ein Adjektiv in ungewöhnlicher Weise präzisiert. Metaphorik läßt sich jedoch nicht nur auf der Wort- und Satzebene beobachten, sondern gerade Lyrik ist dadurch gekennzeichnet, daß sie auf dem Weg über Klang und Rhythmus weitere Informationen vermittelt. Nimmt man also den auffallenden Rhythmus der Zeile *Wem nie die Drossel sang märzmorgenfrüh* mit ihren zwei fehlenden Senkungen hinzu sowie die Reimgliederung als weitere von der Konvention abweichende Phänomene, dann zeigt sich die Metaphorisierung auf verschiedenen Ebenen – übereinander geschichtet. Hans Messelken schlägt vor, zwei Klassen von Metaphern anzunehmen, die direkten oder Textmetaphern, die auf Lexikalisches beschränkt bleiben, aber auch Wortverbände, wie Redensarten und Sprichwörter, umfassen, und die indirekten oder Rhythmusmetaphern, die "sich auf sprachliche Strukturen beziehen: Textformen und Morpheme, Satzformen, Laute und Rhythmus" (1976:13). Als Beispiel für die Metapher "Textform" nennt er die von Bertolt Brecht sehr bewußt als Gestaltungskategorie eingesetzte Zeilengliederung. Mit diesem Vorschlag werden sich Literaturwissenschaftler sicher identifizieren können, weil sich mit den genannten Merkmalen die Literarizität des Textes, seine Spezifik (wenn auch nicht vollständig) greifen läßt.

TEXT 2

Josef Guggenmos

*Auf dieser Erde*

Zwei Pferde gingen bekümmert
im Gänsemarsch durch den Schnee.
Sie traten in ein Gartenhaus,
das hatten sie selber gezimmert.
Dort zogen sie ihre Halfter aus
und tranken Kaffee.
Doch unter dem Deckel der Zuckerdose
fanden sie keine süßen Brocken,
fanden sie eine Herbstzeitlose
mit angezogenen Knien hocken
(sie hatte sich vor dem Frost verkrochen
und sah nun mit blaßlila Augen her).
Ich kann nicht mehr,
sagte das eine der Pferde,
es ist alles so Winter auf dieser Erde.

Aus der älteren Kinderlyrik kennen wir, wenn denn überhaupt Bildebenen gemischt und nicht einfach Beschreibungen aus dem kindlichen Alltag versifiziert werden, Fabeln und Tiergedichte, Personifikationen und ausgeführte Wie-Vergleiche.

"Sonne hat sich müd gelaufen, spricht: 'Nun laß ich's sein!'"

Mit dieser Zeile beginnt das Schlaflied "Im Herbst" von Robert Reinick aus
der ersten Hälfte des vergangenen Jahrhunderts. Das Kind soll einschlafen
und sich die personifizierte Sonne zum Vorbild nehmen. In der Regel kommt
die frühere Kinderlyrik ohne direkte Metaphern aus; so auch ein Gedicht, das
bis in die 50er/60er Jahre kaum in einem Lesebuch fehlte. "Im See" von
Adolf Holst stammt aus dem Beginn unseres Jahrhunderts und enthält außer
zwei schönen Beispielen für den Wie-Vergleich keine sprachlichen Bilder.

TEXT 3

Adolf Holst

*Im See*

Heute ist das Wasser warm,
Heute kann's nichts schaden,
Schnell hinunter an den See!
Heute gehn wir baden!

Eins, zwei, drei – die Hosen aus,
Stiefel, Wams und Wäsche!
Und dann – plumps ins Wasser rein!
Grade wie die Frösche!

Und der schönste Sonnenschein
Brennt uns nach dem Bade
Brust und Buckel knusperbraun,
Braun wie Schokolade!

Im Unterschied zur Lehrhaftigkeit der traditionellen Fabel wollte die Hey-
Specktersche Fabel des 19. Jahrhunderts den Kindern zusätzlich Sachinfor-
mationen vermitteln. Es sollte eine gefühlvolle Beziehung zwischen ihnen
und den Tieren aufgebaut werden. Pferde z.B. waren Freunde und die gut-
willigen Helfer auf dem Bauernhof. Kinder kennen sie auch heute aus Pfer-
debüchern als Seelentröster und treue Begleiter ohne Falsch und ohne Lau-
nen. Wie völlig anders begegnen sie ihnen in dem Gedicht von Josef Guggenmos. Sie können nicht mit ihnen in Dialog treten, sie stehen dem Menschen nicht gegenüber, sondern Pferde stehen **für** Menschen, aber nicht in
der Form der traditionellen Metapher, nicht nach dem Muster *Achill ist ein
Löwe*. Denn was hieße: *der Mensch ist ein Pferd*? Es ist nicht gemeint, was
noch denkbar wäre: *er arbeitet wie ein Pferd*. Es wird nicht die Eigenschaft

**eines** Menschen bildlich umschrieben, sondern es wird eine generelle Aussage gemacht. Und die Wahl des Bildes *Pferd* erscheint nicht zwingend, eine "frische" Metapher, würde René Schumacher sagen, aber keine "kühne", weit auseinanderliegende Bildbereiche zusammenziehende, wie sie für moderne Lyrik typisch wäre. Das Bildpaar *Mensch – Tier* wird durch ein zweites ergänzt: *die Herbstzeitlose* zeigt nochmals die Befindlichkeit des Menschen. Wichtiger als ein Blick auf die Pferde, die Guggenmos augenzwinkernd *im Gänsemarsch* laufen läßt (Remetaphorisierung, d.h. Spiel mit einer verblaßten Metapher, könnte man das nennen), ist die Gestaltung der Quintessenz in der letzten Zeile. Wo ein Adjektiv erwartet wird, *winterlich* wäre freilich zu "einsinnig", träfe nur die äußere Situation der Pferde, dort schießt im Substantiv *Winter* die Grundstimmung des Textes, die Verallgemeinerung einer Lebensstimmung wie in einem Fokus zusammen. Bedeutsamer für die ästhetische Qualität des Textes, nach der der Literaturwissenschaftler gewohnt ist zu fragen, als das Vorhandensein der Bildkomplexe ist ihre Verknüpfung, ihre Einbettung in eine, übrigens auch für Kinder nachvollziehbare Geschichte, wobei die Zuckerdose noch ein wichtiges Element darstellt, schließlich die syntaktische und rhythmische Gliederung des Textes. Zugegeben, solch komplexe Gebilde sind selten in der Kinderlyrik, und es hat eine besondere Bewandtnis mit diesem Gedicht. Es stammt aus einem frühen Gedichtband für Erwachsene; "Gugummer geht über den See" erschien 1957 im Mitteldeutschen Verlag in Halle, und Josef Guggenmos hat dieses Gedicht 1986 seinem Verleger Hans-Joachim Gelberg für die Kinderlyrik-Anthologie "Überall und neben dir" angeboten.

TEXT 4

Christine Busta

*Der Sommer*

Er trägt einen Bienenkorb als Hut,
blau weht sein Mantel aus Himmelsseide,
die roten Füchse im gelben Getreide
kennen ihn gut.
Sein Bart ist voll Grillen. Die seltsamsten Mären
summt er der Sonne vor, weil sie's mag,
und sie kocht ihm dafür jeden Tag
Honig und Beeren.

Aus derselben Zeit wie "Auf dieser Erde" stammt der Gedichtband "Sternen-
mühle" (1959) der österreichischen Autorin, die in der Tradition der meta-
phernreichen Naturlyrik steht. Hier nur von Personifikation wie bei Robert
Reinick zu sprechen, würde dem Text nicht gerecht. Die Figur wird aus-
staffiert mit *Hut* und *Mantel* und dem ungewöhnlichen *Bart*, um darin die
*Grillen* unterbringen zu können. Noch offensichtlicher als bei Josef Guggenmos wird der Text nicht nur von den Bildern getragen, sondern von ihrer
Verknüpfung. Summt der Sommer oder sind es die Bienen im Korb, kocht
die Sonne den Honig für den Sommer oder für die Bienen? Alle Merkmale
des Sommers werden zu einem Tableau vereint: *blauer Himmel, gelbes Getreide, kochend heiße Sonne, Beeren.* Entscheidend für ein Kindergedicht ist
jedoch sicherlich, daß dieses Bild lebt, es geschieht etwas, es gibt menschliche Beziehungen zwischen dem Sommer und den Füchsen, dem Sommer
und der Sonne, der eine erzählt, die andere kocht. Das Erlebnis *Sommer* wird
Kindern nicht durch ihr Tun verdeutlicht, nicht beschrieben wie etwa bei
Adolf Holst, sondern die Phänomene der Natur bleiben unter sich, aber das
Gedicht lädt ein, sich mit allen Sinnen in sie einzulassen. Von Kindern erwartet Christine Busta, das war unsere Ausgangsfrage, daß sie nicht nur die
*Himmelsseide* als Wortneuschöpfung und das *Blau des Mantels* als Bilder für
Erfahrungen aus ihrer Realität erkennen, sondern auch das literarische Verfahren beherrschen, bei dem Teile eines Bildgeflechts sich gegenseitig erklären. Wenn hier von "Bildlichkeit" statt von "Metaphorik" gesprochen wird,
dann handelt es sich bei beiden um synonym gebrauchte, grundlegende Kategorien; das Fischer Lexikon Literatur von 1996 behandelt z.B. das Thema
unter dem ersten Terminus. Es scheint jedoch in dem Artikel nicht die Absicht zu bestehen, der Weite des Begriffs "Metapher" durch einen für die
Literatur spezifischeren zu begegnen.

TEXT 5

Elisabeth Borchers

*November*

Es kommt eine Zeit
da lassen die Bäume
ihre Blätter fallen
Die Häuser rücken
enger zusammen
Aus den Schornsteinen
kommt ein Rauch
Es kommt eine Zeit

da werden die Tage klein
und die Nächte groß
und jeder Abend
hat einen schönen Namen

Einer heißt Hänsel und Gretel
Einer heißt Schneewittchen
Einer heißt Rumpelstilzchen
Einer heißt Katherlieschen
Einer heißt Hans im Glück
Einer heißt Sterntaler

Auf der Fensterbank
im Dunkeln
daß ihn keiner sieht
sitzt ein kleiner Stern
und hört zu

Jahreszeitengedichte bzw. Gedichte über einzelne Monate, den April zumal, gehören zum klassischen Repertoire der Kinderlyrik. Überraschend (für die Kinderlyrik) an dem Kalenderzyklus "Und oben schwimmt die Sonne davon" aus dem Jahr 1965 ist zunächst der völlige Verzicht auf alle Traditionen in der Form: keine Reimbindung, keine regelmäßige Zeilenfüllung, kein durchgehender Rhythmus, keine erkennbare Strophenbildung, wohl aber Abschnittsgliederung, sogar die Tradition der Zeichensetzung ist aufgegeben. Die zwölf Texte beginnen jeweils mit der Zeile *Es kommt eine Zeit* und der Fortsetzung *da* ... am Anfang der zweiten; manchmal wird das im Gedicht wiederholt. Auf den ersten Blick nimmt man vielleicht gar kein metaphorisches Sprechen wahr; man zögert nur am Ende des dritten Abschnitts und beim vierten Abschnitt. Das Beschreiben weicht einer anderen "Sprechweise", der *Stern* am Schluß wird schnell als Personifikation erfaßt. Für den Literaturwissenschaftler ist neben der reinen Textform das Original von Bedeutung, d.h. hier die Herkunft des Textes aus einem Bilderbuch. Die Texte sind in großformatige Farbbilder von Dietlind Blech eingefügt, die die Grundstimmung des Monats wiedergeben. Schriftform und Anordnung der Textblöcke auf den Seiten schließlich haben ein buchkünstlerisches Meisterwerk entstehen lassen. Auch für die Bildgestaltung ließe sich der Begriff "metaphorisch" benutzen, insofern als "das eine durch das andere gesagt" wird. Undeutlich sind nahe beieinanderstehende Häuser zu erkennen und Rauch; bei den aufgerissenen Holzdruckflächen überwiegen Grautöne, die Grundfarbe der beiden Seiten (der Text steht nur auf einer) ist ein schmutziges Grüngelb, in das wie beleuchtete Fenster gelbe Pinselstriche gesetzt sind. Es wäre der Mühe wert, die visuelle Metaphorik mit der sprachlichen in Verbindung zu bringen: eine schöne Aufgabe für ein interdisziplinäres Projekt.

Beim genaueren Hinsehen finden sich im Text weitere Übertragungen. Die Blätter fallen nicht von den Bäumen, sondern *da lassen die Bäume/ihre Blätter fallen.* Nicht die Häuser rücken enger zusammen, sondern Nebel und frühe Dunkelheit lassen den Eindruck entstehen, und das Bild steht für die Menschen, die sich in die Häuser zurückziehen, soweit sie den Wechsel der Jahreszeiten überhaupt noch bewußt wahrnehmen. Tage und Nächte werden nicht kürzer oder länger, sondern Zeitdimensionen, von denen behauptet wird, sie ließen sich überhaupt nur metaphorisch ausdrücken, erhalten ein anderes, in diesem Kontext ungewöhnlicheres Maß. Das auffälligste Merkmal des Gedichts ist die Benennung der Abende, der langen Abende, die zum Erzählen einladen. Sie verlaufen unterschiedlich wie die verschiedenen Märchen und doch alle gleich. Sogar beim Sprechen der Namen merkt man ihre Unterschiedlichkeit, nur *Rumpelstilzchen* und *Katherlieschen* sind rhythmisch gleich. Beim Aufdröseln der Bedeutungsschichten kann man auch an den *schönen Namen* nicht vorbei. Die schönen Geschichten sind es, auch wenn sie heute anders heißen mögen, märchenhaft sind sie meist immer noch, die die Menschen zur Ruhe und zum Nachdenken kommen lassen. Die Aufzählung der Märchentitel ist am Ende offen, will heißen: jeder findet **seine** Geschichten schön. Elisabeth Borchers arbeitet weitgehend mit Beschreibungen, die man geneigt ist, für das Gegenteil metaphorischen Sprechens zu halten, und erreicht dennoch einen hohen Grad an Poetizität, d.h. an präziser Bildlichkeit und damit verbundener Deutungsoffenheit. Die *fallenden Blätter* wirken wie ein Zitat aus Herbstgedichten; also selbst das Traditionelle gewinnt durch das Verpflanzen in einen neuen Kontext, durch das erneute Fremd-machen metaphorische Kraft.

TEXT 6

Janosch

### Das Liebesbrief-Ei

Ein Huhn verspürte große Lust
unter den Federn in der Brust,
aus Liebe dem Freund, einem Hahn, zu schreiben,
er solle nicht länger in Düsseldorf bleiben.
Er solle doch lieber hier – zu ihr eilen
und mit ihr die einsame Stange teilen,
auf der sie schlief.
Das stand in dem Brief.

Wir müssen noch sagen: Es fehlte ihr
an gar nichts. Außer an Briefpapier.
Da schrieb sie ganz einfach und deutlich mit Blei
den Liebesbrief auf ein Hühnerei.
Jetzt noch mit einer Marke bekleben
und dann auf dem Postamt abgegeben.
Da knallte der Postmann den Stempel aufs Ei.
Da war sie vorbei.
Die Liebelei.

Es ist vor allem James Krüss, der mit seinen 12 mal 12 Gedichten des "Wohltemperierten Leierkastens" 1961 den Bierernst und den erhobenen Zeigefinger aus dem deutschen Kindergedicht verbannt hat. Erich Kästner hatte das Nachwort geliefert, und nun zogen Spaß und Spiel, Ironie und ein bißchen Satire ein. Spiel mit Sprache und Bedeutung, Nonsens und auch experimentelle Formen wurden zum neuen Markenzeichen, bis sich um 1970 daneben ernsthafte Themen zu Wort meldeten: nicht mehr die heile Kinderwelt wurde nostalgisch beschworen, sondern auch soziale und politische Probleme fanden Einlaß in die Kinderlyrik. Während es bei der "ironia" nicht schwerfällt, für sie einen Platz in der Rhetorik auszumachen, als Sprungtropus quasi eine Schwester der Metapher, so müßte man Komik, was legitim erscheint, als Abweichung von konventionellen Vorstellungen definieren. Eins wird erwartet, aber das andere tritt ein. Noch einen Schritt weiter in der Strapazierung des Begriffs "Abweichung" zur Begründung von Metaphorik geht Ludwig Völker in seinem Artikel "Lyrik" im genannten Fischer Lexikon Literatur. Sie sei, ohne daß er das "metaphorisch" nennt, "durch das Merkmal der *Abweichung von alltagssprachlicher Norm* bestimmt, sei es, daß solche Abweichung durch den Zwang zur Realisierung einer bestimmten 'Form' [...] gefordert wird, sei es, daß in ihr eine bewußt 'andere' Form des Sprechens gewählt und angewandt wird" (Völker 1996:1204). Es ist schon kompliziert, mit dieser Definition auch die sog. Alltagslyrik der 70er/80er Jahre zu erfassen, die sich ausdrücklich gegen die Metaphern in der Lyrik wehrte. Ludwig Völker sieht darin lediglich eine "Verlagerung vom Akustischen zum Visuellen" (1219), Lyrik sei durch die Zeilengliederung, das visuelle Kriterium, von der Prosa zu unterscheiden, wenn die Gliederung "neuen 'Sinn' zu provozieren vermag". Der Exkurs macht deutlich, daß offensichtlich der Begriff "Metapher" unterschiedlich benutzt wird und zu Verwirrung führt. Als rhetorischer Schmuck wird sie von den Autoren der Alltagslyrik und von Ludwig Völker abgelehnt, als Verfahren aus dem Blick der Linguistik bleibt sie als Definitionsmerkmal für Lyrik erhalten. Ständig laviert der Literaturwissenschaftler zwischen diesen beiden Polen.

Die Komik setzt bei Janosch schon im Titel ein: *Liebesbrief* und *Ei* liegen denkbar weit auseinander. Für Kinder kaum nachvollziehbar spielt er mit dem traditionellen Reim von *Brust* und *Lust*, die sich, da Hühnerwelt, unter den *Federn* tummelt. Der Wohnort des Angebeteten wird ganz wichtig, er solle mit ihr Tisch und Bett teilen, so die konventionelle Redensart. Alles "Verrückte", von der Norm Abweichende, erscheint völlig normal; die Pointe bringt erst der Postmann. Tier- und Menschenwelt sind nun sauber getrennt, nachdem zuvor das Huhn sehr "menschlich" gehandelt hatte. Im ersten Teil des Textes liegt die Komik allein im Sprachlichen; Tiere verhalten sich "bekanntlich", d.h. aus literarischer Erfahrung, wie Menschen, auch wenn es im neueren Kindergedicht andere Tiere sind als früher; da gibt es nur die sehr traditionelle Fabelübertragung. Die Fortsetzung bezieht auch eine andere Ebene ein: das Bemalen von Ostereiern ist Kindern bekannt, wie häufig gehen sie dabei zu Bruch; das Ende mit dem Briefstempel wird von vornherein vorausgeahnt. Im Schlußteil schlägt die Komik denn auch in Situationskomik um. Die beiden Schlußzeilen bilden auch sprachlich den Höhepunkt. Der dreifache Reim enthält immer das *ei*, sogar in dem Sprachspiel *Liebel-ei*.

TEXT 7

Julius Becke

*Maria schickt den Michael auf den Schulweg*

Morgen
werd ich dir zeigen,
wie man den Wecker stellt.

Hier ist der Ranzen,
dein Brot,
dein Mantel.

Den Schlüssel
mußt du dir um den Hals hängen.

Beiße nicht
auf deine Nägel,
sondern argumentiere,
wenn du im Recht bist.
Überhöre Kommandos
und schlage dich nicht
mit den Verschlagenen.

Nun geh schon.
Du darfst weinen.

Wenn auch diese Form der Alltagslyrik, das Beispiel stammt aus dem Jahre 1979, nicht repräsentativ für die Zeit ist, sie begegnet, wie in der zeitgleichen Erwachsenenlyrik, recht häufig als neues Paradigma in der Kinderlyrik. Alltagssprache, also die Prosa, und Alltagsthematik entsprechen einander, und die Zeilengliederung ließe sich leicht "überlesen". Keine Metaphorik auf der literarischen Ebene also? Beim Hören des zweiten Abschnitts werden Erinnerungen an die deutsche Nachkriegslyrik geweckt: das klingt wie Kopie oder Zitat der berühmten Zeilen von Günter Eich aus seiner "Inventur" von 1948, das wir als klassisches Beispiel der Kahlschlagliteratur kennengelernt haben, mit der Anfangsstrophe:

Dies ist meine Mütze,
dies ist mein Mantel,
hier mein Rasierzeug
Im Beutel aus Leinen.

Die notwendigen Dinge zum Überleben werden gereiht; das sind für Michael die Dinge zwischen Weckerstellen und Hausschlüssel. Das Mittel äußerster Verknappung, Aufzählung von Substantiven, Verzicht auf jeglichen Schmuck als Reaktion auf den Metaphernschwulst, die in Metaphern verpackte Lüge der zwölf Jahre; Verzicht auch auf verallgemeinernde Aussagen: Günter Eich spricht für sich, eine bestimmte Maria gibt einem bestimmten Michael Ratschläge – und natürlich gelten sie dennoch für jeden Leser. Übertragungen von der privaten Ebene dieser Alleinerziehenden auf die Problematik generell liegen allein in der Veröffentlichungsform; da erzählt nicht jemand einen Einzelfall, sondern er publiziert den Text, gibt ihn zur Übertragung frei. Die Lebensweisheiten sind zwar nicht mehr in einer Fabel verpackt, wie das ältere Gedichte getan hätten, aber sie sind ebenfalls metaphorisch gesprochen. Die Empfehlung, zu *argumentieren,* statt *auf den Nägeln zu beißen,* ist in ein gesuchtes Bild eingebettet, und das Wortspiel am Schluß des Abschnitts gar ist alles andere als alltagssprachlich. Gerade weil sie nicht argumentiert, wirken die Sätze *Marias* fast wie Kommandos; auch wenn wir geneigt sind, ihr Erziehungskonzept für richtig zu halten, kann man dem Text den manipulativen Charakter anmerken, der den Neueren der 70er Jahre oft zum Vorwurf gemacht wird. Für die damalige Zeit war es offensichtlich ein gutes Gedicht, das als innovativ eingeschätzt wurde, vor allem auch in seiner Form; nach fast zwanzig Jahren ist es historisch geworden. Sprachspiele, auch wenn es zum Teil nur fade Aufgüsse ehemals spritziger Ideen sind, leben länger als "problemorientierte" Texte.

Auch wenn das Gedicht von Julius Becke zunächst als Gegenbeispiel eines "nicht-metaphorischen" Sprechens im neuen Kindergedicht dienen sollte, sich jedoch bei näherer Betrachtung eine Reihe von Merkmalen doppelbödigen, stellvertretenden Sprechens finden ließen, so ist dennoch ein deutlicher Unterschied auszumachen zu den anderen Texten. Je stärker der informierende, ja belehrende Anteil, die Überredung und das Zuwenden an den Leser werden, desto stärker tritt das Metaphorische zurück, was sich an älteren Kindergedichten belegen ließe. Das scheint zunächst der Einsicht zu widersprechen, daß zu den zentralen Funktionen der Metapher neben dem Verständlichmachen schwieriger Sachverhalte, quasi ihre didaktische Fähigkeit, ihre phatische Kraft gehört, also ihr Angebot, Kommunikation herzustellen oder zu erleichtern. Beides macht sie für Kindergedichte besonders geeignet. Während früher mit einem relativ kleinen Repertoire an metaphorischen Mitteln gearbeitet wurde (Personifikation, Fabel, Wie-Vergleich), hat sich die neue Kinderlyrik (wie auch die Kinderliteratur) der ganzen Vielfalt und Komplexität der poetischen Mittel in der Erwachsenenliteratur bemächtigt. Sie ist farbiger, aber auch schwieriger geworden; Metaphern sind nicht nur Einstiegshilfen in Fremdes, sondern sie verfremden auch und bieten Barrieren, allerdings übersteigbare: das macht sie zu Kindergedichten.

Abschließend sollen einige im Verlauf der Interpretationen aufgetauchte Fragen nochmals aufgegriffen werden. Dabei können Siegfried Grosses provokante Thesen über das Verhältnis von Literaturwissenschaft und Linguistik hilfreich sein. Nicht "Konfrontation" oder "Kooperation" habe es in den vergangenen dreißig Jahren gekennzeichnet, sondern "Gleichgültigkeit" und "Ignoranz". "Der Linguist empfindet die Hermeneutik literaturwissenschaftlicher Interpretation als beliebig und nicht exakt nachvollziehbar; der Literaturwissenschaftler steht der linguistischen Formelsprache verständnislos gegenüber und empfindet Sätze wie 'Karlchen fährt Roller' als Textgrundlage für eingehende und wortreiche Analysen als befremdlich" (Grosse 1997:12). Ob sein Vorschlag, die germanistische Linguistik solle ihre Scheu vor literarischen Texten ablegen, schon ein Näherrücken zur Folge hätte? Immerhin hat m.W. Hans Glinz seine Grammatiktheorie an Friedrich Hölderlin entwikkelt; ich habe mich immer gefragt, ob es eine Sportreportage nicht auch getan hätte. Solange nur beabsichtigt ist, daß die Poesie das Analysieren adelt, und Siegfried Grosse nicht sagt, welche zusätzlichen Qualitäten der andere Text für das linguistische Verfahren bringt, kommt die Linguistik sicher mit ihren traditionellen Textcorpora aus. Jedenfalls können weder der andere Text für die Linguistik noch das linguistische Textbeschreibungsverfahren für den Literaturwissenschaftler ein interdisziplinäres Fundament legen. Was literaturwissenschaftliches Arbeiten charakterisiert, ist, um nur ein paar Beispiele zu nennen, der Auftrag zur Wertung, das Auffinden von Beziehungen von Texten untereinander, zum Autor, zur Epoche, zur Gattung, jeweils unter theoretischem und historischem Aspekt, die Art der Verknüpfung von Bildern im Text und mit anderen Form- und Inhaltselementen, schließlich das Aufspüren von Rezeptionsvoraussetzungen beim einzelnen Leser bzw. in einer Gesellschaft. Das ist alles bekannt und muß bei der Frage, welche Ziele und welchen Erkenntnisgewinn eine diziplinenübergreifende Kooperation haben soll, bedacht werden.

Ist gerade die Metapher, das metaphorische Sprechen der geeignete Gegenstand, um Pfeiler für Brücken zu setzen, ein Begriff, den René Schumacher konsequent nur noch mit Anführungszeichen benutzt, der zur Beliebigkeit verkommen zu sein scheint, wenn es in einem Beitrag über die Architektur der griechischen Tempel plötzlich heißt: "Wir können die Säule also nicht irgendwie 'wörtlich' verstehen, sondern müssen sie als Abstraktion oder eher noch als eine Metapher verstehen" (Kostof 1993:121). So wie in einem sehr weiten Verständnis von "Metapher" Lyrik generell als metaphorisch, als Abweichung von der Alltagssprache gesehen wird, so soll offenbar das von Menschen Aufgerichtete der Natur gegenübergestellt werden. Wie erfolgversprechend für eine gemeinsame Arbeit ist ein Phänomen, das in sich so viele Probleme birgt. Das zentrale Hindernis bringt Jacques Derrida in seinem Aufsatz "Der Entzug der Metapher" auf den Punkt: "Ich kann sie nicht behandeln, ohne gleichzeitig mit ihr zu handeln, ohne mit ihr über die Anleihe zu verhandeln, die ich bei ihr vornehme. Es gelingt mir nicht, eine Abhandlung über die Metapher zu schreiben, die nicht ihrerseits einer metaphorischen Behandlung unterworfen wäre, so daß sich im selben Zug die Metapher als unbehandelbar erweist" (zit. nach Müller-Richter 1996:21). Dennoch stellt sich die Frage nach der Metasprache, nach dem Instrumentarium, mit dem metaphorisches Sprechen aufzuschlüsseln ist. Als Literaturwissenschaftler kann ich nicht, wie Linguisten das tun, die zweitausendjährige rhetorische und poetologische Tradition über Bord werfen, habe deren Kategorien zur Textbeschreibung als Grundlage der Deutung gebraucht (wer Literatur als Literatur, nicht nur als Text beschreiben will, kommt ohne sie nicht aus!), wenn ich auch andererseits die sehr offene, sprachphilosophische Dimension des Metaphorischen für meine Interpretationen zu übernehmen versucht habe. Vielleicht kann als Fazit und als nicht sehr ermutigende Grundlage des interdisziplinären Arbeitens das Urteil Anselm Haverkamps gelten, der auch in der Neuausgabe seiner "Theorie der Metapher" von 1996 stehen läßt: "Anders als man Forschungsberichten und Überblickswerken glauben könnte, gibt es keine einheitliche Metaphernforschung und eine Theorie der Metapher nur als Sammelnamen konkurrierender Ansätze [...].

Sie lassen sich nicht zu einer übergreifenden Theorie zusammenfassen, sondern bleiben als Teile alternativer Ansätze unvereinbar" (1996:2).

## LITERATUR

Bergem, Wolfgang u.a. (1996): *Metapher und Modell. Ein Wuppertaler Kolloquium zu literarischen und wissenschaftlichen Formen der Wirklichkeitskonstruktion.* - Trier: WVT Wissenschaftlicher Verlag (= Schriftenreihe Literaturwissenschaft 32).

Bertau, Marie-Cécile (1996): *Sprachspiel Metapher. Denkweisen und kommunikative Funktion einer rhetorischen Figur.* - Opladen: Westdeutscher Verlag.

Grosse, Siegfried (1997): *Literaturwissenschaft und Linguistik.* - In: Mitteilungen des Deutschen Germanistenverbandes 44 (1997) 3, 12-18.

Haverkamp, Anselm (Hg.) ($^2$1996): *Theorie der Metapher* (1983). - Darmstadt: Wissenschaftliche Buchgesellschaft.

Helmers, Hermann (1965): *Sprache und Humor des Kindes.* - Stuttgart: Klett.

Kostof, Spiro (1993): *Geschichte der Architektur.* Band 1. *Von den Anfängen bis zum Römischen Reich.* - Stuttgart: Deutsche Verlagsanstalt.

Messelken, Hans (1976): *Sprachbilder. Basisartikel.* - In: Praxis Deutsch 16 (1976), 8-15.

Müller-Richter, Klaus; Larcati, Arturo (1996): *Kampf der Metapher! Studien zum Widerstreit des eigentlichen und des uneigentlichen Sprechens. Zur Reflexion des Metaphorischen im philosophischen und poetologischen Diskurs.* - Wien: Verlag der Österreichischen Akademie der Wissenschaften (= Veröffentlichungen der Kommission für Literaturwissenschaft 16).

Schumacher, René (1997): *'Metapher'. Erfassen und Verstehen frischer Metaphern.* - Tübingen: Francke (= Basler Studien zur deutschen Sprache und Literatur 75).

Strauß, Gerhard (1991): *Metaphern – Vorüberlegungen zu ihrer lexikographischen Darstellung.* - In: G. Harras u.a.: *Wortbedeutungen und ihre Darstellung im Wörterbuch.* - Berlin: de Gruyter (= Schriften des Instituts für deutsche Sprache 3), 125-211.

Völker, Ludwig (1996): *Lyrik*. - In: U. Ricklefs (Hg.): *Fischer Lexikon Literatur*. - Frankfurt/M.: Fischer Taschenbuch Verlag, 1186-1222.

Wolff, Gerhart (Hg.) (1982): *Metaphorischer Sprachgebrauch*. - Stuttgart: Reclam (= Arbeitstexte für den Unterricht).


Alle Gedichte aus:

Kliewer, Heinz-Jürgen (Hg.) (1989): *Die Wundertüte. Alte und neue Kinderge-dichte*. - Stuttgart: Reclam.

JOCHEN STERNKOPF

# Ausgewählte Aspekte der Bildung
# deutscher Redewendungen

## 0. Vorbemerkungen

Die bisherige systemorientierte phraseologische Forschung konzentrierte sich naturgemäß und mit Recht vor allem darauf, das vorhandene Inventar fester Wendungen einer Sprache zu beschreiben.

Das Ziel folgender Ausführungen besteht auch darin, hypothetische Annahmen für Phraseologisierungsprozesse zu formulieren. Diese basieren auf einer Inventarisierung vorhandener Bildungsaktivitäten. Um den komplexen und mannigfaltigen syntaktischen Strukturen und verschiedenartigen lexikalischen Auffüllungen fester Wendungen zu entsprechen, erscheint zumindest ein Methodenpluralismus als unumgänglich. Vornehmlich geht es darum, die Neigung bzw. die Chancen ausgewählter Strukturen, ausgewählter Komponenten bzw. Konstituenten, ausgewählter Bezeichnungsdomänen zur Phraseologisierung (vgl. z.B. Munske 1993) zu prüfen. Ausgesuchte Aspekte der Bildung deutscher Redewendungen erfordern je nach Sachlage adäquate Beschreibungsmethoden; der Gegenstand der Analyse bindet aus dieser Sicht ein facettenreiches Spektrum von Untersuchungswegen.

## 1. Zur Vorgehensweise

Zweifellos eröffnet die Frage nach der Vorhersagbarkeit, also auch nach Aspekten der Bildung fester Wendungen, einen kaum überschaubaren Komplex von Problemen und Schwierigkeiten, da man nicht zuletzt bedenken muß, "daß die Phraseologismen, unter dem genetischen Aspekt betrachtet, aus freien Wortgruppen erwachsen und demzufolge die phraseologischen Konstituenten in der Diachronie auf freie Lexeme zurückzuführen sind" (Dobrovol'skij 1979:42). Insofern ist es kaum verwunderlich, daß derartige Versuche eher spärlich begegnen (vgl. dazu auch Sternkopf 1992); manche lassen sich trotz Anwendung von logischen Beziehungskonzepten und Inferenzprozeduren (vgl. Nordén 1994) kaum nachvollziehen. Die Anwendung

282                                                          Jochen Sternkopf

von Modellierungsaspekten (vgl. Fleischer 1986; Sternkopf 1987) hingegen kann aus meiner Sicht mehr Erfolg verbuchen. Und mit dem Modell, mit dieser Abstraktion wird auch vorliegender Untersuchungsweg determiniert.

Wir gehen – wie eingangs skizziert – von der traditionellen phraseologischen Forschung aus. Das Inventar deutscher Redewendungen offenbart, daß bestimmte Strukturen, bestimmte Komponenten, bestimmte Domänen eine weitaus höhere Affinität zur Phraseologisierung besitzen als andere. Viele Bereiche der wörtlichen Sphäre bleiben (noch) gänzlich ausgespart. Als Tendenz kann wohl akzeptiert werden: je höher der Grad der "Ausnutzung eines lexikalischen Elements zur Bildung von Phraseologismen" (Fleischer 1982:181), desto höher auch die Chance zur Bildung weiterer polylexikalischer Einheiten. Die Prognose basiert demnach auf dem vorhandenen Sprachmaterial. Ihre Fixierung ist gebunden an einen – für unsere Zwecke – aktuellen Sprachzustand. Dieser – vor allem verwendungsorientiert – erlaubt dann Annahmen über die Entwicklung. Bedenkenswert dabei ist, daß allein die Bestandsaufnahme schon Aspekte der Bildung zutage fördert. Inventarisierung und Prognostizierung determinieren sich damit wechselseitig. Als bedeutsam erweist sich dabei die Frage, warum gerade diese oder jene Struktur, Komponente, Domäne eine große Neigung für Phraseologisierungsprozesse und damit Chancen der Lexikonerweiterung durch Phraseologismen aufweist.

Der hier eingeschlagene Analyseweg trägt folgender Tatsache Rechnung: Deutsche Phraseologismen an sich sind nicht vorhersagbar. Die Annahme, demnächst würden uns Redewendungen beispielsweise mit den Komponenten *Speiseröhre* bzw. *Wasserbüffel* bzw. *Neffe* begegnen, ist, gelinde gesagt, sehr kühn.

Prognostizierbar sind zum einen einzelne lexikalische bzw. syntaktische Aspekte für weitere Bildungen, zum anderen gibt es mit Sicherheit verschiedene Grade der Vorhersagbarkeit. Dies führt zu Vorhersagbarkeitsgraden.


## 2. Vorhersagbarkeitsgrade

Um von Graden der Vorhersagbarkeit zu sprechen, muß der Bezug zu den entsprechenden Parametern hergestellt werden. Bewußt wird hier ein Konglomerat von Bestimmungsgrößen herangezogen, um quantitative und verschiedene qualitative Aspekte zu beleuchten.

## 2.1 Quantitative Aspekte

Setzt man beispielsweise voraus, "daß ein Phraseologismus eine Wortverbindung ist, die mindestens ein a u t o s e m a n t i s c h e s Wort enthält" (Fleischer 1982:34), so ergibt sich ein quantitatives Minimum von zwei Einheiten. Die obere Grenze wird von mnemotechnischen Faktoren determiniert, wobei auch die Fixierung des Gegenstandes der Phraseologie eine Rolle spielen mag.

An einem Korpus von 500 festen Wendungen (vgl. Mandáková/Sternkopf 1993) ergab sich ein Durchschnittswert von ca. 4,7 Einheiten. Die Streubreite erstreckt sich von 2 bis 8, selten 9 Komponenten. Vgl.:

(1) *Feuer fangen,*
(2) *Trübsal blasen*

bzw.

(3) *sich den Wind um die Nase wehen lassen,*
(4) *man soll den Tag nicht vor dem Abend loben.*

Sowohl die Belege (1) und (2) als auch (3) und (4) weisen einen geringeren Grad an Vorhersagbarkeit auf. Dies wird durch die analysierte Sammlung deutlich bestätigt. Als bevorzugte Typen gelten Wendungen mit 4 bis 5 Komponenten. So

(5) *in dieselbe Kerbe hauen,*
(6) *große Rosinen im Kopf haben.*

Die statistische Betrachtung untermauert für Belege der Art (5) und (6) in quantitativer Hinsicht einen höheren Grad an Vorhersagbarkeit.

Zugegebenermaßen verfügt dieser Aspekt der Bildung von Redewendungen über relativ schwache argumentative Inhalte, applizierbar allerdings wäre er im Bereich einer Identifikationsgrammatik (vgl. Bernstein 1985). Dennoch: ein formeller Rahmen wäre vorgegeben, den es nun durch qualitative Eigenheiten anzureichern gilt.

## 2.2 Qualitative Aspekte

Die Untersuchung verschiedener phraseologischer Sammlungen der deutschen Gegenwartssprache legitimiert mit dem heutigen Stand drei Aspektuierungen.

Zum einen entwickeln spezifische Strukturen eine ausgesprochene Produktivität in dem ausgewiesenen lexikalischen Teilbereich. Auf unsere Vorgehensweise bezogen, bedeutet dies, daß durch die hohe Frequenz, durch rekurrenten Gebrauch durch die Sprecher, für derartige Muster adäquate Prognostizierungen formuliert werden können. Zum anderen lassen sich verschiedene lexikalische Felder skizzieren, die durch die Pole Affinität vs. Nicht-Affinität für Phraseologisierungsprozesse höhere bzw. niedrigere Vorhersagbarkeitsgrade implizieren. Schließlich "erlebt (der Mensch) sich selbst in seiner regionalen Identität normalerweise als Ortsangehöriger" (Mattheier/ Besch 1985:22). Das heißt auch, komplexe Umgebungsreize werden strukturiert und reduziert, beispielsweise auf markante Merkmale, wie auffällige landschaftliche Gegebenheiten oder den geographischen Ort selbst. Spezifische Weltfragmente können über sprachliche Ausdrucksformen, eben auch über Phraseologismen, kommunizierbar gemacht werden. Eine typische Wirklichkeitserfassung geht dabei konform mit einem höheren Grad an Vorhersagbarkeit. Diese "außersprachlich bedingte Milieudominanz" (Piirainen 1991:67) erweist sich ebenfalls als ein Aspekt der Bildung deutscher Redewendungen.

### 2.2.1 Strukturelle Aspekte

Auf die Nützlichkeit von Modellierungsaspekten wurde schon hingewiesen. Daß dabei vornehmlich auf sogenannte komparative Phraseologismen Bezug genommen wird, liegt in der Natur der Sache (vgl. Sternkopf 1987).
Vgl. dazu:

(7) *frech wie Oskar* – 'sehr frech',
(8) *dumm wie Bohnenstroh* – 'sehr dumm',
(9) *frieren wie ein Schneider* – 'sehr frieren'.

Derartige Muster stehen phraseologischen Innovationen offen gegenüber, der Grad der Vorhersagbarkeit ist groß. Beispielsweise unter der Bedingung, daß gilt:

qualitatives Adjektiv + wie + X,

kann X ein hohes Maß an Variation beanspruchen. Selbst solche Okkasionalismen, wie:

(10) *dumm wie Sau*,
(11) *dumm wie ein pinkfarbener Plasteeimer*,

werden auf die gleiche Weise verstanden wie ihre usuellen Vertreter. Für diese Formeln bzw. Schablonen gilt demnach: "Lexikalisch veränderlich, aber im Denkschema fix [...]" (Abraham 1996:364).

Auffälligerweise scheinen derartige komparative Strukturen im mentalen Lexikon eher abrufbar zu sein als andere. So wurden 43 Schülern im Alter von 12 - 14 Jahren beispielsweise folgende Aufgaben vorgelegt: Geben Sie für die vorliegenden Umschreibungen eine ihrer Meinung nach passende Redewendung an!

a) sehr großen Hunger haben
b) jmdn. ständig beobachten, bewachen

Andere Paraphrasen wurden erst gar nicht ins "Phraseologische" übersetzt. Überhaupt war das Ergebnis erschütternd, was aber hier nicht auszuwerten ist. Jedenfalls wurde u.a. unter a) angegeben

(12)   *Hunger wie ein Bär haben,*

aber auch

(13)   *einen Bärenhunger haben.*

Unter b) hingegen u. a.

(14)   *aufpassen wie ein Schießhund,*
(15)   *aufpassen wie ein Spitzel.*

Die genannten Strukturen eint, daß modellhafte Strukturen einerseits der Phraseologie, andererseits der Wortbildung (vgl. Gréciano 1997) zugrunde gelegt werden können. Dies geht in vorliegenden Fällen konform mit einem hohen Grad an Bildungspotenzen fester Wendungen im Deutschen.

Vergleichbar damit wären Belege der Art

(16)   *Ich glaub'/denk', mein Hamster bohnert.*
(17)   *Ich glaub'/denk', ich brech zusammen.*
(18)   *Ich glaub'/denk', mein Trecker humpelt.*

Ad-hoc-Bildungen, wie:

(19)   *Ich glaub'/denk', meine Krawatte rollt sich.*
(20)   *Ich glaub'/denk', ich lös mich auf,*

führen zu dem gleichen semantischen Effekt.

Offensichtlich wird, daß dieser strukturelle Aspekt die Phraseologie an sich in mehr reguläre Bahnen zwängt, als dies im vorhinein angenommen wird. "Vor allem, wenn eine Grundstruktur erst einmal erfolgreich verwendet wurde, werden nach diesem Muster neue Ausdrücke gebildet [...]" (Heinemann 1989:29). Beliebt sind derartige Strukturen vornehmlich in der Jugendsprache, und dies führt uns zu einem weiteren Fall:

Eingangs wurde darauf verwiesen, daß Phraseologismen an sich, als Komplex, als Ganzheit, kaum prognostizierbar sind. Auch die Vorhersagbarkeit durch strukturelle Aspekte ist u.E. nur für ganz bestimmte, ausgewählte Strukturen denkbar. Grade der Vorhersagbarkeit werden an konkrete Parameter gebunden. Illustriert sei dies eher resümierend an der sogenannten "Jugendsprache".

Es fällt auf, daß im Deutschen massenhaft feste Wendungen mit den obligatorischen Konstituenten *jmd.*, *jmds.*, *jmdm.* und *jmdn.* realisiert werden. Sichtet man jugendsprachliche Wörterbücher (vgl. Heinemann 1989; Ehmann 1992), so begegnen Belege der Art

(21)   *Du siehst wohl keine klaren Bilder?*
(22)   *Der blickt nicht durch.*
(23)   *Du bist wohl untern Bus gekommen?*

Hier tritt, und das ist schon bemerkenswert, als Empfänger die schon konkretisierte Form *Du* bzw. *Der* auf. Und dies ist bereits im System so lexikalisiert. Das Indefinitpronomen wird zurückgedrängt.

Wenn diese phraseographische Methode den Usus abbildet, daran ist wenig zu zweifeln, so ist die Jugendsprache von ihrer Anlage her konkreter und auf bestimmte Empfänger bezogen. Durch Phraseologismen wird damit nicht zuletzt die Kommunikationssituation eingefroren. Es gibt eine jugendsprachliche Spezifik auch in dieser Hinsicht, denn u.a. in den Belegen

(24)   *Du hast wohl was an der Klapper?*
(25)   *Du bist wohl nicht mehr ganz knusper?*
(26)   *Der steht wohl im Wald!*

werden Lücken im Paradigma der Pronomen offensichtlich. Diese Auffälligkeit hat nicht nur etwas mit der besonderen syntaktischen Struktur, mit Fragen oder Aufforderungen zu tun. In der allgemeinen Phraseographie, also das facettenreiche Spektrum der Jugendsprache ausgenommen, kann nur in relativ wenigen Fällen von Direktheit im Komponentenbestand die Rede sein, da in zahlreichen Belegen kein stabiler Personenbezug lexikalisiert wird. So bleibt Direktheit auch systematisch blockiert. Die Jugendsprache insonderheit hingegen favorisiert sie. Dies bekräftigt auch die Gruppierung "Verrücktheit" bzw. "Dummheit" bei Görner (vgl. 1980).

Vgl. weiterhin folgende Beispiele:

(27)  *Was macht die Kunst?*
(28)  *Wie stehen die Aktien?*
(29)  *Halt die Luft an!*
(30)  *Sei kein Frosch!*
(31)  *Na, dann gute Nacht!*
(32)  *Zieh' Leine!*

Auch diese Illustration läßt sich dahingehend interpretieren, daß vornehmlich in der Jugendsprache – obige Belege gehören nicht minder zur Sprache der "Erwachsenen" – mittels komplexer Einheiten die "face-to-face-communication" (vgl. Weinrich 1976) par excellence veranschaulicht wird. Personalpronomina als explizite Entsprechungen der Direktheit sind dafür prädeterminiert. Man hat den Eindruck, als stünde man inmitten der kommunikativen Situation.

In dieser Varietät unterliegt der strukturelle Aspekt anderen Bedingungen als in der Standardsprache. Und gerade die Spezifik dieser Strukturen läßt auf weitere Produktivität hoffen.

### 2.2.2  Lexikalische Aspekte

Die Ableitung von Graden der Vorhersagbarkeit aus der phraseologischen Aktivität ist der einfachere Analyseweg, bedeutsamer und aufschlußreicher, aber auch schwieriger hingegen ist die Begründung der unausgewogenen Verteilung; damit werden schließlich die Bildungsmöglichkeiten fester Wortverbindungen durch eine zweite Argumentationsrichtung bekräftigt.

Fallstudie I: Körperteilbezeichnungen

Somatismen sind ein Lieblingskind phraseologischer Forschung. Wird das Korpus von Friederich (vgl. 1966) ausgezählt, erhalten wir eine Gesamtzahl von 1177 Wendungen, verteilt auf etwa 78 Körperteilbezeichnungen. Vorrangig interessiert freilich der Bereich mit der höchsten Frequenz; die Rangfolge wäre:

1. *Hand*: 116; z.B.
   (33)  *jmdn. auf Händen tragen*;
2. *Kopf*: 106; z.B.
   (34)  *jmdm. raucht der Kopf*;
3. *Herz*: 91; z.B.
   (35)  *jmdn. ins Herz treffen*;
4. *Auge*: 88; z.B.
   (36)  *etwas im Auge behalten*;
5. *Ohr*: 57; z.B.
   (37)  *taube Ohren haben*.

Nicht, besser noch nicht belegt, sind beispielsweise *Speiseröhre, Milz, Bauchspeicheldrüse, Mittelfinger*.

Fragen wir nunmehr nach Gewichtungsprinzipien (vgl. Sternkopf 1996a), so bewegen wir uns durch die ausgewählten Aspekte wieder auf dem Pfad der Vorhersagbarkeit deutscher Redewendungen.

Bei aller anmutenden Willkürlichkeit für phraseologische Benennungen werden doch Prinzipien skizzierbar, die den selektiven Charakter und damit die Affinität somatischer Basiskomponenten für Phraseologisierungsprozesse durchschaubar machen:

a) Es dominiert eindeutig das äußere Organ.

b) Anthropologisch betrachtet wird infolge der "face-to-face-communication" der lokale Bereich *Kopf* favorisiert. Die Rolle der perzeptorischen Wahrnehmung wird offensichtlich.

c) Daß kulturspezifische Züge den selektiven Charakter begünstigen, steht wohl außer Zweifel. Bedenkt man nur, daß man in unserem Lebensbereich wohl die geringste Zeit im Jahr ohne Schuhwerk auskommt, so können m.E. lediglich zwei Belege für *Zeh* kaum überraschen. Vgl.:

   (38)  *jmdm. auf den Zeh treten*.

d) Der Grad der Affinität für Phraseologisierungsprozesse ist bei "inneren Organen" (z.B. *Herz*) abhängig vom Alltagswissen und von ihrer Symbolfunktion, wobei Symbolfunktion Alltagswissen voraussetzt. Je höher der Grad der organischen Identifikation v.a. hinsichtlich der Funktion, um so besser gestalten sich die Ansatzmöglichkeiten für eine symbolische Interpretation.

e) Affinitäten zur Phraseologisierung richten sich insbesondere nach einer erfahrungsmäßigen Relevanz im täglichen Leben.
So ist *Wimper* zweimal belegt, z.B.:

(39)  *mit keiner Wimper zucken,*

*Zahn* hingegen begegnet in 17 Belegen. So:

(40)  *jmdm. auf den Zahn fühlen.*

Übrigens bedeutet erfahrungsmäßige Relevanz im täglichen Leben auch, daß der *Zahn* im Vergleich zur *Wimper* erhebliche Schmerzen verursachen kann. Damit haben die besten Chancen für Phraseologisierungsprozesse Körperteilbezeichnungen mit folgenden Merkmalen:

+ äußere Organe,
+ im Blickfeld der "face-to-face-communication",
+ Alltagswissen der Kommunikationsteilnehmer hinsichtlich der Organe,
+ tägliche Relevanz für Handlung und Kommunikation.

Geringe Chancen und damit einen weitaus geringeren Grad an Vorhersagbarkeit haben Körperteilbezeichnungen mit nachstehenden Merkmalen:

+ innere Organe,
+ für Kommunikationsteilnehmer nicht sichtbar,
+ bei den durchschnittlichen Kommunikationsteilnehmern
  liegt bei der Bestimmung der Organe Funktionsindifferenz vor,
+ Irrelevanz für Handlung und Kommunikation.

Das heißt letztlich auch: **Kopf versus Milz.** Mit anderen Worten und von vielen betont: "[...] die Sprache sei der zuverlässigste Bewahrer allgemein menschlicher Erfahrungen" (Beyer-Buschmann 1985:86).

Fallstudie II: Verwandtschaftsbezeichnungen

Die Argumentationsstrategien zur Verifizierung ausgewählter Aspekte der Bildung deutscher Wendungen ähneln sich. Auch wenn eine Erweiterung des Korpus durch Hinzuziehung des Dudens (vgl. Duden 1992:Band 11) angestrebt wurde, überrascht dennoch bei den Verwandtschaftsbezeichnungen die sehr spärlich entwickelte Produktivität einzelner Komponenten (vgl. Sternkopf 1995). Eine hohe Affinität zur Phraseologisierung weist lediglich die Komponente *Kind* mit 24 Belegen auf. Vgl.:

(41)  *lieb Kind bei jmdm. sein,*
(42)  *mit Kind und Kegel.*

Diese Konstituente übertrifft die anderen belegten Kategorien um ein Vielfaches. Fragt man auch hier nach Ursachen, so sollten zunächst erwähnt werden:

a) Mit Recht spricht Cernyševa vom "eindeutigen Übergewicht der negativ konnotierten Phraseologismen" (1984:18). Die damit z.T. verbundene kritische Bewertung menschlicher Verhaltensweisen (vgl. Fleischer 1982: 183) vollzieht sich auf dem Hintergrund familiärer Komponenten, was nicht immer von Vorteil sein muß.

b) Damit verbunden ist die Tatsache: "Figurativer Gebrauch ist zunächst stets durch die literale Bedeutung motiviert" (Munske 1993:491). Der Bezug auf Mitglieder der Familie/Verwandtschaft wirkt reduzierend, auch wenn später Deonymisierung (vgl. Fleischer 1978) erfolgt. Die motivierte Prägung geht nun einmal dem idiomatisierten Gebrauch voran. Und Kritik dominiert eindeutig gegenüber Selbstkritik. Was die lexikalische Einheit *Kind* als Ausnahmeerscheinung anbelangt, so sei darauf verwiesen, daß das Kind, vornehmlich auch in früherer Zeit, gerade den Teil im Feld der Familie/Verwandtschaft verkörpert, der zunächst viel Liebe und Fürsorge braucht, später hingegen das Unterpfand für den Unterhalt der Eltern am Lebensabend darstellt. Die wohl innigste Beziehung in einer Familie wird nicht zuletzt in den Phraseologismen konserviert. Es gibt also nachvollziehbare Gründe für die Prägung vorliegender Entitäten. Als Opposition könnte gelten: **Kind versus Urgroßmutter**.

Fallstudie III: Tierbezeichnungen

Fassen wir uns kurz und beginnen mit der Gegenüberstellung von hohen und kaum entwickelten Vorhersagbarkeitsgraden auf der Grundlage des Bestandes: **Hund versus Wasserbüffel**.

Die Frequenz vorliegender simplizischer Tierbezeichnungen (vgl. Sternkopf 1993) in Phraseologismen schwankt in dem erwähnten Korpus von Friederich zwischen 1 und 22. Nur einmal treten beispielsweise "Elefant", "Tarantel" oder auch "Schnecke" als Strukturkomponenten im Korpus auf. Vgl.:

(43) *sich benehmen wie ein Elefant im Porzellanladen,*
(44) *wie von der Tarantel gestochen,*
(45) *jmdn. zur Schnecke machen.*

Eine hohe Produktivität hingegen entfalten *Hund* mit 22, *Pferd* mit 18 und *Katze* mit 16 Belegen. So:

(46) *vor die Hunde gehen,*
(47) *die Pferde scheu machen,*
(48) *die Katze im Sack kaufen.*

Anhand von Tierbezeichnungen als phraseologischen Strukturkomponenten, und damit auf einer spezifischen onomasiologischen Grundlage, werden folgende Determinationsrahmen, u.a. als Ausdruck gewisser Motivationen gewertet, offensichtlich:

a) Als beeinflussende Größe stellt sich die natürliche Erfahrung des Alltags als Reflex des Verhältnisses des Menschen zur Natur in der jeweiligen Kultur dar. Dies dokumentieren hochfrequentierte Einheiten mit Bezeichnungen für domestizierte Tiere im phraseologischen Inventar. Vgl.:

(49) *da liegt der Hund begraben.*

b) Alltagserfahrung schlägt sich motivierend in der Singular-Plural-Distribution nieder; vgl.:

(50) *stolz wie ein Hahn*

versus

(51) *Grillen fangen.*

c) Die Teil-von-Relation nominiert Spezifika aus der Welt der Tiere; vgl.:

(52) *sich mit fremden Federn schmücken.*

d) Gute Vertreter im Bereich phraseologischer Strukturkomponenten, wie *Kopf, Auge, Mund* etc., bleiben in Kombination mit Tierbezeichnungen nahezu ausgespart. Als prototypisch gilt der Somatismus, d.h. der menschliche Bezug; vgl.

(53)  * *den Kopf des Hahnes scheren.*

e) Bezeichnungen für innere Organe von Tieren bleiben für Phraseologisierungsprozesse ungenutzt; vgl.

(54)  *auf dem Magen der Elster liegen.*

Der vorgelegten Analyse folgen zahlreiche Fragen; insbesondere der interkulturelle bzw. interlinguale Vergleich wird m.E. Perspektiven eröffnen, die der weiteren Modellierung des phraseologischen Weltbildes, u.a. in Form von Thesauren, zuträglich sein werden. Im Grunde nimmt sich das Material der 3 Fallstudien, das zur Konstituierung einer großen Anzahl phraseologischer Komplexe geeignet ist, eher bescheiden aus. Um welche Bereiche bzw. Felder es sich dabei handelt, kann hier vorerst nur angedeutet werden. "Der originelle Versuch, die Kultur der Völker eines bestimmten Raumes in einer bestimmten Periode oder gar Epoche von einigen grundlegenden Kategorien, von ihrem allumfassenden Zeichensystem, ihrem semantischen Grundinventar her zu erfassen, zu untersuchen und in ihrer Qualität zu bestimmen [...] bringt manche neue Aspekte und eröffnet neue Perspektiven der Kulturgeschichtsschreibung" (Gurjewitsch 1989:424).

### 2.2.3 Regionale Aspekte

Es ist schon öfter festgestellt worden: in den letzten Jahren avancierten die Begriffe "Region", "Regionalität" und "Identität" zu Modethemen. Mit dem mentalen Phänomen der regionalen Identität soll hier die Versprachlichung einer beobachtbaren, überindividuellen Verbundenheit skizziert werden. Übereinstimmungen zwischen dem Bild, dem Phraseologischen, und dem Milieu, der Umwelt, können als Stimuli fungieren, um auch "einzelmundartliche Phraseologismen" (Burger et al. 1982:275) zu bilden. Obgleich dieser Aspekt recht selten herauspräpariert werden kann, ist er doch, wie beispielsweise ein Vergleich zwischen dem Westmünsterländischen (vgl. Dobrovol'skij/Piirainen 1992) und dem Erzgebirgischen (vgl. Sternkopf 1996b) zeigt, bedeutsam. In die Wendung wird etwas Besonderes, etwas Spezielles implantiert; der Aspekt der Sprecheridentifizierung wird favorisiert. Dies zeigt zugleich, "wie eng die Beziehungen zwischen Mundartforschung und Volkskunde sind; denn nicht mit den Wörtern allein darf man sich beschäftigen. Die Sache, der Gegenstand, der dahintersteht, muß mit ins Auge gefaßt werden" (Bergmann 1964:67).

Vgl. dazu aus erzgebirgischer Sicht:

(55)  *schwarz wie de böhmischen Rußkotern,*

also

(55a)  *schwarz wie die rußigen Kater aus Böhmen,*

bedeutet 'sehr schwarz'.

Oder:

(56)  *enn Nischel dra ... schwaar wie de Greifenstaa,*

also

(56a) *einen Kopf haben, schwer wie die Greifensteine,*

bedeutet 'infolge von übermäßigem Alkoholgenuß zu keiner (Denk-)Leistung fähig sein'.

Übrigens handelt es sich bei den Greifensteinen um ein kleines Gebirge in der Nähe von Ehrenfriedersdorf in Sachsen.

Der regionale Aspekt ist eine spezifische Ausformung des lexikalischen Aspekts. Mit einem – zur Zeit auch absehbaren – steigenden Bedürfnis nach Identifizierung sei auch dieser besondere Bereich für weitere Bildungen nicht ausgeschlossen. Als Parameter kann eine Skala der Vertrautheit (vgl. Kleiber 1993:42) fungieren. Somit werden gewiß auch "kultursemiotische Sichtweisen" (vgl. Lerchner 1997:151) tangiert, und es "kommt den über sprachliche Ausdrucksformen kommunizierbar gemachten kulturbestimmten Signifikativen für Prozesse der Identitätsbildung gerade auch im Rahmen von Regionen zentrale Bedeutsamkeit zu" (a.a.O.:154).

## 3. Ausblick

Freilich begegnen im Bestand der deutschen Phraseologie noch weitere Auffälligkeiten, die die Bildung komplexer Einheiten nicht minder mitbestimmen. Zwei Phänomene seien abschließend noch angedeutet: Zum einen gibt es im Deutschen ein entwickeltes Inventar an Wortgruppenlexemen, die in ihrem Komponentenbestand ein Adjektiv als obligatorischen Bestandteil aufweisen. So:

(57)  *auf keinen grünen Zweig kommen,*
(58)  *auf großem Fuße leben.*

Als Aspekt der Bildung derartiger Einheiten kann abstrahiert werden, daß die Adjektive in der Masse der Fälle mehrdeutig sind, und gerade die Mehrdeutigkeit, die Möglichkeit der Auswahl geeigneter Bedeutungen im Rahmen einer denkbaren phraseologischen Ausgangssituation, erweist sich als eine günstige Bedingung, um entsprechende Adjektivsememe zu Komponenten infolge von Phraseologisierungsprozessen werden zu lassen. So gibt es (noch) keine festen Wendungen mit der Verbindung

Adjektiv + Substantiv, z.B.
*defekt* + X,
*einfältig* + X,
*forsch* + X.

In vorliegenden Fällen handelt es sich um monoseme Adjektive. Zum anderen, vermutlich auf einer vergleichbaren Ebene angesiedelt, gibt es für feste Wendungen mit Verba dicendi (vgl. Sternkopf 1997) folgende Regel:

Belege der Art

(59)  *jmdm. nach dem Munde reden,*
(60)  *etwas klipp und klar sagen,*
(61)  *jmdm. aus dem Herzen sprechen*

zeigen die Bedeutungsweite der verbalen Komponenten. Verba dicendi mit einem geringeren Bedeutungsumfang bzw. mit einem höheren Grad an semantischer Spezialisierung werden (noch) nicht als phraseologische Komponenten genutzt (vgl. Schemann 1991), so u.a. *fürsprechen, mahnen, schelten, verwerfen, anklagen.* Insofern kann nach unserer Vorgehensweise auch nicht von einem Grad der Vorhersagbarkeit die Rede sein.


## 4. Zusammenfassung

Phraseologismen an sich sind nicht prognostizierbar. Auf der Grundlage ausgewählter Aspekte der Bildung fester Wendungen können hypothetische Annahmen formuliert werden. Die Chancen zur Konstituierung weiterer

Wortgruppenlexeme sind um so höher, je frequentierter eine signifikante Einheit im aktuellen Inventar begegnet. Die hier analysierten Aspektuierungen scheinen dem phraseologischen Wesen zu widersprechen; im Grunde haben wir nämlich nach Regularitäten gefragt. Diese wiederum beziehen sich nicht auf die Ganzheitlichkeit der polylexikalischen Ausdrücke, sondern auf autonome Gesichtspunkte. Während bei dem strukturellen Aspekt ausgewählte Strukturen als Parameter für Prognosen herangezogen wurden, führte dies gleichsam zu einer Verdrängung des lexikalischen Aspekts. Aus lexikalischem bzw. regionalem Blickwinkel hingegen blieb der strukturelle Bereich unberührt. Und für diesen lexikalischen, auch umfänglichsten, Bereich unserer Darlegung kann, zunächst trivial anmutend, geltend gemacht werden, daß es sich bei den Bezeichnungssphären, bei den lexikalischen Feldern um die alltäglichen Erfahrungen, um spezifische Weltsichten handelt. In den analysierten Phraseologismen werden faßbare, konkrete, sachliche und allgegenwärtige Erscheinungen, die mit hoher Rekurrenz unser Dasein bestimmen, konserviert. Überspitzt könnte man formulieren: Die Hauptsphären für Phraseologisierungen im lexikalischen und regionalen Bereich "sind ein Teil von uns".

Zur Prognose noch ein Wort zur Güte: "Wieder ufern die Hypothesen aus; wie Karten zu einem Kartenhaus wird Deutung auf Deutung aufgebaut, und der schlüssige Beweis, daß wir auf dem richtigen Weg sind, bleibt der Zukunft überlassen" (Untermann 1980:19).

## LITERATUR

Abraham, Ulf (1996): *StilGestalten: Geschichte und Systematik vom Stil in der Deutschdidaktik*. - Tübingen: Niemeyer.

Bergmann, Gunther (1964): *Mundart und Mundartforschung*. - Leipzig: Bibliographisches Institut.

Bernstein, Wilhelm Z. (1985): *Die Phraseologie als Verständnisproblem im Leseunterricht*. - In: Lebende Sprachen 30 (1985) 2, 70-72.

Beyer-Buschmann, Renate (1985): *Psychosomatische Erkrankungen und deren Widerspiegelung in der deutschen Alltagssprache*. - Würzburg, Universität, Medizinische Fakultät, Dissertation.

Burger, Harald; Buhofer, Annelies; Sialm, Ambros (1982): *Handbuch der Phraseologie*. - Berlin, New York: de Gruyter.

Cernyševa, Irina (1984): *Aktuelle Probleme der deutschen Phraseologie*. - In: Deutsch als Fremdsprache 21 (1984) 1, 17-22.

Dobrovol'skij, Dmitrij (1979): *Zu Klassifikation und Beschreibungsprinzipien der Phraseologismen mit phraseologisch gebundenen Wörtern unter dem genetischen Aspekt*. - In: Linguistische Studien 56, Reihe A. - Berlin: Akademie-Verlag, 42-73.

Dobrovol'skij, Dmitrij; Piirainen, Elisabeth (1992): *Zum Weltmodell einer niederdeutschen Mundart im Spiegel der Phraseologie*. - In: Niederdeutsches Wort. Beiträge zur niederdeutschen Philologie, Bd. 32 (Sonderdruck), 137-169.

Duden (1992): *Redewendungen und sprichwörtliche Redensarten. Idiomatisches Wörterbuch der deutschen Sprache*. Bearb. von G. Drosdowski und W. Scholze-Stubenrecht. - Mannheim, Leipzig, Wien, Zürich: Dudenverlag.

Ehmann, Hermann (1992): *affengeil. Ein Lexikon der Jugendsprache*. - München: Beck.

Fleischer, Wolfgang (1976): *Eigennamen in phraseologischen Wendungen*. - In: Namenkundliche Informationen 28, 1-6.

Ders. (1982): *Phraseologie der deutschen Gegenwartssprache*. - Leipzig: Bibliographisches Institut.

Ders. (1986): *Die Modellierbarkeit von Phraseologismen – Möglichkeiten und Grenzen*. - In: A. Schöne (Hg.): *Akten des VII. Internationalen Germanistenkongresses Göttingen 1985. Kontroversen, alte und neue*. Band 3. - Tübingen: Niemeyer, 218-222.

Friederich, Wolf (1966): *Moderne deutsche Idiomatik. Systematisches Wörterbuch mit Definitionen und Beispielen*. - München: Hueber.

Görner, Herbert (1980): Redensarten. *Kleine Idiomatik der deutschen Sprache*. - Leipzig: Bibliographisches Institut.

Gréciano, Gertrud (1997): *Zur Festigung von Phraseologie. Eine Merkmalanalyse*. - In: I. Barz, M. Schröder (Hg.): *Nominationsforschung im Deutschen. Festschrift für Wolfgang Fleischer zum 75. Geburtstag*. - Frankfurt/M. u.a.: Lang, 167-175.

Gurjewitsch, Aaron J. (1989): *Das Weltmodell des mittelalterlichen Menschen*. - München: Beck.

Heinemann, Margot (1989): *Kleines Wörterbuch der Jugendsprache.* - Leipzig: Bibliographisches Institut.

Kleiber, Georges (1993): *Prototypensemantik. Eine Einführung, übersetzt von Michael Schreiber.* - Tübingen: Narr.

Lerchner, Gotthard (1997): *Nomination und Semiose. Zur Explikation ihrer kulturell-kommunikativen Geprägtheit.* - In: I. Barz, M. Schröder (Hg.): *Nominationsforschung im Deutschen. Festschrift für Wolfgang Fleischer zum 75. Geburtstag.* - Frankfurt/M. u.a.: Lang, 147-155.

Mandáková, Catja; Sternkopf, Jochen (1993): *Sind deutsche Phraseologismen prognostizierbar?* - In: Linguistica Pragensia (1993) 2, 89-98.

Mattheier, Klaus J.; Besch, Werner (1985): *Ortssprachenforschung. Einleitende Überlegungen.* - In: K.J. Mattheier, W. Besch (Hg.): *Ortssprachenforschung. Beiträge zu einem Bonner Kolloquium.* - Berlin: Schmidt, 9-23.

Munske, Horst H. (1993): *Wie entstehen Phraseologismen?* - In: *Vielfalt des Deutschen. Festschrift für Werner Besch.* - Frankfurt/M. u.a.: Lang, 481-516.

Nordén, Magnus (1994): *Logische Beziehungskonzepte und Inferenzprozeduren. Zu einer semantisch-kognitiven Theorie der verbalen Idiome im Deutschen.* - Stockholm: Almqvist & Wiksell International.

Piirainen, Elisabeth (1991): *Phraseologismen im Westmünsterländischen. Einige Unterschiede der westmünsterländischen Phraseologie im Vergleich zur hochdeutschen.* - In: Niederdeutsches Wort. Beiträge zur niederdeutschen Philologie, Bd. 31, 33-75.

Schemann, Hans (1991): *Synonymwörterbuch der deutschen Redensarten.* - Stuttgart, Dresden: Klett.

Sternkopf, Jochen (1987): *Ein Ansatz zur Modellierung phraseologischer Einheiten.* - In: Deutsch als Fremdsprache 24 (1987) 4, 207-213.

Ders. (1992): *Chancen der Lexikonerweiterung durch Phraseologismen.* - In: Sprachwissenschaft 17 (1992) 3/4, 329-338.

Ders. (1993): *Tierbezeichnungen in phraseologischen Einheiten.* - In: Muttersprache. Zeitschrift zur Pflege und Erforschung der deutschen Sprache 103 (1996) 4, 324-331.

Ders. (1996a): *Der menschliche Körper als Basiskomponente in deutschen Phraseologismen.* - In: R.J. Pittner, K. Pittner (Hg.): *Vorträge der 4. Münchner Linguistik-Tage der Gesellschaft für Sprache & Sprachen.* - München, Newcastle: Lincom Europa, 157-165.

Ders. (1996b): *Zur identitätsstiftenden Rolle dialektaler Phraseologismen.* - In: Sprache & Sprachen 18 (1996), 30-36.

Ders. (1997): *Redensart und Leitbegriff.* - In: I. Pohl (Hg.): *Methodologische Aspekte der Semantikforschung.* - Frankfurt/M. u.a.: Lang, 283-295.

Untermann, Jürgen (1980): *Trümmersprachen zwischen Grammatik und Geschichte.* - Opladen: Westdeutscher Verlag.

Weinrich, Harald (1976): *Für eine Grammatik mit Augen und Ohren, Händen und Füßen.* - Opladen: Westdeutscher Verlag.

SIGRID FREYTAG

# Idiome – nur ein Randphänomen der Lexik?
## (Zur linguistischen Analyse deutscher idiomatisierter Verbalphrasen)

In den Intentionen und den Untersuchungsschwerpunkten der nur an den Generierungsprinzipien der sogenannten Kerngrammatik orientierten linguistischen Forschung spielen Betrachtungen zur Analyse von Idiomen meist nur eine untergeordnete Rolle. Die bei der Erklärung sprachlicher Erscheinungen vor allem um Homogenität bemühten Herleitungs- und Strukturierungsprinzipien vom Kontext weitgehend isolierter Äußerungen vernachlässigen zum großen Teil umgangssprachliche, in der Alltagskommunikation besonders häufig auftretende sprachliche Formen. Die Vielfalt derartiger sprachlicher Erscheinungsformen schließt jedoch eine große Zahl idiomatischer Wendungen, die in sich sehr diffizile nicht nur auf eine Ebene des Sprachsystems referierende überaus komplexe Wissensstrukturen vereinen, als besonders expressive Äußerungen in der Kommunikation ein.

Wenn man von einer nur auf systeminterne strukturelle Zusammenhänge orientierten Betrachtungsweise ausgeht, werden idiomatische Äußerungen sehr schnell in den Randbereich nicht nur lexikalischen, sondern sprachlichen Wissens überhaupt gedrängt. Im Vordergrund steht dann in der Regel die Annahme, daß bei der Frage nach der Bedeutungsstruktur von lexikalischen Phrasen und Sätzen sich in der Mehrzahl der zu beobachtenden Fälle die Erklärung aus der Summe der Einzelbedeutungen der jeweils vorkommenden lexikalischen Einheiten, dem sogenannten Kompositionalitätsprinzip, ergibt. Wenn dieses Prinzip als Grundannahme vorausgesetzt wird, widersprechen Idiome natürlich aufgrund ihrer anscheinend anomalen, eben nicht-kompositionellen semantischen Bildungsmuster diesem Prinzip. Sie fallen deshalb für viele Linguisten aus dem Bereich der als linguistisch interessant angesehenen Untersuchungsgegenstände heraus, weil sie durch ihre mitunter nur schwer erklärbaren Bildungsmuster, wenn solche überhaupt nachweisbar scheinen, bei der Suche nach universellen linguistischen Prinzipien gemeinhin als wenig hilfreich angesehen werden.

Seit Beginn der 90er Jahre ist aber in der internationalen Linguistikforschung eine eindeutig gegenläufige Tendenz zu erkennen, die zeigt, daß gerade Idiome, die einen besonders facettenreichen linguistischen Untersuchungsgegenstand ausmachen, geradezu dafür prädestiniert sind, verschiedene theoretische Ansätze moderner linguistischer Theorien auf ihre Trag-
fähigkeit hin zu überprüfen und gleichzeitig eine neue Sichtweise auf ein
altbekanntes linguistisches Phänomen zu versuchen. Damit werden die Idiome aus ihrer linguistischen Randexistenz in den Kernbereich linguistischer
Überlegungen unter Berücksichtigung verschiedener sprachwissenschaftli-
cher Teildisziplinen gebracht.

Dieser Beitrag kann nur einen Einblick in Überlegungen zu einem ausgewählten Bereich idiomatischer Phrasen geben und beschränkt sich deshalb
auf die Problematik deutscher idiomatisierter Verbalphrasen. Es kann auch
nicht auf terminologische Probleme für derartige sprachliche Erscheinungsformen und die große Zahl der damit verbundenen vielfältigen Bemühungen
um differenzierende Benennungsvorschläge eingegangen werden. Ohne die
von verschiedenen Linguisten durch die unterschiedlichen Beispieltypen aus-
gemachten Gruppierungen und deren Benennungsvarianten erfolgt in unserem Verständnis eine Beschränkung auf die Termini "Idiom" bzw. "idiomatische Phrase".

Der erste Teil des Beitrages beschäftigt sich mit ausgewählten theoretischen
Annahmen, die in den letzten Jahren publiziert worden sind und die für einen
adäquaten Erklärungsversuch der spezifischen Problematik verbaler Idiome
besonders berücksichtigenswert erscheinen.

## 1. Grundannahmen über idiomatisierte Phrasen

### 1.1 Die Problematik von Kompositionalität der Bedeutung versus Nicht-Kompositionalität der Bedeutung von Idiomen

Das Hauptinteresse aller linguistischen Untersuchungen, die sich mit der
Semantik von Idiomen beschäftigen, liegt im wesentlichen darin, zu zeigen,
wie es zu der offensichtlichen Differenz zwischen der literalen, also wörtlichen Lesart lexikalischer Einheiten und der nicht-wörtlichen, also übertragenen Lesart dieser lexikalischen Einheiten als Bestandteilen der Gesamtinter-
pretation lexikalisch weitgehend identischer Phrasen kommt. Es existieren
Wortgruppen, die sowohl wörtlich als auch übertragen interpretierbar sind

(z.B. *die Fäden ziehen*), aber auch solche, die nur in übertragener Bedeutung erklärbar sind (z.B. *ins Gras beißen*).

In vielen Fällen wird versucht, die Nicht-Kompositionalität der Bedeutungen durch eine Erklärung der Bedeutungsbildung als linguistischen Prozeß, der auf unterschiedlichen Ebenen des Sprachsystems operiert, zu erklären. Geeraerts (1995:60) schlägt bspw., wie in Abb. 1 erkennbar, eine nach seinen Worten prismatische Struktur für die Erklärung der semantischen Beziehungen in zweigliedrigen Idiomen vor.

Abb. 1

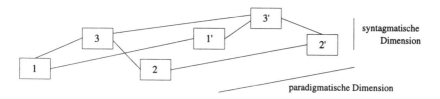

1: erster Bestandteil in seiner wörtlichen Lesart
2: zweiter Bestandteil in seiner wörtlichen Lesart
3: Ausdruck als Ganzes in seiner wörtlichen Lesart

1': erster Bestandteil in seiner abgeleiteten Lesart
2': zweiter Bestandteil in seiner abgeleiteten Lesart
3': Ausdruck als Ganzes in seiner abgeleiteten, idiomatisierten Lesart

Nach dem bisherigen Idiomverständnis wird meist davon ausgegangen, daß die Sprechenden bzw. Hörenden bei der Produktion oder dem Verstehen einer sprachlichen Äußerung für die komplexe lexikalische Phrase zuerst die wörtliche Bedeutung als nicht zutreffend erkennen sollten. Anschließend wird in einem weiteren Schritt der idiomatische Charakter der komplexen lexikalischen Phrase identifiziert. Das geschieht bspw. in früheren Annahmen eines generativen Grammatikverständnisses durch eine spezielle Idiomvergleichsregel. Nach der Generierung einer komplexen Phrase wird diese, bevor sie zur Interpretation in weitere Komponenten des Modells übergeht, mit Einträgen in einer Idiomliste des Lexikons verglichen. Bei positiver Evidenz wird die betreffende Phrase aus den üblichen Verarbeitungsprinzipien ausgecheckt und ihrer spezifischen idiomatischen Bedeutung zugeführt.

Weitgehende Konformität besteht in den verschiedenen Annahmen darin, daß Idiome im mentalen Lexikon entsprechend ihres spezifischen Grades der Lexikalisierung bereits als komplexe Phrasen im Lexikoneintrag vermerkt, als solche auch dort abgespeichert und damit für den Sprecher bzw. Hörer komplex abrufbar sind. Die Verknüpfung von sprachlichem Wissen und Weltwissen, die für Idiome besonders bedeutungsvoll ist, kann zur Bildung von Vernetzungsstrukturen führen, die für Idiome eine clusterartige Verteilung aufzeigen können (vgl. Dobrovol'skij 1995).

## 1.2 Die Annahme von prototypischen Eigenschaften für Idiome

Für Frame-Theorien bildet die Auswahl der Analysemerkmale zum Aufbau einer Vernetzungsstruktur für idiomatische Phrasen einen entscheidenden Fakt. Der Umfang der angenommenen prototypischen Merkmale und das Zutreffen der Kriterien für die einzelnen idiomatischen Vertreter differieren stark. Von amerikanischen Linguisten (vgl. Nunberg/Sag/Wasow 1994) wird angenommen, daß letztlich nur Konventionalität als einziges verbindendes Kriterium für alle idiomatisierten Phrasen nachweisbar ist. Im einzelnen gehen sie von folgenden Merkmalen aus:

– Konventionalität
   Die Bedeutung oder der Gebrauch von Idiomen kann nicht auf der Basis unabhängiger Konventionen, die den Gebrauch der Konstituenten, wenn sie isoliert voneinander erscheinen, bestimmen, vorhergesagt werden.

– Inflexibilität
   Idiome erscheinen typischerweise in einer eingeschränkten Zahl syntaktischer Rahmen oder Konstruktionen im Gegensatz zu frei kompositionellen Ausdrücken.

– Figuration
   Idiome enthalten Metaphern, Metonymien oder andere Figurationen. Die Sprecher oder Hörer nehmen nicht immer das präzise Motiv für die enthaltene Figur wahr; aber sie nehmen generell wahr, daß eine solche Figur enthalten ist. Sie sind bis zu einem gewissen Grad in der Lage, den Idiomen eine literale Bedeutung zu geben.

– Proverbalität
   Idiome werden typischerweise benutzt, um eine wiederkehrende Situation von teilweise sozialem Interesse aufgrund der Ähnlichkeit oder der Bezie-

hung zu einem Szenario, das konkrete Dinge und Relationen enthält, zu bezeichnen.

– Informalität
Idiome stehen in Beziehung zu informalen und umgangssprachlichen Registern und zu populärer Sprache und Sprachkultur.

– Affekt
Idiome deuten eine Bewertung oder vortäuschende Haltung zu den Dingen, die sie beschreiben, an. Idiome werden nicht zur Beschreibung einer Situation, die als neutral angesehen wird, benutzt.

Die weitreichenden Erkenntnisse der Linguistikforschung der letzten 20 Jahre über die Organisation unseres sprachlichen Wissens, das ein Wissen von sehr komplexen abstrakten Strukturen ist, führen zu der Annahme einer reich strukturierten Lernstrategie, die für das altersabhängige Lernen und Verstehen von Idiomen von entscheidender Bedeutung ist. Nach diesen Erkenntnissen (vgl. Cacciari 1993; Gibbs 1990; 1995) scheint deutlich zu werden, daß bereits im frühen Schulalter, wenn nicht sogar noch früher, ein Zugang zu idiomatischen Strukturen möglich ist. Das ergibt eine hinreichende Evidenz für die Annahme, daß entsprechend den prototypischen Merkmalen auch bestimmte sprachliche Grundmuster idiomatischer Strukturen immanent sind.

Gerade verbale Idiome scheinen bestimmten Wohlgeformtheitsbedingungen zu genügen. Sie folgen offenbar phrasenstrukturellen Regeln, ohne dabei den Regeln der Referenz zu entsprechen. Das hat weitreichende Konsequenzen. Denn wenn generell bestimmte Strukturmuster von verbalen Idiomen bildbar sind, müssen thematische Strukturmuster also auch für diese spezielle Form der Idiome zutreffend angesehen werden. Konkret bedeutet das, daß für die Bestandteile dieser komplexen verbalen Phrasen ebenso thematische bzw. semantische Rollen angenommen werden müssen wie für die gleichen Einheiten in der wörtlich gemeinten verbalen Phrase. Da die thematische Rolle als ein abstraktes semantisches Funktionsmuster verstanden wird, ist eine verbale Benennung derselben nicht erforderlich. Wenn man davon ausgeht, daß mit der Realisierung thematischer Rollen eine Verknüpfung von syntaktischer Erscheinung und semantischer Interpretation einhergeht, kann also nur in diesem Bereich die Differenz zwischen wörtlicher und nicht-wörtlicher Bedeutung festgemacht werden. Die Korrespondenz zwischen syntaktisch-funktional erscheinender lexikalischer Einheit und deren semantischer Verankerung innerhalb der idiomatisierten Verbalphrase muß unterbrochen werden. Das heißt aber nicht, daß die kompositionelle Verknüpfung der Be-

standteile im strukturellen Sinn entsprechend der Satzgliedverteilung aufgegeben werden darf.

Ein weiteres Indiz gegen die uneingeschränkte Erklärung von Idiomen als
nicht-kompositionelle Bildungen liefert die Existenz ganzer Idiomfamilien,
die z.B. mit Verben, wie *bringen, haben, kommen, lassen, sein,* gebildet werden.

## 1.3 Zur formal-semantischen Differenzierung
   idiomatisierter Verbalphrasen

Ende der 80er Jahre und zu Beginn der 90er Jahre hat Gibbs verschiedene
Arbeiten (vgl. 1990; 1995) über seine psycholinguistischen Untersuchungen
veröffentlicht, in denen er zeigt, daß für Idiome kein spezifischer Erzeu-
gungsmechanismus, keine Idiomgenerierungsregel, ob auf lexikalisch ver-
gleichender oder stereotyper Basis, angenommen werden muß. Bei seinen
Untersuchungen fand Gibbs heraus, daß die Probanden im Gegensatz zum
Erkennen der wörtlichen Bedeutung **signifikant weniger** Zeit benötigen, um
die idiomatische Bedeutung einer komplexen lexikalischen Phrase zu erkennen. Der Nachweis dieses Umstandes aus sprachverarbeitender Sicht sollte
dazu führen, die bisher vorherrschenden Auffassungen über den Verstehensprozeß von Idiomen zumindest teilweise zu revidieren.

Zur Prominenz dieser Annahme tragen auch die Untersuchungen von Nun-
berg/Sag/Wasow (1994) bei, die aufzeigen, daß die einzelnen lexikalischen
Bestandteile von Idiomen sehr genau unterschieden werden müssen. Es existieren in vielen Idiomen Bestandteile, die durchaus Bezug zu der vermittelten idiomatischen Gesamtbedeutung haben. Die idiomatische Verbalphrase
*die Fäden ziehen* soll exemplarisch den Zusammenhang verdeutlichen.

*Fäden* → 'Kontakte, persönliche Beziehungen nutzen', um

*ziehen* → 'zu vermitteln helfen'

Die idiomatische Interpretation ergibt sich nur, wenn *Fäden* in Verbindung
zur bzw. in der Kontextbeziehung von *ziehen* steht. Den Bestandteilen der
komplexen lexikalischen Phrase ist anstatt realer Referenz ein metaphorischer Charakter nicht abzusprechen. Es besteht also eine metaphorische Referenz der lexikalischen Bestandteile auf mindestens ein Element der idiomatischen Interpretation und eine vermittelte Referenz der Idiombestandteile
zueinander. Das läßt den Schluß zu, daß viele Idiome eben nicht willkürlich

zwischen Formen und Bedeutungen verbinden, sondern der reale Referenzbezug zugunsten einer anderen Beziehung zwischen den Bestandteilen von Idiomen ausgeblendet wird.

⇒ Teile der Idiome haben Bedeutung, weil die Teile vieler phrasaler Idiome Teile von ihrer idiomatischen Gesamtbedeutung tragen.

Wenn man den Annahmen von Nunberg/Sag/Wasow (1994) folgt, ergibt sich für idiomatisierte Phrasen eine Einteilung in zwei Gruppen, denen auch verbale Idiomphrasen zugeordnet werden können:

| IDIOMATICALLY COMBINED EXPRESSIONS (ICE) | versus | IDIOMATIC PHRASES (IP) |
|---|---|---|
| *die Fäden ziehen* | | *ins Gras beißen* |
| *aus den Wolken fallen* | | *den Löffel abgeben* |
| *jmd. zum Teufel jagen* | | *Bäume fällen* |
| *eine Runde schmeißen* | | *Kohldampf schieben* |
| *das Kriegsbeil ausgraben* | | *den Braten riechen* |

Ein idiomatisch kombinierter Ausdruck (ICE) besteht aus einer fundamentalen semantischen (typischerweise figurativen) Abhängigkeit zwischen verschiedenen Lexemen, die jedoch in der Verteilung, in der diese Lexeme auftreten können, beschränkt ist.

Eine idiomatische Phrase (IP) ist ein idiosynkratischer Typ einer phrasalen Konstruktion, der ihre eigene idiomatische Bedeutung zugewiesen ist.

Wenn für verbale Idiome, in dem Sinne wie oben beschrieben, Interpretationen angenommen werden, dann können ihre Bestandteile auch als Argumente verstanden werden und damit thematische bzw. semantische Rollen zugewiesen bekommen. Diese thematischen Rollen sind für die Verbindung des syntaktischen Auftretens mit der semantischen Interpretation wichtig. Sie haben eine systematische und analytische Form und müssen daher nicht, wie sonst üblich, verbal benannt werden. Aber auch die Auffassung von sogenannten Quasi-Theta-Rollen wird ihrem Charakter nur ungenügend gerecht.

## 2. Die Verknüpfung syntaktischer und semantischer Eigenschaften als Ausdruck der Idiomatizität

### 2.1 Die strukturelle Differenzierung verbaler Idiome

Die oben beschriebene Zweigruppenbildung für idiomatische Phrasen ist für eine Strukturanalyse wie auch für die Verknüpfung zur semantischen Ebene, als Basis für die idiomatische Interpretation, von besonderer Relevanz. Bereits bei der oberflächennahen Betrachtung von Beispielen aus jeder der beiden Gruppen treten leicht erkennbare Unterschiede hervor.

a) Idiomatisch kombinierter Ausdruck (ICE)

*jmdn. in die Wüste schicken*    ⇒    'jmdn. entlassen'

| | |
|---|---|
| (i) | *Die Chefin schickt den Vertriebsleiter in die Wüste.* |
| (ii) | *Die Chefin hat den Vertriebsleiter in die Wüste geschickt.* |
| (iii) | *Die Chefin schickte den Vertriebsleiter in die Wüste.* |
| (iv) | *?Die Chefin wird den Vertriebsleiter in die Wüste schicken.* |
| (v) **Passiv** | *Der Vertriebsleiter wird (von der Chefin) in die Wüste geschickt.* |

b) Idiomatische Phrase (IP)

*den Löffel abgeben*    ⇒    'sterben'

| | |
|---|---|
| (i) | *?Der nervende Papagei gibt den Löffel ab.* |
| (ii) | *Der nervende Papagei hat den Löffel abgegeben.* |
| (iii) | *Der nervende Papagei gab den Löffel ab.* |
| (iv) | *Der nervende Papagei wird den Löffel abgeben.* |
| (v) **Passiv** | *\*Der Löffel wird (von dem nervenden Papagei) abgegeben.* |

In der aktivischen Satzstruktur erscheint das temporal differenzierte Paradigma kontextlos mitunter nicht besonders akzeptabel, aber keineswegs falsch. Das Einfügen von Adverbialen oder die Einbindung der idiomatischen Phrase in einen komplexen Satz verbessert oftmals das Erscheinungsbild. Hingegen wird in der passivischen Satzstruktur der Unterschied zwischen den beiden Strukturmustern deutlich. Im ICE erfolgt die Passivierung weitgehend problemlos. In der von den syntaktischen Argumentverhältnissen in der Zusammensetzung für die Passivierung eigentlich ebenso zugänglich sein sollenden IP ist dieser Prozeß offenbar blockiert.

Da für verbale Idiome von gewissen Wohlgeformtheitsbedingungen ausgegangen werden muß, denn sie enthalten alle gleichermaßen ein Verb als Kern
der Konstruktion, kann eine Darstellung nach strukturellen Projektionsprin-
zipien, wie sie bspw. von der X-bar-Theorie vorgeschlagen werden, versucht
werden. Vorschläge für eine derartige Darstellung finden sich bei van Gestel
(1995).

Entsprechend der Zweiteilung für idiomatische Phrasen kann von zwei verschiedenen hierarchischen Projektionsstrukturen ausgegangen werden. Idiomatisch kombinierte Ausdrücke (ICE) können wie in Abb. 2 problemlos in
die den Argumenteinbindungsprinzipien folgende Hierarchiestufung projiziert werden.

Abb. 2:  Projektion der Verbalphrase mit den der Subkategorisierung
         folgenden Argumenten

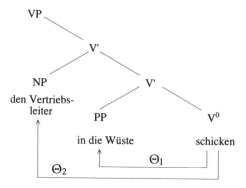

Für das NP-Argument *der Vertriebsleiter* und das PP-Argument *in die Wüste*
ist eine Basisgenerierung in der Subkategorisierungsdomäne von $V^0$ reali-
sierbar. Die Theta-Rollen-Zuweisung und die Kasusrealisierung im aktivischen Satz sind ohne Probleme möglich. In der Passivstruktur kann nach der
Vergabe der thematischen Rollen durch das Verb mittels der Hebung des
NP-Arguments in eine entsprechende Strukturposition die Kasusdifferenz
zur aktivischen Struktur gelöst werden. Insgesamt erscheinen idiomatisierte
Verbalphrasen dieses Typs weniger stark idiomatisiert, wenn man eine Pola-
risierung der Idiomatizität von schwach bis stark ansetzt.

Für idiomatisierte Phrasen (IP) kann eine etwas veränderte Projektionsstruk-
tur angenommen werden. Der verbale Kopf erhält, wie in Abb. 3 ersichtlich,

eine Adjunktionsposition von der gleichen Hierarchiestufe. Die NP *der Löffel* steht als Argument zwar immer noch in der Subkategorisierung des Verbs, wird jetzt aber in der unmittelbaren Kopfdomäne von $V^0$ eingegliedert.

Abb. 3:  Projektion mit Objekt-Inkorporation nach van Gestel (1995)

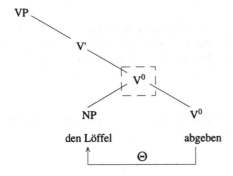

Durch die linksadjazente Position der Argument-NP *den Löffel* ist auch in diesem Fall die Kasus- und Theta-Rollen-Zuweisung in der aktivischen Satzstruktur gesichert. Für die Passivierung führt die Position der NP in der Kopfdomäne allerdings zu einer Blockierung der erforderlichen Hebung. Die Objekt-Inkorporation unterbindet also in diesem Fall die Passivierung. Für idiomatische Verbalphrasen dieses Typs kann demnach ausgesagt werden, daß sie stark idiomatisiert sind.

## 2.2 Zur semantischen Beschreibung idiomatisierter Verben in einem abstrakten Lexikoneintrag

Die Verknüpfung der unter 2.1 beschriebenen syntaktischen Strukturmerkmale mit den semantischen Merkmalen erfolgt in einem abstrakten Lexikoneintrag, der vor allem in der Semantischen Form diese Verbindung realisiert. Die Argumentverteilung kann durch die Subkategorisierung reguliert werden. Zumindest für die Struktur der ICE ist die Annahme einer Argumentstruktur denkbar.

Die Semantische Form ermöglicht über die Spezifizierung des referentiellen Arguments eine Differenzierung von wörtlicher und nicht-wörtlicher Bedeutung des betreffenden Verbs. Das kann die Erklärung dafür sein, daß die idiomatische Bedeutung des betreffenden Verbs schneller verstanden wird als die nicht-wörtliche.

Für das Beispiel mit dem idiomatisierten Verb *schicken* kann folgende stark abstrahierte Semantische Form (vgl. Abb. 4) im Lexikoneintrag angenommen werden. Für die idiomatisierte Form sind vor allem die internen Argumente *y [jmdn.]* und *z [in die Wüste]* von besonderer Bedeutung. Sie erscheinen hier im gleichen Rahmen wie die Argumente in der wörtlichen Bedeutung, damit die Umsetzung der syntaktisch strukturellen Möglichkeiten gesichert werden kann. Durch die metaphorische Referenz der Idiombestandteile zueinander und auf die idiomatische Gesamtbedeutung erfolgt eine Loskoppelung von der normalen Beziehung der syntaktischen Argumente zu ihren semantischen Rollen, die zur Ausblendung des referentiellen Arguments oder zumindest der mit ihm in der wörtlichen Interpretation verbundenen Aufgaben führt.

Abb. 4: Semantische Beschreibung des Verbs *schicken* im Lexikoneintrag

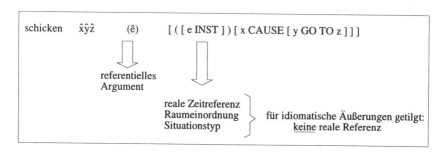

Für die idiomatische Interpretation ist keine reale Referenzeinordnung wie bei der wörtlichen Interpretation des Verbs *schicken* erforderlich. Die Ausblendung dieses Bestandteils des Lexikoneintrags führt zur Kopplung des nun idiomatisch interpretierbaren Verbs *schicken* mit den speziell idiomatisch referierenden Lexemen *[jmdn.]* und *[in die Wüste]* durch die Verbindung von Subkategorisierung und thematischer Rollenzuweisung.

Erfolgt die Spezifizierung des referentiellen Arguments durch Zeitreferenz oder Situationstyp, hat das für das Verb *schicken* und die betreffenden Argumente die realisierbare wörtliche Lesart zur Folge. Der Verarbeitungsprozeß innerhalb der Semantischen Form des Lexikoneintrages ist demzufolge komplexer.

In der Konsequenz bedeutet das zumindest für die idiomatisch kombinierten Ausdrücke (ICE), daß für derartig strukturierte idiomatisierte Phrasen ein separater komplexer Lexikoneintrag, etwa in einer speziellen Idiomliste, entfällt, was den sprachlichen Verarbeitungsprozeß entlasten könnte.

Bei den idiomatischen Phrasen (IP) hingegen kann die in der Subkategorisierung verankerte spezifische Phrasenstruktur bereits differenzierend wirken und in Verbindung mit der fehlenden referentiellen Argumentstelle in der Semantischen Form zu einem ähnlich schnelleren Erfassensmuster für den sprachlichen Verarbeitungsprozeß führen.

## LITERATUR

Cacciari, Cristina (1993): *The place of Idioms in a Literal and Metaphorical World.* - In: C. Cacciari, P. Tabossi (Eds.): *Idioms: Processing, Structure and Interpretation.* - Hillsdale, Hove: Erlbaum Assoc., 27-55.

Dobrovol'skij, Dmitrij (1995): *Kognitive Aspekte der Idiom-Semantik. Studien zum Thesaurus deutscher Idiome.* - Tübingen: Narr.

Ders. (1997): *Idiome im mentalen Lexikon: Ziele und Methoden der kognitiv basierten Phraseologieforschung.* - Trier: Wissenschaftlicher Verlag.

Everaert, Martin; van der Linden, Erik-Jan; Schenk, André; Schreuder, Rob (Eds.) (1995): *Idioms: Structural and psychological perspectives.* - Hillsdale, NJ: Erlbaum Assoc.

Geeraerts, Dirk (1995): *Specialization and Reinterpretation in Idioms.* - In: M. Everaert et al. (1995), 57-73.

Gestel, Frank van (1995): *En Bloc Insertion.* - In: M. Everaert et al. (1995), 75-96.

Gibbs, Raymond W. Jr. (1990): *Psycholinguistic studies on the conceptual basis of idiomaticity.* - In: Cognitive Linguistics 1 (1990) 4, 417-451.

Ders. (1995): *Idiomaticity and Human Cognition.* - In: M. Everaert et al. (1995), 97-116.

Nunberg, Geoffrey; Sag, Ivan A.; Wasow, Thomas (1994): *Idioms.* - In: Language 70 (1994) 3, 491-538.

Williams, Edwin (1994): *Remarks on lexical knowledge.* - In: Lingua 92 (1994), 7-34.

BERND SKIBITZKI

# Nullsätze

## 1. Zielstellung

In diesem Beitrag werden Ergebnisse empirischer Forschung vorgestellt und zugleich unter bestimmten konzeptuellen Prämissen problematisiert. An ausgewähltem Sprachmaterial (das Teil eines umfangreicheren Belegkorpus ist) wird die sprachliche Erscheinung "Nullsatz" in ihrem Vorkommen erfaßt und unter verschiedenen Fragestellungen auf der Basis gängiger linguistischer Konzepte – ohne Anspruch auf Theorierahmen und Modellierung – daraufhin untersucht, welche ihrer Spezifika zu der Bezeichnung Nullsatz geführt haben.

## 2. Beispielmaterial

Seit einigen Jahren ist in Textsorten unterschiedlicher Provenienz vermehrt das Lexem *Nullsatz* anzutreffen. Exemplarisch dafür soll die Verwendung in den folgenden zwei Textauszügen stehen:

(1) [...] Ausstellung des Bonner "Hauses der Geschichte" unter dem Titel "Ungleiche Schwestern" [...]
[...] in der DDR [...] **"die Leitbilder [...] stehen zur Alltagsrealität in einem spannungsreichen Verhältnis [...] Nach dem Fall der Mauer 1989 bestimmen Neugier und Fremdheit die Begegnungen der Frauen"** [...]
[...] solche Nullsätze, von hochdotierten Ausstellungsmacherinnen abgeliefert, bestimmen die Ausstellung [...]
[...] daß **"Traditionen" aus Weimar und "Erfahrungen" mit den Nazis das Leben der Frauen prägten [...] "Kontinuitäten und Veränderungen" [...] zeigten sich "in Politik und Recht, Bildung und Beruf, Familie und Haushalt, Mode und Sexualität. [...] Gleichberechtigung [...] [wird] in Ost- und Westdeutschland sehr unterschiedlich umgesetzt. [...] Werbung, Propaganda und**

Kunst entwerfen verschiedene Frauenbilder in Ost- und Westdeutschland."

(Chr. Gampert: Frauenforschung à la Kohl. Ausstellung mit Nullsätzen. -
In: Freitag Nr. 44, 24.10.1997, 18)

(2) [...] **Böll war ein geachteter Schriftsteller.** – Das war eigentlich
ein <u>Nullsatz</u>. Ich meine das in folgendem Zusammenhang: [...]

(Studentin in einer mündlichen Germanistik-Magisterprüfung 1998)[1]

## 3. Fragestellungen

Sätze wie *Das war [...] ein Nullsatz* (vgl. (2)) sind eine Form von Reflexion
über Sprache bzw. über Kommunikation. Ein solcher evaluativer Satz stellt
eine metasprachliche Äußerung (M-Satz) dar, die in eine Folge objektsprach-
licher Äußerungen (O-Satz) eingefügt wird und auf diese Folge bzw. einen
Satz referiert. Er ist eine Form von Sprach- bzw. Kommunikationsreflexion
in einem nichtlinguistischen und objektsprachlich dominierten Diskurs. Diese Reflexion wird von kommunikativ bewußten Sprachbenutzern vorgenommen, und zwar nicht nur von Linguisten, sondern auch – und das ist besonders bemerkenswert – von Nichtlinguisten (wie in den Beispielen (1) und
(2)). Im letzteren Fall liegt also eine spezielle Art von "Laienlinguistik" vor.

Wenn Nichtlinguisten objektsprachliche Sätze metasprachlich als Nullsätze
kennzeichnen – vorausgesetzt, dieses Lexem wird monosem gebraucht, was
nach dem vorliegenden Belegkorpus vorerst bestätigt werden kann –, entsteht für den Linguisten die Frage: Welches Merkmal bzw. welche Merkmale
vermißt an einer Satzäußerung derjenige, der sie als Nullsatz charakterisiert?
Welches Wissen über den Satz steht dem evaluierenden Nichtlinguisten dabei unreflektiert oder teilreflektiert zur Verfügung?

Aus diesen Gründen dürften das Lexem *Nullsatz* und seine Verwendungs-
bedingungen für Linguisten ein metasprachlicher "Widerhaken" in objektsprachlich dominierter Rede sein, an dem zwecks Überlegungen zu Semantik
und Pragmatik auf syntaktischer Ebene "hängenzubleiben" sich lohnt.

---

1   Hervorhebung durch Fettdruck und Unterstreichung – B.S.

Um die Spezifika der als Nullsatz bezeichneten sprachlichen Einheiten nach allen möglichen Seiten hin zu ermitteln, sollen folgende Fragen untersucht werden:

1. Ist ein Nullsatz (O-Satz) eine Einheit in einem sprachlichen Ebenensystem, die weniger als ein Satz (eine Wortgruppe, ein Wort) oder mehr als ein Satz (ein Text) ist?
2. Ist ein Nullsatz ein an möglicher oder erwartbarer Position nicht auftretender, nicht realisierter Satz (analog dem Begriff "Nullmorphem")?
3. Ist ein Nullsatz ein Satz, der hinsichtlich formal-struktureller Merkmale defekt, falsch ist?
4. Ist ein Nullsatz ein Satz, der hinsichtlich semantischer Merkmale defekt, falsch, unverständlich ist?
5. Ist ein Nullsatz ein Satz, der hinsichtlich pragmatischer Merkmale defekt, nicht gelungen ist?

Die Fragen 1 und 2 unterscheiden sich von den Fragen 3-5 in der Weise, daß die ersteren darauf zielen, ob das Lexem *Nullsatz* innerhalb eines linguistischen Konzepts bzw. einer linguistischen Terminologie gebraucht wird. Nach dem vorliegenden Belegkorpus, nach weitergehenden Beobachtungen und nach der Kenntnis einschlägiger linguistischer Fachliteratur können diese beiden Fragen verneint werden. Es ist festzuhalten, daß *Nullsatz* wohl metasprachlich-reflexiv-bewertend verwendet wird, jedoch nicht zur Ebene von Wissenschaftssprache und Fachwortschatz zählt. Daß dieses Lexem – wie schon erwähnt – vielfach von Nichtlinguisten und – soziolinguistisch noch nicht valid verifiziert – überwiegend von jüngeren Menschen gebraucht wird, spricht ebenfalls für diesen gegenwärtigen Status dieses Lexems. (Dabei ist jedoch nicht auszuschließen, daß das Lexem *Nullsatz*, da es einen sprachlich relevanten Sachverhalt knapp und zugleich metaphorisch-hyperbolisch bezeichnet, künftig Eingang in den Fachwortschatz der Linguistik findet.)

Folgerung dieser ersten Ermittlung ist also, daß für die Charakteristik des mit "Nullsatz" bezeichneten Phänomens im weiteren die Fragen 3-5 relevant sein dürften.

## 4. Wortbildung und lexikalische Semantik des Lexems *Nullsatz*

Um den in Abschn. 3 formulierten Fragen 3-5 nachzugehen, in denen einem als Nullsatz bezeichneten Satz eine mögliche Defektivität (in formaler, semantischer oder pragmatischer Hinsicht) unterstellt wird, soll im Folgenden die lexikalische Semantik des Lexems *Nullsatz* daraufhin untersucht werden, ob sie Ansatzpunkte für eine positive Antwort auf diese Fragen bzw. auf eine von ihnen bietet.

Das Lexem *Nullsatz* als Determinativkompositum steht hinsichtlich der Wortbildungskonstruktion in einer Reihe von Lexemen, wie z.B. *Nullmeridian*, *Nullpunkt, Nullnummer*$_{1,2}$*, Nullrunde, Nullserie, Nullwachstum* oder *Nulltarif.* Daneben ist das Bestimmungswort-Morphem *Null-* auch homonym als indeklinables Adjektiv *null* in Mehrwortlexemen anzutreffen, so z.B. in *null Ahnung von etwas haben* oder *null Bock auf etwas haben.* Letztere können wiederum die Basis für Mehrkomponentenkomposita bilden, z.B. *null Bock (auf etwas haben)* für *Null-Bock-Generation.*

Hinsichtlich der lexikalischen Semantik von *Null-* bzw. *null* – dabei bleiben Fragen der Wortbildungssemantik hier unberücksichtigt – lassen sich in dem umrissenen Material vier semantische Gruppen ermitteln und dabei vier Sememe von *Null-* (bzw. *null*) konstatieren:

1. in der mathematischen Bedeutung '0', 'Ausgangsgröße', z.B.
   *Nullmeridian* = 'Meridian von Greenwich, Ausgangspunkt der Zählung der Meridiane'; *Nullpunkt* = '0-Wert-Punkt, Ausgangspunkt auf einer Skala';

2. in der Bedeutung 'nicht gezählt', z.B.
   *Nullserie* = 'nicht gezählte erste Serie/Versuchsserie eines Produkts'; *Nullnummer*$_1$ = 'nicht gezähltes/vor der ersten Nummer erscheinendes, kostenloses Exemplar einer neuen Zeitung/Zeitschrift';

3. in der negierenden Bedeutung 'kein'/'nicht'/'ohne', z.B.
   *Nullwachstum* = euphemistisch für 'kein Wachstum', 'Nichtwachstum'; *(zum) Nulltarif* = 'ohne Tarif', 'kostenlos', 'unentgeltlich'; *null Ahnung von etwas haben* = 'keine Ahnung/kein Wissen/kein Verständnis haben' / 'unwissend/verständnislos sein/handeln'; *null Bock auf etwas haben* = 'keinen Bock/keine Lust haben, etwas zu tun';

4. in der Bedeutung 'keine/ohne Bedeutung'/'bedeutungslos'/'wertlos' (vgl. auch *er/sie/das ist eine Null*, österr. *Nuller*), z.B.
   *Nullnummer*$_2$ = '"Nummer" (Handlung/Mensch/...) ohne Bedeutung/ohne Wert, weil ohne erwartbare(s) Zielerreichung/Wissen/...';

*Nullrunde* = '"Runde" (Gespräch/Spiel/...) ohne Bedeutung/ohne Wert, weil ohne erwartbares/gewünschtes Ergebnis'

(vgl. WDG 1974:2675; Duden-Wörterbuch 1978:1901)[2].

Welches der vier Sememe von *Null-* in unserem Lexem *Nullsatz* vorliegt oder ob Sememe auch kombiniert auftreten, soll anhand der weiteren Untersuchung ermittelt werden. Auf den ersten Blick wären akzeptabel sowohl die semantische Interpretation von 3. (*Nullsatz* = 'kein Satz'/'Nicht-Satz'; im Sinne der in Abschn. 3 formulierten Fragen 3-5: formal kein Satz, semantisch kein Satz, pragmatisch kein Satz) als auch die semantische Interpretation von 4. (*Nullsatz* = 'bedeutungsloser/wertloser/... Satz, weil ohne im konkreten Textzusammenhang erwartbares Ergebnis'; im Sinne der in Abschn. 3 formulierten Fragen 4-5: semantisch kein Satz, pragmatisch kein Satz). Was dabei unter "Nicht-Satz", "bedeutungsloser usw. Satz", "im konkreten Textzusammenhang erwartbares Ergebnis" zu verstehen ist, bedarf der weiteren Ausführung.

## 5. Syntax von M-Sätzen und Nullsätzen (O-Sätzen)

In einem ersten Schritt soll die syntaktische Verwendung des Lexems *Nullsatz* in einem M-Satz unter mehreren Aspekten in folgender Weise nur kurz charakterisiert werden.

In der der syntaktischen Struktur zugrunde zu legenden logisch-semantischen Struktur ist *Nullsatz* ein Argument in einer elementaren Prädikation mit der zweistelligen Relation p (x, y). In der syntaktischen Oberflächenstruktur kann das Lexem zum einen als Prädikativ auftreten, z.B.

(3) *Das/Dieser Satz war ein Nullsatz* (vgl. (2)).

Zum anderen kann dieses Lexem Teil einer aus (3) transformierten Nominalgruppe (und damit unter logisch-semantischem Aspekt Argument in einer komplexen Prädikation) sein und dann syntaktisch auftreten u.a. als Subjektkomplement, z.B.

---

2 Es ist bemerkenswert, daß in den genannten Wörterbüchern aus den 70er Jahren nur Beispiele für die Sememe 1 und 2 verzeichnet sind, so daß die Sememe 3 und 4 (auch für unser Lexem *Nullsatz*, das nicht verzeichnet ist) als von jüngerem Gebrauch und damit möglicherweise als von den erstgenannten abgeleitet betrachtet werden können.

(4) *Solche Nullsätze bestimmen die Ausstellung* (vgl. (1))*.,*

als Objektkomplement, z.B.

(5) *Dieser Text enthält mehrere solche Nullsätze.*

oder als Instrumentalsupplement, z.B.

(6) *Mit einem solchen Nullsatz kann man sich blamieren.*

Diese verschiedenen syntaktischen Verwendungsweisen von *Nullsatz* in einem M-Satz basieren alle gleichermaßen auf der in Abschn. 4 vorerst hypothetisch dargestellten lexikalischen Semantik dieses Lexems. Inwieweit sich die lexikalische Semantik von *Nullsatz* auf die Semantik und/oder auf die Pragmatik des Satzes auswirkt, in dem es vorkommt, muß weiter verfolgt werden.

In einem zweiten Schritt – und das ist wesentlicher – soll an dieser Stelle auch der in Abschn. 3 gestellten Frage 3 nachgegangen werden, ob ein Nullsatz (O-Satz) ein hinsichtlich formal-struktureller Merkmale defekter, falscher usw. Satz ist. Betrachtet man daraufhin die oben angeführten Beispiele, so wird deutlich, daß Sätze wie in (1) und (2), vgl.

(1) *[...] die Leitbilder [...] stehen zur Alltagsrealität in einem spannungsreichen Verhältnis [...] Nach dem Fall der Mauer 1989 bestimmen Neugier und Fremdheit die Begegnungen der Frauen [...];*

(2) *Böll war ein geachteter Schriftsteller.*

keinerlei syntaktische (eingeschlossen morphologische) Regelwidrigkeiten aufweisen. Die als Nullsätze bezeichneten Satzäußerungen unseres Korpus enthalten keinerlei Defekte, wie z.B. ein Satz in der Äußerung eines Asylbewerbers an einen Deutschen, vgl. (7):

(7) *Ich helfen – dein Freund.*

In (7) liegen morphosyntaktische Defekte vor, die je nachdem, welches Semem der dadurch entstandenen Polysemie gemeint ist und dementsprechend monosemiert werden soll, formal-strukturell behoben werden müssen, z.B.:

(7a) *Ich helfe deinem Freund.*

(7b) *Ich helfe. Ich bin dein Freund.*

Die Beispiele (1) und (2) – und sie stehen in dieser Hinsicht repräsentativ für das ganze Korpus – zeigen in Gegenüberstellung zu (7), daß die als Nullsätze bezeichneten Konstrukte den syntaktisch-konstruktionellen Gesetzmäßigkeiten des Deutschen vollkommen entsprechen. Damit ist auch die hier angezogene Frage 3 zu verneinen, so daß sich die weitere Betrachtung der Spezifika des Nullsatzes auf die Fragen 4 und 5 einengen läßt.

## 6. Semantik von Nullsätzen (O-Sätzen)

Hier soll der in Abschn. 3 formulierten Frage 4 nachgegangen werden, ob es die Semantik von O-Sätzen gerechtfertigt erscheinen läßt, diese als Nullsatz zu bewerten. Dabei werden hierzu nur in knapper Weise modulare Komponentensemantik wie auch holistische Mögliche-Welten-Semantik einbezogen.

Zur Beschreibung der Semantik von Sätzen und zu ihrer Bewertung (untereinander semantisch kompatibel, im ganzen semantisch akzeptabel) dienen seitens der Komponentensemantik Kategorien wie die auf der Denotatssemantik aufbauende Kontextsemantik von Lexemen sowie die Kasussemantik (Rollensemantik) zwischen syntaktischen Einheiten und innerhalb syntaktischer Beziehungen. Aus Platzgründen soll das hier nur an Beispiel (2) demonstriert werden, vgl.

(2) *Böll war ein geachteter Schriftsteller.*

Es wird ersichtlich – ohne daß es hier im einzelnen durch den entsprechenden formalen Apparat dargestellt wird –, daß die Kontextsemantik von *Böll*, *ein Schriftsteller*, *geachtet* und *sein* semantisch kompatible syntaktische Einheiten zuläßt wie *der Schriftsteller Böll*, *der/ein geachteter Schriftsteller*, *ein Schriftsteller sein*, *geachtet sein* oder *Böll war ...*, von denen viele in Beispiel (2) vorkommen. Ebenso entsprechen die Beziehungen zwischen den syntaktischen Einheiten den durch die Semantik der Lexeme angelegten semantischen Rollen in entsprechenden kasussemantischen Mustern (vgl. z.B. von Polenz 1988:155ff.):

(2) *Böll            war            ein geachteter Schriftsteller.*

Merkmalsträger – Merkmalszuschreibung – Merkmalsangabe.

Auch im Konzept der Mögliche-Welten-Semantik kann Beispiel (2) durch die Festlegung der entsprechenden Bedingungen problemlos als wahr und als in allen möglichen Welten akzeptabel klassifiziert werden. Das trifft selbstredend dann zu, wenn die Semantik des Satzes nur aus diesem Satz selbst heraus erklärt wird. In den Fällen, in denen die Semantik von Umgebungssätzen (z.b. 'Böll war ein unbedeutender Schreiber') der Semantik von Beispiel (2) widerspricht, kann diese Relation durch aussagenlogische Verfahren erfaßt und beschrieben werden, ohne daß dabei die Semantik des Einzelsatzes beeinträchtigt wird (vgl. z.B. Schwarz/Chur 1993:117ff.).

Im Gegensatz zu Beispiel (2) und seiner Semantik stehen Sätze, die eindeutig semantisch defekt sind (oft als Unsinnssätze o.ä. bezeichnet), deren Einheiten semantisch nicht kompatibel und die folglich im ganzen semantisch nicht akzeptabel sind, z.B. in (8):

(8) *Blonde Pferde bellen lautlos.*

Durch beide kurz umrissenen semantischen Beschreibungen wird also deutlich, daß die hier vorgestellten O-Sätze nicht semantisch defekt sind und daß folglich ihre Kennzeichnung als Nullsatz offensichtlich nicht auf ihre Semantik zurückgehen kann.

## 7. Pragmatik von M-Sätzen und Nullsätzen (O-Sätzen)

Um Frage 5 aus Abschn. 3 hier zu verfolgen, werden zur pragmatischen Beschreibung in dieser Darstellung herangezogen:

1. der Bezug des Produzenten eines M-Satzes auf Fremdäußerung versus Eigenäußerung eines O-Satzes,
2. sprechakttheoretische Kategorien nach Searle zur Erklärung der O-Satz-Äußerung,
3. Konversationsmaximen nach Grice zur Erklärung der O-Satz-Äußerung und
4. Diskurskonsequenzen aus der M-Satz-Äußerung.

Zu 1.

Hinsichtlich des erstgenannten Kriteriums ist festzuhalten, daß M-Sätze mit dem Lexem *Nullsatz* vom jeweiligen Produzenten geäußert werden sowohl mit Bezug auf einen rezipierten Satz/Text des zuvor produzierenden Kom-

munikationspartners, also auf eine Fremdäußerung (vgl. (1)), als auch mit
Bezug auf einen von ihm zuvor selbst produzierten Satz/Text, also auf eine
Eigenäußerung (vgl. (2)).

Nach dem vorläufigen Belegkorpus (das keinen Anspruch auf signifikante
Repräsentanz in diesem Punkt erhebt) ist ein präferiertes Vorkommen sol-
cher M-Sätze als Kommentar zur Fremdäußerung bzw. als Kommentar zur
Eigenäußerung (noch) nicht zu erkennen. Tendenzielle Unterschiede lassen
bisher allenfalls in zeitlicher und quantitativer Hinsicht Folgendes erkennen:
Bei Bezug auf eine Fremdäußerung wird eher ein solcher Satz, der vor dem
Redemoment des bewertenden Produzenten **weiter zurückliegt** (mehrere
Sätze weit zurück, nicht nur der letzte rezipierte Satz), und werden eher auch
**mehrere** solche Sätze mit dem Lexem *Nullsatz* belegt, bei Bezug auf die
Selbstäußerung dagegen eher nur der **letztgeäußerte** Satz (seltener mehrere
letztgeäußerte Sätze) und deshalb eher auch nur **ein** Satz. Das läßt sich aus
den bekannten unterschiedlichen Bedingungen bei schriftlicher Kommunikation versus bei mündlicher Kommunikation sowie bei Rezeption von Fremd-
äußerungen versus bei Rezeption von Eigenäußerungen erklären und muß
hier nicht näher ausgeführt werden.


Zu 2.


Nach den klassischen sprechakttheoretischen Kategorien (Searle 1971) ist
einem M-Satz mit dem Lexem *Nullsatz* hinsichtlich der Illokution der Handlungswert (NEGATIV) BEWERTEN eigen. Der Produzent eines solchen
Satzes evaluiert damit – in unterschiedlichem Grade reflektiert und versprachlicht denkbar – etwa in folgender Hinsicht: "Der referierten und bewerteten sprachlichen Einheit (O-Satz) kommen nicht (alle) die Eigenschaften zu, die einen Satz konstituieren". Wesentlicher jedoch ist die sprechakttheoretische Beschreibung von O-Sätzen, um herauszufinden, ob in diesem
Objektbereich die Ursachen für deren Einschätzung als Nullsatz zu finden
sind.

Ein O-Satz wie in (1) oder in (2) ist zweifellos lokutional grammatisch
wohlgeformt (vgl. Abschn. 5) und propositional hinsichtlich einer Mögliche-
Welten-Semantik wahr (vgl. Abschn. 6). Problematisch erscheint die Kennzeichnung beider Beispiele als illokutional geglückt, wenn der Zusammenhang dieses dritten Teilakts mit dem vierten Teilakt genauer betrachtet wird.
Eindeutig dürfte hingegen wiederum sein, daß die O-Satz-Äußerung durch
den M-Satz deshalb negativ kommentiert wird, weil perlokutional die Reak-

tion beim Rezipienten der O-Satz-Äußerung anders ist als intendiert (wie in (1)) bzw. – vom Produzenten selbst einschätzend vorausgesehen – anders sein dürfte als erwartet (wie in (2)) und somit die Kommunikation als nicht erfolgreich bewertet wird.

Unter illokutivem Aspekt kann den O-Sätzen je unterschiedlicher Handlungswert zugeschrieben werden. In (1) dominiert der Handlungswert FEST-STELLEN, wobei diesen Sätzen entsprechend ihrem Zusammenhang mit dem Bildmaterial innerhalb der erwähnten Ausstellung und dem durchschnittlich erwarteten Wissen der Ausstellungsbesucher auch Komponenten wie EXPLIZIEREN und VERALLGEMEINERN zukommen bzw. zukommen müßten. In (2) dominiert wiederum FESTSTELLEN, wobei dem Satz vom Produzenten offensichtlich ein anderer Handlungswert zugedacht worden war, nämlich FOLGERN/ZUSAMMENFASSEN. Die Ursache, warum diese O-Sätze perlokutional letztlich als nicht erfolgreich eingeschätzt werden, liegt offensichtlich bereits im Glücken bzw. Nicht-Glücken der Illokution begründet. In (1) ist für den Produzenten des M-Satzes (mit Bezug auf Fremdäußerung) die Illokution der O-Sätze augenscheinlich deshalb nicht geglückt, weil nach seiner Auffassung in den feststellenden Sätzen zu stark verallgemeinert und zu wenig differenziert wird und damit zugleich in bezug auf die Ausstellungsstücke zu wenig expliziert wird. In (2) ist für den Produzenten des M-Satzes (mit Bezug auf Eigenäußerung) die Illokution des O-Satzes augenscheinlich deshalb nicht geglückt, weil nach seiner Auffassung darin nur festgestellt wird und der intendierte Handlungswert FOLGERN/ZUSAMMENFASSEN – weil nicht versprachlicht – nicht deutlich wird.

Es ist also offensichtlich, daß auf der Grundlage von Kommunikationserfahrungen und interiorisierten Kommunikationsmustern die Einschätzung der Illokutionen als nicht geglückt zu der negativen Bewertung Nullsatz geführt haben. Diese Einschätzung ist aber nicht möglich mit Blick auf den von der klassischen Spreachakttheorie präferierten isolierten Einzelsatz, sondern nur mit Blick auf den Satz als Textem, als Texteinheit im Kontext. Das Glücken oder Nicht-Glücken der Illokution eines Satzes ist also bedingt durch die Funktion dieses Satzes im Text. Eine "Reparatur" bzw. Korrektur solcher Nullsätze (s. auch unten) verlangt dann aber auch, daß sie semantisch angereichert bzw. anders gefüllt werden, wie z.B. bei (2): *(Ich meine das in folgendem Zusammenhang:) Aus dem Dargelegten wird deutlich – Böll war tatsächlich ein geachteter Schriftsteller.* Also läßt sich wohl die Proposition eines als Nullsatz bewerteten O-Satzes für sich genommen als wahr beurteilen, muß aber auch hinsichtlich der Funktion des Satzes im Text zugleich als

ausreichend oder unzureichend beurteilt werden. Ist der Satz semantisch ausreichend gefüllt, kann mit ihm der intendierte Handlungswert realisiert werden und ist damit die produktionsseitige Voraussetzung dafür erfüllt, daß die
Sprachhandlung perlokutional erfolgreich sein kann. Propositionaler, illoku-
tionaler und perlokutionaler Teilakt stehen also in unabdingbaren Zuord-
nungs- und Abhängigkeitsrelationen zueinander.

## Zu 3.

Nullsätze (O-Sätze) und dazu geäußerte M-Sätze können auch nach Grice
(1968; 1975) charakterisiert werden. Entsprechend der Grundidee von Grice,
daß Kommunikation kooperatives Handeln ist, in dem die Kommunikationspartner ihre Sprach- und Kommunikationskenntnisse einsetzen, um in Interaktion Verständlichkeit zu erreichen, lassen sich seine Konversationsmaximen immer dort ertragreich anwenden, wo Kommunikationsstörungen – welcher Art auch immer – auftreten. Auch die Kombinationen unserer O-Sätze
und M-Sätze sind – wie bereits gezeigt – Beispiele nicht geglückter Kommunikation, an die die Griceschen Maximen angelegt werden können.

Hinsichtlich der Maxime der Quantität ("Sag so viel wie nötig, und sage
nicht zu viel.") enthält ein O-Satz in seiner konkreten Textposition und
-funktion zu wenig an Information, um den vom Produzenten intendierten
Handlungswert vermitteln zu können. Dieses Untermaß an Information ist im
Fall unserer Beispielsätze bedingt durch zu wenig Differenzierung und zu
wenig Konkretheit, durch eine Verallgemeinerung in dem Maße, daß sogenannte "Allgemeinplätze" entstehen, oder durch zu geringe Vertextung. Damit geht einher, daß die Maxime der Relation ("Sei relevant.") nicht erfüllt
wird, weil die illokutionale Relevanz des O-Satzes unterrepräsentiert bleibt.
Ebenso werden O-Sätze nicht der Maxime der Modalität gerecht ("Sag deine
Sache in angemessener Weise und so klar wie nötig."), da Klarheit und Angemessenheit von Äußerungen auch durch die Illokutionsstruktur eines Textes gewährleistet werden muß. M-Sätze mit Bezug auf O-Sätze schließlich
sind der Ausdruck des Bewußt-geworden-Seins und des Bewußt-machen-
Wollens dieser Kommunikationsdefizite bzw. auch im Einzelfall Ausdruck
daraus resultierender Konsequenzen (s. zu 4.).

## Zu 4.

Hinsichtlich möglicher Diskurskonsequenzen aus der M-Satz-Äußerung lassen sich an den zwei Beispielen unterschiedliche Beobachtungen anstellen.

Wenn wie in Beispiel (1) vom Produzenten des M-Satzes eine O-Satz-Fremdäußerung bewertet wird, kann von ihm Kritik an unterschiedlichen Phänomenen geübt werden, so vor allem an mangelnder Kommunikations-kompetenz (Kommunikativität) oder an verschiedenartigem Für-wichtig-Halten von Informationen und daraus erwachsender geistiger Unterforderung des Rezipienten (Informativität). Im äußersten Fall können für den weiteren Diskurs als Konsequenzen abgeleitet werden: "Dieser Satz/Text müßte neu produziert werden." oder "Dieser Satz/Text muß nicht beachtet werden." Au-ßer einer grundsätzlich anzunehmenden Haltung der Sachlichkeit des M-Satz-Produzenten kann sich hinter dieser Bewertungshandlung aber auch eine Hal-tung der grundsätzlichen Ablehnung des besprochenen Diskursbereiches ver-bergen, die durch unterschiedliche Ideologien, Denkmuster u.a. determiniert ist. Wenn wie in (1) das Beispiel aus der Medienkommunikation stammt, ist zusätzlich die grundsätzliche Konstellation vorhanden, daß der Rezipient im allgemeinen zum Dargestellten eine deutliche Wertung des Journalisten er-wartet, ist aber auch immer die Möglichkeit gegeben, daß ein bestimmter Re-zipient diese Wertung als oktroyiert ansieht. Insofern kann in Beispiel (1) dem M-Satz zur O-Satz-Fremdäußerung neben dem Handlungswert (NEGA-TIV) BEWERTEN zugleich ein Funktionsbereich "Meinung-Beeinflussen" zugesprochen werden.

Wenn wie in Beispiel (2) vom Produzenten des M-Satzes eine O-Satz-Eigen-äußerung mündlich unmittelbar danach bewertet wird, ist die Äußerung des M-Satzes in der Regel zugleich eine Entschuldigung gegenüber dem Rezi-pienten für die eigene mangelnde Kommunikationskompetenz an dieser Stel-le und zumeist ebenso die Ankündigung einer Reparatur durch Wiederauf-greifen und durch einen neuen, besseren, geglückten und erfolgreichen For-mulierungsversuch. Insofern erscheint es plausibel, in diesem Fall dem M-Satz zur O-Satz-Eigenäußerung neben dem Handlungswert (NEGATIV) BEWER-TEN zugleich die Handlungswerte ENTSCHULDIGEN und KORREKTUR-ANKÜNDIGEN zuzuschreiben.


## 8. Fazit

Damit ist – mit Bezug auf die Fragestellungen in Abschn. 3 – beantwortet, daß die Spezifik eines mit einem M-Satz (mit Lexem *Nullsatz*) bewerteten O-Satzes auf pragmatischer Ebene zu suchen ist.

Hinsichtlich der lexikalischen Semantik des Lexems *Nullsatz* kann folglich festgehalten werden, daß eine Kombination der bei *Null-* vorgefundenen Sememe 3 und 4 vorliegt (3. = 'kein Satz'/'Nicht-Satz'; im Sinne der in Abschn. 3 formulierten Frage 5: pragmatisch kein Satz + 4. = 'bedeutungsloser/wertloser/... Satz, weil ohne im konkreten Textzusammenhang erwartbares Ergebnis'; im Sinne der in Abschn. 3 formulierten Frage 5: pragmatisch kein Satz).

Abschließend erscheint bemerkenswert, daß "Laienlinguisten" solche Sätze negativ bewerten und sie als Nullsatz bezeichnen, die letztlich ihrer Funktion im Text und in der Kommunikation nicht gerecht werden. Erfolgreiches und geglücktes Sprachhandeln steht für Kommunikanten in der Rangliste der Bewertung sprachlicher Kommunikation offensichtlich ganz oben.


## LITERATUR

*Duden. Das große Wörterbuch der deutschen Gegenwartssprache in sechs Bänden (Duden-Wörterbuch)* (1978). Hrsg. u. bearb. vom Wissenschaftlichen Rat und den Mitarbeitern der Dudenredaktion unter der Leitung von Günther Drosdowski. Bd. 4. - Mannheim, Wien, Zürich: Bibliographisches Institut/Dudenverlag.

Grice, H. Paul (1968): *Utterer's meaning, sentence-meaning, and word-meaning.* - In: Foundation of Linguistics 4, 225-242.

Ders. (1975): *Logic and conversation.* - In: P. Cole, J.L. Morgan (Hg.): *Speech Acts.* - New York: Academic Press, 41-58 (Syntax & Semantics 3).

Polenz, Peter von (1988): *Deutsche Satzsemantik. Grundbegriffe des Zwischen-den-Zeilen-Lesens.* - Berlin, New York: de Gruyter (Sammlung Göschen 2226).

Schwarz, Monika; Chur, Jeanette (1993): *Semantik. Ein Arbeitsbuch.* - Tübingen: Narr.

Searle, John R. (1971): *Sprechakte. Ein sprachphilosophischer Essay.* - Frankfurt/M.: Suhrkamp.

*Wörterbuch der deutschen Gegenwartssprache (WDG)* (1974). Hrsg. von Ruth Klappenbach und Wolfgang Steinitz. Bd. 4. - Berlin: Akademie-Verlag.

# Methodologische Konzepte

## zur Textsemantik

CHRISTINE KESSLER & SANDRA GERBICH

# "Semantische Explosion, die in der Berührung der Texte geschieht" (R. Lachmann) – Versuch zur empirischen Beschreibung von Intertextualität

Es ist hier nicht der Ort, die Entwicklung des Intertextualitätsbegriffs nachzuvollziehen, die mit den Namen Bachtin (1979), Kristeva (1967; 1968), Genette (1989), Broich/Pfister (1985), de Beaugrande/Dressler (1981) und vielen anderen verbunden ist. Wir nehmen als erwiesen, daß Intertextualität zum einen eine genuine Texteigenschaft ist. Dieser weitgefaßte Intertextualitätsbegriff, der das Problem der möglichen Entgrenzung des Einzeltextes in sich birgt, hat zumindest in der Literaturwissenschaft die Autonomie des poetischen Textes aufgehoben und mit der Unterscheidung von Text und Werk der Sinnbildung im Dialog mit anderen Texten eine zentrale Position eingeräumt. In diesem Sinne hat der weitgefaßte Intertextualitätsbegriff durchaus auch die Textlinguistik in ihrer kognitiven Orientierung beeinflußt. Dennoch sind Textlinguisten eher geneigt, sich einem engeren Intertextualitätsbegriff zuzuwenden, der sich an Textstrukturen auch festmachen läßt, selbst wenn das – so zeigt es bereits eine Vielzahl von Arbeiten zu Formen der Markiertheit von Intertextualität – schon mit genügend Schwierigkeiten verbunden ist.

Intertextualität im engeren stellt sich sowohl als texttypologische Erscheinung als auch als Einzeltext-Referenz dar. Texttypologisch werden vor allem Textsorten beschrieben, für die Intertextualität ein Wesensmerkmal ist, wie Zitat, Anspielung, Parodie, Collage (vgl. Holthuis 1993; zum grundsätzlichen auch de Beaugrande/Dressler 1981:188-215). Hinsichtlich der Einzeltext-Referenz gibt es im besonderen eine Reihe von Arbeiten in der Literaturwissenschaft, etwa zur Bibelrezeption bei Bertolt Brecht oder auch nach dem seriellen Prinzip, so zu Walter Benjamins IX. Geschichtsphilosophischen These vom Engel der Geschichte, die ihren Niederschlag in Texten beispielsweise von Heiner Müller, Erich Fried, Andreas Koziol, Günter Kunert u.a. findet.

Unser Anliegen soll es sein – entsprechend der Zielstellung des Kolloquiums – Einzeltext-Referenz, also die Einbettung eines Textes in einen anderen, unter **semantischen** Aspekten zu beschreiben. Wir wählen Texte der
nichtpoetischen Kommunikation, die bis auf wenige Arbeiten kaum beschrieben sind. (Vgl. aber entsprechende Beiträge in Klein/Fix 1997.)

Für den Titel des Beitrags haben wir Lachmanns Metapher von der "semantischen Explosion, die in der Berührung der Texte geschieht" (1984:
134), gewählt. Damit wird unsere Untersuchungsrichtung deutlich. Es ist also die Frage, in welcher Weise Bedeutungen aus dem Vortext in die Semantik des Folgetextes integriert werden, so daß neue Bedeutungsrelationen ermöglicht werden. Einerseits dürfte die Metapher von der semantischen Explosion in ihrer theoretischen Abstraktion wohl stimmen, aber wir wollen sie
zugleich von Anfang an in Frage stellen, weil semantische Explosion gegebenenfalls eine Potenz von intertextuellen Beziehungen darstellen kann, aber
sie ist andererseits nicht beschreibbar nur als Eigenschaft des Textes, sondern ist immer und unabdingbar eine kognitive Leistung konkreter Rezipienten. Wir vertreten hier also keine autor- und textzentrierte, sondern eine rezeptionsorientierte Konzeption von Intertextualität. Unsere Hypothese lautet
folglich: semantische Strukturen des Prätextes stellen ein Inferenzpotential
für semantische Relationen für Kohärenzbildungen im Folgetext dar. Ob und
in welcher Weise dieses Inferenzpotential von Rezipienten überhaupt wahrgenommen und bearbeitet wird, ob also eine Sinnerweiterung erfolgt, ist nur
in der konkreten Rezeption zu erfahren. Dies wollen wir empirisch mit einer
Reihe von Versuchspersonen überprüfen.

Die Untersuchungsperspektive von Intertextualität ist bislang überwiegend
der Text und für den Autor angenommene, zielgerichtet eingesetzte Intertextualität. In Broich/Pfister (1985) werden aus dieser Perspektive sehr differenzierte Funktionen von Intertextualität vorwiegend in poetischen Texten,
von denen eine Reihe auch für nichtpoetische Texte gelten könnten, beschrieben, so u.a. bewertende, aemulative/überbietende, affirmative, aktuali-
sierende, belehrende, distanzierende, ironisierende, kontrastierende, sinner-
weiternde, sinnkonstituierende, sinnstützende, vergleichende Funktionen. Die
Grundannahme wird dafür noch einmal von Schulte-Middelich formuliert:
"Analyseparameter für funktionale Intertextualität ist die bekannte Trias Au-
tor-Text-Rezipient. Im Regelfall setzt der Autor den intertextuellen Bezug
zielgerichtet ein, der Text gibt die entsprechenden rezeptionssteuernden Si-
gnale, und der Rezipient verarbeitet den Bezug im vom Autor intendierten
Sinne" (Schulte-Middelich 1985:207f.).

Zwar räumt Schulte-Middelich ein, daß es zu "Fehlleistungen, Mißverständ-
nisse(n), aber auch ungewollt neue(n) Einsichten, überraschende(n) unge-
plante(n) Impulsen" (a.a.O.:208) kommen könne, aber schon die Bezeichnungen "Fehlleistungen" und "ungewollt" erheben den Autor zum Richter in
diesem Verstehensprozeß.

Im Zentrum der bei Schulte-Middelich beschriebenen Funktionen steht die
"Mehrfachkodierung oder Sinnkomplexion" (a.a.O.:214). Gemeint ist mit die-
sem Begriff, daß der Prätext in den Folgetext eine Zusatzkodierung ein-
bringt, die zu einer Bereicherung und Erweiterung von Sinn führt. In dieser
Weise entspricht das auch der Auffassung Lachmanns von der semantischen
Explosion.

Aus der Rezipientenperspektive aber wird das Bedingungsgefüge dafür, ob
und in welcher Weise "semantische Explosionen" oder "Sinnkomplexion"
stattfinden und stattfinden können, weit komplizierter, als es von möglichen
Autorintentionen zu erklären ist.

Ganz neu ist zunächst eine rezeptionsorientierte Auffassung von Intertextualität allerdings nicht. Die umfassendste Arbeit in dieser Richtung ist die
von Holthuis (1993), die sich ausdrücklich als rezeptionsorientiert versteht,
wenn auch bezogen auf poetische Texte. Sie beschreibt sehr modifiziert den
Rezeptionsprozeß im ganzen und integriert die besonderen Bedingungen einer intertextuellen Rezeption.

Abhängig davon, ob der Rezipient den Vortext identifizieren könne, schreibt
sie: "Die hypothetische (Re-)Konstruktion des/der Referenztexte(s) stellt
dann an den Leser besondere Verarbeitungsanforderungen, die erfüllt werden
auf der Grundlage komplexer Prozeduren und die je nach Verarbeitungsin-
tensität zu unterschiedlich komplexen Textwelten führen. Dabei ist aber auch
hier davon auszugehen, daß der intertextuelle Semioseprozeß geleitet wird
von der 'intertextuellen Disposition' des Textes, die zwar nicht immer unmittelbar die relevanten Textdaten zur Verfügung stellt, wohl aber eine intertextuell gelenkte Textverarbeitung motiviert, die dann zur Inferierung der relevanten Informationen führt" (Holthuis 1993:181).

Holthuis verweist auch auf mögliche Unterschiede in der Verarbeitungsin-
tensität durch Rezipienten, die sich aus der Rezeptionssituation ergeben. Damit rückt das Problem in den Mittelpunkt, daß das, was konkrete Rezipienten hinsichtlich des zu verarbeitenden Referenztextes in spezifischen
Kommunikationssituationen als relevant – im engeren Verständnis als verar-

beitungsmöglich und -notwendig ansehen, den Rezeptionsprozeß beeinflußt. Das ist für unsere Untersuchung insofern wichtig, als wir mit den besonderen Bedingungen der Medienkommunikation rechnen müssen.

Holthuis beschreibt diese Zusammenhänge theoretisch einsichtig, ihren Positionen können wir vorbehaltlos zustimmen. Problematisch wird jedoch, daß sie in ihren empirischen Untersuchungen ihre Versprechen nicht einlöst und das Zustandekommen unterschiedlicher Rezeptionsergebnisse bei unterschiedlichen Lesern auch nicht vorführt. Sie erklärt für ihre Analyse: "Ausgegangen wird von einem 'intertextuellen Leser', der – als philologisch ausgebildeter 'Expertenleser' – dominant textzentriert interpretiert. [...] zielt die Beispielinterpretation auf eine integrierende Erfassung textdispositionaler und bedeutungskonstitutiver Aspekte, wenngleich die vorgestellte Analyse zur intertextuellen Disposition nicht der Chronologie der Textverarbeitung entspricht, in ihrer Präzision wohl aus philologischem Interesse erfolgen kann, in dieser Explizitheit aber nicht in jedem Fall Voraussetzung für eine intertextuell gelenkte Textverarbeitung sein muß" (Holthuis 1993:235).

Demgegenüber wagen wir das Experiment, den intertextuell gerichteten **Verstehensprozeß einer Reihe von Rezipienten** – bezogen auf ein und denselben Text – zu beobachten. Der Untertitel unseres Beitrages verweist ausdrücklich auf einen **Versuch zur empirischen Beschreibung von Intertextualität** in diesem Prozeß. Wir entschieden uns für die Bibel als Referenztext in Texten der Medienkommunikation. Wenn wir von Bibel als Referenztext sprechen, vernachlässigen wir hier, daß die Bibel selbst aus Texten besteht und es nur um Texte aus der Bibel als Referenztexte gehen kann.

Wir wollen unterschiedliche Bedeutungskonstitutionen, welche aus der Berührung der Texte entstehen, notieren und dabei vor allem sowohl den möglichen Anteil des Referenztextes am Zustandekommen von Inferenzen ergründen als auch mögliche subjektive Bedingungen von Rezipienten einbeziehen.

Auf folgende Fragen erhoffen wir unter anderem Antwort:

– Inwieweit wirkt sich unterschiedliches biblisches Vorwissen auf das Rezeptionsergebnis aus?
– Inwieweit sind konkrete Rezipienten bereit, auf den Referenztext auch dann zu inferieren, wenn dieser nicht zitierend, sondern nur verweisend im Folgetext erscheint, das heißt für Bedeutungskonstruktion ein höherer Aufwand betrieben werden müßte?

– Inwieweit wirken sich unterschiedliche Einstellungen zur Religion und damit auch zur Bibel in der Rezeption aus?
– Inwieweit ist die Intention des Textes eine Einflußgröße in der Rezeption?
Dabei haben wir die konkreten Bedingungen der Medienkommunikation
zu berücksichtigen, inwieweit sie intertextuelle Rezeption in vielen Fällen
zwar möglich, aber nicht notwendig macht.

Die Rezeptionsergebnisse betrachten wir methodisch unter semantischem
Aspekt, das heißt, wir versuchen Relationen zum Referenz- und/oder zum
Folgetext herzustellen. Das soll an einigen Beispielen erläutert werden.

Zunächst haben wir beobachtet, daß Intertextualität in der Medienkommunikation offensichtlich eine andere Rolle spielt als in anderen Bereichen, wie
etwa in der wissenschaftlichen Kommunikation. Der Rezipient wissenschaftlicher Texte ist quasi dazu aufgefordert, den intertextuellen Bezug sehr differenziert und umfassend zur Kenntnis zu nehmen, ihn zu prüfen, als Argu-
mentationshilfe zu begreifen, und das auch dann, wenn der Vortext nur mit
einem Verweis, etwa mit Autor und Titel, im Folgetext erscheint. Gegebenenfalls sieht sich der Rezipient in dieser Phase auch veranlaßt, den Referenztext überhaupt erst gründlich zur Kenntnis zu nehmen.

Viele Beobachtungen in der Rezeption von Medientexten führten uns demgegenüber zu dem Schluß, daß unter diesen Bedingungen dem Rezipienten
die intertextuell bestimmte Bedeutungskonstitution zwar angeboten, aber in
bestimmtem Umfang auch freigestellt wird. Der Rezeptionsaufwand für Medientexte kann im allgemeinen als geringer angesehen werden, verglichen etwa mit wissenschaftlicher Kommunikation. Rezeption verläuft stärker selektiv. Um mit zwei Begriffen von Scherner zu arbeiten: Sie ist in höherem
Maße intuitiv als reflexiv. Im zweiten Falle "bedarf es einer Reflexion auf
das eigene 'Verstehen', innerhalb derer die eigenen Verstehensvoraussetzun-
gen und ihr Zusammenwirken mit den sprachlichen Phänomenen möglichst
weitgehend bewußt gemacht und damit kommunizierbar werden" (Scherner
1984:17). Die Möglichkeit und Notwendigkeit des reflexiven Verstehens ist
eng mit den Gegebenheiten des Textes verbunden, z.B. in der Unterscheidung von Mündlichkeit und Schriftlichkeit, ist aber eben auch abhängig von
der Rezeptionssituation, in unserem Falle von den Bedingungen der Medienkommunikation. "Intuitiv" und "reflexiv" sind dabei grundlegende Kategorien einer möglichen Skala, deren Spielraum sich z.B. auch in der Rezeption
poetischer Texte zeigt. Aber erst reflexives Verstehen ermöglicht Operationen wie Vergleichen, Verknüpfen, Analogisieren, Umschichten, Neuordnen,
die u.a. als Rezeptionsstrategien bei Scherner (1984:24) genannt werden, die

auch auf das Operieren mit dem Referenztext anwendbar sein könnten und ein Maß an sogenannter semantischer Explosion erklären dürften.

Diese These wollen wir voranstellen, weil sie u.E. eine Reihe konkreter Rezeptionsergebnisse in unserem Versuch erklärt.

Für unsere Unternehmung wählten wir den Text von Friedrich Schorlemmer aus, einem vor allem in den neuen Bundesländern durch die Bürgerbewegung bekannt gewordenen Pfarrer.

### *Karfreitag 1990 im Morgenrock von DT 64*

### *Rundfunkvortrag*

*Liebe Zuhörer, alte und junge, Atheisten und Christen, Freitag, der 13., ist heute – der schwarze Freitag eines noch immer verbreiteten Aberglaubens.*

*Kar-Freitag ist heute. Kara kommt aus dem Althochdeutschen und heißt soviel wie Trauer, Wehklage. Klage-Freitag – es ist der Hinrichtungstag des revolutionären Pazifisten Jesus aus Nazareth.*

*Er rüttelte an der herrschenden Ideologie der Macht, der Besatzungsmacht und an der religiös-nationalistischen Erwählungsideologie seines eigenen Volkes ... Er setzte Liebe gegen Gewalt. Er setzte warme Menschlichkeit gegen kalte Gesetzlichkeit. Er setzte Brüderlichkeit, Geschwisterlichkeit gegen die Teilung der Welt in Freunde und Feinde, in Gute und Böse. Er wurde verraten von einem gekauften Freund, verurteilt in einem nächtlichen Schauprozeß. Aus Angst verleugnete ihn dann einer seiner treuesten Begleiter.*

*Eine aufgeputschte Menge verweigerte ihm Gnade und schrie: "Kreuzige! Kreuzige!"*

*(Dieselben hatten kurz zuvor ihm noch zugejubelt: "Hosianna!" Hoch ... Du bringst uns, was wir wünschen, dachten sie. Aber was er brachte, ließ sich nicht in Mark und Pfennig ausdrücken.)*

*Die Mitte des Menschen war für ihn nicht der Bauch, sondern das Herz, die Barmherzigkeit und nicht das Geschäft. Ja, er verdarb den guten Leuten auch mal das Geschäft und stieß die Tische der eilfertigen Geldwechsler um.*

*Er versprach keine schnellen Lösungen. Ihm lagen die Arbeitslosen und Rechtlosen, die Kinder und Frauen, die Kranken und Ausgegrenzten am Herzen. Er mutete sich und seinen Freunden den mühsamen Weg zum erfüllten Leben zu. Gott, sagte er, ist ein Vater, dem man in der Liebe begegnet. Liebe ihn und liebe deinen Nächsten wie dich selbst. (Liebe also auch dich selbst. Nimm dich selbst an und nimm auch den andern an, und ihr werdet beide zu Menschen, zu Mitmenschen.)*

*Er blieb kritisch gegenüber denen, die ihre Macht suchten. Wer der erste sein wollte, der sollte der Diener des andern sein und nicht andere zu Knechten machen.*

*Er meinte, daß die bloße Gewinnorientierung zum Selbstverlust führt.*

*Die Schmähungen nahm er hin. Das Messer ließ er stecken. Als er angenagelt wurde, draußen vor der Stadt, da schien alles zu Ende. Aber was er in die Welt gebracht hatte, war nicht mehr totzukriegen, bis heute nicht. Er wurde erweckt zu neuem Leben. Er lebt seither in der Mitte derer, die mit ihm leben, mit ihm und durch ihn Leben finden. "Ich bin der Weg, die Wahrheit und das Leben", wird von ihm gesagt.*

*Aber: Was er wollte, war nie so richtig mehrheitsfähig. Wer bleibt schon gern unten? Wer setzt schon im Machtkampf nicht die eigenen Mittel der Macht ein? Wer sieht es schon als richtig an, sogar Verbrechern und Verrätern Barmherzigkeit widerfahren zu lassen?*

*Liebe Zuhörer, ich denke heute, Karfreitag 1990, in dieser Republik, an alle, die in unserer Gesellschaft nach so vielen miesen Erfahrungen mit einer anmaßenden, verlogenen, schnüffelnden Staatsmacht nun so etwas wie Vergeltung suchen. Ich verstehe das gut. Aber: Durch neue Ausgrenzung, Abgrenzung, Verängstigung, Dialog- und Kooperationsverweigerung würde das alte Spiel sich nur mit umgekehrtem Vorzeichen fortsetzen.*

*Auch die schäbigen alten Herren, die Herren von gestern, sind Menschen, alt, krank, zerbrochen. Auch die heute Denunzierten werden mitsamt ihren Familien in Angst, ja Verzweiflung gestoßen.*

*Freilich, die ganze Wahrheit muß an den Tag, die ganze Schuld auch.*

*Das Gesetz muß für alle gelten. Aber Vergeltung würde vergiften, Barmherzigkeit dagegen würde erlösend für alle wirken.*

*Der Klagefreitag, der Karfreitag ruft angesichts des vielen Leidens in der Welt zu einem aktiven Mit-Leid unter den ausgebreiteten Armen des gekreuzigten Menschensohnes.*

(In: Schorlemmer, Friedrich (1990): *Träume und Alpträume. Einmischungen 1982-90.* - Berlin: Verlag der Nation, 176-178.)

Zur Begründung der Textauswahl:

In den Medien sind unterschiedliche Strategien der Einbettung von Referenztexten in den Text zu beobachten. Wir wollen hier nicht ausführlich darauf eingehen, aber darauf verweisen, daß auf der einen Seite der Referenztext nur marginal erwähnt werden kann, z.B. nur mit einem Namen aufgerufen wird, so oft lediglich als Attraktivmacher im Titel von Medientexten. Das veranschaulicht auch Rößler (1997) mit einer Reihe von Beispielen. Auf der anderen Seite gibt es Texte, in denen Bezüge auf den Referenztext explizit und implizit ständig präsent sind, sie also die propositionale und illokutive Struktur des Textes maßgeblich mitbestimmen. Für einen solchen Text haben wir uns mit dem Schorlemmer-Text entschieden, weil unter diesen Voraussetzungen sehr viel Spielraum für Bedeutungskonstitutionen zu beobachten sein müßte. Wir können diesen Umstand auch mit dem Begriff von der "semantischen Dichte" (Blumenthal 1983:2) beschreiben, der meint, daß Texte ein unterschiedliches Maß für die Ermöglichung von Assoziationen aufweisen. In diesem Sinne ist der vorliegende Text "semantisch dicht". Die Mehrfachadressierung des Textes, die bereits in der Anrede *Liebe Zuhörer, alte und junge, Atheisten und Christen* zum Ausdruck kommt, muß zudem auf die Ermöglichung von Verstehensspielräumen für ein breites Publikum ausgerichtet sein. Hinzu kommt, daß der ursprünglich mündlich vorgetragene Text nunmehr in schriftlicher Form vorliegt, er also vom Autor für beide mediale Varietäten als geeignet angesehen wird. Diese Komplexität des Textes schien uns für unser Anliegen in besonderer Weise geeignet. Wir greifen im konkreten Falle auch einem möglichen Einwand vor, der Text – da von einem Pfarrer geäußert – könnte eher Bibelexegese sein. Dieser Einwand wurde von keiner der Versuchspersonen erhoben. Für Rezipienten ist es legitim, den Text primär als wertende Stellungnahme zum Zeitgeschehen zu verstehen, der zu Texten aus der Bibel in Beziehung gesetzt wird. Dafür spricht auch der Ort seiner Veröffentlichung.

Wir haben zwei Versuche mit je einer Gruppe von 15 Rezipienten durchgeführt. Die erste Gruppe waren 15 Studierende, die mit dem Intertextualitätsbegriff in groben Zügen vertraut waren. Die Studierenden wurden gefragt, ob sie über geringe oder gute Bibelkenntnisse verfügen, ob sie einer Konfession angehören und ob sie aus den neuen oder alten Bundesländern kommen. Das letztere schien uns wichtig für die Einstellung auf die Situation von 1990, auf die der Text verweist, wenn wir der These nachgehen wollten, ob Einstellungen zum Text, zu seiner Intention, zu seinem Thema Auswirkungen auf das Maß und die Art intertextueller Verarbeitung haben. Die Studierenden wurden aufgefordert, die Textstellen zu unterstreichen, die explizit oder implizit auf die Bibel Bezug nehmen. Sie wurden weiterhin aufgefordert, die für sie entscheidende Botschaft des Textes zu formulieren und schließlich Textstellen zu markieren, die für sie unverständlich waren.

Wir wollten damit den Zusammenhang zwischen Vorwissen in bezug auf den Referenztext und damit verbundener Selektion bzw. Verallgemeinerung aus dem Referenztext hinsichtlich des Rezeptionsergebnisses in einer ersten Näherung erkunden. Die Rezeptionsergebnisse sollen auf dem Hintergrund unterschiedlicher Rezeptionsstrategien erklärt werden.

2/3 der Studierenden gehörte keiner Konfession an, sie gaben auch an, daß sie kaum über Bibelkenntnisse verfügen. Entsprechend schwierig gestaltete sich das Erkennen von Bibelbezügen im Text. Alle haben natürlich die als Zitat gekennzeichneten Stellen markiert. Eine Reihe von Studierenden hat offensichtlich textlinguistische Einsichten über Wiederaufnahmestrukturen zugrunde gelegt und Wiederaufnahmen mit *Er*, bezogen auf Jesus, gekennzeichnet. Schwierigkeiten/Unsicherheiten gab es dort, wo zwar auf Jesus referiert wird, aber die Propositionen mit aktuellen Begriffen besetzt werden: *Er versprach keine schnellen Lösungen* ... (7. Abs.) Diese Passagen wurden teilweise gerade von denen nicht unterstrichen, die ihre Bibelkenntnisse als gut einschätzten. Gerade für sie war offensichtlich eine Kohärenzbildung schwierig, während die anderen den Zusammenhang zur Bibel eher vermuteten. Teilweise wurden Randbemerkungen für Nichtverstandenes gemacht, besonders häufig am Beginn des dritten Absatzes: *Er rüttelte an der herrschenden Ideologie der Macht, der Besatzungsmacht und an der religiösnationalistischen Erwählungsideologie seines eigenen Volkes.* Der Grund liegt sicherlich in der semantisch sehr engen Verknüpfung von Bibelbegriffen mit aktuellen Begriffen, d.h., ein biblischer Sachverhalt wird mit aktuellen Begriffen besetzt. Unverständlich erschien einigen z.B. auch der 5. Absatz, warum es dort um Geld gehe: *Du bringst uns, was wir wünschen, dachten sie. Aber was er brachte, ließ sich nicht in Mark und Pfennig ausdrücken.* Wie also schon zu erwarten war, die Kenntnis des Referenztextes war äußerst differenziert. Die Unterstreichungen lagen quasi zwischen Extremen.

Auf dieser Basis formulierten die Probanden die für sie wichtige Botschaft des Textes. Wir begreifen diese Formulierung als Makroproposition/en für den Text, und methodisch fragen wir danach, auf welche Propositionen des Textes damit Bezug genommen werden könnte, eher auf Aussagen zur Bibel, auf die Situation von 1990 oder auf beides. Bei aller Schwierigkeit auf diesem Wege kann uns unser Wissen über die Vernetzung von Begriffen, d.h. unser Wissen um semantische Relationen, helfen, mit relativer Sicherheit zu bestimmen, ob damit auf die Bibel, die aktuelle Situation von 1990 oder auf beides Bezug genommen wird.

Starke Impulse für die Rezeption gehen offensichtlich von dem Bibelbezug *Liebe ihn und liebe deinen Nächsten wie dich selbst.* aus.

Wir zitieren zwei – zugegebenermaßen – extreme Rezeptionsergebnisse.

Beispiel 1:

"'Liebe ihn und liebe deinen Nächsten wie dich selbst.' In der Bibel ist es wohl eher allgemein gebraucht, hier steht es als Bezug auf die Zwischenmenschlichkeit zwischen Ost- und Westdeutschen. (Mit Kennzeichnung des 8. Abs. *Wer der erste sein wollte, der sollte der Diener des anderen sein und nicht andere zu Knechten machen.* wird fortgesetzt.) Der erste bezieht sich auf die Westdeutschen, die anderen sind die Ostdeutschen. Die alten Bundesländer sollen sich nicht über die neuen stellen, nur weil diese später angeschlossen wurden."
(Probandin: alte Bundesländer, konfessionell gebunden, gute Bibelkenntnisse)

Beispiel 2:

"Bibelkenntnisse tragen in entscheidendem Maße zum Verständnis dieses Vortrags bei, insbesondere für die Grundaussage, die die Konzepte der Nächsten- und vor allem der Feindesliebe zur Grundlage hat. Probleme des Verstehens und der Akzeptanz könnten m.E. vorrangig in den Schlußabsätzen auftreten, wenn für Barmherzigkeit und Vergebung gegenüber den alten und erst seit kurzer Zeit entmachteten Politikern der ehemaligen DDR plädiert wird. Die Überlegung **der** Feindesliebe bzw. Überlegungen **zur** Feindesliebe könnten es ermöglichen, – zumal zum damaligen Zeitpunkt – das Anliegen der Vergebung in seiner scheinbaren Irrationalität nachzuvollziehen. Ohne einen entsprechenden Bibelhintergrund, so scheint es mir, stoßen diese Vorschläge wahrscheinlich auf schnellere Ablehnung."

(Proband: alte Bundesländer, konfessionell gebunden, mittelmäßige Bibelkenntnisse)

Im ersten Beispiel verlief die Rezeption sehr selektiv, indem auf nur wenige
Zeilen des Textes (7. und 8. Abs.) Bezug genommen wird. Das Bibelzitat
wird nicht in seiner religiösen Ausprägung, sondern wörtlich, d.h. alltagssprachlich, verstanden und dann referentiell bezogen auf diejenigen, die sich
nach Meinung der Probandin jetzt 'näher' gekommen seien, nämlich die aus
West und Ost. Einzelpropositionen des Textes werden mit anderen Worten
wiederholt, Unbestimmtheitsstellen – *der erste/die anderen* – werden aus
Kontextannahmen aktualisiert und bestimmt. Man könnte von einer einfachen, den Text referierenden Rezeptionsstrategie sprechen. Inferenzen beziehen sich nicht auf Bibelwissen, sondern nur auf soziokulturelles Hintergrundwissen aus der Situation.

Im zweiten Beispiel wird vom religiösen Begriff der Nächstenliebe auf den
Kontrastbegriff Feindesliebe, der selbst so nicht im Text erscheint, inferiert.
In diese Begriffsdichotomie wären nunmehr sowohl eine Vielzahl von Bi-
belbegriffen als auch aktuelle Begriffe aus dem Text im Sinne semantischer
Relationen wechselseitig einzuordnen, sie stehen nicht mehr nebeneinander,
sondern sind in eine gemeinsame Einordnungsinstanz integriert, bis hin zu
den *schäbigen alten Herren* gegen Ende des Textes, die als Filler im Slot der
Objektrelation 'den Feind lieben' einen Platz zugeordnet bekommen können.

In dieser integrierenden und Sinn ergänzenden Rezeptionsstrategie, in der
sich die Begriffe aus Referenz- und Folgetext stützen, damit neue Merkmale
hinzugefügt werden, liegt u.E. die Potenz für Sinnkomplexion. Im Ergebnis
wird der Text über das Vorliegende hinaus fortgeschrieben, indem beide
Stränge dialektisch miteinander verküpft werden.

Eine dritte Rezeptionsstrategie hinsichtlich der Verarbeitung intertextueller
Bezüge ist eine einfache vergleichende Strategie.

Beispiel 3:

*"Jesus setzte Liebe gegen Gewalt.* Auch aus heutiger Sicht ist das wichtig."

Die bisher beschriebenen Rezeptionsstrategien sind auf die Art und Weise
der Verarbeitung von Propositionalem aus Referenz- und Folgetext gerichtet.
Denkbar wäre auf dieser Ebene auch eine vierte Rezeptionstrategie, die den
Referenztext völlig ignoriert, entweder aus Unkenntnis oder aus Gründen ne-

gativer Einstellungen zum Referenztext. Mit einer solchen Strategie, die wir als den Referenztext nicht zur Kenntnis nehmend bezeichnen wollen, würde allerdings die Intention des vorliegenden Textes sehr konträr gelesen. Sie kam in dieser Versuchsgruppe nicht vor, vermutlich ist das auch von der Art der Fragestellungen her begründet. Wir nehmen aber ein Beispiel aus der zweiten Versuchsgruppe vorweg, das diese Rezeptionsstrategie bedient. Die Bibel nicht zur heutigen Situation in Beziehung setzen zu wollen, wird in folgender Weise begründet:

Beispiel 4:

"Der Mensch hat sich verändert. Es hat sich eine Industriegesellschaft entwickelt."

Wenn wir unseren Versuch zugleich kritisch auswerten, müssen wir auch darauf hinweisen, daß ein und derselbe Rezipient verschiedene Teiltexte potentiell auch mit jeweils anderen Strategien verarbeiten kann. Unter diesem Blickwinkel werden Rezeptionsergebnisse für den Text um ein vielfaches komplizierter, während so doch stillschweigend davon ausgegangen wurde, als wäre der Text ein homogenes Ganzes. Unsere Versuchspersonen hatten demgegenüber nur die Aufgabe, die für sie wichtige/wichtigste Botschaft zu beschreiben. Nach weiterer individueller Differenzierung in der Rezeption wurde nicht gefragt. Für die Ermittlung **prinzipiell unterschiedlicher Strategien in der Verarbeitung von Referenz- und Folgetext** erwies sich dieses Vorgehen allerdings als geeignet.

Der zweiten Versuchsgruppe gehörten Probanden im Alter zwischen 22 bis 82 Jahren an. Hier arbeiteten wir mit einem Fragebogen, der mit Psychologen beraten worden war. Er wies ein ausgewogenes Verhältnis von geschlossenen und offenen Fragen auf und orientierte sich an weiteren psychologischen Grundsätzen, wie Aufbau eines Spannungsbogens. Solche und andere Hinweise berücksichtigend, gliederten sich die 31 Fragen in 17 Fragen inhaltlicher Art, wobei acht Fragen darauf ausgerichtet waren, die Motivation der Rezipienten zu ermitteln und zu fördern sowie zu einem stärker reflektierenden Textverstehen anzuregen, und 14 Fragen demographischer Art. Diese dienten dazu, herauszufinden, welche "religiösen Anlagen" in Form von Erziehung, Bildung oder Konfessionszugehörigkeit vorhanden waren.

Wir fragten nicht nur, wie sie, die Rezipienten, ihr eigenes religiöses Wissen einschätzen, sondern versuchten an ausgewählten religiösen Begriffen wie "Nächster" ('Nächstenliebe') und "Gnade" Ansätze für framesemantische Vernetzungen der Begriffe bei Probanden zu ermitteln. Dabei stellte sich heraus, daß viele religiös geprägte Begriffe zugleich Begriffe der Alltagssprache geworden sind und ursprüngliche Bedeutungen im religiösen Rahmen sich verloren haben. Hierbei wurde aber auch deutlich, daß Rezipienten mit religiöser Vorbildung, insbesondere jene, welche aktiv ihren Glauben praktizieren, solches Hintergrundwissen besaßen, während andere, Nichtreligiöse, nur Alltagsbedeutungen wiederzugeben vermochten. Es schien uns interessant, welchen Einfluß diese unterschiedliche Begrifflichkeit für die Rezeption hat, für welche Inferenzen sie jeweils genutzt wird.

Es stellte sich heraus, daß das Alltagswissen für die Erklärungen der Begriffe dominierte. Nur sehr wenige Probanden antizipierten *den Nächsten* im Kontext der zehn Gebote oder *den Nächsten*, der Jesus für die Menschen sein wollte.

Beispiele für **alltagssprachliche Erklärung**:
"Nächster ist jemand, der den engsten Kontakt zu einer Person hat, beste Freunde, Vertraute; Vertrauen haben."
"Kann jeder sein, mit dem man in persönlichen Kontakt kommt; der Mitmensch."

Beispiel für **alltagssprachliche und religiöse Erklärungsansätze**:
"Meine Mitmenschen – Familie, Freunde; nach der Bibel, derjenige, der mir im Moment am nächsten steht; jemand, der hilfebedürftig ist; Hoffnung auf Geborgenheit."

Beispiele für **stark religiös bestimmte Erklärung**:
"*Du sollst deinen Nächsten lieben wie dich selbst.* Nach den Worten von Jesus das größte Gebot, schließt alle anderen Gebote mit ein. Ohne dieses Gebot ist die Utopie vom Paradies auf Erden nicht zu verwirklichen."
"Nächste sind alle Menschen, denn alle Menschen sind von Gott geschaffen."
(Probandin 82 J., konfessionell gebunden, Bibelkenntnisse)

An dieser Stelle sei eingefügt: Für weiterführende Überlegungen zur rezeptionsorientierten Intertextualitätsforschung sollten Erkenntnisse der Gedächtnispsychologie stärker befragt werden. Theorien des Erinnerns (Royer 1977) gehen von drei Formen des Erinnerns aus. Zum einen werden **Spuren** des ursprünglich Erlebten, hier des Gelesenen, erinnert. Erinnern ist ein geschicktes Suchen und Auswählen von passenden Spuren. Als eine weitere Form wird das **Konstruieren, d.h. das Einordnen in verfügbare Wissensmuster**, verstanden. Eine dritte Form ist die **Rekonstruktion**, d.h., Spuren bleiben nicht mehr getrennte Identitäten, sondern Erlebtes (für uns Gelesenes) wird rekonstruiert. Unser Versuch bestätigte, daß sich die Probanden unter den Bedingungen des Experiments überwiegend in der ersten und zweiten Weise an die Bibel erinnerten. Eine religiös erzogene und konfessionell gebundene Rezipientin schreibt deshalb auch folgerichtig: "Ohne nachzulesen, kann ich keine konkreten Bibelstellen erkennen" (als Antwort auf die Frage, ob konkrete Bibelstellen zu 'Nächstenliebe' bekannt seien).

Hinzu kommt, daß die Bereitschaft, **Rekonstruktionsarbeit** zu leisten, für Medientexte, wie oben bereits beschrieben, im allgemeinen geringer ist. Aus der Mehrfachadressierung des Textes ist auch zu erklären, daß Rezipienten äußerten, auch ohne Bibelkenntnis zu einem befriedigenden Rezeptionsergebnis gekommen zu sein, das heißt, intertextuelle Bezüge werden für die Rezeption eliminiert, religiöse Begriffe werden alltagssprachlich rezipiert. Im besten Falle werden Spuren in die Bibel zwar wahrgenommen, aber ihnen wird nicht nachgegangen, denn, so eine Rezipientin: "Der Text ist auch für Atheisten verständlich".

In der Untersuchung konnte allerdings nachgewiesen werden, daß, abhängig von der Tiefe, Breite und Qualität des Vorwissens, und dazu gehören neben den framesemantischen Strukturen der Begriffe auch die Kontexte aus der Bibel, Unterschiede im Verstehen möglich sind, aber es muß die Bereitschaft hinzukommen, dieses Vorwissen in Anbetracht einer neuen Situation auch neu zu strukturieren. Das Beispiel der bereits erwähnten 82jährigen Probandin sei zitiert:

"Jesus spricht im Neuen Testament von Liebe statt von Gewalt und Haß, von Barmherzigkeit statt von Vergeltung. Er rüttelt dadurch an der Macht seines eigenen Volkes. [...] In der ganzen Welt herrscht heute großes Leid, es gibt Verfolgungen, Naturkatastrophen, Hungersnot, Kriege. Markus 13, 3-13: 'denn es wird sich ein Volk gegen das andere erheben, Erdbeben werden hier und dort geschehen und Hungersnöte ausbrechen' [...].
Ich höre von mir bekannten Flüchtlingen aus Jugoslawien von den Kriegsgreueltaten, von der Zerstrittenheit und dem Haß unter den einzelnen Volks- und Religionsgruppen und von der Folterung der Menschen durch die Obrigkeit. Folter mitten in Europa".

Ausgehend von ihrer Begriffsbestimmung, die Nächsten seien alle Menschen, da alle von Gott erschaffen seien (s.o.), inferiert die Probandin folglich auch auf alle Menschen der Welt, denen Unrecht geschieht. Propositionales aus dem Text wird umfassend in neue Zusammenhänge gestellt. Insofern könnte man von einem Maß an "semantischer Explosion" sprechen auf der Basis des Vorwissens um den Referenztext, auf der Basis umfassenden Weltwissens hinsichtlich gegenwärtiger Ereignisse, auf der Basis religiös motivierter Einstellungen zu allen Mitmenschen und damit auch auf der Basis einer positiven Einstellung zum vorgelegten Text.

Sich an den Vortext rekonstruktiv erinnern zu wollen hängt auch, so stellten wir fest, nicht nur von der subjektiven Bedeutsamkeit des Vortextes für den Rezipienten ab, sondern auch von der des neuen Gesamttextes. So war es uns wichtig, mit motivierenden Fragen, welche wir an den Anfang des Fragebogens stellten, herauszufinden, welche Einstellung der Rezipient zu dem Gesamttext besitzt.

Antworten (u.a.):
"Der Text wird mich nicht wochenlang beschäftigen." Oder:
"Nach dem Lesen des Textes ergibt sich kein offensichtlicher Zusammenhang zur eigenen Lebensweise, er bekommt bei mir keine Bedeutung."

Folglich wird auch nicht in Betracht gezogen, die Bibel in textsemantische Beziehung zur aktuellen Situation zu bringen, wie es der Autor intendiert hatte. Auch die Probanden, die in ihrer Begriffsbeschreibung eine relativ komplexe Verortung in der Bibel rekonstruierten, integrierten das nicht automatisch in ihren Rezeptionsprozeß. Empirische Befunde dafür sollen hier ausgespart werden.

Wir fassen zusammen:

– Die Hypothese von der semantischen Explosion durch Berührung der Texte kann und muß durch empirische Untersuchungen differenziert werden. Es zeigt sich, daß Bedeutungsdifferenzierungen oder –erweiterungen nur bedingt realisiert werden.

– Es geht darum, Rezeptionsstrategien zu beschreiben, die das explizite und implizite Angebot des Prätextes in verschiedener Weise semantisch verarbeiten. Ein Blick in die Gedächtnisforschung könnte interdisziplinär zur Vertiefung beitragen.

– Es geht darum, nach Ursachen für unterschiedliche Bedeutungskonstruktionen zu fragen. Sie liegen, wie zu erwarten, beim Rezipienten und in der Rezeptionssituation, hängen aber grundsätzlicher auch vom Kommunikationsbereich ab, von der sozialen Situation. Wie auch weitere Untersuchungen in unserem Projekt zeigen, wird Intertextualität in den Medien zumindest auch in starkem Maße nur als emotionale Einstellung wahrgenommen, ohne daß eine inferentielle Verarbeitung erfolgt.

## LITERATUR

Bachtin, Michael (1979): *Die Ästhetik des Wortes.* - Frankfurt/M.: Suhrkamp.

Beaugrande, Robert-Alain de; Dressler, Wolfgang U. (1981): *Einführung in die Textlinguistik.* - Tübingen: Niemeyer.

Blumenthal, Peter (1983): *Semantische Dichte. Assoziativität in Poesie und Werbesprache.* - Tübingen: Niemeyer.

Broich, Ulrich; Pfister, Manfred (Hg.) (1985): *Intertextualität. Formen, Funktionen, anglistische Fallstudien.* - Tübingen: Niemeyer (= Konzepte der Sprach- und Literaturwissenschaft 35).

Genette, Gérard (1989): *Paratexte: das Buch vom Beiwerk des Buches.* - Frankfurt/M., New York: Campus.

Ders. (1993): *Palimpseste. Die Literatur auf zweiter Stufe.* - Frankfurt/M.: Suhrkamp.

Holthuis, Susanne (1993): *Intertextualität. Aspekte einer rezeptionsorientierten Konzeption.* - Tübingen: Stauffenburg.

Klein, Josef; Fix, Ulla (Hg.) (1997): *Textbeziehungen. Linguistische und literaturwissenschaftliche Beiträge zur Intertextualität.* - Tübingen: Stauffenburg.

Kristeva, Julia (1967): *Bachtin, das Wort, der Dialog und der Roman.* - In: J. Ihwe (Hg.) (1971/1972): *Literaturwissenschaft und Linguistik. Ergebnisse und Perspektiven.* Bde. 1-3. - Frankfurt/M., Bd. 3, 345-375.

Dies. (1968): *Probleme der Textstrukturation.* - In: J. Ihwe (Hg.) (1971/1972): *Literaturwissenschaft und Linguistik. Ergebnisse und Perspektiven.* Bde. 1-3. - Frankfurt/M., Bd. 2, 484-507.

Lachmann, Renate (1984): *Ebenen des Intertextualitätsbegriffes.* - In: K. Stierle, R. Warning (Hg.) (1984): *Das Gespräch.* - München: Fink (= Poetik und Hermeneutik 11), 134-138.

Rößler, Elke (1997): *Intertextualität in Zeitungstexten – ein rezeptionsorientierter Zugang.* - In: J. Klein, U. Fix (Hg.): *Textbeziehungen. Linguistische und literaturwissenschaftliche Beiträge zur Intertextualität.* - Tübingen: Stauffenburg, 235-255.

Royer, James (1977): *Remembering: Constructive or reconstructive?* - In: R. Anderson, R. Spiro, W. Montague (Hg.): *Schooling and the Acquisition of Knowledge.* - Hillsdale, 167-173.

Scherner, Maximilian (1984): *Sprache als Text. Ansätze zu einer sprachwissenschaftlich begründeten Theorie des Textverstehens. Forschungsgeschichte – Problemstellung – Beschreibung.* - Tübingen: Niemeyer.

Schorlemmer, Friedrich (1990): *Träume und Alpträume. Einmischungen 1982-90.* - Berlin: Verlag der Nationen.

Schulte-Middelich, Bernd (1985): *Funktionen intertextueller Textkonstitution.* - In: U. Broich, M. Pfister: *Intertextualität. Formen, Funktionen, anglistische Fallstudien.* - Tübingen: Niemeyer (= Konzepte der Sprach- und Literaturwissenschaft 35), 197-242.

WILHELM SCHELLENBERG


**"Unsere Sprache gehört uns wie unser Blick**
**und unser Gang ..." (James Krüss) –**
**Über Formen und Leistungen sprachreflektorischer**
**Formulierungen von Erzähltext-Autoren für junge Leser**


## 1. Problemkennzeichnung – Ansatz – Zielsetzung

Mit Bezug auf den weiten thematischen Rahmen der Konferenz diskutiert
dieser Beitrag exemplarisch Sprach- bzw. Wortbedeutungsreflexionen einiger Autoren literarischer Texte für junge Leser hinsichtlich ihrer zugrundeliegenden (alltagsgeprägten, enzyklopädischen wie künstlerisch-ästhetisch
gestützten) Sprachwissenselemente, ihrer sprachlichen Ausgestaltung sowie
ihrer Impulse für die linguistische Arbeit.[1] Dabei wird im einzelnen angestrebt, jüngere linguistische Erläuterungen zur literarisch-künstlerischen
Sprachreflexion (z.B. von Fix 1989; Wolf 1993)[2] – "jugendliterarisch" spezifiziert – fortzuführen; es wird am Beispiel verfolgt, inwieweit die aus-

---

[1]    Haupt-Materialbasis sind Reflexionen als Antworten von mehr als 50 Autoren des Bö-
decker-Kreises e.V. auf 5 Fragen (deren "Kerne" etwa lauten): *Haben Sie sich schon
einmal darüber geäußert, wie wichtig Ihnen (beim Schreiben) Nachdenken über Sprache und Kommunikation ist?/Wovon hängt es ab, ob/wie Sie sprachlich reflektieren?/
Wovon hängt es ab, ob Sprachreflexionen in Ihre Erzählung einfließen?/Lassen Sie
sich beim Sprachnachdenken – mehr von Erfahrungen, Beobachtungen her leiten oder
"recherchieren" Sie?/Inwieweit ist Sprachnachdenken für Kinderbuchautoren in anderer Weise wichtig als sonst in der Literatur?* – Daß über 60% der angeschriebenen
Autoren antworteten und oft Interesse an weiterer Mitarbeit bekundeten, zeigt wohl,
daß hier ein grundlegendes "Schreibproblem" angesprochen worden ist!

[2]    Fix verweist im Nachwort zu "Sprichwenndukannst" (1989:292ff.) nicht nur allgemein
auf schriftstellerische Traditionen der Sprachkritik und -verantwortung, sondern hebt
auch wichtige sprachreflektorische Themen hervor: Formulierung als Raum der Denk-
Enge wie der Denk-Prägnanz-Sprachnorm und individueller Spielraum – konventionelle Bedeutung/Wortfreiheit/Sprachspiel – "Tauglichkeit" von Wörtern/Wendungen und
Sinnentleerung. – Und Wolf (1993:336) schließt die Kritik an sprachskeptischen Dich-
tern (besonders des Jahrhundertbeginns), die ihre Ausdrucksarmut – freilich sprachlich
"wohlgewählt und wohlgesetzt" (!) – infolge eines (angenommenen) Sprachdogmas
beklagen, mit dem Satz: "Sprachkritik kann sich also nie an der Sprache entzünden,
sondern nur am Sprecher und seinem Sprachgebrauch".

gewählten Autoren auf ihren Sprachreflexionswegen linguistische Denkan-
sätze tangieren bzw. beleben können[3], schließlich wird die Betrachtung dieser Reflexionswege als Beweisfeld dafür herangezogen, daß James Krüss'
Forderung (1970:85) an den Autor für junge Leser ungebrochen aktuell ist:
nämlich dazu beizutragen, "das Kind in die große, weite Welt seiner Muttersprache einzuführen"[4]. – Dazu werden vier Schritte gegangen: Nachdem 1.
einige extralinguistische Möglichkeiten des Einflusses auf Sprachwissenschaft knapp angesprochen sind, wird 2. der Sprachreflexionsbegriff arbeits-
definitorisch fixiert und danach 3. anhand von Autoren-Aussagen zur (Wort-)
Bedeutung und 4. an sprachreflektorischen Erzähltextbeispielen erläutert.

## 2. Extralinguistische Sprachreflexionen als Stimuli für sprachwissenschaftliche Arbeit

Extralinguistische Sprach- und speziell Wortbedeutungs-Reflexionen – ob
nun in Nachbardisziplinen angesiedelt oder außer-wissenschaftlich vollzogen – haben nicht erst seit jüngster Zeit sprachwissenschaftliche Theorien-

---

3   Einen dahingehend nachhaltigen Eindruck vermittelt m.E. der "Zettelkasten" von M.
    Ende, etwa mit einigen seiner "24 Fragen an den geneigten Leser" (1994:41): *Können
    Sie etwas denken, wofür es kein Wort gibt? Wie kann ein kleines Kind, das noch nicht
    sprechen und damit angeblich noch nicht denken kann, verstehen, daß Wörter Bedeu-
    tung haben? Können Sie erklären, was die Wörter "schon" oder "eben" bedeuten?
    Wenn ich das Wort "Baum" in Morseschrift, in gotischen Lettern, in Blindenschrift ...
    vor mir sehe, aber dieser Schriften unkundig bin, muß ich da nicht annehmen, es han-
    dele sich um ganz verschiedene Dinge?...* – (Zum Problem "poetische Textgestal-
    tung/Wissenschaft" ist mir der Vortrag eines Berliner Arztes erinnerlich und hier er-
    wähnenswert, dessen Untersuchung von "poetischen Diagnosen" unheilbar kranker
    Künstler in ihrem letzten Lebensjahr belegen konnte, daß diese "laienhaften" Befind-
    lichkeitsanalysen ein erstaunlich exaktes, inhaltlich medizinisch verwertbares Kran-
    kenbild liefern können).
4   Damit ist die Rolle des Dichters als Sprachvorbild angesprochen, die momentan in ein
    Spannungsfeld zwischen kultur- bzw. bildungspolitischem Anspruch und realem öf-
    fentlichem Einfluß gesetzt scheint: So fordert z.B. Christa Wolf (zit. in Fix 1989:294)
    "poetische Texte wieder als Vorbild", "als schöne harmonische, durchgeformte Bei-
    spiele" oder verweist Neuland (1997:33) auf die in den 90er Jahren wieder mehr text-
    analytisch ausgerichteten Entwicklungen von "literarischer Bildung", die "an Texten
    von Gegenwartsautoren neueren poststrukturalistischen und dekonstruktivistischen
    Theorieangeboten nachspürt". Umfragen (z.B. Stickel 1998) zeigen aber auch, daß
    nach Probanden-Eindruck der Einfluß von Schriftstellern und Theater auf die deutsche
    Sprachbefindlichkeit zurückgeht, weit hinter Medien, Schule/Universität u.a. liegt: So
    wird der TV-Einfluß auf den allgemeinen Sprachgebrauch mit 87,7%, der des Theaters
    mit 25,1% angegeben; der Einfluß der Schriftsteller auf Sprachpflege wird mit 18,8%,
    der der Schule mit 83,6% bewertet u.a.

bildung durchdrungen, Methodendiskussionen beeinflußt, die Natur linguistischer Arbeitsgegenstände angenommen und Erörterungen zur Standortbe-
stimmung der Linguistik im Feld der Wissenschaften und in der Öffentlichkeit intensiviert. Derartiges geschieht etwa,

- wenn auf Aspekte außerwissenschaftlichen Sprachbewußtseins als Basis
  für wissenschaftliche Bearbeitung von Sprachphänomenen zurückgegriffen
  wird[5],
- wenn Erkenntnisse anderer Wissenschaften (z.B. Philosophie, Psychologie) Impulse zum Überdenken (bedeutungs-)theoretischer Positionen liefern[6],
- wenn durch Paradigmenwechsel – wie mit der kommunikativ-pragmati-
  schen bzw. kognitiven Wende geschehen – eine Ausweitung des Gegen-
  standsbereiches der Linguistik vor sich geht, in dem dann auch Sprachreflexion manifestiert ist[7],

---

5   Das gilt für linguistische Einzeluntersuchungen: z.B. in der Textlinguistik beim Rück-
    griff auf "Alltagsklassifikationen" und auf das in "Lexikonzeichen" gespeicherte ge-
    meinschaftliche Textsortenwissen bei der Erarbeitung linguistischer Texttypologien,
    wie etwa von Heinemann/Viehweger (1991:144) belegt. Darüber hinaus wird nicht
    selten die "kritische Integration außerwissenschaftlicher Wissenspotentiale" als über-
    haupt wesensimmanent für die Linguistik angesehen und auf die "inzwischen zur Bin-
    senweisheit gewordene wissenschaftstheoretische Einsicht" verwiesen, "daß Wissen-
    schaften von der Sprache auf einem alltagsweltlichen Fundament aufbauen müssen",
    wie etwa von Antos (1996:255).
6   Philosophiebezogen sei z.B. auf Analytische Sprachphilosophie bzw. Allgemeine Se-
    mantik verwiesen (Stichworte: Sprachkonventionalismus, Semantik als Wissenschaft
    vom menschlichen Zusammenleben) oder auf aktuelle Klärungsversuche der Bedeu-
    tungsfrage im Rahmen transzendentalphänomenologischer Betrachtung unter Bezug
    auf Husserl: Ausgehend von Ziel, Sprache als Erleben im Verhältnis von "Ich-Tätig-
    keit-Sprache" auf mehreren Abstraktionsstufen zu verstehen, wird der Bedeutungs-
    beschreibung das Paradoxon zugrunde gelegt, "daß Sprache für die Reflexion glei-
    chermaßen Form wie Bedeutung" und Bedeutung deshalb nur in Relation zu Sprach-
    form zu fassen ist, wobei für die "Versöhnung" von Form und Bedeutung hier "die
    subjektive Struktur der Objektreflexion hervorgehoben werden muß" (vgl. Willems
    1994:454f.). – In diesem Zusammenhang hebt Schwarze im besonderen die "fachex-
    terne Innovation in der Linguistik" durch Rosch und Putnam hervor, deren theoreti-
    schen Beiträgen aus Psychologie und Philosophie er "eine so starke Überzeugungs-
    kraft" zuspricht, "daß sie für die linguistische Wortsemantik eine echte Herausforde-
    rung darstellen" (vgl. den Verweis bei Antos 1996:287).
7   So bei Untersuchungen von Metakommunikation in der Diskursanalyse, sprachreflexi-
    ver Aktionalität in der Spracherwerbsforschung oder zur Sprachkultur, -kritik, -bera-
    tung.

- wenn linguistische Analysen – nach Methode und Material – nicht nur auf
  die "Idealsprache" des "kompetenten Sprechers" beschränkt bleiben, sondern die "Ordinary-Language" vom "Native Speaker" untersucht wird[8],
- wenn öffentliche Sprachreflexion linguistische Kompetenzen in Frage
  stellt (wie z.B. momentan von Journalisten, Politikern, Juristen, Schrift-
  stellern anhand der Orthographiereform) oder wenn an sich relevante Lin-
  guistik-Aufgaben, wie Kommunikationstraining, Sprachberatung, Sprachkritik u.a., "laienlinguistisch" gelöst werden, so daß die "akademische"
  Linguistik nicht umhin kommt, sich gegenstands-, ziel- und leistungsge-
  recht modifiziert zu positionieren[9].

Besteht – wie eben angedeutet – traditionell wie aktuell allgemein linguistisches Interesse an extralinguistischer Sprachreflexion, so gilt dies sicher im
besonderen für die linguistische Beschäftigung mit dem Nachdenken des
Kinder-/Jugendbuch-Schriftstellers über Sprache und Kommunikation: Denn
hier sind auf der Grundlage eines künstlerisch-literarisch ausgeprägten
Sprachbewußtseins des Schriftstellers einerseits (mit mehr intuitiv-ästhetisch
unterlegter Reflexionsbasis, schreibkünstlerisch beförderter Konzentration
auf bestimmte Sprachprobleme, besonderer Verfahrensweisen der Verarbeitung von Sprachbeobachtungen im künstlerischen Text u.a.) und entsprechend den Spezifika für die Gestaltung künstlerischer (Erzähl-)Texte für
junge Leser andererseits (mit ihren Themen, Genres, Kindern als Figuren wie
Rezipienten u.a.) arteigene Erwägungen über Sprache und Kommunikation

---

8    Nach Antos (1996:256f.) ist das "Konstrukt des *Native Speaker*" als "die für die Lin-
     guistik unentbehrliche methodische Instanz des Laien" zu verstehen: denn als "sprach-
     licher Experte" liefert er dem "sprachwissenschaftlichen Experten" erst die sprach-
     lichen Daten zur wissenschaftlichen Beurteilung. Demnach gilt: "Anders als in anderen
     Wissenschaften werden […] wissenschaftliche Laien in ihrer Eigenschaft als (sprach-
     liche) Experten zur methodologisch letzten Instanz für den Wissenschaftler". Daß der
     deutsche Native Speaker nicht "im Sinne des ungeschulten Sprechers" zu verstehen ist,
     sondern ein literal und (schul-)literarisch gebildeter Laie ist, versteht sich dabei von
     selbst.

9    Daß die Laien-Linguistik nun auch in der akademischen Linguistik theoretisch abzu-
     wägen ist, zeigt Antos (1996:137ff.) deutlich: Er kennzeichnet ihr Wesen (als "Alter-
     nativlinguistik" mit Differenzierungs-, Orientierungs-, Entscheidungsfunktion und Hand-
     lungsgewißheit für die Nutzer beim Lösen alltagsweltlicher Sprach- und Kommuni-
     kations- bzw. deklarativer und prozeduraler Wissensprobleme), vergleicht sie mit Auf-
     gaben der akademischen Linguistik (z.B. "*entpragmatisierte* Aussagen über Sprache
     und Kommunikation" zu machen, a.a.O.:137) und leitet die Forderung ab, daß letztere
     sich nicht nur in den traditionellen Sektoren Forschung/Lehre zu bewegen hat, sondern
     verstärkt im "tertiären Sektor" als der "Umsetzung wissenschaftlicher Erkenntnisse"
     (a.a.O.:11) zum Nutzen der Kommunikationspraxis.

zu erwarten. Sie sollen im folgenden nach knapper Kennzeichnung des Sprachreflexions-Begriffs dargestellt werden.

### 3. Sprachbewußtsein – Sprachreflexion – literarisches Gestalten

Mit Blick auf philosophische, psychologische, kognitionslinguistisch orientierte, didaktische u.a. Aussagen scheint es hier theoretisch gerechtfertigt und analytisch praktikabel, den Sprachreflexionsbegriff aus Überlegungen zum Wesen von Sprachbewußtsein herzuleiten[10]. Das wird zwar allgemein verstanden als Fähigkeit zum Nachdenken über Sprache, zugleich aber auch sehr differenziert interpretiert: nach vielseitigen theoretischen Ansätzen, Zielen, Methoden. Das zeigt sich u.a.

- in der terminologischen Vielfalt, wobei nicht immer klar erkennbar ist, ob Terminuswechsel Um-Etikettierungen sind oder inhaltliche Unterschiede (z.B. Bewußtheitsgrade) markieren: metasprachliche Fähigkeiten, Sprachbewußtsein, -bewußtheit; language/linguistic awareness, metalinguistic abilities ...;

- in weiten oder engen Begriffsbestimmungen, nach denen Sprachbewußtsein entweder schon durch spontane Selbstkontrollen, die den Sprachverwendungsprozeß begleiten, indiziert ist oder aber als das vom eigenen Gebrauch deutlich distanzierte bewußt gewordene Sein von Sprache und Kommunikation, in dem dann auch Spracheinstellungen, Sprachgefühl etc. ihren (peripheren?) Platz einnehmen[11];

---

[10] Vgl. z.B. die zahlreichen Quellenangaben in Neulands Arbeiten.

[11] So definiert es Techtmeier (1984:394) sehr allgemein als "die mehr oder weniger entwickelte Fähigkeit, über Sprache reflektieren zu können (z.B. über Gegebenheiten der sprachlichen Kommunikation, über einzelne sprachliche Erscheinungen, über die Entwicklung oder Bewertung von Sprachen), sprachliche Ausdrucksmittel bewußt einzusetzen und zu bewerten".
– Erläuterungen zu Enge/Weite (einschließlich wissenschaftsgeschichtlicher Hinweise, z.B. zu Clarke, Wygotski) finden sich auch in der Sprachdidaktik- und Spracherwerbsforschungsliteratur (vgl. Haueis 1989; Neuland 1993; Kutsch 1988).
– Zur Rolle des Sprachgefühls – das auch immer wieder von den erwähnten sprachreflektierenden Autoren für junge Leser angesprochen wird – seien die Überlegungen von Neuland (1993:725f.) erwähnt, die auf die "Diskrepanz von Wissenschafts- und Alltagsrelevanz dieses Begriffs" verweist und den linguistischen Definitionsversuchen eine zu geringe Berücksichtigung der "Qualität eines subjektiv-affektiven ästhetischen Empfindens" zuspricht, wenn sie es dominant auf "unbegründete und unreflektierte, normbezogene Urteilsfähigkeit" beziehen. Wichtig ist für sie dabei die Frage, "ob und

– in Klassifikationen von Sprachbewußtseinsarten, -ebenen, -bereichen usw.,
  in denen nach Bewußtheitsgraden, Gegenständen o.ä. differenziert wird
  (vgl. z.b. Antos 1996, Coseriu, Schlieben-Lange, Techtmeier 1984 u.a.)[12];

– in der Beschreibung von Entwicklungsstufen des "kindlichen" zum "erwachsenen" Sprachbewußtseins, z.b. von Kutsch (1988:17), der in Sprachbewußtsein eher "ein Resultat des Spracherwerbsprozesses denn eine be-
  gleitende Kontrollinstanz", ein "vom aktuellen Sprachgebrauch unabhän-
  giges Konzept von Sprache" sieht und deshalb über kindliche Sprachreflexionen feststellt: Sie "sind allenfalls Indizien für das Entstehen, keinesfalls Anzeichen für das Vorhandensein eines ausgebildeten Sprachbewußtseins"[13].

Soweit einige, der Komplexität des Gegenstandes sicher nur zu Teilen erfassende Vermerke zum Sprachbewußtseins-Begriff, von dem aus Sprachreflexion bestimmt werden soll: Dazu soll – einerseits der traditionellen Nachfolge von Wygotski verpflichtet, andererseits neueren Beschreibungswegen
folgend – von einer engeren Auffassung von Sprachbewußtsein ausgegangen
werden, der "die Annahmen eines bewußten, expliziten und deklarativen
Sprachwissens zugrunde" liegen, das "mit Hilfe operativer Strukturen genutzt werden kann" und so "begründbare Reflexionen über Sprache ermög-

---

wie Sprachgefühl so entwickelt werden kann, daß die Urteile über Sprachnorm und
-variation bewußt und explizit gemacht und begründete Entscheidungen über die Angemessenheit von Sprachgebräuchen möglich werden, ob und wie also Sprachgefühl
zum Teil des Sprachbewußtseins werden kann".

12  In puncto Bewußtseinsgraduierung herrscht wohl Einigkeit darüber, daß zwischen
    vorwissenschaftlichem und wissenschaftlichem Sprachbewußtsein zu unterscheiden ist
    – vgl. z.B. die Diskussion bei Neuland (1993:733ff.) zum Verhältnis von "konfusem
    Wissen" des Sprechers um seine Sprache – "technischem Wissen" (für den Betrieb im
    Alltag) – "theoretisch-systematischer Erkenntnis" über Sprache bei Coseriu oder s.a.
    bei Techtmeier (1984) die Unterscheidung nach "Alltagssprachbewußtsein" ("normal",
    bewußt, beeinflußt durch Bildungswesen), "wissenschaftlichem Sprachbewußtsein"
    (methodisch und theoretisch ausgearbeitet, auf Sprachfähigkeit gerichtet), "künstleri-
    schem Sprachbewußtsein" (intuitive Basis, auf bestimmte Sprachaspekte gerichtet).
    – Mit "Ebenen" sind mitunter Gegenstandsbereiche gemeint: Nachdenken über sprach-
    liche Einheiten, über Kommunikation, über Rollen von Sprache (z.B. als soziales Iden-
    tifikationsmerkmal) – vgl. Neuland (1993:735).

13  Auf der einen Seite sind da natürlich Differenzierungen leicht nachweisbar; anderer-
    seits ist das eines der kompliziertesten (nicht nur linguistischen) Beschreibungsfelder:
    Man bedenke nur die Probleme der Kennzeichnung von "Ausgebildetsein" des Sprach-
    bewußtseins oder auch die vielfältigen kindlichen Bewußtseinsausprägungen, die vor
    allem Musterhaftigkeit des Sprachspielerischen, ja des Philosophischen ausmachen
    können. Vgl. dazu Switalla (1992).

licht" (Neuland 1993:734). Unter Sprachreflexion soll hier verstanden werden[14]:

(1) Sie ist die Fähigkeit des Text-/Äußerungsproduzenten wie des -Rezipienten, über Sprachkommunikation, Entwicklung und Bewertung von Sprache(n) und über einzelne Sprachformen und -äußerungenen – eigene wie "fremde" – nach- bzw. vorauszudenken und sich darüber zu äußern;

(2) Mit Bezug auf ihre Versprachlichung enthält sie eine resultative (vom Sender her) wie initiierende Komponente (als Reflexionsauslöser für den Hörer);

(3) Sie umfaßt nicht nur metakommunikative (auxiliar-zweckdienliche) Reflexion, sondern auch ereignisunabhängiges Sprachnachdenken[15] – wissenschaftliche, lehrbezogene, künstlerische, "kulturpflegerische"[16], spielerisch-unterhaltende u.a. Betrachtung von Sprache.

(4) Sprachreflexion ist also dominant wissensbestimmt, absichts-, interessen- und zielgerichtet, ist "sinnvolle Teiltätigkeit von sinnvoller Tätigkeit" (Ingendahl 1994:521);

(5) Sie erfolgt in reflexiven Operationen auf relationeller Basis und nach Auswahlstrategien (z.B. Austausch-, Umstellungs-, Weglaß-, Ergänzungsverfahren u.a.)[17], die mit dem Spracherwerb gelernt werden und helfen, Sprache/Texte/Äußerungen zu beurteilen und über eigenes Sprachgestalten

---

14  Diese Beschreibung knüpft eng an Ingendahl (1994; 1997) an.
15  Ingendahl (1997:278ff.) spricht hier im Zusammenhang von Sprachreflexionen des Schulkindes von "Sprachreflexionen zum Lösen von Verständigungsproblemen" oder alltagspraktischen Reflexionen beim Sprechen/Schreiben bzw. Verstehen und hebt davon andere (wie z.B. theoretische) ab.
16  Sicher ist hier zu unterscheiden zwischen linguistischer Forschung zur Sprachkultur und "selbsternannten Sprachexperten" im Sinne Pinkers (1996:431ff.) und seinen vier Typen von "Sprachhütern" (Beobachter exzentrischer Wörter, Sprach-Untergangspropheten, Sprachspiel-Entertainern, scharfsinnigen journalistischen Beschreibern des Umgangs mit Sprache).
17  "Reflexionen wenden sich also Beziehungsverhältnissen zu: der Beziehung eines Sprachzeichens zu einer Erfahrung, einer Wahrnehmung, der Beziehung einer Wahrnehmung zu einer Erfahrung, der Beziehung zweier Sprachzeichen zueinander usw. Und Reflexionen setzen Alternativen voraus, nur im Spiegel eines ähnlichen Anderen können wir Wissenselemente betrachten [...]. Reflexion operiert also mit den Elementen selbst, experimentiert, erprobt [...]" (Ingendahl 1994:519).

zu entscheiden, ohne daß Sprachkategoriales bewußt werden muß (erst Schule, Sachbuch, Medien, Literatur u.a. machen manches davon bewußt);

(6) Sprachreflexion referiert auf ein weitgefächertes Gegenstandsspektrum, das unter verschiedenen Beschreibungsaspekten gebündelt werden kann, z.B.

– nach dem Grad der sprachlichen Ausrichtung: Thema einer Reflexion kann a) Sprache unmittelbar selbst sein (ihr Potential, Regelwerk) oder b) die Wirklichkeit "durch die Sprache hindurch" (die sprachlich zu fixierende Tatsachenwelt, Beziehungen der Menschen, Innenwelten – vgl. Ingendahl 1997:275);
– typisiert nach den (Wissens-)Problemen, die etwa der Durchschnittssprecher bei der Lösung praktischer Kommunikationsaufgaben zu lösen hat (vgl. Antos 1997:160ff. – im Zusammenhang mit seiner Theorie der Laienlinguistik): deklarative (lexikalische, grammatische, pragmatische, soziokulturelle) bzw. prozedurale Wissensprobleme (der Planung, Formulierung, Rezeption);

(7) Sprachreflexion vollzieht sich nicht "sprachisoliert" – sie basiert immer auf der Erfahrung im (alltäglichen, wissenschaftlichen, fachbezogenen, ästhetischen) Umgang mit Sprache und geschieht – so gesehen – leistungsbezogen;

(8) Sprachreflexionen können auch als Reflexionen von Reflexionen und damit Meta-Reflexionen (etwa Reflexionen über linguistische Aussagen) sein;

(9) Entsprechend den Sprachbewußtseinsarten ist auch zwischen alltagssprachlichen, wissenschaftlichen, künstlerisch-ästhetischen u.a. Sprachreflexionen zu unterscheiden[18].

An dieser Stelle interessieren natürlich besonders die zuletzt genannten künstlerisch-ästhetischen Sprachreflexionen, wie sie vom Autor poetischer Texte wie auch von seinem Leser vollzogen werden.

Über künstlerisch-ästhetische Sprachreflexionen des Schriftstellers kann zunächst allgemein gesagt werden:

---

18  Auch hier sind verschiedene Klassifikationen möglich: Ingendahl (1997:280ff.) unterscheidet z.B. im Hinblick auf seine Betrachtung von Reflexion und (Grammatik-)Unterricht zwischen alltagspraktischen, theoretischen, ästhetischen und ethisch-politischen Sprachreflexionen.

a) Sie können in dreifacher Weise realisiert werden:

– unmittelbar in essaystischen, theoretischen Texten, Gesprächen, Briefen ...[19],
– allgemein im poetischen Text, quasi als Sprachreflexionsresultat[20],
– in speziellen Sprachreflexionspassagen (des Erzählers, von Figuren).

b) Schriftstellerische Aussagen über die Sprache stehen zwar immer auch unter dem Einfluß aktueller öffentlicher Sprachreflexion[21] und individueller (beruflicher) Entwicklung, brechen sich aber "natürlicherweise in der Optik künstlerischer Sprachverwendung, die für den Linguisten und den durchschnittlichen Sprachteilhaber nur einen – wenn auch wichtigen – Teilaspekt darstellt. Für den Schriftsteller steht im Mittelpunkt sein – schöpferisches – Verhältnis zur überlieferten Sprache. Die intersubjektive Verbindlichkeit der sprachlichen Benennungen und ihr hoher Verallgemeinerungsgrad" – beide zur Kommunikation unerläßlich – führen ebenso notwendigerweise zu Konflikten mit dem Streben des Autors nach subjektiver, individueller und konkret-bildhafter ("sinnlicher") Benennung und Textgestaltung. Aus dieser

---

19 Hierzu sind auch meine Umfrageergebnisse zu rechnen. Aber einige Autoren – auch Germanisten – sprechen sich geradezu gegen "öffentliches" Sprachreflektieren aus: "Tausendfüßler-Syndrom" (Reflexion führt zur Fähigkeitseinbuße); Berufung auf "Sprachmagie" u.a.

20 So weisen Studien zur Literatur- und Sprachreflexion von Arntzen (1983:17ff.) auf "die konstitutive Bedeutung der Sprache für die Dichtung" hin, auf die bereits Humboldt aufmerksam macht: "Dadurch ist die Dichtkunst unmittelbar und in einem weit höheren Sinn, als jede andere Kunst für zwei ganz verschiedene Gegenstände gemacht: für die äußeren und die inneren Formen, für die Welt und den Menschen [...]; allein wenn es die inneren Formen sind, die sie zu ihrem Objekte wählt, dann findet sie in der Sprache einen ganz eigenen Schatz neuer und vorher unbekannter Mittel. Denn nunmehr ist diese der einzige Schlüssel zu dem Gegenstande selbst; die Phantasie, die sonst gewöhnlich den Sinnen folgt, muß sich nun an die Vernunft anschließen". Und Arntzen konstatiert daraufhin: So "vertritt Sprache im Prozeß der Dichtung geradezu die Position der Reflexion [...]. 'Sinnlichkeit' der Dichtkunst als Kunstwerk [...] ist diesem Reflexionselement Sprache abzuzwingen", [...] "da Sprache nicht bloß als Begriffssprache, sondern als Substrat von individuellem Ausdruck und subjektiver Reflexion begriffen wird". – Natürlich gilt, daß für eine poetische Textkonstitution "keine spezielle Art des Sprachgebrauchs" gilt, sondern "eine umfassende semiotische Charakteristik": Wesentlich dafür sind z.B. die Diskrepanz zwischen "Textreferenz und Textdenotat" und entsprechende Einstellungssignale für den Leser (vgl. Fleischer/Michel/ Starke 1993:302; Lerchner 1984:25ff. u.a.).

21 So finden sich in fast allen Antworten der Umfrage Hinweise zu den derzeit hauptsächlich diskutierten Fragen der Öffentlichkeit: Sprachentwicklung, Einfluß der Medien, Fremdeinflüsse (Englisch; Zuwanderersprachen), Rolle des Dialekts, Jugendsprache (vgl. Stickel:1998).

Sicht resultiert nicht selten emotional betonte Abwertung der Alltagssprache" (Fleischer/Michel/Starke 1993:296).

c) Für Autoren, die Erzähltexte für junge Leser schreiben, gilt diese "Optik künstlerischer Sprachverarbeitung" in spezifischer Weise – bedingt durch den besonderen Bezug zum Kind (als Blick des Autors auf sein früheres "Kind-Ich"; auf Kindfiguren im Text, auf die Rezipienten) und die damit verbundenen spezifischen Anliegen, Gegenstände, Genres (etwa Zauber-Geschichten) usw.

Mit dem literarischen Text wird der Rezipient seinerseits zu ästhetischen Sprachreflexionen angeregt. Ingendahl (1997:285ff.) bestimmt sie – sicher sehr absolut – als "Selbstzweck" und faßt – wieder mit Blick auf Kind/ Schule – vier Gegenstandsbereiche dafür:

- **Sprache**: "Man erfährt eine Form, eine Gestalt, [...] einen zweiten Code [...], man wird darauf aufmerksam, wie überhaupt 'Welt' in der Sprache in der Kommunikation [...] entsteht: 'Sinn-Konstitution'";

- **Sachverhalt**: "Man erfährt eine neue Wirklichkeit, fremd und doch vertraut [...]";

- **Gesellschaft**: "Herrschende Normen werden aufgebrochen, verlieren ihre Geltung [...]";

- **Innenwelten**: "Ich genieße mich, der ich eine Form entdecke, [...] die Form durch eine Deutung zum Sprechen bringe [...]".

Nicht selten bekennen Autoren, daß sie gerade diesen ästhetische Erfahrungen sammelnden (jungen) Leser im Blick haben, wenn der Kinder- und Jugendliteratur zuweilen auch heute noch ein Hang zur belehrenden Botschaft zugesprochen wird.[22]

---

22  In welchem "Dilemma" Kinder- und Jugendliteratur in puncto Anliegen/Botschaft steckt, beschreibt Hoffmann (1995:95) so: "Ein Spezifikum der Kinder- und Jugendliteratur, Sammelbegriff für viele Genres, scheint aber zu sein, daß die gesamte Gattung als Belehrungsdichtung gilt, so daß der Ausdruck *belehrendes Kinderbuch* seinen Inhalt als Pleonasmus darbietet. Doch damit nicht genug. Kinderbüchern kann traditionell auch vordergründige Belehrung zugeschrieben werden. Moderne Literaturwissenschaft versucht jedenfalls, dem Einhalt zu gebieten, indem sie die pädagogische Absicht verdammt und den pädagogischen Gestus als unvereinbar mit der ästhetischen Grundfunktion qualifiziert".

## 4. Schriftstellerische Bedeutungsreflexionen

Wie Martin Auer, einer der von mir befragten Autoren, schreibt, taucht beim "Schreiben für Kinder [...] naturgemäß immer wieder die Frage auf: Verstehen die Kinder das denn schon, kennen sie wohl dieses Wort, ist dieser Ausdruck 'zu hoch' oder 'zu niedrig' gewählt?" Es geht also sehr oft um (originelle) Möglichkeiten der lesergerechten Bedeutungsexplikation im Erzähltext für junge Leser und damit auch um zentrale linguistische Gegenstände, wenn u.a. gefragt wird,

– welche Elemente das kommunikationserforderliche "Kernwissen" (sozusagen den Stereotyp im Putnamschen Sinne) ausmachen, damit ein Wort verstanden werden kann, ohne daß alle notwendigen und hinreichenden Eigenschaften des Begriffskerns abgerufen werden müssen,[23]

– wie über Explikationen der denotativen Bedeutungen hinaus Mitbedeutungen "erzählgerecht" verarbeitet werden können (über Erläuterungen zum Umgang des Sprachnutzers mit dem Denotat. Beschreibung von Konnotationen, Entfaltung semantischer Vernetzungsrahmen, Auflösung von Implikationen, Verweise auf semantische Präsuppositionen u.a.),

– welche Verfahren der Bedeutungsexplikation zur Verfügung stehen – von den "klassischen" Definitionen über komplexe beschreibend-definitionsähnliche Verfahren bis zur schlichten Paraphrasierung oder Substitution durch semantisch äquivalente Elemente u.a.,

– wie (Kon-)Texte zu gestalten sind, daß darin fließende Erzählprogression und Semantisierung unbekannter lexikalischer Einheiten von den (kindlichen) Lesern ganzheitlich rezipiert werden können,

– inwieweit Laien- und Expertenbedeutungen (z.B. in SF-Texten, historischen oder Abenteuerromanen) in den Erzähltext einzuarbeiten, im Anhang zu erklären oder in Text und Anhang differenziert und eingehend zu behandeln sind.

---

23 Vgl. in diesem Zusammenhang besonders Antos (1996:286ff.) zur Rolle des Stereotypen-Konzepts im Sinne einer "rudimentären Laientheorie", vor allen Dingen mit dem "Witz", daß so erklärlich wird, daß Wörter auch ohne genaue Bedeutungskenntnis halbwegs verwendbar sind.

Die folgenden, bis auf einige Kern-Stichwörter[24] linguistisch nicht näher
interpretierten Sprachreflexions-Beispiele zeigen, wie sachgerecht Autoren
für junge Leser in ihren Äußerungen bzw. Erzähltexten mit solchen oder
ähnlichen Bedeutungsproblemen umgehen können, aber auch – daß sich für
Linguisten hier sehr wohl ein ergiebiges "Dienstleistungsfeld" auftun kann.

### 4.1 Beispiele für Bedeutungsreflexionen in Sachaussagen von Textschreibern für junge Leser [25]

**Martin Auer** (begonnenes Germanistikstudium – Dramaturg/Schauspieler/
Musiker): *Beim Schreiben für Kinder taucht naturgemäß immer wieder die
Frage auf: Verstehen die Kinder das denn schon, kennen sie wohl dieses
Wort, [...] ist dieser Ausdruck "zu hoch" oder "zu niedrig" gewählt? Macht
man sich über diese Fragen Sorgen, dann stößt man bald auf das Dilemma:
Beschränke ich mich auf die schon verstandenen Formen, können die Leser
nichts dazulernen, gehe ich aber über das Bekannte hinaus, verstehen sie
mich am Ende nicht. In der Praxis löst sich das Dilemma allerdings auf eine
sehr komplizierte, aber ganz natürliche Art [...]: Aus dem Zusammenhang
der Geschichte erschließen sich die Kinder die Bedeutung der Formen, und
die verstandenen Formen ermöglichen ihnen das tiefere Verstehen der Geschichte. Hält man sich vor Augen, daß die Kinder die Sprache eben durch
ihren (aktiven und "passiven") Gebrauch erlernen, wandelt sich das Problem: Die Frage nach der Verständlichkeit der einzelnen Form verliert an
Bedeutung. Aber es stellt sich die viel komplexere Frage, ob die Gesamtheit
des Textes diesem Lernprozeß förderlich ist [...].* (Kern-Stichwörter/KSW:
Sprachkompetenz, Bedeutungsverstehen, Rolle des Kontextes beim Semanti-
sierungsprozeß, Erklären von für den Leser "schwierigen"/neuen Wörtern)

**Horst Beseler** (Berlin – Filmtechniker/Redakteur – freischaffend seit 1952):
*(Es) besteht nach meiner Auffassung beim Autor [...] Mühe nicht in so nüch-
tern wählendem, ordnendem Sprach-Nachdenken, wie es Sache der semantische Schichten und Strukturen ausforschenden Wissenschaft ist, sondern in
einer sozusagen "witternden" Suche nach dem rechten Ausdruck [...]. Habe
ich, um es [...] am ganz schlichten Beispiel festzumachen, den jungen Lesern
einen handlungswichtigen Baum in der Landschaft zu beschreiben, so darf*

---

24  Mit diesen "Kern-Stichwörtern" (= KSW) sollen einige in den Zitaten und Texten der
    Autoren angesprochene Probleme der Bedeutungserschließung und -beschreibung le-
    diglich in ihren terminologischen Markierungsmöglichkeiten angedeutet werden.

25  Nähere Angaben zu den Autoren im Autorenverzeichnis des Bundesverbandes der Bö-
    decker-Kreise e.V. (1994).

*ich ihn nicht bloß benennen, sondern muß ihn bildhaft machen. Was 1. von der Wahrnehmungs-"Brennweite" abhängt (Fernsicht oder Naheinstellung). 2. vom allgemeinen Ambiente (Witterung, atmosphärische Stimmung). Und 3. von der geschehnisgebotenen Wortwahl bzw. Wortselbstverständlichkeit. Wenn der Erzählende oder Beschreibende zu jedem Baum hinblickt, dann kann dieser Begriff für manch andere Gelegenheit ebenso gelten. Linst er [...], dann wird dies stets mit einem Anflug von Heiterkeit oder gar Komik verbunden sein [...].* (KSW: linguistische vs. künstlerische Beschreibung von Semantisierungsprozessen, Begriff/Bedeutung/stilistische Variante)

**Wolfram Eicke** (Lübeck – Abitur/Zeitungsvolontariat/Funkarbeit): *"Die Kinder klettern auf einen hohen Baum", steht in meiner Geschichte. Anschaulicher schreiben! hat Inge gesagt. Also: Wie hoch ist der Baum? Ich schreibe: "So hoch wie ein Hochhaus." Nein, denke ich. In die Beschreibung eines Waldes paßt kein Bild von einem Hochhaus. Ich schreibe: "Zwanzig Meter hoch." Nein, das ist nur eine Zahl, man sieht kein Bild vor sich. Wieder durchstreichen: "Zehnmal so hoch wie die Kinder?" Nein, das ist nichts ... Ich schreibe, zerreiße, schreibe neu [...], dann endlich steht auf dem Papier: "Sie kletterten so hoch, bis über ihren Köpfen nur noch der Himmel war." – Oooh, das ist hoch. – Ja. Das ist ein Bild. Das kann man sich vorstellen, ganz ohne Zahl, und es ist plötzlich ganz gleichgültig, wie hoch der Baum wirklich ist – die Kinder sind ganz oben. Das wollte ich sagen [...].* (KSW: Semantisierung und "kreatives Schreiben", Bildhaftigkeit)

**Kerstin Boie** (Barsbüttel – Germanistik/Promotion/Lehrerin Gymnasium/Gesamtschule): *Was kann ich Kindern zumuten, deren Sprachverständnis noch längst nicht so entwickelt ist wie mein eigenes, erwachsenes [...]? – Der beim Schreiben vorgestellte Leser kann nur ein idealer – d.h. fiktiver – Leser sein, den es nirgends gibt: meine bewußte und unbewußte Vorstellung davon nämlich, was ein Kind auf einer bestimmten Altersstufe wohl versteht. Diese Vorstellung, die zum größten Teil natürlich unbewußt ist, steuert also, was ich beim Schreiben an Wörtern, Satzstrukturen, Bildern zulasse und was gar nicht erst ins Bewußtsein dringt. Sie ist eine vorgeschaltete Instanz, über die ich mir in den wenigsten Fällen Rechnung ablege, [...] an ihr kommt keine Zeile, kein Wort vorbei. Nur in wenigen Fällen, und zwar den ihr zweifelhaften, wird mir diese Instanz bewußt: So etwa, wenn ich mich frage, ob der altersmäßig intendierte Adressat einen Begriff wie PC, Blockwart oder Laubenkolonie verstehen kann – was übrigens weniger mit seiner sprachlichen Kompetenz als mit seinem Wissen über die Welt zu tun hat; oder wenn ich mich frage, ob eine bestimmte Perspektive, ein Perspektivwechsel, verstanden werden, besonders häufig aber geht es um Ironie oder die Ver-*

*wendung von Metaphern [...]. – Metaphern nämlich [...] sind Kindern ebenso wie viele andere Formen uneigentlichen Sprechens häufig noch nicht bekannt; durch ihre Verwendung stürzen die Kinder oft ungewollt in große Verwirrung. – Vergleiche dagegen, die einfachere Form, aber eben auch die geschlossenere, die dem Leser weniger Raum zum Entschlüsseln läßt [...], verstehen die Kinder leicht, an ihnen haben sie sogar besondere Freude, und Vergleiche können insofern sicherlich auch eine Vorbereitung auf das Entschlüsseln komplexerer Sprachbilder sein [...].* (KSW: Ausprägung kindlicher Sprachreflexion, der "ideale" Rezipient im Schreiber-Bewußtsein, Rolle der Metaphorik im kindlichen Sprachverstehensprozeß)

**Werner Färber** (Freiburg – Anglistik/Sport – heute: Lehrer in Schottland): *(Im) 1994 erschienenen Leselöwen Unsinngeschichten [...] nehme ich die Sprache nicht nur aufs Korn, sondern auch auf die Schippe. Alltägliche Sprach- und Kommunikationsprobleme führen zu wunderbar komischen Situationen. Und bei genauer Betrachtung ist es gar nicht so schwer, den Unsinn aufzuspüren, den wir ständig von uns geben. Wenn man sie darauf hinweist, finden auch Kinder im Grundschulalter schon großen Gefallen an derartigen Wortspielereien. Kinder können (zumindest auf Nachfrage) bereits sehr früh zwischen Unsinn und Blödsinn bzw. Unfug unterscheiden [...].* (KSW: Deidiomatisierung)

**Eva Maria Kohl** (Berlin – Germanistik/Kunst – Promotion/freischaffend seit 1978; lehrt kreatives Schreiben): *Gibt es normale Wörter und besondere Wörter? Solche, die man täglich gebraucht beim Fragen und Antworten, beim Reden, Schularbeitenmachen, beim Unterhalten und solche, die etwas Feiertägliches, Besonderes an sich haben und in Gedichten und Märchen zu finden sind? Gibt es einen besonderen Schrank, aus dem die Dichter ihre Wörter holen? Sind nur sie im Besitz des Schlüssels für die Zauberwörter? Ich habe viele Jahre lang bei meiner Arbeit mit Kindern in Schreibwerkstätten, bei Seminaren mit Grundschullehrerinnen und Studenten nach einer Antwort auf diese Fragen gesucht und bin auf eine sehr einfache Wahrheit gestoßen: [...] Jeder Mensch hat seine Zauberwörter im eigenen Kopf [...]. Man muß nur wieder lernen, sie auch zu benutzen [...]. Das ist eine schwere Arbeit mit schwer handhabbarem, abstraktem Material – dem Wort ... Deshalb lege ich vor das eigentliche Schreiben eine lange Vorbereitungsphase [...]. Sie beginnt mit der elementaren Arbeit des Wörtereinsammelns [...]. Die Wörter werden in "Wohnungen" gepackt, das sind eigens für sie eingerichtete Wörterkästchen: [...] Augen-/Ohrenwörter, Wörter zum Schmecken/zum Tasten, [...] Steinwörter [...].* (KSW: keine "Spezial-Lexik" für Literaturtexte, Probleme des Einstieges ins Schreiben und Erzählen, Wortschatzbeziehungen)

**Dieter Lattmann** (München – Buchhändler – P.E.N. – MdB 72-80): *[...] 1984 habe ich einmal darüber geschrieben, daß in der Wortfabrik Bundestag lauter sinnentleerte Wörter um die Ecke hinken und ihren verlorenen Bedeutungen hinterdreinlaufen [...].* (KSW: Wortsinn und Wertung, Bedeutung/ Bedeutungsumfang, Vagheit)

**Gunter Preuß** (Leipzig – Mechaniker/Fachschule: Artistik/Studium am Literatur-Institut Leipzig): *Immer mehr wird die Sprache zum Wortgefängnis, und Phantasie und Kreativität verkümmern darin. Es ist in der Tat erschreckend, wie Menschen, die in sogenannten "Kulturländern" leben und sich gebildet nennen, mit dem Werkzeug Sprache umgehen; die Pinzette wird durch die Kneifzange ersetzt und das Uhrmacherhämmerchen durch den Vorschlaghammer. Auf den Sprachbrücken begegnen sich immer weniger Menschen, um gemeinsam ein Stück Lebensweg zu gehen; stattdessen flüchten wir uns in Wortfetzen, oder wir rollen schwere Geschütze aufeinander zu.* (KSW: Sprachfunktionen, Sprachkultur)

## 4.2 Beispiele für die erzählkünstlerische Verarbeitung von Bedeutungsreflexionen in Texten für junge Leser

### 4.2.1 Sprach(Bedeutungs-)Reflexion als Textgegenstand und -thema [26]

**Franz Fühmann**, Die dampfenden Hälse [...] Ein Sprachbuch voll Spielsachen: *[...] das kleine **und** stand mutterseelenallein auf der Welt [...]. Da kam ein einsames großes H auf seinen zwei Beinen dahergestelzt. "Ich bin auch so allein wie du", sagte das große H, "komm, gehen wir zusammen!" "Nein, ich will nicht", sagte das kleine **und**, "da muß ich ja immer bellen." "Na dann eben nicht", sagte das große H und wollte um die nächste Ecke biegen, aber die Ecke hielt es fest. "Bleib bei mir", sagte die Ecke und das große H blieb [...]. "Ach wer soll kommen, mir endlich zu helfen" schluchzte das **und** nach vielen Fehlschlägen der "Partnerschaftssuche". Da kam auch schon das **Wer** daher [...]. Und da schloß das große **Wer** das kleine **und** in seine Arme, da wurde ein Wunder aus den beiden, und wenn sich zwei umarmen, die sich mögen, wird das immer wieder ein Wunder sein.* (KSW: Sprachform-Strukturen und Bedeutung)

---

[26] Genaue Quellenangaben liegen beim Verfasser vor.

**James Krüss**, Mein Urgroßvater und ich. Darin: Maxl, das Murmeltier: (Maxl entfloh dem Winterschlaf und traf) *das Reh Karla, das fürchterlich jammerte [...] "Warum stöhnst du so?" – "Ach, ach, ach!" seufzte das Reh. "Ich bin auf dem Eis gestürzt, und nun hinke ich auf dem linken Vorderlauf. "Hatte denn das Eis einen Buckel?" fragte Maxl erstaunt. "Was du für dumme Fragen stellst", wunderte sich Karla. "Das Eis ist doch glatt und glitschig! Deshalb bin ich gestürzt!" "Wieso ist das Eis glatt?" fragte Maxl verwundert. "Weiß ich, warum", erwiderte das Reh. "Geh, schau dir doch den gefrorenen Teich an und probier es selbst!" [...] Da lief Maxl zu dem gefrorenen Tümpel, der blank und eben wie ein Spiegel war. Er versuchte darauf zu gehen, rutschte aber – alle Viere von sich gestreckt – auf dem Eise herum und war froh, als er wieder auf festem Boden stand. "Komisch", sagte das Murmeltier, "ich habe mir Eis immer stumpf und trocken wie Kalkstein vorgestellt." [...] "Du siehst an diesem kleinen Knirps", sagte mein Urgroßvater, "daß Wörter wie* Schnee *oder* Eis *oder* Förster *wenig nützen, wenn man die Dinge nicht kennt, die man so nennt. Das ist, als hättest du einen Geigenbogen und keine Geige dazu."* (KSW: Bedeutungs- und Weltwissen)

**Peter Bichsel**, Ein Tisch ist ein Tisch: *"Immer derselbe Tisch", sagte der Mann, dieselben Stühle, das Bett, das Bild. Und dem Tisch sage ich Tisch, dem Bild sage ich Bild, das Bett heißt Bett [...]. Warum eigentlich? Die Franzosen sagen dem Bett 'li' [...] und sie verstehen sich [...].* (KSW: Benennung, Bedeutung, Denotat; Konventionalität und Sprachgebrauch)

**Werner Färber**, Leselöwen Unsinngeschichten. Darin: Die Nase: *"Meine Nase, Herr Doktor. [...] meine Nase läuft", [...] Herr Erker [...] senkte verlegen den Blick. "Na, wenn es weiter nichts ist", sagte der Arzt und griff nach seinem Rezeptblock. "Holen Sie sich aus der Apotheke ein Schnupfenmittel, dann geht es Ihnen [...] besser." "Ich habe keinen Schnupfen", sagte Herr E. Dr. Basulke schraubte seinen Füllfederhalter wieder zu. "Aber Sie sagten doch gerade, Ihre Nase läuft." "Ja, das ist richtig", bestätigte Herr E. "Aber meine Nase läuft wirklich." "Was soll das heißen, sie läuft wirklich?" "Wenn Sie noch einen Moment warten, können Sie es selbst sehen. Sie juckt bereits." "Entschuldigen Sie, ich habe meine Zeit nicht gestohlen [...]." Der Arzt glaubte, Herr E. wollte ihn verkohlen. Doch im selben Augenblick fing Herrn E.s Nase an, sich zu strecken und zu recken. Sie sprang aus seinem Gesicht und lief über den Tisch [...]. "Wenn Sie wollen", sagte Dr. B., "verschreibe ich Ihnen ein Pflaster [...]." "Aber ich kann doch meine Nase nicht einfach [...]." [...] Herr E. erhob sich und*

*verließ wortlos die Praxis [...] Als Herr E. irgendwann auch noch Ohren-
sausen bekam [...]*. (KSW: Deidiomatisierung)

### 4.2.2 Reflexion auf *Wirklichkeit, Menschengemeinschaft, Innenwelten* "durch Sprache (Bedeutung) hindurch" in Passagen von Texten für junge Leser

**Peter Härtling**, Oma. Die Geschichte von Kalle, der seine Eltern verliert
und von seiner Großmutter aufgenommen wird: (mit der Oma auf Reisen):
*Das Klo befand sich ein Stockwerk tiefer, was Oma bemängelte. Sie könne
nicht jede Nacht durch das Haus geistern. – Dann braucht sie eben ein
Nachtgeschirr, sagte die Bäuerin unwillig. Kalle, der nicht fragen wollte,
stellte sich unter einem Nachtgeschirr ein Pferdehalfter vor, das sich die
Oma aus Sicherheitsgründen in der Nacht umlegen mußte [...]*. (KSW:
Bedeutung, Benennungsmotiv)
*Kalle wurde Libero. Was Libero war, wußten sie aus dem Radio und Fern-
sehen. Jedenfalls, so sagte sich Kalle, muß der Libero der Gescheiteste in
der Mannschaft sein, da er allen zuspielt, das Spiel macht, wie die Reporter
immer sagen.* (KSW: kindliche [?] Verfahren der Bedeutungserklärung)

**Christa Kozik**, Moritz in der Litfaßsäule: *"Schön, daß es Litfaßsäulen gibt",
sagte Moritz zur Katze. "Sie sind wirklich eine gute Erfindung. Warum heißen sie eigentlich Litfaß-Säule?" Die Katze hob den Kopf [...]. "Na, ganz
einfach nach ihrem Erfinder. Dinge heißen immer nach ihren Erfindern. Das
Rad nach Herrn Rad, der Dieselmotor nach Herrn Motor." – "Quatsch",
sagte Moritz und tippte sich an die Stirn. – "Na, dann eben nach Herrn Die-
sel. Aber das Telefon heißt nach Herrn Fon und die Uhr nach Herrn Uhr." –
"Und die Litfaßsäule nach Herrn Litfaß?" witzelte Moritz. "Ja, genau", sagte
die Katze. "Was fragst du mich denn, wenn du es selber weißt?" "Wenn das
mit den Erfindungen so einfach ist, habe ich es mir eben gedacht. Aber war
dieser Herr Litfaß so dick?" – "Nein, Herr Litfaß war nicht dick. Eher lang
und dünn. Er war ein Berliner. Er erfand die Litfaßsäule für Leute, die keine
Zeitung lesen wollten [...]"*. (KSW: Spiel mit Benennungsmotiven, Sprach-
kolorit: Kind-Erfahrung)

**Jo Pestum**, Auf einem weißen Pferd nach Süden: *Ich hätte jetzt gern auf der
anderen Seite von Witha gesessen, denn ich wollte rauskriegen, ob ich sie
von rechts auch gern hatte. Auf der rechten Backe hat sie nämlich ein rotes
Feuermal. Mit Feuer hat das überhaupt nichts zu tun. Das hat sie von Ge-*

*burt an, weil sie sich als Embryo die Faust so gegen die Backe gedrückt hatte.* (KSW: Wertung und Bewußtwerden von Benennungsmotiven) (Mutter und Sohn kennen den Beruf nicht, den der Junge lernen soll): *Bandagist, sagte ich, vielleicht ist das 'ne Spezialbande, bei der die Bandagisten arbeiten. Überfallen vielleicht nur Spezialfahrzeuge, Geldtransporter und so. – Aber meine Mutter giftete richtig, ich sollte mich nicht über alles so lustig machen, das wäre vielleicht 'ne richtige Lebenschance.* (KSW: Spiel mit Benennungsmotiven zum Ausdruck von Humor und "Jugend-Kolorit")

**Wiebke von Thadden**, Brun, Geisel des Königs im Reiche der Franken: *Hier in Regensburg, in der alten Pfalz der bayerischen Herzöge, wanderte Brun durch das bunte Gewimmel der frisch angeworbenen Truppen [...]. Von allen Seiten drangen Sprachfetzen an sein Ohr, die seiner eigenen sächsischen Sprache sehr nahe verwandt waren. Allen diesen Stämmen, den Alemannen, Bajuwaren und Franken, den Sachsen und Friesen war gemeinsam, daß sie weder Lateinisch noch Romanisch verstanden; man faßte ihre Dialekte neuerdings zusammen unter dem Wort "theodisk", das hieß: "was die Leute sprechen".* (KSW: Erläuterung erzähl-historischer Situation über Benennungshinweis und Bedeutungserklärung)

"In unserer Art zu reden zeigen sich unsere Eigenschaften. Unsere Sprache gehört zu uns wie unser Blick und unser Gang", läßt der Kinderbuchautor James Krüss eine seiner Hauptfiguren sagen und dann "lauter Geschichten und Gedichte zum besten geben, die auch mit Sprache zu tun haben"[27]; denn für James Krüss ist es – wie eingangs bereits festgestellt – überaus wichtig, daß ein (Kinderbuch-)"Autor auch dazu beitragen muß, das Kind in die große weite Welt seiner Muttersprache einzuführen"[28]. Der Linguist hat ihn bei der Bewältigung dieses schwierigen Problems aus seiner Sicht ganz sicher partnerorientiert zu unterstützen. In diesem Beitrag sollte auch besonders auf diese Problematik aufmerksam gemacht werden, deren Bearbeitung fortgeführt werden soll.

---

27  Vgl. James Krüss (1959): *Mein Urgroßvater und ich.* - Hamburg: Oetinger, 24.
28  Erweitert lautet das Zitat aus der Krüss-Rede anläßlich der Verleihung des H.-Chr.-Andersen-Preises an den Autor: "Wer zum dreijährigen Kind ausschließlich mit dem Wortschatz des Dreijährigen spricht, vergißt, daß er als Autor auch dazu beitragen muß, das Kind in die große weite Welt seiner Muttersprache einzuführen." (Vgl. Beiträge zur Kinder- und Jugendliteratur, 5/1970:85.)

## LITERATUR

Andresen, Helga (1985): *Schriftspracherwerb und Entstehung von Sprachbewußtsein.* - Opladen: Westdeutscher Verlag.

Antos, Gerd (1996): *Laien-Linguistik. Studien zu Sprach- und Kommunikationsproblemen im Alltag. Am Beispiel von Sprachratgebern und Kommunikationstrainings.* - Tübingen: Niemeyer (= Germanistische Linguistik 145).

Arntzen, Helmut (1983): *Zur Sprache kommen. Studien zur Literatur- und Sprachreflexion, zur deutschen Literatur und zum öffentlichen Sprachgebrauch.* - Münster: Aschendorff.

Boie, Kirsten (1995): *Vom Umgang mit der Sprache beim Schreiben.* - In: Beiträge Jugendliteratur und Medien 47 (Neue Folge/1995) 1, 2-17.

Bussmann, Hadumod (1990): *Lexikon der Sprachwissenschaft.* - 2., völlig neu bearb. Aufl. - Stuttgart: Kröner (= Taschenbuchausgabe 452).

Coseriu, Eugenio (1988): *Sprachkompetenz. Grundzüge der Theorie des Sprechens.* - Tübingen: Francke.

Fix, Ulla (1989): *Von Tauglichkeit und Untauglichkeit der Sprache. Nachwort.* - In: U. Fix, H. Nalewski (Hg.): *Sprichwenndukannst. Schriftsteller über Sprache.* - Leipzig, Weimar: Kiepenheuer, 292-305.

Fleischer, Wolfgang; Michel, Georg; Starke, Günter (1993): *Stilistik der deutschen Gegenwartssprache.* - Frankfurt/M., Berlin, Bern, New York, Wien: Lang.

Haueis, Eduard (Hg.) (1989): *Sprachbewußtheit und Schulgrammatik.* - In: OBST, 40.

Hoffmann, Michael (1995): *Zur stilistischen Über- und Untercodierung der belehrenden Botschaft.* - In: A. Feine, K.-E. Sommerfeldt (Hg.): *Sprache und Stil in Texten für junge Leser. Festschrift für H.-J. Siebert.* - Frankfurt/M., Berlin, Bern, New York, Paris, Wien: Lang (= Sprache – System und Tätigkeit 17), 95-107.

Ingendahl, Werner (1994): *Was wird aus der "Sprachreflexion", wenn wir die Erkenntnisse der Hirnforschung ernst nehmen?* - In: Wirkendes Wort 44 (1994) 3, 513-536.

Ders. (1997): *Sprachreflexion statt Grammatikunterricht.* - In: Wirkendes Wort 47 (1997) 2, 272-291.

Kleinschmidt, Erich (1992): *Gleitende Sprache*: *Sprachbewußtsein und Poetik in der literarischen Moderne*. - München: Iudicium.

Krüss, James (1970): *Aus der Rede anläßlich der Verleihung des Hans-Christian-Andersen-Preises. Aus Jugend und Buch 4/1968*. - In: Beiträge zur Kinder- und Jugendliteratur 15, 84-85.

Kutsch, Stefan (1988): *Kinder über Sprache. Reflexion und Metakommunikation im Zweit- und Erstsprachenerwerb. Eine vergleichende Untersuchung*. - Frankfurt/M., Bern, New York, Paris: Lang (= Sprachwelten 1).

Lerchner, Gotthard (1984): *Sprachform von Dichtung. Linguistische Untersuchungen zu Funktion und Wirkung literarischer Texte*. - Weimar, Berlin: Aufbau.

Lutzeier, Peter (1985a): *Die semantische Struktur des Lexikons*. - In: Ch. Schwarze, D. Wunderlich (Hg.): *Handbuch der Lexikologie*. - Königstein: Athenäum, 103-133.

Ders. (1985b): *Linguistische Semantik*. - Stuttgart: Metzler (= Sammlung Metzler, M 219, Abt. C, Sprachwissenschaft).

Neuland, Eva (1993): *Sprachgefühl, Spracheinstellungen, Sprachbewußtsein. Zur Relevanz "subjektiver Faktoren" für Sprachvariation und Sprachwandel*. - In: K.J. Mattheier u.a. (Hg.): *Vielfalt des Deutschen. Festschrift für W. Besch*. - Frankfurt/M., Berlin, Bern, New York, Paris, Wien: Lang, 723-747.

Dies. (1996): *Sprachkritiker sind wir doch alle! Formen öffentlichen Sprachbewußtseins. Perspektiven kritischer Deutung und einige Folgen*. - In: K. Böke, M. Jung, M. Wengeler (Hg.): *Öffentlicher Sprachgebrauch. Praktische, theoretische und historische Perspektiven. G. Stötzel zum 60. Geburtstag gewidmet*. - Opladen: Westdeutscher Verlag, 110-120.

Dies. (1997): *"Literarische und sprachliche Bildung". Beobachtungen zum Wandel von Leitvorstellungen in Schule und Öffentlichkeit*. - In: M. Kämper-van den Boogaart (Hg.): *Das Literatursystem der Gegenwart und die Gegenwart der Schule*. - Baltmannsweiler: Schneider, 26-44.

Pinker, Steven (1996): *Der Sprachinstinkt. Wie der Geist die Sprache bildet*. - München: Kindler.

Putnam, Hilary (1975): *The Meaning of Meaning*. - In: H. Putnam: *Mind, Language and Reality. Philosophical Papers, Volume 2*. - Cambridge, 215-271.

Schellenberg, Wilhelm (1995): *"Das sind so Wörter, die habe ich überhaupt gefressen ..."* – *erste Untersuchungen zu sprachreflektorischen Textsequenzen als narrative Gestaltungsmittel in Texten für junge Leser.* - In: A. Feine, K.-E. Sommerfeldt (Hg.): *Sprache und Stil in Texten für junge Leser. Festschrift für H.-J. Siebert.* - Frankfurt/M., Berlin, Bern, New York, Paris, Wien: Lang (= Sprache – System und Tätigkeit 17), 165-181.

Schippan, Thea (1992): *Lexikologie der deutschen Gegenwartssprache.* - Tübingen: Niemeyer.

Schleichert, Hubert (1992): *Der Begriff des Bewußtseins. Eine Bedeutungsanalyse.* - Frankfurt/M.: Klostermann.

Schlieben-Lange, Brigitte (1975): *Metasprache und Metakommunikation. Zur Überprüfung eines sprachphilosophischen Problems in der Sprachtheorie und in der sprachwissenschaftlichen Forschungspraxis.* - In: Dies.: *Sprachtheorie.* - Hamburg: Hoffmann und Campe, 175-207.

Siebert, Hans-Joachim (1984): *Sprache im Kinderbuch. Betrachtungen zum Sprachgebrauch in der Prosaliteratur für Kinder.* - Berlin: Der Kinderbuchverlag (= Resultate 9).

Switalla, Bernd (1992): *Wie Kinder über die Sprache denken. Über die Entdeckung eines neuen Problems.* - In: Der Deutschunterricht 44 (1992) 4, 24-33.

Techtmeier, Bärbel (1984): *Thesen zur Sprachkultur.* - In: Zeitschrift für Germanistik 5 (1984) 4, 389-400.

Welte, Werner; Rosemann, Philipp (1990): *Alltagssprachliche Metakommunikation im Englischen und Deutschen.* - Frankfurt/M., Bern, New York, Paris: Lang.

Wichter, Sigurd (1994): *Experten- und Laienwortschätze. Umriß einer Lexikologie der Vertikalität.* - Tübingen: Niemeyer (= Germanistische Linguistik 144).

Willems, Klaas (1994): *Sprache, Sprachreflexion und Erkenntniskritik: Versuch einer transzendentalphänomenologischen Klärung der Bedeutungsfrage.* - Tübingen: Narr (= Tübinger Beiträge zur Linguistik 391).

Wolf, Norbert R. (1993): *Wann verfällt die deutsche Sprache endgültig? Einige Anmerkungen zu Fragen der Sprachskepsis, der Sprachkritik und der Sprachnormen.* - In: Perspektiven der Philosophie. Neues Jahrbuch, Bd. 19, 317-339.

Wunderlich, Dieter (1991): *Arbeitsbuch Semantik.* - 2., erg. Aufl.- Frankfurt/M.: Hain.

Wygotsky, Lew S. (1964): *Denken und Sprechen.* - Berlin: Akademie-Verlag.

INGO WARNKE

## Kontiguität von Texten und wortartenheterogene lexikalische Kategorien

> Funerals all over the world everywhere
> every minute. Shovelling them under by
> the cartload doublequick. Thousands every
> hour. Too many in the world.
>
> (James Joyce: Ulysses)

## 1. Textproduktion und semantische Kategorien

Die Annahme von Generierung und Aktivation mental repräsentierter Rahmen während der Textrezeption gehört zu den grundlegenden Positionen der kognitiv-semantischen Theorie des Textverstehens. Bereits Sanford & Garrod (1981) haben mit der Szenariotheorie darauf verwiesen, daß Textrezipienten im Zuge des Textverstehens ein komplexes diskursives Modell erstellen, mittels dessen die Semantisierung von Texten erfolgt. Textsinn ergibt sich nicht allein aus situativ determinierten textuellen Informationen, sondern im Verlauf der Rezeption auf der Grundlage mentaler Repräsentationen von Sprach- und Weltwissen. Diese Auffassung zeigt eine gewisse Nähe zu semiotischen Erklärungen der Textsemantik und zur Framesemantik. Thematisiert Peirce mit dem Begriff des Interpretanten die Semantisierung des Zeichens als Aktivation von Welt- und Sprachwissen im allgemeinen[1], so geht die Framesemantik von der kognitiven Komplexität semantischen Wissens im Rahmen begrifflicher Netzwerke aus. Insofern ist die These von der Stimulation konzeptueller Domänen beim Textverständnis kognitionslinguistisch, semiotisch und semantisch durchdacht. Offen bleibt jedoch bisher, ob die mentalen Textszenarien auch bei der Produktion von Texten aktiv sind bzw. in welcher Form und welche semantischen Kategorien dabei eine Rolle spielen. Letzthin können alle kognitionslinguistischen Fragestellungen allein experimentell verifiziert werden, sei es durch Off-

---

[1] "Parallel to Peircean approaches to language and linguistics, there have been text semiotic studies on Peircean principles since the 1960s. These studies have shown that semiotic features of texts can be revealed with respect to all three correlates of the Peircean sign, its representamen, its object relation, an its interpretant" (Nöth 1990: 45f.).

line- oder On-line-Verfahren. Die konzeptionellen Überlegungen zu jeweiligen originär linguistischen Fragestellungen sind mithin rationale Beiträge zum interdisziplinären Projekt "Kognitive Linguistik". Als solche sind auch die nachfolgenden Ausführungen zu verstehen. Der zentrale Gegenstand ist dabei die Organisation von lexikalischen Kategorien im Rahmen von Szenarien, die bei der Textproduktion aktiviert werden. Ziel ist die kognitive Interpretation des textlinguistischen Kohärenz- bzw. Kontiguitätsbegriffs auf der Grundlage einer kategorial interessierten Wortsemantik.

Zunächst wird von der Hypothese ausgegangen, daß während der Textproduktion semantische Netze durch die Abwahl textzentraler Lexeme aktiviert werden und daß diese Aktivation die lineare Erzeugung des jeweiligen Textes immer dann beeinflußt oder konstitutiv für diese ist, wenn Inhaltskonstanten bzw. thematische Bezugnahmen in Betracht kommen. Ein textzentrales lexikalisches Item$_1$ wird also als Ausdrucks-Inhaltsseite in einen Text eingebaut, womit eine konzeptuelle Domäne bzw. eine mentale Kategorie aktiviert ist. Während der weiteren Textproduktion determiniert diese aktivierte Kategorie die Lexikalisierung dann, wenn über den gleichen Inhalt weiter gesprochen wird bzw. ein konkreter thematischer Bezug erfolgt:

(1) *Dagegen findet Pavel Mikulastiks zeitgenössisches und zeitbezogenes Tanztheater breites Interesse; mit seinem Programm rettete er in Freiburg die Sparte Ballett.*[2]

Die graphische Modellierung des entsprechenden Textproduktionsprozesses ergibt folgendes Bild:

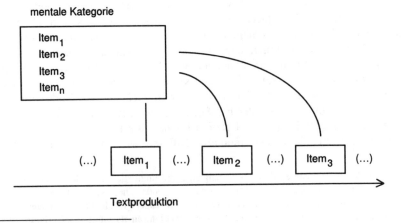

---

2  IDS public-Korpus, *Mannheimer Morgen* 17.11.1995.

Die lexikalischen Items *Tanztheater* und *Ballett* in (1) sind offensichtliche Repräsentanten eines onomasiologischen Paradigmas[3] bzw. eines Wortfeldes. Daß die Abwahl von Elementen derartiger paradigmatischer Relationen eine semantische Konformität des Textes sichert, hat schon Greimas (1966) mit der Einführung des Isotopie-Begriffs dargelegt, denn Isotopie ist definiert als das wiederholte Auftreten, also die Iteration solcher Items, die semantische Kongruenzen aufweisen. Greimas beschränkt Isotopie jedoch nicht auf Elemente, die wie in (1) im Verhältnis der Substitution stehen, sondern bezieht sich auf den Bedeutungszusammenhang von Lexemen aus einem Erfahrungsbereich. Folgender Textausschnitt zeigt, daß die Abwahl insofern isotoper Items textkonstitutiv ist:

> (2) *Der **Friedhof** besaß anfänglich auch weder eine durchgehende Mauer noch einen Zaun. [...] Die ausgelassenen Vergnügungen [...] schienen fortzudauern und mancher [...] machte sich gelegentlich an den **Grabstätten** zu schaffen [...]. Dadurch wurde es notwendig, den immer größer werdenden **Friedhof** besser zu schützen. In der damaligen Zeit war das Kirchenrecht, in Rom also der Vatikan, zuständig für die **Begräbnisse** in der Stadt. [...] Der Kirchenmann lehnte dieses Ansinnen zunächst [...] ab [...], die sechs Zypressen, die um ein **Grab** herum gepflanzt waren, erregten seinen Unwillen. [...] Am 16. August 1894 erwarb die deutsche Botschaft in Rom ein zusätzliches Gelände von 4300 Quadratmetern am Testaccio, auch im Namen der ausländischen protestantischen Vertretungen, zur **Bestattung** weiterer nicht-katholischer Staatsbürger. [...] Für die Entwürfe von **Grabmälern** war fortan die Zustimmung der **Friedhofsdirektion** notwendig. Für sogenannte "wichtige" **Grabanlagen** müssen alle Entwürfe gar von drei Fachleuten geprüft werden [...]. Eigentümerin des **Friedhofsgeländes** ist heute die Verwaltung [...].*[4]

Mit der Einführung des Isotopie-Begriffs ist jedoch noch nicht gesagt, ob bei der Textproduktion nur solche Items kohärenzbildend sind, die im Verhältnis von Substitution oder Assoziation im dargelegten Verständnis stehen. Sowohl das onomasiologische Paradigma als auch die Textisotopie-Elemente sind grundsätzlich als wortartenhomogene Klassen modelliert. Die semantische Kontiguität schließt jedoch unter Umständen auch Relationen ein, die jenseits der Wortartgrenzen liegen. Daraus ergibt sich die Notwendigkeit ei-

---

[3]  Nach Lutzeier (1995:163) ist das onomasiologische Paradigma eine "Klasse von lexikalischen Elementen, die zu einem vorgegebenen Begriff passen".

[4]  IDS public-Korpus, *Mannheimer Morgen* 30.10.1989.

ner genaueren Kennzeichnung der mentalen Kategorien, die bei der Textproduktion aktiviert werden, und dies besonders im Hinblick auf die klassifika-
torischen Grenzen der Kategorienvertreter. Die bei der Textproduktion aktivierten mentalen Kategorien verlaufen nicht notwendig innerhalb der strikten
Begrenzung lexikalisch-grammatischer Klassen. Assoziationstests mit zeit-
unabhängigen Variablen (vgl. Warnke 1997) zeigen, daß wortartenheterogene lexikalische Relationen[5] der Bedeutungsnähe der paradigmatischen Paare
mindestens entsprechen.

Wichtig ist die Frage, ob diese wortartenheterogenen Kategorien bedeutungsaffiner Elemente geschlossene Klassen mit prädefinierbaren Attributen
darstellen oder vielmehr offene mentale Kategorien, womit die Kategorisie-
rungsprozeduren im Langzeitgedächtnis thematisiert sind. Winters (1990:
285) zeigt mit Bezug darauf, daß die Fähigkeit zur Kategorisierung eine der
wichtigsten kognitiven Funktionen überhaupt darstellt, semantische Kategorien folglich einen mentalen Status haben und nicht allein metasprachliche
Entitäten sind:

"It is generally assumed that this categorizing ability is one of the most im-
portant of human cognitive functions, based on our scanning the environ-
ment, picking out salient features of objects, and seeing likenesses or diffe-
rences between salient features of varying objects".

Wenn die Kategorisierung ein mentaler Prozeß und maßgeblich durch unsere
Lexikalisierung der Welterfahrung bedingt ist, anderseits wortartenheterogene Kategorien als kognitive Klassen keine prädefinierbaren Grenzen aufweisen, so fällt der Fokus auf die offenen mentalen Kategorien als semantische
Textdeterminanten, die nicht über ein "Criterial attribute model" (vgl. Langacker 1987) zu erfassen sind. Denn wortartenheterogene Bedeutungsaffinitä-
ten, die anders als Vertreter onomasiologischer Paradigmen nicht im Verhältnis unmittelbarer Substituierbarkeit stehen, sind aufgrund ihrer graduel-
len Staffelung nicht hinreichend über kriteriale Bedingungen einzugrenzen.

Als assoziationssteuernde Vernetzungen kommen für wortartenheterogene
Relationen zwei mentale Bezugsfelder in Betracht: Frames und prototypisch
organisierte Kategorien. Frames sind als strukturierte Wissensbündel jedoch
situative Determinanten der Assoziationen; die wortartenheterogenen "Chunks
of knowledge" präskribieren eine Situation mit typischen lexikalischen Repräsentanten. Die insofern handlungsbezogene Relationierung bezieht sich

---

5   In Warnke (1995a), (1995b) und (1997) werden die entsprechenden Relationen als Sem-
    Isomorphien 1. und 2. Ordnung eingeführt.

auf die kontextdeterminierte Semantik von Lexikonelementen und nicht auf ihre abstrakte semantische Repräsentation. Der zu erwartende Priming-Effekt bei einem Prime-Item *Tod* und einem Target-Reiz *sterben* ist aber bereits auf der Systemebene angesiedelt, also im Bereich der kontextfreien Bedeutungen dieser Substantiv-Verb-Affinität. Zur adäquaten linguistischen Beschreibung ist folglich ein Modell der offenen Merkmalorganisation von lexikalisch-semantischen Kategorien notwendig.

Wenn man semantische Merkmalübereinstimmungen als Basis von wortartenheterogenen Kategorien einordnet, so muß dies keinesfalls als Rückgriff auf die Matrixsemantik geschehen, vielmehr koinzidiert die Fokussierung von semantischen Merkmalen mit der geforderten kognitiven Adäquatheit eines Textproduktionsmodells. Denn daß das semantische Gedächtnis merkmalstrukturiert ist, haben schon Smith/Shoben/Rips (1974) gezeigt, in jüngster Zeit insbesondere die Arbeiten von Damasio/Damasio (1989) und die Untersuchung von Schmuck (1993).

Damit ist die erweiterte Version der Prototypensemantik als theoretischer Rahmen für wortartenheterogene Kategorien geeignet. Der Prototyp im Verständnis eines prototypischen Merkmalkomplexes strukturiert solche offenen Klassen, bei denen kein Kategorienvertreter selbst Prototyp ist, sondern in verschiedenen Graden auf den prototypischen Merkmalverbund bezogen ist. Die Kategorie als Verbund der wortartenheterogenen Elemente mit semantischer Affinität ist dabei gemäß Osherson/Smith (1981) eine konzeptuelle Domäne. Diese konzeptuelle Domäne ist merkmaldefiniert. Ich gehe mit Lipka (1986:85) außerdem davon aus, daß wortartenheterogene Kategorien über einen "Central or nuclear sense of word" vermittelt sind, dieser wird bei Lipka (ebd.) auch als "Prototypical kernel" bezeichnet. Daß die prototypensemantische Konzeption von Klassen bedeutungsaffiner Wörter nicht im Widerspruch zu ihrer merkmalsemantischen Beschreibung steht, haben die diesbezüglichen Diskussionen deutlich gemacht. Bereits Schwarze (1982:9) hat darauf hingewiesen, daß es gute Gründe gibt, "die Merkmals- oder Komponentialanalyse nicht ohne nähere Prüfung aufzugeben". Am deutlichsten hat Kleiber (1998) dargelegt, daß prototypisch organisierte Kategorien nicht über einen Prototyp oder ein prototypisches Merkmal konstituiert werden müssen, sondern eine graduell gestaffelte Relationierung über je zentrale semantische Merkmale anzusetzen ist. Gilt dies für die wortartenhomogenen Klassen, deren Vertreter im Verhältnis gegenseitiger Substituierbarkeit stehen bzw. als Isotopie-Elemente zu kennzeichnen sind, so kann dies auch für wortartenheterogene Kategorien angenommen werden.

Einen wichtigen Hinweis auf die Aktivation von solchen semantischen Kategorien, die nicht durch syntaktische Klassen und das Prinzip der Substitution gekennzeichnet sind, geben die Forschungen des Cognitive Science Laboratory der Princeton University. In Erweiterung der "Co-occurrence hypothesis" von Charles/Miller (1989), die davon ausgeht, daß die Zahl der Kookkurrenzen antonymer Adjektive im gleichen Satz regelhaft hoch ist[6], untersucht Fellbaum (1995) die wortartenübergreifenden "co-occurrences of semantically opposed verbs, nouns, and adjectives" (a.a.O.:281). Dabei zeigt sich am Beispiel des Brown Corpus, daß die hohe Frequenz von Kookkurrenzen antonymer Items auch über die Grenzen syntaktischer Klassen hinaus zu belegen ist. Dies verifiziert die Annahme, daß es semantische Kategorien außerhalb der Begrenzung durch Wortarten gibt:

"Because words from different syntactic classes are not mutually substitutable in a given context, the semantic relation between the co-occurring words is not reflected in a syntactic parallelism" (Fellbaum 1995:297).

Hiermit meint Fellbaum Sätze, wie:

(3)  *Tobacco Road is **dead**. Long **live** Tobacco Road.*

(4)  *How easily he could **hate** the **lovable** Irish.*[7]

Die Analyse von Kookkurrenzen in Texten bzw. Sätzen zeigt nun, daß die frequentielle Signifikanz bei wortartenübergreifenden Relationen nicht allein auf Items von antonymisch organisierten Kategorien zu beschränken sind.

(5)  *Der amerikanische Präsident Clinton, der die Partner zu mehr Entschlossenheit und Glaubwürdigkeit **aufrief**, [...]. Sie ließen sich dabei von der **Mahnung** Clintons leiten, in ihre Abschlußerklärung nur dann die Drohung mit Luftangriffen aufzunehmen, wenn sie dazu auch tatsächlich bereit seien.*[8]

*Mahnung* und *aufrufen* sind hier Vertreter einer wortartenübergreifenden Kategorie, die durch semantische Isomorphien der Items gekennzeichnet ist,

---

6  Vgl. die signifikant hohe Assoziationsrate innerhalb gleicher Flexionsformen etwa des Komparativs bei Adjektiven oder des Nominativs Plural bei Substantiven, wie sie mit den Tests von Palermo/Jenkins (1964) bereits belegt sind.

7  Brown Corpus.

8  *Frankfurter Allgemeine Zeitung* 12.01.1994.

denn *aufrufen* ist in der Bedeutung des zu *Mahnung* partiell synonymen *Aufruf* zu verstehen. Eine Substitution macht dies deutlich:

(6) *[...], der die Partner zu mehr Entschlossenheit und Glaubwürdigkeit mahnte, ...*

(7) *Sie ließen sich dabei von dem Aufruf Clintons leiten, ...*

Bereits in Warnke (1995) wurde darauf verwiesen, daß es sich bei derartigen Relationen nicht um usualisierte syntagmatische Relationen handelt, da die Kollokation entsprechender Items zu Pleonasmen führt. Vielmehr sind *mahnen* und *Aufruf* über semantische Merkmale miteinander vermittelt und stehen damit als Beispiele für eine Kategorie mit semantischer Isomorphie. Derartige Kategorien sind keine geschlossenen Felder, sondern prototypisch organisierte Mengen von bedeutungsverwandten Lexikoneinträgen (vgl. Warnke 1997). Die Relationierung erfolgt über sogenannte "Core-Features" und "Cosmetic-features" (Cruse 1994), womit die graduelle Abstufung der Bedeutungsnähe entsprechender Lexikoneinträge erklärt ist.

Isotopie, Kookkurrenz-Theorie und die Relationen des Typs *aufrufen-Mahnung* zeigen, daß während der Textproduktion tatsächlich semantische Netze durch die Abwahl textzentraler Lexeme aktiviert werden und daß diese Aktivation die lineare Erzeugung des jeweiligen Textes immer dann beeinflußt, wenn Inhaltskonstanten bzw. thematische Bezugnahmen in Betracht kommen.

## 2. Wortartenübergreifende Kategorien und Textkontiguität

Zunächst haben wir allein die textuelle Okkurrenz von Vertretern wortartenübergreifender Kategorien in Erweiterung von Fellbaum (1995) festgestellt. Die Integration dieser Beobachtung in die textlinguistische Theoriebildung setzt nun eine genauere Bezugnahme auf die Begriffe Textkohäsion bzw. -kohärenz und -kontiguität voraus sowie die Bezugnahme auf Modelle des mentalen Lexikons.

Zunächst gilt es, die wortartenübergreifenden Relationen des beschriebenen Typs der semantisch orientierten Texttheorie zuzuordnen. Dabei spielen die Begriffe Kohärenz, Kohäsion und Kontiguität eine Rolle. Unter Textkohärenz wird die Herstellung von Textualität auf allen Ebenen der Grammatik verstanden.[9] Insofern ist der Begriff unscharf und für die Einordnung prototypisch organisierter Textproduktionskategorien nicht gut geeignet. Ebenso irrelevant ist die Kohäsion, unter der ein textbildender Zusammenhang auf der Grundlage formaler grammatischer Mittel verstanden wird, respektive die syntaktische und morphologische Textualität. Bereits Nussbaumer (1991: 131) verweist auf die überholten Positionen der Kohäsionslinguistik, die scheitern mußte, "weil sie, indem sie den Grund für die Textualität von Texten in den Kohäsionsmitteln suchte, ihn im letzten am falschen Orte sucht". Nussbaumer geht vielmehr davon aus, daß sich Textualität immer nur im Rezeptionsprozeß ergibt, so daß die Annahme grammatisch-formaler Voraussetzungen derselben nicht erklärungsmächtig ist. Ergänzend zu dieser Position ist davon auszugehen, daß Textualität auch eine vom Produzenten abhängige Variable ist. Textualität ist folglich das Resultat der Tätigkeit von Produzent und Rezipient, die für die angemessene Umsetzung von Mitteilungsfunktion und Verständlichkeit auf gemeinsames Wissen zurückgreifen müssen. Damit kann Kohäsion nicht mehr als ein fakultatives Textualitätskriterium sein. Unter dieser Voraussetzung und bei Berücksichtigung der allein syntaktisch-morphologischen Lesart von Kohäsion sind die entsprechenden Theorien nicht geeignet, die Aktivation wortartenübergreifender Kategorien zu integrieren. Geeigneter ist dazu die Kontiguitätstheorie. Bereits Ullmann (1962) hat diese als allein semantisch orientierte Darstellung der Bedeutungsverwandtschaften von lexikalischen Items im Text formuliert, bei Harweg (1968) findet sich die erste textlinguistische Interpretation des Kontiguitätsbegriffs. Auf wortartenübergreifende Kategorien wird jedoch nicht eingegangen.[10] Doch diese sind genau durch semantische Übereinstimmungen mindestens von "Core-Features" zu definieren, womit die entsprechenden Kategorien Bestandteile der Textkontiguität sind. Dabei kann es nicht darum gehen, bestimmte Kontiguitätstypen als notwendige Bedingungen der Textualität zu bestimmen. Texte können auch ohne wortartenübergreifende Bezüge von Lexemen konstituiert sein, ebenso wie es Texte ohne pronominale Verkettungen oder ohne Konnektive gibt. Dennoch zeigen sich in vielen Texten wortartenübergreifende Kontiguitätstypen, was mit den mentalen Determinanten der Textproduktion zu erklären ist. Geht man mit Schindler (1988) davon aus, daß Kontiguität eine mental determinierte Größe des Textes ist, die überdies nicht losgelöst von den kognitiven Textproduktionsmechanismen zu betrachten ist, so sind die mentalen Repräsentationsformen von lexikalischen Kategorien zu betrachten. Die enstprechenden Forschungen zeigen, daß Inferenzen dabei von zentraler Bedeutung

---

9   Eine gute Übersicht zu den Kohärenztheorien gibt der Sammelband von Heydrich/
    Petöfi (Hg.) (1986).
10  Vgl. Brinkers (1992:35f.) Behandlung der impliziten Wiederaufnahmen im Text.

sind. Strohner/Rickheit (1990) haben diese in ihrer systemtheoretischen Konzeption linguistischer Kohärenz ausführlich behandelt. Sie kommen auf der Basis empirischer Befunde zu dem Ergebnis, daß Inferenzen im mentalen Lexikon keine Ausnahme sind, "sondern sozusagen der Normalfall der sprachlichen Informationsverarbeitung" (a.a.O.:13). Die Aktivation unterschiedlichster Kategorien bei der Textproduktion und -rezeption ist eine kognitive Bedingung von Kontiguität. Die Organisation des mentalen Lexikons im Bereich der semantisch-syntaktischen Komponente ist also keine statische Struktur, sondern ein dynamisches Gebilde. Mithin sind Inferenzen auch nur sehr bedingt vorhersagbar. Auf jeden Fall spricht vieles dafür, daß die internen Relationen des mentalen Lexikons nicht in einer 1:1-Relation zur strukturalistischen Beschreibung des Wortschatzes mit ihrem Distinktionsprinzip stehen. Die wortartenübergreifenden Kontiguitäten im Text passen sich dem Modell des mentalen Lexikons als "dynamisches Netzwerk" (Dobrovol'skij 1995:128) gut an. Denn die entsprechend aktivierten Kategorien sind eben dynamische Größen, die sich einer taxonomischen Klassifikation entziehen. Das heißt nicht, daß die Eigenschaften der Elemente von wortartenübergreifenden Kontiguitäten nicht näher zu bestimmen sind; die entsprechenden Relationstypen können definiert werden. Darauf soll im weiteren eingegangen werden.

## 3. Wortartenübergreifende Kontiguität und Familienähnlichkeit

Zu unterscheiden sind zwei Typen der wortartenheterogenen Kontiguität bzw. der wortartenübergreifenden semantischen Affinitäten im Lexikon, die unter dem Gesichtspunkt der Merkmalbedingtheit bereits in Warnke (1995) als Sem-Isomorphien (SI) bezeichnet sind. Bei der strukturellen Betrachtung verstehen wir unter Isomorphie eine semantisch-strukturelle Übereinstimmung. Sem-Isomorphie ist mithin die partielle Übereinstimmung der Sememstruktur, die SI ist eine symmetrische semantische Relation. Zwei Typen der SI sind zu unterscheiden: derivationsmotivierte und derivationsunmotivierte SI, die wir auch als $SI_1$ und $SI_2$ bezeichnen.

Solche lexikalischen Relationen, deren wortartenheterogene, nicht-syntagmatische Affinität in Derivationen bzw. morphologischen Konversionen oder Nullderivationen begründet ist, bezeichne ich als Sem-Isomorphien 1. Ordnung ($SI_1$). Wenn also ein $Item_1$ und ein $Item_2$ potentielle Elemente eines onomasiologischen Paradigmas = Wortfeldes sind (z.B. *fromm, heilig*), so ist das Derivat von $Lex_2$, also $Lex_{2Deriv}$ (*der Heilige*), sem-isomorph zu $Lex_1$ (*fromm*). Dieser Auffassung ist die Annahme von Semkonstanten bei

Derivationen inhärent, so daß $Lex_x$ und $Lex_{yDeriv}$ gemeinsame semantische Merkmale $\geq 1$ haben müssen.

Die derivationsunmotivierten SI liegen vor bei wortartenheterogenen, nicht-syntagmatischen semantisch-lexikalischen Affinitäten, deren Affinitätsbasis außerhalb morphologischer Relationen liegt. Hierzu gehören Relationen des Typs *Bluttat – abknallen, langsam – bummeln, Lüge – falsch, Glücksgefühl – lachen.* In Warnke (1995) habe ich gezeigt, daß zur Erfassung derartiger Relationen eine Koppelung der partiell isomorphen Semstrukturierung mit Lutzeiers Aspekt/Dimension-Gliederung von lexikalischen Mengen auch für die wortartenheterogenen Affinitäten praktikabel ist.

Die wortartenheterogenen Kategorien dieses Typs werden über je zentrale semantische Merkmale, also "Core-Features", konstituiert. Für morphologisch motivierte SI sollte dies leicht nachvollziehbar sein. Im Kontext einer 2-Stufen-Semantik werden die konzeptuelle und semantische Ebene unterschieden. Eine Derivation bzw. Nullderivation führt zu einer Modifikation der konzeptuellen Struktur der Basis, so daß dem Derivat gegenüber der Basis ein verändertes Konzept zugewiesen wird. Die semantische Form ist von dieser Neuzuweisung jedoch nur bedingt betroffen, so daß im Derivat immer Merkmale der Basis übernommen sind. $SI_1$ sind demnach unter Berücksichtigung der konzeptuellen Modifikation den onomasiologischen Paradigmen vergleichbar, über merkmalsemantische Verknüpfungen vermittelt. Für $SI_2$ gilt letzthin das gleiche, auch wenn die Analogien in der semantischen Form nicht gleichermaßen auf der Hand liegen. Doch auch bei den $SI_2$-Kategorien handelt es sich um Mengen konzeptuell unterschiedlich gepolter lexikalischer Elemente, deren Übereinstimmung in der semantischen Form liegt. Dabei haben nicht alle Vertreter einer SI-Kategorie denselben Verwandtschaftsgrad, doch eine Anzahl von mindestens zwei Vertretern stimmt in der semantischen Form partiell überein. Diese prototypensemantische Lesart erlaubt es, von unterschiedlichen Graden der Bedeutungsaffinität innerhalb einer Kategorie auszugehen. Bei den onomasiologischen Paradigmen hat sich dies nie als notwendig erwiesen, da ihre potentielle Substituierbarkeit und ihre Analogie auf der Konzeptstufe eine Merkmalkonstante innerhalb der Kategorie bedingt. Doch für eine wortartenheterogene Kategorie wie K={*Renegat, sakrilegisch, verstockt, abfallen, auflehnen, Gottesleugner*} in der jeweiligen semantischen Lesart des Aspektes 'Glaube', die durch Dimension-Gliederung in $D_1$=*moralische Gegnerschaft* zur Kirche und $D_2$= *für Gottes Offenbarung unzugänglich* zwei sem-isomorphe Mengen umfaßt – $SI_\alpha(K')$= {*Renegat, sakrilegisch, auflehnen*} und $SI_\beta(K'')$={*verstockt, abfallen, Gottesleugner*} – ergibt sich selbstverständlich bereits auf der Aspekt-

Ebene eine partielle Bedeutungsisomorphie. $SI_\alpha(K')$ und $SI_\beta(K'')$ sind intern lediglich hinsichtlich der linguistisch konstruierten Dimension isomorpher. Damit sind die Vertreter von K' zu Vertretern von K'' und umgekehrt zwar auch teilisomorph in ihrer semantischen Form, doch die Vertreter von K' untereinander sind ebenso wie die von K'' enger vermittelt. Wenn wir das ganze auf die Organisation des mentalen Lexikons insgesamt beziehen, ist selbstverständlich eine Kategorie K wesentlich umfangreicher und umfaßt Subkategorien bis $K^n$. Je spezifischer die Dimension definiert ist, desto enger sind die SI-Relationen. Im ganzen ist also für die übergeordnete Kategorie eine Familienähnlichkeit zu konstatieren. Wenn Lieb (1980) forderte, daß jeder sprachwissenschaftliche Bedeutungsbegriff Wittgensteins Theorem der Familienähnlichkeit in Rechnung stellen sollte, so gilt dies im besonderen für die hier behandelten Relationen der Lexik. Die Familienähnlichkeit ist ein generelles Konzept und erlaubt es, den relationierenden Faktor bei SI auf den allgemeinsten Kategorienebenen zu beschreiben. Diesen zu benennen ist die eigentliche Aufgabe einer Theorie von wortartenheterogenen Strukturen des mentalen Lexikons und eine Bedingung der angemessenen Kennzeichnung von wortartenübergreifenden Kontiguitätstypen. Die Verwandtschaft durch Verkettung stellt ein kognitiv ausgeprochen ökonomisches Verfahren der Strukturierung semantischer Mengen dar. Die Merkmalspezifizierung der SI ist dabei kein Hindernis, im Gegenteil stellt die Familienähnlichkeit nach Kubczak (1982) sogar eine erweiterte Spielart der Semsemantik dar. Die Semsemantik bestimmt lexikalische Bedeutung über Inhaltsoppositionen. Vermittels der Intension ist einem lexikalischen Element daher ein denotatives Korrelat zugeordnet. Doch Seme sind eben nicht allein distinktive Inhaltseinheiten, sondern auch affinitätsgenerierende Entitäten der mentalen Sprachorganisation. Wir halten mithin fest, daß eine sachadäquate Konzeption von SI solche affinitätsgenerierenden semantischen Merkmale annimmt, wobei die entsprechenden Kategorien sich auf verschiedenen Ebenen unterschiedlicher semantischer Schnittmengen realisieren; für alle Elemente, die im Rahmen einer solchen familienähnlichen Verkettung textuell als Kontiguitätselemente auftreten, ist eine partielle Sem-Isomorphie anzunehmen.

## 4. Beispiele wortartenübergreifender Kontiguität

Am Beispiel der wortartenübergreifenden Kategorie TOD, die Items der Klassen Verb (V), substantivierte Verben (sV), Substantiv (S), attribuierte Substantive (aS) als Kollokationen und Adjektive (A) beinhaltet, soll die jeweilige Kookkurrenz als Kontiguitätsfaktor von Texten belegt werden. TOD steht hier als Konstruktbegriff für den prototypischen Kern der Kategorie. Bei der Darstellung ist keine Vollständigkeit beabsichtigt, sondern lediglich eine token-orientierte Veranschaulichung der entsprechenden Textorganisation. In den dafür herangezogenen acht schriftsprachlichen Texten mit unterschiedlichen Textsorten sind folgende lexikalische Items belegt:

Kategorie       TOD

Verb:           *sterben, ableben, heimgehen, verscheiden, scheiden,*
                *dahinreißen, entschlafen, erliegen*

subst. Verb:    *Sterben, Absterben, Ableben*

Substantiv:     *Tod, Exitus, Lebensende, Sterbestunde, Grab, Tote,*
                *Verstorbene*

Kollokationen:  *ewige Ruhe*

Adjektiv:       *tot, totgeboren*

Relativ offensichtlich ist die sem-isomorphe Relation von Lexemen bei den $SI_1$, denn bei diesen besteht ein morphologischer Zusammenhang zwischen den wortartenübergreifenden semantischen Bezügen. Ein gutes Beispiel hierfür ist die Kookkurrenz von Verben mit substantivierten Verben aus einem onomasiologischen Paradigma:

*sterben, entschlafen, erliegen, verscheiden* (V), *Ableben* (sV)
*Frau Himly kann in Ruhe die Annonce aufsetzen. Was schreiben denn die anderen?*
*Plötzlich in tiefer Trauer, unerwartet tieferschüttert, nach langer, schwerer, kurzer,*
*infolge eines tragischen, mit großer Geduld ertragenen,* **starb, entschlief, erlag,**
**verschied,** *bis zuletzt, mein lieber, Trauerfeier. Für die vielen Beweise beim*
**Ableben.**[11]

Morphologisch nicht motiviert sind die Relationen des Typs $SI_2$, für die es eine Reihe von Beispielen gibt. Möglich sind alle Wortartkombinationen, was wiederum auf die wortartenheterogene Organisation prototypisch organisierter Kategorien verweist:

---

11 IDS public-Korpus, Schädlich, Hans-Joachim: *Versuchte Nähe.* - Hamburg 1977:76.

*sterben* (V), *Tod* (S)

*Ich wurde befristet in einer Firma eingestellt, weil eine dort langjährig beschäftigte Arbeitnehmerin schwer erkrankt ist. Nach der in meinem Vertrag getroffenen Vereinbarung soll das Arbeitsverhältnis enden, sobald die Arbeitnehmerin wieder tätig sein kann. Was ist jedoch, falls diese Frau* **sterben** *sollte. Hätte ich dann Anspruch darauf, weiterbeschäftigt zu werden oder würde mein Arbeitsverhältnis automatisch auch mit dem* **Tod** *der Arbeitnehmerin enden?*[12]

*Sterben* (sV), *Exitus* (S)

*[...] so vielfältig die Menschen seien, so unterschiedlich sei auch ihr* **Sterben**, *beschrieb sie auf einer Tagung in Bad Herrenalb ihre Eindrücke. Vor allem das ruhige gelöste Sich-Abfinden mit dem endgültigen* **Exitus** *treffe eben sehr häufig nicht zu [...].*[13]

*ableben* (V), *Tod* (S)

*[...], haben sich einige Mitglieder unserer Familie entschlossen, Organspender zu werden, falls sie vorzeitig durch einen Unfall* **ableben** *sollten. [...] dann ergibt sich aus diesem [...], daß er zur Organspende nach seinem* **Tode** *bereit ist [...].*[14]

*heimgehen* (V), *tot* (Adj.)

*[...] als er dies gesagt, sank er zurück mit himmlischem Lächeln und war* **heimgegangen**. *Die Tochter stürzte vor dem Bett nieder, Lenardo neben sie, ihre Wangen berührten sich, ihre Tränen vereinigten sich auf seiner Hand. Der Gehülfe rennt in diesem Augenblick herein, erstarrt über der Szene. Mit wildem Blick, die schwarzen Locken schüttelnd, ruft der wohlgestaltete Jüngling: "er ist* **tot***; [...]".*[15]

*Tod* (S), *Absterben* (sV), *sterben* (V)

*Erst kurz vor dem* **Tod** *nimmt er stärkeren Zugriff auf das körpereigene Eiweiß, was dann sehr rasch in eine kritische Phase münden kann. Gehirn- und Nervengewebe werden zersetzt, um die schmal gewordene Energiebilanz auszugleichen, und nicht umsonst notierten die Ärzte nach der Autopsie des im April 1981 an den Folgen eines Hungerstreiks* **gestorbenen** *Terroristen Sigurd Drebus ein "***Absterben** *von Hirngewebe und Hirnblutungen", die als letzte Todesursache in Frage gekommen sind.*[16]

---

12  IDS public-Korpus, *Mannheimer Morgen* 14.01.1989.
13  IDS public-Korpus, *Mannheimer Morgen* 27.04.1988.
14  IDS public-Korpus, *Mannheimer Morgen* 19.12.1987.
15  IDS public-Korpus, *Wilhelm Meisters Wanderjahre.* - Hamburger Ausgabe. Band 8: 434.
16  IDS public-Korpus, *Mannheimer Morgen* 07.04.1989.

Daß die semantische Affinität nicht nur für wortartenheterogene Lexem-
paare, sondern auch für die Kookkurrenz einer Vielzahl von Items verschiedener Kategorien textkonstitutiv ist, zeigen komplexe Vorkommen der SI:

*Lebensende, Sterbestunde, Tod, Grab* (S), *Sterben* (sV), *sterben, verscheiden, scheiden, dahinreißen* (V)
*Das Kloster der Abtei zu Korvei an der Weser hat von Gott die sonderbare Gnade
gehabt, daß, sooft einer aus den Brüdern **sterben** sollte, er drei Tage zuvor, ehe er
**verschieden**, eine Vorwarnung bekommen, vermittelst einer Lilie an einem ehernen
Kranze, der im Chor hing. Denn dieselbe Lilie kam allezeit wunderbarlich herab
und erschien in dem Stuhl desjenigen Bruders, dessen **Lebensende** vorhanden war;
also daß dieser dabei unfehlbar merkte und versichert war, er würde in dreien
Tagen von der Welt **scheiden**. Dieses Wunder soll etliche hundert Jahre gewährt
haben, bis ein junger Ordensbruder, als er auf diese Weise seiner herannahenden
**Sterbestunde** ermahnt worden, solche Erinnerung verachtet und die Lilie in eines
alten Geistlichen Stuhl versetzt hat: der Meinung, es würde das **Sterben** dem Alten
besser anstehen als dem Jungen. Wie der gute alte Bruder die Lilie erblickt, ist er
darüber, als über einen Geruch des **Todes**, so hart erschrocken, daß er in eine
Krankheit, doch gleichwohl nicht ins **Grab** gefallen, sondern bald wieder gesund,
dagegen der junge Warnungsverächter am dritten Tag durch einen jählingen **Tod**
**dahingerissen** worden.*[17]

*Tote, Verstorbene, Seligkeit* (S), *ewige Ruhe* (aS), *totgeboren* (A), *sterben*
(V)
*Die kleinen Kunstwerke sollten natürlich auch gesehen und bewundert werden, "um
die Würde des **Toten** zu erhöhen und sein Andenken zu bewahren" (Arrach, Baye-
rischer Wald). Daher wurden sie in der Kapelle oder an der Friedhofsmauer ausge-
stellt und galten künftig als "Gedenkbretter". Wenn jemand es für einen Hühner-
stall, Taubenschlag oder für einen anderen profanen Zweck hernahm, drohte ihm
eine Mißernte, ein **totgeborenes** Kind oder eine schwere Krankheit. Sinngemäß
predigten die Pfarrer: Wer an einem Totenbrett vorbeigeht, sollte sich einen from-
men Gedanken durch den Kopf gehen lassen und dem **Verstorbenen** die **ewige
Ruhe** und **Seligkeit** wünschen, damit er vor Unheil bewahrt bleibt. Einst – so erzählen sich die Leute im Schwarzachtal – **starben** die Eltern eines jungen Bau-
ern.*[18]

Diese Beispiele verdeutlichen hinreichend, daß die Kookkurrenz von wortartenheterogenen Items mit semantischer Affinität ein Faktor der Kontiguität
von Texten ist. Die semantische Architektur von Texten geht folglich über
Isotopien hinaus. Hat Fellbaum (1995) dies für antonymische Kategorienver-

---

17  IDS public-Korpus, *Die Lilie im Kloster zu Korvei*, 264.
18  IDS public-Korpus, *Mannheimer Morgen* 10.1994.

treter verschiedener Wortarten bereits belegt, so zeigt sich hier die lexikalische Kategorisierung auch bei nicht antonymischen Items.

Fraglos ist die Darstellung der wortartenübergreifenden Kontiguität damit nicht erschöpfend behandelt. Vielmehr ist eine ganze Reihe weiterer kognitiver bzw. semantischer Probleme mit diesen Beobachtungen verknüpft, die es in Zukunft noch zu behandeln gilt. Dazu gehört die on-line-gestützte Kennzeichnung von wortartenheterogenen Textproduktionsprozessen, die textsortendifferenzierte Beschreibung von Kontiguitätsgraden und vor allem eine Differenzierung nach gesprochener und geschriebener Sprache, respektive geplanter und ungeplanter Rede.


## LITERATUR

Brinker, Klaus (1992): *Linguistische Textanalyse.* - 3., durchges. u. erw. Aufl. - Berlin: Schmidt.

Charles, W.; Miller, G. (1989): *Contexts of Antonymous Adjectives.* - In: Applied Psycholinguistics 10, 357-375.

Cruse, D. Allan (1994): *Prototype Theory and Lexical Relations.* - In: Rivista di Linguistica 6 (1994) 2, 167-188.

Damasio, Antonio; Damasio, Hanna (1989): *Lesion Analysis in Neuropsychology.* - New York u.a.: Oxford University Press.

Dobrovol'skij, Dmitrij (1995): *Kognitive Aspekte der Idiom-Semantik. Studien zum Thesaurus deutscher Idiome.* - Tübingen: Narr.

Dörschner, Norbert (1996): *Lexikalische Strukturen. Wortfeldkonzeptionen und Theorie der Prototypen im Vergleich.* - Münster: Nodus.

Fellbaum, Christiane (1995): *Co-Occurrence and Antonymy.* - In: International Journal of Lexicography 8 (1995) 4, 281-303.

Greimas, Algirdas J. (1966): *Sémantique structurale. Recherche de méthode.* Paris: Larousse.

Harweg, Roland (1968): *Pronomina und Textkonstitution.* - München: Fink.

Heydrich, Wolfgang; Petöfi, János (Hg.) (1986): *Aspekte der Konnexität und Kohärenz von Texten.* - Hamburg: Buske.

Kleiber, Georges (1998): *Prototypensemantik. Eine Einführung.* - 2., überarb. Aufl. - Tübingen: Narr.

Langacker, Ronald W. (1987): *Foundations of Cognitive Grammar. Vol. 1: Theoretical Prerequisites.* - Stanford: Stanford UP.

Lipka, Leonhard (1986): *Semantic Features and Prototype Theory in English Lexicology.* - In: D. Kastovsky et al. (Hg.): *Linguistics Across Historical and Geographical Boundaries.* - Berlin et al.: Mouton, de Gruyter, 85-94.

Lutzeier, Peter R. (1995): *Lexikologie. Ein Arbeitsbuch.* - Tübingen: Stauffenburg.

Nöth, Winfried (1990): *Handbook of Semiotics.* - Bloomington u.a.: Indiana University Press.

Nussbaumer, Markus (1991): *Was Texte sind und wie sie sein sollen.* - Tübingen: Niemeyer.

Osherson, Daniel; Smith, Edward (1981): *On the Adequacy of Prototype Theory as a Theory of Concepts.* - In: Cognition 9 (1981) 1, 35-58.

Palermo, David; Jenkins, John (1964): *Word Association Norms: Grade School Through College.* - Minneapolis: University of Minnesota Press.

Sanford, Anthony J.; Garrod, Simon C. (1981): *Understanding Written Language.* - Chichester et al.: John Wiley.

Schindler, Wolfgang (1988): *Konzept und Kontiguitätsfeld. Ein Beitrag zur linguistischen Beschreibung kognitiver Strukturen und ihrer Rollen bei der Produktion und Verarbeitung von Texten.* - Frankfurt/M.: Haag und Herchen.

Schmuck, Peter (1993*): Primingexperimente zur Untersuchung der Merkmalcharakteristik natürlicher Begriffe.* - Regensburg: Roderer.

Schwarze, Christoph (1982): *Stereotyp und lexikalische Bedeutung.* - In: Studium Linguistik (1982) 13, 1-16.

Smith, Edward; Shoben, Elaine; Rips, Lance (1974): *Structure and Process in Semantic Memory. A Featural Model for Semantic Decisions.* - In: Psychological Review (1974) 81, 214-241.

Strohner, Hans; Rickheit, Gert (1990): *Kognitive, kommunikative und sprachliche Zusammenhänge: Eine systemtheoretische Konzeption linguistischer Kohärenz.* - In: Linguistische Berichte (1990) 125, 3-23.

Ullmann, Stephen (1962): *Semantics. An Introduction to the Science of Meaning.* - Oxford: Blackwell.

Warnke, Ingo (1995a): *Sem-Isomorphie. Überlegungen zum Problem wortartenheterogener Bedeutungsverwandtschaft.* - In: Zeitschrift für Dialektologie und Linguistik (1995a) LXII, 166-181.

Ders. (1995b): *Vorschläge zur Beschreibung wortartenheterogener Bedeutungsverwandtschaft.* - In: P. Bærentzen (Hg.): *Aspekte der Sprachbeschreibung.* - Tübingen: Niemeyer, 273-277.

Ders. (1997): *Assoziation und Priming bei wortartenheterogenen Affinitäten im mentalen Lexikon.* - In: I. Pohl (Hg.): *Methodologische Aspekte der Semantikforschung.* - Frankfurt/M. u.a.: Lang.

Winters, Margaret (1990): *Toward a Theory of Syntactic Prototypes.* - In: S. Tsohatzidis (Ed.): *Meanings and Prototypes. Studies in Linguistic Categorization.* - London, New York: Routledge, 285-306.

HANS-JÜRGEN WÜNSCHEL

# Eine verpaßte Chance. Die Rede des Bundespräsidenten Richard von Weizsäcker beim Tag der Deutschen Einheit am 3. Oktober 1990

Vorbemerkung: Meinem Vortrag lag der Aufsatz zugrunde, in dem ich unter dem Titel "Eine verpaßte Chance. Die Rede des Bundespräsidenten Richard von Weizsäcker beim Tag der Deutschen Einheit am 3. Oktober 1990"[1] meinen Eindruck dieser Rede beschrieb. Die Untersuchungsaufgabe umfaßte eine Annäherung an die Textsemantik, die von der theoretischen Position ausging, daß Textsemantik eine Komplexion aus Ausdrucksseitigem und Rezipientenseitigem ist (vgl. Vorwort I. Pohl/J. Pohl a.a.O.). Im Folgenden gebe ich eine geraffte Zusammenfassung meiner Ausführungen.

## Meine subjektiven Voraussetzungen

Ich habe ein zwiespältiges Verhältnis zum politischen Wirken Richard von Weizsäckers. Doch dies ist eigentlich nur für mich wichtig zu wissen. Wenn aber ein Text analysiert werden soll, schwingt wohl auch etwas mit, ob man dem Autor mit Sympathie oder Antipathie gegenübertritt. Anders ausgedrückt, bei der Analyse der Rede nutzte ich meine soziokulturellen Wissensbestände, um eine historische oder politische Einordnung des Textes vorzunehmen. Manche meiner Äußerungen und Wertungen sind deshalb nur so zu verstehen, weil ich im Laufe der letzten drei Jahrzehnte immer wieder dem Namen von Weizsäcker begegnet bin und meine Einstellung dazu von Teilnahmslosigkeit, dann von Wertschätzung und schließlich von Enttäuschung geprägt wurde.

Meine erste Begegnung mit dem Namen Weizsäcker erfolgte während meines Studiums der Geschichte, als ich im Rahmen eines Proseminars die Be-

---

[1] Wünschel, Hans-Jürgen (1998): *Eine verpaßte Chance. Die Rede des Bundespräsidenten Richard von Weizsäcker beim Tag der Deutschen Einheit am 3. Oktober 1990.* - In: I. Pohl, J. Pohl (Hg.): *Texte über Texte – Interdisziplinäre Zugänge.* - Frankfurt/M. u.a.: Lang, 337-361. Dort ausführliche Anmerkungen und Literaturangaben.

gabungshäufigkeit und Verwandtschaftszusammenhänge in vier Familien der bürgerlichen Oberschicht in Deutschland seit dem 19. Jahrhundert feststellen sollte.

Dem Namen Weizsäcker begegnete ich einige Jahre später wieder im Rahmen meiner Tätigkeit als Grundsatzreferent für Fragen der Bildungs- und Kulturpolitik im Kultusministerium von Rheinland-Pfalz. Grundsatzreferent hieß u.a.: Ich war auch zuständig für die Vorbereitung von Reden des Ministers Dr. Bernhard Vogel und seiner Nachfolgerin Dr. Hanna-Renate Laurien, beide Mitglieder der CDU. So war es selbstverständlich, daß ich mit der Diskussion über das neue Grundsatzprogramm der CDU vertraut wurde, das maßgebend von dem damaligen Bundestagsabgeordneten Richard von Weizsäcker geprägt war. Ich war fasziniert von seinen Formulierungen, sei es in den Entwürfen, sei es bei seinen wenigen, aber wichtigen Reden im Deutschen Bundestag. Ich lernte mit Richard von Weizsäcker einen Politiker kennen, der die Max Weberschen Maximen von Gesinnungsethik und Verantwortungsethik einbrachte und der grundsatztreu Maßstäbe und Wertungen für die Politik formulierte, die ich selbst suchte und nun fand. Von der 1984 erfolgten Wahl des Regierenden Bürgermeisters von Berlin zum Bundespräsidenten der Bundesrepublik Deutschland erhoffte ich mir einen entscheidenden Impuls zur Erneuerung unserer Republik, schließlich war auch sein Parteifreund Helmut Kohl mit dem Anspruch der geistig-moralischen Wende 1982 als Bundeskanzler angetreten.

Nach meinem Wechsel aus dem Ministerium an die Universität führte mich eine Exkursion mit Studentinnen und Studenten nach Berlin, wo Richard von Weizsäcker seit 1981 als Regierender Bürgermeister amtierte. Bei einem Besuch des Abgeordnetenhauses hatte ich Gelegenheit, ihn zum ersten Mal aus der Nähe zu sehen und auch sein persönliches Verhalten zu erleben.

Meine vierte Begegnung mit dem Namen Weizsäcker war dann ausschlaggebend, daß ich mich näher mit seiner Familie befaßte, sie stimmte mich nachdenklich und führte zur Frage nach dem Denken und Handeln einer Familie, die wie kaum eine andere in den letzten hundert Jahren in die politische Gestaltung Deutschlands eingegriffen hatte. Anläßlich eines Aufenthaltes an der State University of Buffalo, New York, im Jahr 1992 hatte ich auch Gelegenheit, das Museum of the Franklin D. Roosevelt Library, Hyde Park, New York, zu besuchen. Dort las ich einen Brief des Physikers Albert Einstein aus dem Jahr 1941, in dem er den amerikanischen Präsidenten Roosevelt auf den jungen deutschen Physiker Carl-Friedrich von Weizsäcker aufmerksam machte, der sich damals mit anderen deutschen Wissenschaftlern bemühte, die Entwicklung einer Atombombe für Hitler voranzubringen.

Ich stellte nun fest, daß es in der Familie Weizsäcker möglich war, in jedem politischen System (Monarchie, Diktatur, Demokratie), das in den letzten hundert Jahren Deutschland geprägt hatte, eine mehr oder weniger große Rolle zu spielen. Die Frage stellte sich mir, welches Bewußtsein vermittelte die Überzeugung, sich in allen Systemen an vorderster Front zu beteiligen?

In Kenntnis dieser hier nur kurz angedeuteten Zusammenhänge habe ich in den letzten Jahren Äußerungen des Bundespräsidenten Richard von Weiz-säcker verstanden, ob richtig oder nicht, mag dahingestellt sein. Doch manches erschloß sich für mich jetzt erst, was ich vorher, ohne weiter darüber nachzudenken, wahrgenommen hatte.

## Der Redner

Anläßlich des Staatsaktes zum Tag der Deutschen Einheit in der Philharmonie zu Berlin am 3. Oktober 1990 sprach der Bundespräsident der Bundesrepublik Deutschland Richard von Weizsäcker. Seine Reden kennzeichneten seine Amtszeit. Und hier beginnt das Problem, an dem die Kritik an Äußerungen von Richard von Weizsäcker einsetzt: Sein Redestil ist geprägt von "einerseits – andererseits", von der Relativierung auch dort, wo er zunächst einmal Standpunkt bezogen hat. Dies ist ein Redestil, den er besonders im neutralen Amt als Bundespräsident ausgebildet hat. Bedeutet aber Demokratie nicht Bekennen, Benennen und Einsatz für eine Überzeugung, die Freiheit und Menschenwürde achtet, die Toleranz und Nächstenliebe lebt?

Richard von Weizsäckers Redestil und Redeaussagen sind kritisiert, mehrheitlich jedoch gelobt worden. Auffällig ist jedoch, daß die Rede zum Tag der Deutschen Einheit in den Medien kaum Beachtung gefunden hat. Dies ist deshalb sonderbar, galt doch angeblich die Teilung Deutschlands seit 45 Jahren als das Hauptproblem der deutschen Politik, der politisch Verantwortlichen sowohl in Ost als auch in West. Und kaum ist die Teilung überwunden, hält der Repräsentant des obersten Amtes des nun vereinigten Deutschlands eine Rede, und die wird kaum zur Kenntnis genommen! Während Arnulf Baring die Zurückhaltung oder Verlegenheit des Bundespräsidenten schon 1991 bemerkte, als er monierte, daß er "im Grunde genommen seit dem Herbst 1989 verstummt ist", stellte Wolfgang Jäger drei Jahre später fest: "Weizsäcker zog sich aus dem politischen Prozeß sogar weiter zurück, als nötig war". Doch wenn es dem Bundespräsidenten zukommt, Fragen zu stellen, warum schweigt er nun? Warum reduzierte er sein Amt bei diesem für die Deutschen in Ost und West so wichtigen Ereignis der Wiedervereinigung "zur kaum noch wahrnehmbaren Staatsdekoration"? Die Rede Richard von Weizsäckers zur Einheit der Nation weist kaum in die Zukunft, sie ist nicht hilfreich für die "Wessis", schon gar nicht für die "Ossis". Die Frage nach der Identität der Deutschen, nach der neuen deutschen nationalen Frage im europäischen Zusammenhang wird kaum hörbar gestellt. Und wäre es nicht angebracht gewesen, vor dem Hintergrund der deutschen Geschichte des 19. und 20. Jahrhunderts diese Tat der Befreiung von innen – nicht wie damals 1945 von außen – auch emotional zu loben? Die Rede ist rätselhaft, mehr eine Pflichtübung, ohne inneres Engagement.

## Die Rede

Die Rede ist in zehn unterschiedlich lange Abschnitte eingeteilt. Sie ist nicht symmetrisch aufgebaut, die Länge der Kapitel ist wohl zufallsbedingt, es gibt keine sichtbare Struktur, die für die inhaltliche Aussage wichtig wäre. Von den zehn Kapiteln sollten, so die Vorgabe, die ersten vier näher angeschaut werden.

Zunächst erfahren wir Allgemeinplätze, denen wir zustimmen, die uns aber ratlos zurücklassen. Der Bundespräsident versagt sich einer genauen Bestimmung, was er unter *Identität der Deutschen* versteht. Überhaupt geht er sehr oberflächlich mit den Daten und Ereignissen der deutschen, auch der bundesrepublikanischen Geschichte um. Die *deutsche Einheit* wird konkret nicht genannt. Auch versagt sich der Redner mehrmals, von *Freiheit* zu sprechen – dies ist aber der zentrale Gegenstand der Veranstaltung!

Die Ausführungen Richard von Weizsäckers im zweiten Kapitel führen zurück in die Entwicklung der deutschen Geschichte in den letzten 200 Jahren, um am Schluß die Einordnung Deutschlands in einem durch die Wiedervereinigung veränderten Europa festzustellen.

Richard von Weizsäcker drückt einen Vorbehalt für die Anwendbarkeit der Idee der Demokratie in Gegenwart und Zukunft aus, ohne ihn aber näher zu begründen. Der Zuhörer bleibt ratlos. Oder soll sich eine Vermutung einstellen, die jeder für sich dann als richtig annehmen kann? Der Bundespräsident verweigert sich, seine Meinung zu äußern. So bleibt wieder nichts als eine allgemeine, für alle zustimmungsfähige Äußerung.

Der folgende Absatz enthält einige Unrichtigkeiten, die gerade aus dem Munde des Bundespräsidenten unverständlich sind, von dem manche annahmen, daß er im Hinblick auf die Hintergrundfülle und den Materialreichtum vieler Reden Historiker sei. Es war z.B. nicht *das Volk*, das sich in der Paulskirche 1848 versammelt hatte, es war das "liberale" Bildungsbürgertum, das "demokratische" Volk war mehrheitlich ausgeschlossen. Auf diesen lapsus linguae hinzuweisen ist schon deshalb notwendig, weil gerade die Einheit, die jetzt gefeiert werden soll, maßgeblich entstanden ist aufgrund des Rufes der DDR-Bürger: *Wir sind das Volk!* Wenn undifferenziert vom *Volk des Jahres 1848* gesprochen wird, entsteht beim Hörer und Leser eine Verknüpfung mit der Revolution des Volkes im Jahr 1989. Dies kann aber doch nicht gewollt sein! Zu verschieden sind die historischen Gegebenheiten. *Revolution* ist nicht gleich *Revolution*, auch wenn die Bezeichnungen übereinstimmen!

Im weiteren Verlauf seiner Rede erwähnt er die Bedeutung des *dritten Weges in der deutschen Geschichte*. Welche der drei Varianten (Preußen, Österreich, Deutsche Staaten; Jakob Kaiser, Rudolf Bahro) eines dritten Weges aber der Bundespräsident nun meinte, läßt er offen. Auch hier entläßt er den Zuhörer ins Ungewisse.

Seltsam ist aber auch, daß er bei der Beschreibung der deutschen Geschichte die Bundesrepublik sehr wohl, die DDR aber mit keinem Wort erwähnt. Noch nicht einmal der Aufstand vom 17. Juni 1953 oder der Bau der Berliner Mauer am 13. August 1961 finden Beachtung. Wenn nun mit dem 3. Oktober 1990 ein neuer Tag der Einheit ins Leben gerufen wird, also die Erinnerung an den 17. Juni 1953 und damit der bisherige Tag der Einheit als staatlicher Gedenktag abgelöst wird, wäre da nicht ein Hinweis auf den Aufstand vor 37 Jahren zwingend notwendig, sogar sinnvoll gewesen?

Auch unter Berücksichtigung, daß eine Rede nicht alles sagen kann, hätte aber bei diesem Rückblick auf die deutsche Geschichte nicht einmal das Wort *Menschenrecht* fallen können? *Freiheit* wird erwähnt und dann im Zusammenhang mit der Paulskirche zitiert. *Freiheit* und *Menschenrecht* zusammen waren aber die Kräfte, die die DDR-Bürger veranlaßten zu handeln. Beide Begriffe haben einen guten Klang. Warum scheut sich der Bundespräsident, sie zu nennen? Wenn er schon die Maximen der Paulskirche *Einigkeit und Recht und Freiheit* anspricht, sollte da der Hinweis auf die dritte Strophe des Deutschlandliedes nicht zwingend sein, die die DDR-Bürger am 9. November 1989 gesungen haben? Auch dieses Kapitel hinterläßt viele Fragen.

Kapitel drei beschreibt die Teilung Deutschlands als *Schicksal*, welches *die einen begünstigt und die anderen belastet* hat. Kann man dies wirklich sagen, daß die *Teilung Schicksal* war? Die Teilung war Menschenwerk, sie war nicht von der Vorsehung schicksalhaft durchgeführt. Warum wird hier so unpersönlich gesprochen? Als ob der große Weltgeist regiert hätte und die Menschen nur die Folgen zu meistern gehabt hätten? Warum werden die Gründe für die Teilung nicht genannt? Warum wird nicht gesagt, wen das Schicksal *begünstigt* und wen es *belastet* hat? Fühlten sich denn alle in der DDR belastet? Ist denn die Diskussion vergessen, welche Chance es auf DDR-Boden gab, jetzt den Sozialismus in Deutschland zu verwirklichen, dessen Gestaltung in der Weimarer Republik nicht möglich war? Ist es denn nicht wahr, daß manche Intellektuelle auch in der Bundesrepublik Deutschland das SED-Experiment Demokratie bis in die letzten Tage der DDR mit leuchtenden Augen gepriesen hatten? Die *SED hatte eine Teilung zu verordnen versucht,* verkündet nun der Bundespräsident. Stimmt dies denn? Die immer wieder seinen Reden zugeschriebene "angestrebte rationale Aussage" tritt nicht klar hervor.

Kapitel vier unterscheidet sich z.T. wohltuend von den so merkwürdig diffusen vorherigen Abschnitten. Vielleicht deshalb, weil es an schon bekannte Reden und Aufsätze Richard von Weizsäckers anknüpft. Doch auch hier sind merkwürdige Wertungen festzustellen. Was Richard von Weizsäcker früher als *kalten Krieg* bezeichnet hat, nennt er jetzt *Wettbewerb der gesellschaftlichen Systeme zwischen Ost und West.* Es kann doch wohl nicht historisch einwandfrei interpretiert sein, den Ost-West-Konflikt, der sich seit 1945 global ausgeweitet hatte, als *Wettbewerb* zu beschreiben? In Anbetracht der Opfer an Mauer und Zonengrenze vom *Wettbewerb der Systeme* zu sprechen ist nicht nur unglücklich, es ist unverständlich.

Begrifflich weiter problematisch ist der folgende Abschnitt, in dem behauptet wird, daß *die sowjetische Führung auf eine Bevormundung der Verbündeten* verzichtet habe. *Verbündeter* zu sein heißt doch, in freier Entscheidung ein Bündnis einzugehen. Ist das Verständnis von *Bündnis* im real existierenden Sozialismus dasselbe wie im westlichen Sprachgebrauch? Wenn nun undifferenziert von der DDR als Verbündeter gesprochen wird, wird dann nicht eine Auffassung eines freiheitlichen Systems unterstellt, das historisch nicht vorhanden war?

## Letzte Eindrücke

Des Bundespräsidenten Rede ist so formuliert, daß wohl jede Zuhörerin und jeder Zuhörer zustimmen kann. Sie ist ohne Profil. Sie stellt das typische Beispiel einer epideiktischen Rede dar. Der Redegegenstand ist völlig unstrittig, jeder kann ihn akzeptieren, so allgemein ist er formuliert. Es besteht wohl Konsens auf dem kleinsten gemeinsamen Nenner. Doch ist dies demokratisch, republikanisch? Selbst die Freude, die am Vorabend des 3. Oktober überall in Deutschland zu verspüren war, ist dem Redner fremd. Gibt es keine republikanische Ergriffenheit, Emotion?

Zugegeben: Ich habe sehr subjektiv niedergeschrieben, was mir an der Rede aufgefallen war. Ich habe versucht, diese spontan erlebten Auffälligkeiten anhand der Literatur zu erläutern und mußte feststellen, daß einige meiner Wahrnehmungen auch in der Literatur zwar verstreut, aber doch von ganz unterschiedlichen Autoren getroffen worden waren. Andere mögen den Text anders werten. Ich selbst wurde beim Abfassen des Aufsatzes immer wieder davon überrascht, daß das, was ich, mich selbst kritisch befragend, als überzogen oder als Vorurteil bewertet habe, sich dann bei näherem Hinsehen bestätigte. So wurden durch die Auseinandersetzung mit Leben und Werk Richard von Weizsäckers meine Annahmen und Vorbehalte bekräftigt. Welchen Grund gibt es für die Zurückhaltung, ja bisweilen für das Nichtaussprechen und Nichtansprechen politischer Probleme in dieser Rede, für das Schweigen? Peter Burke hat einmal festgestellt, daß "Schweigen eine Strategie zur Unterstreichung der Würde" sein kann und meinte, daß "verbale Zurückhaltung den Adel kennzeichne". Ob dies als Erklärung ausreicht?

# SPRACHE - SYSTEM UND TÄTIGKEIT

Herausgegeben von Inge Pohl und Karl-Ernst Sommerfeldt

Band 23 Irmtraud Rösler / Karl-Ernst Sommerfeldt (Hrsg.): Probleme der Sprache nach der Wende. Beiträge des Kolloquiums in Rostock am 16. November 1996. 1997. 2., korrigierte Auflage 1998.

Band 24 Inge Pohl / Jürgen Pohl (Hrsg.): Texte über Texte – Interdisziplinäre Zugänge. 1998.

Band 25 Karl-Ernst Sommerfeldt: Textsorten in der Regionalpresse. Bemerkungen zu ihrer Gestaltung und Entwicklung. 1998.

Band 26 Michael Hoffmann / Christine Keßler (Hrsg.): Beiträge zur Persuasionsforschung. Unter besonderer Berücksichtigung textlinguistischer und stilistischer Aspekte. 1998.

Band 27 Lenka Vaňková: Die frühneuhochdeutsche Kanzleisprache des Kuhländchens. 1999.

Band 28 Brigitte Döring / Angelika Feine / Wilhelm Schellenberg (Hrsg.): Über Sprachhandeln im Spannungsfeld von Reflektieren und Benennen. 1999.

Band 29 Inge Pohl (Hrsg.): Interdisziplinarität und Methodenpluralismus in der Semantikforschung. Beiträge zur Konferenz "Interdisziplinarität und Methodenpluralismus in der Semantikforschung" an der Universität Koblenz-Landau/Abteilung Landau 1998. 1999.

Band 30 Jürgen Scharnhorst (Hrsg.): Sprachkultur und Sprachgeschichte. Herausbildung und Förderung von Sprachbewußtsein und wissenschaftlicher Sprachpflege in Europa. 1999.

**Peter Lang · Europäischer Verlag der Wissenschaften**

Bernhard Kettemann/Rudolf de Cillia/Isabel Landsiedler (Hrsg.)

# Sprache und Politik

### verbal-Werkstattgespräche

Frankfurt/M., Berlin, Bern, New York, Paris, Wien, 1998.
240 S., 1 Abb., 9 Tab., 8 Graf.
Sprache im Kontext. Herausgegeben von Ruth Wodak und Martin Stegu.
Bd. 3
ISBN 3-631-32153-8 · br. DM 69.–*

Dieser Tagungsband enthält Beiträge eines Workshops zum Thema „Sprache und Politik", der vom österreichischen Verband für Angewandte Linguistik (VERBAL) im Oktober 1995 in Klagenfurt durchgeführt wurde. Thematische Schwerpunkte sind das „österreichische Deutsch" als nationale Varietät des Deutschen, der Diskurs über Minderheiten und die österreichische NS-Vergangenheit, Österreichs EU-Beitritt und Fragen der politischen Rhetorik.

*Aus dem Inhalt*: Österreichisches Deutsch · Migrations-, Minderheiten- und Vergangenheitsdiskurs · Europa als Wille und Vorstellung · Politische Rhetorik

Frankfurt/M · Berlin · Bern · New York · Paris · Wien
Auslieferung: Verlag Peter Lang AG
Jupiterstr. 15, CH-3000 Bern 15
Telefax (004131) 9402131
*inklusive Mehrwertsteuer
Preisänderungen vorbehalten